子藏工程

诸子研究丛书

《列子》学史

刘佩德　著

學苑出版社

学术顾问

（依姓氏笔划为序）

李学勤　陈鼓应　陆永品

饶宗颐　卿希泰　傅璇琮

总序

春秋战国时期，王官失守，学术下倾，师徒授受蔚成风气，个人著述随之云涌而出。相较于《诗》、《书》、《礼》、《乐》、《易》诸经，私人著述思想自由，内容丰富，体式多样。老聃清静无为而作《道德》，庄周幻梦逍遥而作《庄子》，墨翟兼爱、尚同而作《墨子》，孟轲称美性善而作《孟子》，荀卿看透性恶而作《荀子》，邹衍广猎怪谈而作《邹子》，韩非痴迷法治而作《韩子》。此皆当时著述之英华，学海之太液，载万世而流芳。西汉刘向、刘歆父子董理群书而为《别录》、《七略》，单列“诸子”一类；东汉班固《汉书 · 艺文志》效仿刘氏，揽括诸子群英，归为九流十家。至是，子学有名，诸家定称。刘勰《文心雕龙 · 诸子》曰：“诸子者，入道见志之书。”纪昀《四库总目提要 · 子部总叙》云：“自六经以外立说者，皆子书也。”子书立说见志，实为中华传统文化之源头活水。

然两千五百余年来，诸子之学或盛或衰，各个时期呈现出了不同的发展态势。战国之际诸子活力劲健，生机勃勃，《庄子 · 天下》列百家之学，《荀子 · 非十二子》论十二家之失。两文虽语含刺讥，亦足以窥见春秋战国子学花烂映发、自由挥洒之盛貌。吕氏不韦，招抚宾客，结连辩士，揉合诸说，混成一统，故“循其理，平其私”（《吕氏春秋 · 序意》），实暗启子学衰败之势。秦皇暴政，黜文任法；汉武尊儒，排斥众议。此间虽有淮南作《鸿烈》，欲“统天下，理万物”（《淮南子·要略》)，备帝王之道，然争鸣之风已逝，子学气韵式微。汉元、成以降，扬雄《法言》、《太玄》，王充《论衡》，勇抒独见，略溢芬芳。更至东汉，经学失宠，诸子容光再闪。而王符《潜夫》，荀悦《申鉴》，虽踵武前修，亦时有创见。

魏晋乱世，士人惮祸，慕玄风而尚清谈，以期全生保真。何晏、王弼、郭象诠释《老》、《庄》，新意迭起；葛洪著《抱朴子》内外篇，屡多创获。然斯风独盛，诸家皆成附庸矣。而自南北悬隔，文辞鼓荡，吟赏之心渐炽，百家之气日衰。惟梁元帝《金楼子》、北齐颜之推《颜氏家训》、无名氏《刘子》，隋王通《文中子》，稍拾余芬，聊慰人心。

李唐开科举而振世象，奉佛老而推贝典丹书，韩、柳又述儒家之道统。士人桎梏，难觅振聋发聩之音，诸子之学欲有所推深，不亦难乎！宋哲宗元祐中，吕公著上书请禁："主司不得出题老庄书，举子不得以申韩佛书为学。"明神宗万历间，李廷机以子书盛行，不利孔孟之道，上疏请求禁止。二子之行，实以政治强压，而子学积衰，难挽濒弱之势。然自明中叶以后，王阳明、杨慎、朱得之、罗汝芳、焦竑、杨起元诸人，重以老庄佛道推盛心学，子学亦随之渐张。明末傅山倡导"经子不分"，曰"有子而后有作经者也"(《杂记三》)，且身体力行，评注《老》、《庄》、《墨》、《荀》、《淮南》等，开近代诸子研究之先声。

有清一代，文字惹祸，屡见不鲜。较之前朝，士人更不敢放言高论，遂扎堆故纸，提倡朴学，集中对周秦汉魏残缺子书加以考订辑校，补苴修葺。其保存子书，复兴子学之功，可谓至高至伟。子学至此别开生面，遂有复兴之势。及入近世，政体更制，禁网松弛，加之西学冲击，学者奋智，瞩目诸子之书，子学于是彬彬复盛。钱穆、刘文典、冯友兰、于省吾、严灵峰、王叔岷、陈奇猷诸君，皆是子书考究与子学推深之能手，其他学者的文章著作亦不可胜数，且有以兼爱附平等，以孔学效耶教，以《淮南》列电力，子学已与西学渐趋融合。

今恭逢国家富强，文运昭回，为子书整理与子学繁荣复兴提供了极佳机遇。且地下文献沉藏千年而陆续出土，其中多有重要子书，为学者弘扬子学贡献了新资料，亦提出了新问题，创造了新空间。子学之复兴，其在今日乎？

子学之复兴，当以文献搜集整理为先。《四库全书》子部收书930余种，《四库全书存目丛书》子部共收书1250余种，《续修四库全书》子部收书1640余种。虽称浩博，实为庞杂。譬如《四库全书》子部，“儒家之外有兵家，有法家，有农家，有医家，有天文算法，有术数，有艺术，有谱录，有杂家，有类书，有小说家，其别教则有释家，有道家，叙而次之，凡十四类”（《四库总目提要·子部总叙》），此乃“经史子集”之子，为图书分类之学，非“诸子百家”之子，已失立说见志之意。且一子只收一种或数种，名家著述、珍希善本、手稿札记，所遗尚多，难副“全书”之名，实为憾事。有鉴于此，为响应国家关于进一步加强古籍保护工作的倡议，充分发挥传统子学在现代文化建设中的作用，华东师范大学决定由先秦诸子研究中心领衔，整合各方资源，启动《子藏》超大型子学图书编纂工程。

《子藏》编纂将分两步展开：第一步，搜集自周秦至民国末期所有海内外存世和出土的诸子学之著作，择取最佳版本予以影印；第二步，为每一种子学著作撰写提要。预计完成后的《子藏》，可涵盖《论语》、《孟子》、《老子》、《庄子》、《管子》、《墨子》、《荀子》、《韩非子》、《吕氏春秋》、《淮南子》等50余个系列，约5000种著述。如今，《子藏》工程已正式启动，将陆续影印发行。吾人相信，《子藏》必将成为一座宏大的传世经典文库，为海内外学者的子学研究提供扎实的文献基础，从而进一步传播和阐发中华民族的优秀文明成果。

子学之复兴，不仅仅在于文献资料的建设，更包括子学研究的深入拓展。作为有一定影响的诸子学研究机构，华东师范大学先秦诸子研究中心以全面复兴子学为己任，于2007年创办了国内外第一份专业的大型诸子研究刊物——《诸子学刊》，现已连续出版五辑，在中外学界颇有影响。现又决定有计划地出版《诸子研究丛书》，以此作为《子藏》工程之一部分，提升《子藏》的学术品位，使之成为资料库建设和学术理论研究相结合的精品工程。

该丛书海纳百川，包容并蓄，凡与子学有关之论著均在欢迎、吸纳之列。或总论子学之概要，或分论一家之特点；或专论一书，钩玄提要；或独论一题，探隐发微。凡斯种种，论内容：或学派，或专书，或专题，或作家，不拘一格；论方法：或考据，或义理，或阐释，或中或西，百花齐放。凡言之成理，持之有据，有创造，有突破，自成一家之言者，均可入选。

《子藏》之编纂，为子学研究提供完备丰富的资料库；《诸子学刊》之编辑，为子学研究搭建了交流平台，提供了前沿信息；而今《诸子研究丛书》正式启动，出版有关子学研究之专门著作，又必将推动子学研究朝纵深方向发展。"三驾马车"，或资料，或论文，或专著，齐头并进，已然构成了子学研究的完整系统。

当仁不让，圣人之言；舍我其谁，亚圣之论。值此昌明之世，学术转型之际，我辈同仁当竭尽心智，戮力古学，留意百家，复兴子学，章华夏文明之本，延绵中华数千年优秀文化之传统！

古语云："同好相留，同情相求，同欲相趋。"（《汉书·吴王濞传》）得天下好子学之人，共襄复兴之盛事，岂不快哉！如此，子学全盛之日，可以预卜矣！

方勇

2011年8月18日

目 录

导　言 …… 1
一　研究回顾 …… 1
二　选题意义 …… 12
三　研究范围 …… 13
四　研究方法 …… 14
引　论 …… 15
一　列子生平 …… 15
二　列子著作 …… 17
三　列子思想 …… 22
第一章　战国秦汉文献中的列子 …… 28
第一节　研究背景及概况 …… 28
第二节　战国子书中的列子 …… 29
一　《尸子》论列子 …… 30
二　《庄子》论列子 …… 31
三　《吕览》论列子 …… 33
第三节　汉代文献中的列子 …… 34
一　《淮南》论列子 …… 35
二　刘向论列子 …… 36
第二章　魏晋《列子》学 …… 39
第一节　研究背景及概况 …… 39
第二节　皇甫谧等评列子 …… 41
一　皇甫谧评列子 …… 41
二　葛洪评列子 …… 42

第三节 张湛的《列子注》 44
一　张湛的生平及家世 44
二　《列子注》的创作背景 47
三　《列子注》的主要内容 50
第三章 唐代《列子》学 57
第一节 研究背景及概况 57
第二节 敦煌及唐人选《列子》 59
一　敦煌《列子》残卷琐议 59
二　魏徵及马总《列子选》 65
第三节 卢重玄的《列子注》 68
一　尊崇老子——以老解《列》 69
二　贯通全书的主线——“神” 76
三　三教融合的思想倾向 86
四　秦恩复的卢注补 89
第四节 殷敬顺的《列子释文》 92
一　《释文》卷数及版本 93
二　陈景元《释文补遗》 96
三　《释文》音释特点 98
第四章 宋金元《列子》学 101
第一节 研究背景及概况 101
第二节 徽宗君臣的《列子注》 102
一　宋徽宗的《列子义解》 103
二　范致虚的《列子注》 109
三　江遹的《列子解》 117
第三节 程俱的《列子论》 127
一　对生化理论的叙述 128
二　对天地变幻的理解 130

三　对人身情累的关照 ………………… 131
第四节　林希逸的《列子口义》 ………………… 133
一　对《列子》真伪的讨论 ………………… 134
二　糅合三教、参同老庄 ………………… 136
第五节　高守元辑录《列子注》 ………………… 143
一　《四解》的编纂体例 ………………… 144
二　对文本的校勘 ………………… 145
第六节　苗善时的《冲虚真经公案》 ………………… 148
一　解天地坏灭说 ………………… 149
二　解亢仓子得道 ………………… 150
三　解龙叔答文挚章 ………………… 151
四　解无道与用道说 ………………… 152
第五章　明代《列子》学 ………………… 154
第一节　研究背景及概况 ………………… 154
第二节　宋濂的《列子辩》 ………………… 156
一　对列子其人其书的辨析 ………………… 158
二　对《列子》与佛教思想的辨析 ………………… 160
第三节　朱得之的《列子通义》 ………………… 167
一　全书体例及对《列子》辨伪 ………………… 168
二　儒为体释道为用的心学思想 ………………… 170
三　对《列子》文本的阐释 ………………… 178
第四节　归有光、焦竑的《列子》汇评 ………………… 180
一　归有光的《列子汇函》 ………………… 181
二　焦竑的《列子品汇释评》 ………………… 221
第五节　陈深等的《列子》节选与注释 ………………… 262
一　陈深的《列子品节》 ………………… 262
二　王良材《注释列子要语》 ………………… 264

第六章 清代《列子》学 …… 268
第一节 研究背景及概况 …… 268
第二节 乾嘉学派的《列子》研究 …… 269
一 卢文弨的《列子张湛注校正》 …… 269
二 任大椿的《列子释文考异》 …… 271
三 俞樾的《列子平议》 …… 273
四 《列子》校勘的盛行 …… 274
第三节 杨文会以佛学解《列子》 …… 279
一 破执 …… 280
二 实修 …… 282
第四节 梁启超对《列子》的批点 …… 285
一 对《列子》真伪的观点 …… 285
二 以佛学解《列子》 …… 288
三 对于杨朱的态度 …… 293
第七章 民国《列子》学 …… 296
第一节 研究背景及概况 …… 296
第二节 民国时期《列子》考据学 …… 297
一 陶鸿庆《读列子札记》 …… 298
二 蔡元培校《列子》 …… 301
三 王重民《列子校释》 …… 304
四 杨伯峻《列子集释》 …… 307
五 王叔岷《列子补正》 …… 310
第三节 张怀民以佛学解《天瑞》 …… 313
一 对《天瑞》篇的总体把握 …… 314
二 以佛解《天瑞》的具体思想 …… 317
三 对理学思想的转化与运用 …… 320
第四节 陈和祥等的《列子》新注 …… 322

一　陈和祥《评注列子读本》 322
二　唐敬杲《列子选注》 325
第五节　马叙伦的《列子伪书考》 328
一　马氏所举十家说 329
二　马氏二十事解析 335
余　论 340
一　唐宋道教发展下的《列子》研究 340
二　对《列子》版本流变的整体考察 349
附录一　敦煌《列子》残卷整理 368
附录二　杨朱研究概况及特点 372
附录三　《列子》研究论文目录 410
参考文献 433

导　言

一　研究回顾

列子最早见于《庄子》，《庄子》将其描述成一位御风而行的神人。《尸子》及《吕氏春秋》载“列子贵虚”，《列子·说符》亦有相关记载，则列子思想以贵“虚”为宗旨，近于道家。《汉书·艺文志》载《列子》八篇，这是《列子》见诸史籍最为确切的记载。此后，在张湛《列子注》问世前的数百年间，尚未有明确记载《列子》的相关文献资料传世，直至张湛《列子注》开《列子》研究之先河。《列子》研究按时代大致可分为战国及秦汉、魏晋、唐、宋金元、明、清、民国、新中国成立后八个阶段，其中，魏晋至民国集中反映了《列子》研究的整体状况。

战国及秦汉时期。严格来讲，战国至秦汉并非《列子》研究的真正开始，但对列子其人其书的点滴记载，为后世讨论列子及其著作奠定了基础。《庄子》记载列子资料甚多，但因《庄》书以寓言见长，后人多怀疑列子只是《庄子》中的一个寓言人物。而《吕氏春秋》对列子的相关记载则成为主张列子实有其人一派的强有力证据，学术界亦均认可《吕氏春秋》中的相关记载，认为列子确有其人，其思想主旨可概括为“贵虚”。《尸子·广泽》亦称“列子贵虚”。值得关注的是，《战国策·韩策二》“史疾为韩使楚”条载史疾称列子“贵正”。“正”很明显属于儒家思想，与“虚”大相径庭。《战国策》为刘向所辑录，主要记载战国策士的言行，是研究战国历史的基本资料，尽管尚不能确定刘向所记是否属实，但其必有所本。

有关《列子》这部著作的明确记载，可追溯到刘向、刘歆父子的《七略》，班固沿袭刘向、刘歆父子之说而载于《汉书·艺文志》。《淮南子》及刘向《新序》均引列子资料，说明刘向之前确有与《列子》相关之资料流传。

总体来看，战国时期确有列子其人。列子去世后，他的门人弟子可能辑录其言行而成《列子》一书。其思想主旨为“贵虚”，近道家。《战国策》所载“贵正”之说，也并非空穴来风。

魏晋时期。魏晋虽然社会动荡，但学术思想异常活跃。张湛的《列子注》不仅奠定了他本人的学术地位，也使得《列子》广泛传播开来。可以说，真正的《列子》研究当从张湛始。张湛生平资料甚少，但据《世说新语》及《晋书》中的相关记载，可知他不仅有着显赫的家世，而且也是魏晋玄学思想的倡导者。他生活于东晋后期，这时向秀、郭象等人的《庄子注》已广为流传，而从《列子注》对这二家《庄子注》的引述情况来看，张湛不仅对向、郭二家思想推崇备至，还吸收他们的观点为己所用。魏晋时期，除张湛外，虽然再难找出这样的长篇大著，但《抱朴子》、《博物志》、《齐民要术》、《文心雕龙》等书或引列子相关资料，或对列子作总体评价，皇甫谧《高士传》还为列子立传。另外，肖子云还有一份书法作品，摘抄《列子》文句，这些都说明了魏晋时期《列子》已广为流传。

唐代。唐代《列子》研究的成就主要体现在以老解列、音释、辨伪三个方面，以卢重玄、殷敬顺、柳宗元三人为代表。卢重玄受唐玄宗影响，以老学思想解读《列子》，将《列子》纳入到老子思想体系之中；殷敬顺作《列子释文》对《列子》中的生字僻词作音释，为后人阅读《列子》提供方便；柳宗元的《辩列子》，首开《列子》辨伪先河。同时，由于唐玄宗尊崇道教，封老子为真人，庄子、关尹子、文子、列子等道家诸子，均因老子而被封为真人，《庄子》、《关尹子》、《文子》、《列子》等相关著作也被尊为经，成为道教经典而被广泛诵读。唐代的诗文著作也频繁征引《列子》文句，这都说明了《列子》在唐代流传广泛。此外，敦煌残卷的发现也证明了《列子》在唐代流传范围之广。就现存残卷来看，《列子》至少在唐太宗时期甚或魏晋时期就已经在西域流传。现存敦煌《列子》多为残篇，今存张湛注本及以张湛注本为底本的选本两种《列子》传本。另外，魏徵《群书治要》及马总《意林》分别节选《列子》，对《列子》校勘有一定的参考价值。纵观整个唐代，在《列子》研究的诸多方面均有开创之功，且为宋代《列子》研究的繁盛奠定了基础。

宋金元时期。《列子》研究在宋代逐渐繁荣起来。宋真宗时，列子被加号为“冲虚至德真人”，其书改称《冲虚至德真经》。宋徽宗时期是道教发展的又一个高峰。宋徽宗在中国历史上是典型的道君皇帝，他以皇帝之尊亲自为《老子》、《西升经》、《列子》等道教典籍作注，他的《冲虚至德真经义解》是对老学思想的深化。宋徽宗不仅在书中将老子思想融会贯通，而且还大力宣扬“无为而治”的“内圣外王”思想。他用老子思想解读《列子》，是唐代崇老遗风的延续，并朝着儒道合一的方向迈进了一大步。但他将社会安定寄希望于宗教的神力，且极力宣扬“内圣外王”思想，未免有贪图安逸之嫌。在徽宗的影响下，他的臣子也纷纷为《列子》作注，首先是范致虚的《列子注》。范致虚《列子注》自《宋史》以下公私书目均未著录，唯有金代高守元《冲虚至德真经四解》收录全书。据书前所附序言，可知当时有单行本传世。范氏循宋徽宗尊老思想，进一步阐释宋徽宗《冲虚至德真经义解》

中的某些观点，并引易理来解读《列子》。太学生江遹的《冲虚至德真经解》将老子“无”的观念发挥到极致，还将儒道的圣人论融合在一起。宋代另一位为《列子》作注的是理学家林希逸。林希逸有《鬳斋三子口义》，《列子口义》为其中之一。他从三教融合角度解读《列子》，并将老庄思想融入其中。他的《列子口义》虽不如《庄子口义》影响巨大，但在《列子》研究史上也占有重要地位。

宋代开始逐渐对《列子》真伪问题展开讨论，无论是短评或专著，多涉及辨伪问题。最早提出《列子》是伪书的学者是曹子方，他通过对《列子》与《庄子》中重合部分的比较而认为《列子》是伪书。[1] 高似孙在《子略》中不仅认为《列子》是伪书，还对列子其人的存在一并提出质疑。南宋大儒朱熹还从佛教的角度解读《列子》，认为其与佛学有相同之处。他的这一观点，对后世影响很大。

金代《列子》研究最突出的成果是高守元的《冲虚至德真经四解》，收录了张湛、卢重玄、宋徽宗、范致虚四家《列子注》。这部书的价值在于保存了宋徽宗《冲虚至德真经义解》、卢重玄《列子注》、范致虚《列子注》全书，作者对《列子》文本还有所校勘。元代的主要成就在于版刻，《列子》及相关研究著作均有元刻本传世。元刻本的价值在于保存了宋版的风格，更为接近古本《列子》原貌。在宋版难得一见的今天，元本的存在便显得尤为可贵。

明代。明代科举取士已向八股文转变，尽管科举考试以儒家经典为主，但学子必须博古通今，释道书籍便成为他们较好的课外读物。而适应这种需要的通俗读本——选本便成为备考者的抢

1 引述郭剑锋《〈列子〉辨伪问题之再考察》（香港大学中文系2002级硕士论文，第7页）一文。

手书，明代众多的《列子》选本即是在这种风气下出现的。选编者主要是将《列子》中对科举有益的篇章汇集起来，有的还加以简单注解，如陈深《列子品节》，桂天祥选、王良材注释《列子要语》等。

在宋元版刻发展的基础上，明代刻书技术日臻完善。各种《列子》版本也纷纷出现，著名者如谢汝韶《二十家子书》本，董逢元秋声阁《四子书》本，吴勉学《二十子》本等，尤以明嘉靖间世德堂《六子书》本为佳。明代所编纂的《道藏》收录包括《列子》白文在内的相关著作八种，校勘精审，也被后世奉为善本。

明代《列子》辨伪最有影响的当属宋濂。宋濂是明初重臣，又是文坛领袖，他的观点举足轻重。他在《列子辩》中反驳高似孙否定先秦时期确有列子其人的观点，认为列子实有其人，传世本《列子》是后人荟萃而成，尤其是他对《列子》与佛教关系的论述，对后世影响很大。此外，朱得之作为王阳明的入室弟子，以心学思想解读《列子》，也很有代表性。

清代。在乾嘉学派影响下，对《列子》文句的考证兴盛起来，主要代表是卢文弨、任大椿、俞樾，他们从小学出发，以文字考证校读《列子》。这种方法除了要有坚实的小学功底外，还必须具有丰富的学识素养，否则很难有所创建。自黄丕烈发现宋本《列子》之后，对于《列子》的校勘与批点开始盛行起来。他们以明刊《六子书》本为底本，校以宋本《列子》，从行款到异字异词，注明相异之处，比较有代表性的是管礼耕的《手校宋本列子》。而到了清末，对于《列子》的批点则转向对书中义理的探讨，典型者如梁启超。辨伪也是清代《列子》研究的主要内容，如姚际恒、钱大昕、姚鼐、李慈铭等皆有涉猎。杨文会的《冲虚经发隐》

则是第一部系统探讨《列子》与佛教关系的著作，梁启超亦以佛理批点《列子》。

民国时期。民国《列子》研究从总体上看基本是对清代《列子》研究的延续。主要体现在考据及辨伪两方面。文字考订继承乾嘉考据学传统，以王重民《列子校释》及王叔珉《列子补正》最有代表性。而《列子》辨伪，在以顾颉刚为代表的古史辨派影响下，掀起了对《列子》真伪的激烈讨论。如陈文波《伪造〈列子〉者之一证》（《清华学报》1924年第1期）、陈三立《读〈列子〉》（《东方杂志》1917年第14卷第9期）、马叙伦《列子伪书考》（《国故月刊》1919年第1-3期）等文对《列子》均持否定态度，而岑仲勉的《〈列子〉非魏晋人伪作》（《东方杂志》1948年第44卷第1期）则力证《列子》非伪。辨伪之外，还需要注意的是对《列子》文本的研究，如王国维的《列子之学》（上、下，分载于1906年第131期、132期《教育世界》）、傅铜的《〈列子〉书中的宇宙观》（《哲学杂志》1921年第1卷第2期）、郭绍虞《〈列子〉书中的怀疑主义》（《民铎杂志》1923年第4卷第1期）等。张怀民《列子天瑞篇新义》继杨文会、梁启超之后，运用佛理解读《列子》，是《列子》研究史上第二部以佛教观点解读《列子》的专著。周伯年《新式标点列子》及陈和祥《评注列子读本》，运用新式标点符号点读《列子》，为此后《列子》研究及传播提供了方便。

民国时期的《列子》研究虽然承清余绪，但受时代影响也加入许多新的因素。尽管这一时期学者们大多关注《列子》真伪问题，但这已不再是《列子》研究的主流，更多学者运用西学思想解读《列子》，将《列子》研究引入哲学层面。

新中国成立后的《列子》研究主要是在综合前代研究的基础上展开。随着学术的国际化，新的研究方法及思路也不断被应用在《列子》研究中，从而形成了《列子》研究的新时期。新中国成立后至八十年代初的《列子》研究，大多数学者均认定《列子》是伪书，但并不否定其学术价值，研究重点则转向对《列子》文本的讨论。如谭家健、李淑琴的《〈列子〉的宇宙论》（《辽宁大学学报》哲学社会科学版 1978 年第 4 期），杨伯峻《〈列子〉宇宙论的科学因素》（《求索》1982 年第 2 期），夏时《略述列子的一些自然科学观点》（《宁夏大学学报》社会科学版 1984 年第 4 期），戴小实《〈列子〉寓言故事的艺术》（《扬州师院学报》社会科学版 1985 年第 3 期）等文章都侧重于对《列子》中所蕴含的哲学思想的研究，但也不乏讨论《列子》真伪问题的文章。首先是杨伯峻的《从汉语史的角度来鉴定中国古籍写作年代的一个实例——〈列子〉著述年代考》（《新建设》1956 年 7 月号）首次从汉语语法的角度来论证《列子》为魏晋伪作，随后便有了刘禾《从语言的运用上看〈列子〉是伪书》（《东北师大学报》1980 年第 3 期）及振亚《从语言的运用角度对〈列子〉是托古伪书的论证》（《四川师院学报》哲学社会科学版 1982 年第 2 期）两篇文章。可以说，杨伯峻的这篇文章开启了《列子》辨伪研究的一个新方向。而牟钟鉴的《对〈列子〉的再考辨与再评价》（《文史哲》1986 年第 5 期）一文，认为今本《列子》中既有古《列子》的成分，也有魏晋人的伪作，他并不完全否定《列子》。罗漫的《〈列子〉不伪和当代辨伪学的新思维》（《贵州社会科学》1989 年第 2 期）一文则完全肯定《列子》，他同意台湾学者严灵峰与陈鼓应的观点，认为《列子》是先秦古籍，应当予以重视。这个时期对《列子》真伪问题的讨论虽然不是很激烈，但这三类文章却代表了三种不同的观点。

进入九十年代，中国大陆与中国台湾之间的学术交流不断加强，岛内许多有创建的学术观点传入大陆且影响很大，严灵峰与陈鼓应即是其代表，他们一致认为《列子》并非伪书，是先秦古籍。严灵峰不仅辑有《无求备斋列子集成》这样一部《列子》研究著作总集，而且还著有《〈列子〉辩诬及其中心思想》一书，为《列子》鸣冤。大多数台湾学者都持这种肯定态度。陈鼓应九十年代初在北京大学任兼职教授，他从1991年开始主办《道家文化研究》，专门刊登道家研究文章。《道家文化研究》第一辑（上海：上海古籍出版社，1991年8月）刊登了许抗生的《〈列子〉考辨》一文，许抗生认同牟钟鉴的观点，认为《列子》并非全伪。《道家文化研究》第十辑（1996年8月）连续刊登陈广忠《为张湛辨诬——〈列子〉非伪书考之一》、《〈列子〉三辨——〈列子〉非伪书考之二》、《从古词语看〈列子〉非伪——〈列子〉非伪书考之三》三篇文章，力辩《列子》为先秦典籍。而马达的《列子》辨伪研究更进一步，他自1990年开始直到2000年连续发表多篇论文，从各个角度论证《列子》并非伪书，并于2000年12月由北京出版社出版《〈列子〉真伪考辨》一书，综合之前各种观点，一一辨析，认为《列子》并非伪书。从九十年代开始在哲学观、文体论、寓言论等方面对《列子》文本展开了激烈讨论，如谭家健《〈列子〉的理想世界》（《中国文学研究》1999年第3期），李季林《列子"贵虚"的人生哲学》（《江淮论坛》2000年第6期），戴建平《〈列子〉自然观初探》（《中国道教》2002年第1期），詹福瑞《庄子与列子生命观异同论》（《哲学研究》2005年第3期），袁济喜《〈列子〉与六朝文士的演生》（《中国人民大学学报》2005年第6期）等等。但不得不指出，这些讨论仍仅限于《列子》，而对《列子》相关研究著作的讨论尚属空白。因此，《列子》研究可以说还刚刚起步，大量的资料还尚未被发掘研究。

新中国成立后，《列子》研究著作逐渐丰富起来，如马达《列子寓言选》（重庆：重庆出版社，1984年），严北溟、严捷《列子译注》（上海：上海古籍出版社，1986年9月），刘道学《老子列子箴言录》（北京：北京广播学院出版社，1992年），王强模《列子全译》（贵阳：贵州人民出版社，1993年），王世舜《先秦要籍词典：列子·商君书·春秋公羊传》（北京：学苑出版社，1997年），贾二强校点《列子》（沈阳：辽宁教育出版社，1998年），王德有《列子御风》（北京：社会科学文献出版社，1999年），王力波《列子译注》（哈尔滨：黑龙江人民出版社，2003年），来可泓《列子》（上海：上海辞书出版社，2003年），叶蓓卿《〈列子〉全注全译》（北京：中华书局，2010年），王德有《列子御风：无拘无束的自在人生》（上海：东方出版中心，2010年），章培恒、安平秋、马樟根《列子选译》（南京：凤凰出版社，2011年）等等，这些著作或为新式评点注译本，或为选本，或为研究辑录，或为漫谈，有的带有很强的学术性，而有的则以普及为主，这些都说明了《列子》研究的繁盛。

纵观新中国成立后的《列子》研究，虽然研究论文及著作与前代相比较为丰富，但研究范围仍未脱离前人窠臼，以至于许多宝贵研究资料被长期搁置。民国时古史辨派倡导怀疑一切，《列子》真伪又成为学界讨论重点，时至今日尚未有定论。而学者们却依然乐此不疲，争论不休。这种状况不仅使得《列子》研究仅仅局限于《列子》本身，且很多持《列子》伪书说观点的学者对这部书亦不屑一顾。尽管《列子》研究成果丰富，但若从整个《列子》研究史的角度来看，还只是冰山一角，大量的资料尚需整理研究。《列子》研究不应被《列子》的真伪无法确定所牵制，其他多位学者如卢重玄、林希逸、朱得之、赵佶、江遹、范致虚等的《列子》

研究著作，不仅是他们《列子》观的阐释，更重要的是带有鲜明地时代特色，这些都是研究《列子》在不同时期学术地位及价值的宝贵资料，应当给予充分重视。

以上是中国学者几千年来《列子》研究概况，港澳台学者及国外汉学家的《列子》研究成果也值得关注。首先需要指出的是台湾学者的《列子》研究。上文已经提到，台湾《列子》研究的领军人物是严灵峰与陈鼓应，而以严灵峰的成果最为突出。他先后辑有《无求备斋列子集成》、《无求备斋列子集成补编》两部总集。前者收录历代研究《列子》的著作达50多部，后者作为补编，主要收录日本刻本，还收录了一些日本人的研究著作，为《列子》研究者提供了丰富的文献资料。他还著有《列子辩诬及其中心思想》一书，论证《列子》非伪书，台湾大部分学者也都认为《列子》并非伪书。严灵峰之外，萧登福有《列子古注今译》（台北：文津出版社，1990年）及《列子探微》（台北：文津出版社，1990年）两书，也是台湾《列子》研究的代表性成果。

香港的《列子》研究主要以香港中文大学为中心，首先要提到的是香港中文大学中国文化研究所编著的《列子逐字索引》（香港：商务印书馆（香港）有限公司，1996年）一书，为《列子》研究者提供便利。有现代维摩诘之称的南怀瑾先生，虽然主要精力在佛学，但也兼及历史典籍。他有《列子臆说》（北京：东方出版社，2010-2011年）一书，虽属漫谈，但其中却蕴含着对于整个中国古代文化的理解，是一本很好的普及性读本。

国外的《列子》研究主要集中在日本。较早的是诸葛晃的《列子考》，其后有武内义雄的《〈列子〉冤辞》，柿村重松的《列子疏证》八卷。诸葛晃与武内义雄均认为《列子》非伪书，柿村重松以注释《列子》为主。

西方学者研究《列子》的有英国汉学家葛瑞汉在《中国古代哲学与哲学文献研究》（新加坡：东亚哲学研究所，1986 年）一书中力证《列子》为伪书。[1] 他还著有《列子研究》（哥伦比亚：哥伦比亚大学出版社，1990 年）。[2]

综上所述，民国之前的列子研究与时代因素息息相关。随着朝代更迭及统治阶层的需要，列子由一位普通的先秦道家人物一变而成为道教神仙，《列子》也被尊奉为道教经典。在老子思想影响之下，围绕着道教神学，唐宋两朝掀起了《列子》研究神学化的高潮。而随着先秦著述不断被文人所重视，关于它们的讨论也引起广大文人的注意。直到今天，对于《列子》真伪的讨论仍然在继续。诚然，对于每一位《列子》研究者来说，首先要澄清的便是真伪问题，这也是《列子》研究立论的基础。但是，若将研究重点放在一个到现在为止尚无法确定的悬案之上，而忽视其相关研究著作，则有失偏颇。民国之前的《列子》研究，尽管有许多不尽人意之处，但对《列子》这部实际存在的古代著述则多有发掘，并不因为其尚存争议而忽视其本身价值。新中国成立后的《列子》研究，便陷入了辨伪的误区。讨论《列子》真伪的文章层出不穷，甚至还有专著出版。综合来看，今人的辨伪也还是建立在现有资料的基础上，并无直接有力的资料来证明《列子》的真伪。尽管当前的《列子》研究也吸收了许多新的研究方法，但多局限于《列子》本身，对于古人的许多相关著述则罕有涉及，

1 转引自戴建平《〈列子〉自然观初探》（2002 年第 1 期《中国道教》）注 1。

2 转引自［比利时］戴卡琳《“墨子和杨朱的血液在儒家的筋肉里”：〈唐虞之道〉的“中道观”》（2006 年第 4 期《中华文史论丛》）第 331 页注 1。至于其他国外汉学家的研究文字，多涉及辨伪问题，本书不再一一指出，可参看郭剑锋《〈列子〉辨伪问题之再考察》（香港中文大学 2002 级硕士论文）第二章第三节西方学者辨伪的讨论文字。

这是《列子》研究的重大损失。此外，当今的《列子》研究仍然局限在中国大陆，未能全面注意到中国台湾、中国香港、日本及西方汉学家的相关成果，这也是《列子》研究的一大缺失。

二　选题意义

《列子》是先秦道家重要著作之一，在过去很长一段时间内未能引起学者们的足够重视。刘向校本早已失传，东晋张湛重新整理校勘，并为其作注，将《列子》上升到哲学层面考察，成为《列子》融入学术研究的开端。从这个意义上讲，对《列子》研究史的考察，不仅可以加深对《列子》本身研究的认识，更重要的是通过对不同时期各种研究著作的考察，便于把握学术发展的整体脉络。

《列子》最初由刘向整理成书，刘向在《列子书录》中将其归入黄老道家。黄老道家是战国时期道法思想融合而产生的一种新的学术思潮，其表面尊崇黄帝、老子，实际上以法家思想为主。这与刘向所生活的时代有密切关系。到了东晋，张湛将《列子》置于玄学思想之下考察。唐代尊崇老子，道教发展，《列子》又被置于老学之下。宋代佛教大兴，并且产生了理学，在这两种思潮的影响下，《列子》被不断重新解读。明代科举制逐渐成型，大量针对科举考试的选录本成为众学子应对考试的捷径，而先秦诸子则成为他们选录的主要典籍。同时，明代版刻技术日臻完善，《列子》不断被翻刻流通。清代乾嘉学术兴起，校勘学随之繁盛，《列子》自然也成为众多校勘家的整理对象。由此看来，《列子》研究的发展与学术发展及时代因素息息相关。对于《列子》在不同时期研究状况的考察，有助于对整个学术发展脉络的把握。

列子在《庄子》书中被描绘成一位御风而行的神人，《列子》中也记载了许多关于列子的奇闻逸事，书中所记载的许多传说故事都为后人不断引用，如愚公移山、夸父逐日、女娲补天等，先秦其他典籍无载，为后世保留了珍贵的历史资料，对我们了解古人有很大帮助。《列子》这部书虽然存在很大争议，但其所产生的文学价值不容忽视。刘勰称其“气伟而采奇”，钱钟书也认为《列子》有很高的文学价值，这说明今本《列子》确实有可取之处。

通过对《列子》研究史的梳理，我们也发现了许多珍贵的一手资料，这些资料长期无人问津，是学术史上的一大损失。如梁启超批校本《列子》，蔡元培批校本《列子》等。通过对这些资料的解读，我们不仅从多个角度对《列子》有了深入认识，更可了解批校者本人的学术轨迹，开拓学术视野。

三　研究范围

本论题研究范围划定在先秦至民国，选取这一时间段内与《列子》相关的研究文章、著作，系统探讨《列子》研究历史，主要体现在以下几点：

第一，对列子本人及《列子》文本的解析。人的生活环境及社会经历对其思想有直接影响，对于作者本人的研究必不可少。先秦诸子虽然多不亲自著述，但其弟子辑录其师生前言行而辑录成书，这些言行记录了诸子的思想，是我们研究诸子的第一手材料。因此，对列子其人及其书的考察应交互进行，互为补充，参照同时期及后世其他典籍记载，多方面、全方位了解列子思想，为准确把握此后数千年《列子》研究奠定基础。

第二，对后世注本、选本、批校本、不同刻本作初步探讨。不同时期的学者总会受时代因素的制约，就学术发展而言，这是思想进步的体现；而就历史文献本身来看，若解读不当则易误导后人。因此，本书在研读《列子》文本的基础上，力图揭示各个时代《列子》研究的特点，梳理学术发展脉络，以期更好地解读《列子》。

第三，站在学术史的高度探讨《列子》研究历程。对《列子》研究历程的总体把握，有助于从学术史的高度来认识《列子》在学术发展中的历史地位，与个案研究相辅相成，也是对《列子》研究的系统化认识过程。

四　研究方法

本书写作首先采用的是文献搜集与校读法。对各个历史时期内《列子》研究方面的相关资料，搜集并整理成篇，使之条理化，为研究创造条件。

其次是文献征引及考证。基于《列子》一书的特殊情况，许多新发现的资料需要对其作一定的整理考证。如关于列子的生平问题，虽然前辈学者有许多论述，但都没有将其具体化，只是笼统地将其归于战国。所以，这就需要参考各种文献记载对其做更为细致的探讨。

最后，历史分析的观点。由于本文属于学术史的写作，这就需要对于不同时期学术主流有所把握，同时还要建构整体的学术框架。只有在这种学术背景下，才能对《列子》一书的研究史做出客观中肯的评价。

引论

列子是春秋战国之际道家代表人物，其生平资料所知甚少。通过《庄子》等先秦子书的零星记载，可知列子为先秦诸子之一，他曾聚徒讲学，以“贵虚”为思想主旨。汉刘向奉旨校理群书，集合公私所藏二十篇而定为八篇。晋张湛重新整理，并为其作注，奠定了此后《列子》研究的基础。

一　列子生平

列子生平资料甚少，《汉书·艺文志》载：“名圄寇，先庄子，庄子称之。”现在流传下来的《列子书录》，后人多怀疑其为伪作，是否真为刘向所作已无从考证，但至少在唐柳宗元时已流传开来。《列子书录》对列子生平有如下描述：“列子者，郑人也，与郑缪（按：音穆，二字相通）公同时，盖有道者也。”这是现在所能看到的关于列子最早、也是最全的生平资料。对刘向的这一记载，数百年间无人质疑，唐柳宗元作《辩列子》，对《书录》中的说法提出质疑。他的理由是：“穆公在孔子前几百岁，《列子》书言郑国，皆云子产、邓析，不知向何以言之？《史记》：郑繻公二十五年，楚悼王四年，围郑，郑杀其相郑子阳，子阳正与列子同时。是岁，周安王四年，秦惠公、韩烈侯、赵武侯二年，魏文侯二十七年，燕釐公五年，齐康公七年，宋悼公六年，鲁穆公十年。不知向言鲁穆公时遂误为郑耶？不然，何乖错至如是？”[1]周安王四年为公

1 柳宗元《柳宗元集》，中华书局1979年版，第107页。

元前 398 年，据《列子・说符》载："子列子穷，容貌有饥色。客有言之郑子阳者，曰：'列御寇盖有道之士也，居君之国而穷，君无乃为不好士乎？'郑子阳即令官遗之粟。子列子出，见使者，再拜而辞。使者去。子列子入，其妻望之而拊心曰：'妾闻为有道者之妻子，皆得佚乐，今有饥色，君过而遗先生食。先生不受，岂不命也哉？'子列子笑谓之曰：'君非自知我也。以人之言而遗我粟，至其罪我也，又且以人之言，此吾所以不受也。'其卒，民果作难，而杀子阳。"《庄子・让王》也记载此事。郑子阳为战国时期郑国执政者，权倾一时。由这段记载可知，列子与郑子阳同时。文中最后称"其卒，民果作难，而杀子阳"，显系列子后学记录其师言行，则列子当死于郑子阳之前，即列子卒年当在公元前 398 年之前。而《列子书录》中说列子与郑缪公同时，郑缪公为春秋时人，比孔子还要早将近百年，柳宗元因此提出质疑。郑穆公，又作郑缪公，缪与穆通。而缪与繻形近，极有可能是古人传抄错误。

列子一生未曾出仕，以收徒讲学为业。据《列子・天瑞》载："子列子居郑圃，四十年人无识者"，可见他是一名隐士。他曾跟随老商氏、伯高子学道，据《列子・黄帝》载："列子师老商氏、友伯高子，进二子之道，乘风而归。"《庄子・逍遥游》载："夫列子御风而行，泠然善也，旬有五日而后反。"他以壶子为师，《列子・黄帝》载列子见神巫而心醉，最终受壶子点化而悟道，《庄子・应帝王》、《淮南子・精神训》亦记载此事，《列子・说符》、《淮南子・缪称训》均记载列子学壶子持后之道。《列子・黄帝》、《列子・说符》、《庄子・达生》均载有列子向关尹子问学，《吕氏春秋・审己》还记载了列子向关尹子学射。伯昏无人是列子的挚友，两人共同探讨学问。这些可能都是列子前期的求学经历。此后，他便隐居在郑国圃田将近四十年。郑子阳执政时，因有人荐举而赠列子粟米，但列子拒绝了他的馈赠，理由是“以人之言而遗我粟，至其罪我也，又且以人之言，此吾所以不受也”。后来，郑子阳被郑人杀死，列子后学记录此事，并称赞列子有先见之明。此后，由于郑国受灾，列子不得已前往卫国，《列子·天瑞》记载列子将要远行，他的弟子向他问学，列子借此为弟子们讲说了一番生化理论，这篇论述作为列子代表性的观点被放在全书卷首。《列子·天瑞》还曾提到列子适卫途中见道旁骷髅而发感叹，并对弟子百丰等人讲述了一番生死的道理，《庄子·至乐》也记载此事。

综上所述，列子生平情况大致如下：

列子，名御寇，一作圄寇、圉寇，战国时期郑国人，大致生活在公元前398年之前的战国中后期，与郑子阳同时。曾向老商氏、壶子、关尹子、伯高子问学，与伯昏无人为挚友，在郑国圃田隐居多年，以讲学为业，弟子有百丰等多人，后因故前往卫国。他的弟子们可能辑录其生前言行而成《列子》一书。《尸子》及《吕氏春秋》总结其学术主旨为“贵虚”，近于道家。

二　列子著作

有关《列子》的明确记载，首见于刘向《列子书录》。据《书录》记载，《列子》在其整理时已非全书，刘向集合内府及私人所藏共二十篇，去除重复篇章，定为八篇。《汉书·艺文志》遵循刘向旧例，亦著录八篇之数。在此后的数百年间，《列子》的流传情况不甚明了。直至东晋张湛重新整理并为其作注，才恢复八篇之数。据张湛《列子注序》称，他所见到的《列子》是由其父从王弼家中抄录而来。经晋末战乱而南渡之后残缺不全，只留下《杨朱》、《说符》及目录三卷。张湛后又从刘正舆处得四卷，王弼女婿赵季子家得六卷，参校有无而最终定为八篇，现在所见到的《列子》八篇即为张湛所校定。据现存最早的宋本《列子》，其篇目先后为：《天瑞》，《黄帝》，《周穆王》，《仲尼》，《汤问》，《力命》，《杨朱》，《说符》。其中，《仲尼》又称《极智》，《杨朱》又称《达生》（据纂图互注本补）。对于这样一个《列子》流传过程，后世学者也提出了诸多疑问，因此也便有了《列子》辨伪学的产生。

先秦学者多不自著述，现在我们看到的许多先秦著作多是由其弟子后学整理而成，由于弟子们对老师所讲道理理解的不同，由此也产生了许多不同的派别。列子被公认为是道家的代表人物，其思想可用一个“虚”字来概括。而《战国策》中史疾称列子“贵正”，又与儒家相合，难免会引起后世学者的质疑。从思想流变的角度来看，不排除列子后学随时代发展而对列子思想做修正的可能。综合多种因素，对于先秦时期流传下来的著作，学者们产生了种种疑问。在众多的先秦著作中，对于《列子》真伪的讨论一直比较激烈，学者们从多个角度辨析《列子》真伪，大体可从清及清之前、民国、新中国成立后三个阶段考察。

清及清之前。古人对于《列子》真伪的辨析较为慎重，可分为两种情况：道教徒及道教信众与一般读书人。在道教徒及道教信众眼中，列子是老子之下的一位仙人，而《列子》则是指导人们修学仙道的无上经典，其真实性无可厚非。唐玄宗封列子为冲虚真人，《列子》也改称《冲虚真经》。宋真宗又加“至德”二字，尊列子为“冲虚至德真人”，《列子》改称《冲虚至德真经》。在皇帝的影响下，臣子们也纷纷从道学角度注释《列子》，如唐卢重玄的《列子注》、宋范致虚的《列子注》、江遹的《冲虚至德真经解》等，均是对皇帝尊崇道教的回应。在他们的心目中，列子是真实存在的人物，《列子》是不可亵渎的无上经典，绝对不容置疑。而在普通学者看来，则从学术研究的角度较为实际地考察《列子》的真伪问题。刘向整理《列子》，曾对《列子》中《周穆王》、《汤问》、《力命》、《杨朱》四篇提出疑问，认为与道家“秉要执本、清虚无为”的主旨不符，而刘向并未对这一问题做深入探讨。唐人柳宗元对《列子书录》中郑缪公一说提出质疑，但他并不认为《列子书录》是伪作，只是对郑缪公一说进行了辨析，表明自己的观点。相较于柳宗元，高似孙则较为武断，他不仅认为《列子》是伪作，而且因为列子出自《庄子》而怀疑其为虚构，并非真实的历史人物。此后不断有学者论述《列子》真伪问题，尽管他们均对《列子》提出质疑，但多认为其文辞古朴，尚有可取之处。

相较于清代及清代之前的学者，民国学者更多侧重于纯粹的真伪辨析，并不考虑《列子》存在的实际意义。梁启超在《古书真伪及其年代》中认为，现在流传下来的《列子》八篇是由张湛所伪造。陈三立在《读列子》一文中也提出质疑，认为《列子》文辞确有可取之处，然不可因此而忽略其中的诸多问题。陈三立采取了折中的办法，既不完全肯定《列子》，也不完全否定《列子》。而此后马叙伦在《列子伪书考》中（后收入《天马山房丛著》）则通过对《列子》书二十事的辨析，认定《列子》为晋人伪作。岑仲勉认为《列子》并非晋人伪作，而是战国末期杂采《庄子》及杂说而成。

新中国成立后，许多学者改变以往单一的研究方式，结合时代因素，从多个角度对《列子》真伪问题展开讨论。杨伯峻首先从语言学角度来探讨《列子》真伪，他抓住《列子》中个别词语的用法与先秦时用法不同，认为《列子》是后人伪造。后来许多学者纷纷从这个角度撰文，认为《列子》是伪作。而严灵峰《〈列子〉辩诬及其中心思想》一书则认为《列子》并非伪作，马达在发表了一系列辨析《列子》真伪的文章之后，出版专书《〈列子〉真伪考辨》，系统阐述《列子》非伪书。此后学者们的文章，大多未能超越这两个层面。而许抗生的《列子考辨》一文，则认为《列子》中有先秦资料，在流传过程中经后人增窜，以至于掺杂了列子之后的一些资料及思想。这个观点相较于其他观点来说，比较有突破性。

综合来看，列子确为真实存在的历史人物，其思想应归入道家，以“虚”为思想主旨。在刘向之前是否真的存在一部古《列子》，仍存在许多疑问。列子大约生活于战国中后期，其时著述风气尚未完全铺开，许多学者仍是采用口耳相传的授课方式。而一旦学者去世，其弟子后学多辑录其师生前的言行成书流传于世。就现有资料来看，尚无直接证据说明列子去世之后其弟子曾辑有一部古《列子》。汉朝建立，整理典籍，其间也可能有《列子》存世，抑或为个别篇章。至刘向校书时，集合官私所藏二十篇，去除重复而定为八篇，然刘向也对其间的舛错之处提出了质疑，但他并未做进一步探讨。这里有一点需要注意，为什么刘向校书在知道《列子》有舛错抵牾的情况下仍然不加辨析地如此安排？很显然，其校书必定有所依据。尽管《列子书录》中所说《列子》在景帝时流传于世，后来散落于民间的说法并未得到印证，但根据刘向校书的经过，我们有理由相信在他之前应该有与《列子》各篇章相关的文献资料，否则以刘向之博学，不可能在明知各篇章有所抵牾的情况下仍然按照此顺序安排《列子》各章次序。由此可推测，刘向整理之前应该有一部《列子》传世。而刘向整理之后，《列子》似乎并未如《老子》、《庄子》那样广为流传。在张湛之前的数百年间，未能找到相关资料。直到张湛为《列子》作注，苦于不得《列子》全书，遂又重新整理，仍旧按照《汉书·艺文志》的顺序定为八篇。而学者们对其《列子注》前所附的序又有所怀疑，认为是张湛为抬高身价而肆意伪造，因此也便产生了张湛伪造《列子》说。

张湛在《列子注序》中称其父从王弼家中抄录《列子》，后因战乱南渡途中遗失。后来他想为《列子》作注，因不得全本而四处搜寻，终于凑足八篇之数，今本《列子》即为张湛整理本。学者们对于张湛的质疑主要集中在两点：一是若《列子》为实际存在的一部著作，为何只有王弼家收藏？二是张湛在序中提到《列子》中的某些思想与佛学有相吻合之处，说明《列子》是魏晋时期所伪造。这两点论断均过于武断。首先从古籍流传的角度来讲，在没有雕版印刷之前，古人全凭手抄来获取书籍，其艰难程度可想而知。王弼家藏书来自于蔡邕，蔡曾出入宫廷，更容易获得外界所看不到的书籍。刘向校书之后，《列子》流传范围应该不会太广，抑或一直深锁宫廷，未能广为传播。由此看来，普通读书人若要得到《列子》则更为困难。张湛父亲因王弼藏书而有《列子》抄本，也在情理之中。其次，佛教传入中国有明确记载的时间是三国时期。而佛教至少在公元一世纪前后即传入我国新疆地区，且甚为兴盛。而中原地区至少在商代就与新疆地区有联系，这一点可从商王妇好墓中所出土的和田玉得到印证。既然存在联系，思想交流也便在所难免，佛教思想与中原文化或许早就存在融合迹象。若从各自文化发展角度来看，尽管存在种族文化差异，但也难免有相吻合之处。因此，张湛伪造一说也很难成立。

综上所述，列子去世之后，或许存在一些其生前讲学的篇章，至少在刘向整理之前，仍有相关资料存世。刘向将这些资料搜集起来，校除重复，最后定为八篇。至东晋末，张湛为《列子》作注，因不得全本，四处搜寻，重新整理，以符《汉书·艺文志》所载八篇之数。此后二千多年间所流传的《列子》，即为张湛整理本，已非汉志之旧。

三　列子思想

关于列子思想，学界大都沿袭《尸子·广泽》及《吕氏春秋·不二》“列子贵虚”的说法。《列子·天瑞》记载列子对贵虚论的解释，这就更加印证了《尸子》及《吕氏春秋》中的记载。而《战国策·韩策二》史疾答楚王问，却说列子“贵正”。贵虚思想多被归入老庄道家一派，刘向《列子书录》说：“列子学本于黄帝、老子，号曰道家。”张湛《列子注序》称：“其书大略明群有以至虚为宗。”由这些评述文字可知，列子学术源流为道家，其学术特色以贵虚为宗旨。《战国策》为刘向编著，多载战国策士言行，有一定的可信度。其所载史疾之说，也并非空穴来风。

刘向说：“道家秉要执本，清虚无为，及其治身接物，务崇不竟，合于六经。”张湛认为列子贵虚的宗旨是：“万品以终灭为验，神惠以凝寂常全，想念以著物自丧，生觉与化梦等情。巨细不限一域，穷达无假智力。治身贵于肆任，顺性则所之皆适。水火可蹈，志怀则无幽不照，此其旨也。”刘向以汉代黄老道家思想为背景，认为道家主要思想是清虚无为，对于自身及外物均采取若即若离的态度，但其宗旨与六经相吻合。由此看来，作为儒者的刘向，不仅糅合当时的黄老道家思想，而且也以儒家六经来看待先秦道家。而张湛则以玄学为背景，以宇宙论为基础，淡化物我矛盾，融个体于群体之中，同时又强调个体、群体的作用，以宇宙论指导人生论。那么，道家思想的主旨到底是什么呢？这里最为权威的论述莫过于司马谈的《论六家要指》：

> 道家无为，又曰无不为，其实易行，其辞难知。其术以虚无为本，以因循为用。无成执，无常形，故能究万物之情。不为物先，不为物后，故能为万物主。有法无法，因时为业；有度无度，因物与合。故曰“圣人不朽，时变是守。虚者道之常也。因者君之纲”也。群臣并至，使各自明也。其实中其声者谓之端，实不中其声者谓之窾。窾言不听，奸乃不生，贤不肖自分，白黑乃形。在所欲用耳，何事不成。乃合大道，混混冥冥。光燿天下，复反无名。凡人所生者神也，所托者形也。神大用则竭，形大劳则敝，形神离则死。死者不可复生，离者不可复反，故圣人重之。由是观之，神者生之本也，形者生之具也。不先定其神，而曰“我有以治天下”，何由哉？

司马谈认为，道家以“无为而无不为”为本体，以“虚无”为宗旨，以“因循”为手段，等同物我，以宇宙论统摄人生论，以自然论为指导，主张形神兼顾，注重内心修养。认为做任何事情都要适度，不能劳形伤神，否则会形神相离而归于虚无。司马谈能够不受黄老思想的束缚，指出道家思想的主旨，后人论及道家多以司马谈所论为准的。司马谈认为道家以“虚无为本”、“因循为用”，认为“虚者道之常也，因者君之纲也”，这点中了道家的要害。老子集道家思想之大成，以道论为基础，以宇宙论指导人生论。在老子看来，“道”是无形无象、不可捉摸的，人只能通过对万物生灭变化的感悟来体验道，却不能以占有的心理来取得道。因此，虚无成为体道的关键。不仅要看淡万物，而且还要将自我看淡，静观万物的生灭变化。老子说：“致虚极，守静笃。

万物并作，吾以观复。”王弼解释道：“言致虚，物之极笃；守静，物之真正也。”“以虚静观其反复也。凡有起于虚，动起于静，故万物虽并动作，卒复归于虚静，是物之极笃也。”[1]王弼的解释体现了老子本意。由此看来，道家思想的主要特点就是贵虚。《列子·天瑞》载：“或谓子列子曰：‘子奚贵虚？’列子曰：‘虚者无贵也。’子列子曰：‘非其名也，莫如静，莫如虚。静也虚也，得其居矣；取也与也，失其民矣。事之破䃣而后有舞仁义者，弗能复也。’”这是列子直接对“贵虚”做出的解释。既然以虚为宗旨，那么就要把所有物质、思维等全部空掉，不带任何想法体悟大道。他指出，所谓“贵虚”，并非一意求虚、求静。尽管达到虚静的境界已经是得道，但实际上仍游离于物的范畴之内，并未真正理解虚的含义。

《列子》设置了一个由天及人的渐进过程。通过对万物生灭变化的阐释，使人们明白物质并非恒常不变，只有使物质生灭变化的规律才是永久不变的。掌握了物质变化的规律，即是懂得了道的妙用。《列子·天瑞》首先阐释了生灭变化的现象：“有生不生，有化不化。不生者能生生，不化者能化化。生者不能不生，化者不能不化，故常生常化。常生常化者，无时不生，无时不化。”生指产生，化指消亡，“有生”指生的现象，“有化”指化的现象。世间一切物质都有生灭的变化，它们被创造出来，最终又归于虚无，生生不息，《天瑞》还列举了五十多种异类相生相变的生化实例来说明万物生灭变化的不可捉摸。世间万物就是在这种永不停息的生化过程中不停运转，物虽然会生，但最终必定要走向灭亡。

其次，明了了宇宙生化的现象，就要进一步建立起万物等同的思想。列子说：“道，终乎，本无始；进乎，本不久。有生则

1 楼宇烈《老子道德经注校释》，中华书局 2008 年版，第 35 页。

复于不生，有形则复于无形。不生者，非本不生者也；无形者，非本无形者也。生者，理之必终者也；终者，不得不终，亦如生者之不得不生。而欲恒其生、尽其终，惑于数也。精神者，天之分；骨骸者，地之分。属天清而散，属地浊而聚。精神离形，各归其真，故谓之鬼。鬼者，归也，归其真宅。”“道”是道家哲学的最高范畴，它产生万物而不随万物生灭变化。所生之物又秉承了道的特性，生死流转，没有尽头。“有生”指生的现象，“有形”指实际存在的形体。生的现象是产生形体的根本，它本身并不存在生灭变化，但这并不代表它不生产万物；有形的实际存在物本质上并不存在差别，这并非说它本身不可捉摸。万物之所以生灭变化的种种现象，是天理使然。人总是以智力来影响自然，总是期望阻断生灭的现象，这是人欲的体现。列子将人分为骨骸与精神两部分，精神使得骨骸具有生灭变化，而骨骸又给了精神以生命，二者相互为用、互为依存。随着生化的运行，精神与骨骸最终也会灭亡。精神会飘散在空中，骨骸会融入大地。人死后被称为鬼，就是回归自然的意思。万物与人一样，都在生化的作用下出生入死、流转不息。人虽凭借智力阻断生灭，但最终将是徒劳，任何力量均不能影响生化。据此，列子提出万物等同的思想。

通过对于生化论及等同万物的思考，列子最终走向了贵虚。在他看来，道产生了万物，而万物又随顺道的生化而不停运作。万物的终极特性即是生化，任何物体均不能逃脱生化的约束。天地虽然包容万物，但天地也是由道产生，也必须遵循道的规律，最终也会如万物一样归于宇宙。贵虚即是一无所求，将一切看透。因为万物都会消亡，所以人应当努力探寻道的真谛，不应再为无谓的纷争而浪费时光。列子曾向壶子、关尹子、伯昏无人问学，他们先后教导列子要等同物我、纯朴无为，从道的高度来看待生死问题，这些最终都被列子所消化吸收，成为他贵虚论中等同物我思想的组成部分。列子思想虽然也属于老庄道家的范畴，但与老子从大处着眼不同，列子更加倾向于对人自身的探寻。列子对宇宙论的探寻没有如老子一样为生化之源命名，而是通过对万物转化的描述阐释自己的观点，使人切身感到自我与万物没有区别。同时，又强调人应当“雕琢复朴，块然独以形立”，这便将自我从宇宙论中解放出来，使得人成为一个个体，而不是宇宙的附属。

《战国策·韩策二》“史疾为韩使楚”条载：“史疾为韩使楚，楚王问曰：‘客何方所循？’曰：‘治列子圉寇之言。’曰：‘何贵？’曰：‘贵正。’王曰：‘正亦可为国乎？’曰：‘可。’王曰：‘楚国多盗，正可以圉盗乎？’曰：‘可。’曰：‘以正圉盗，奈何？’顷间有鹊止于屋上者，曰：‘请问楚人谓此鸟何？’王曰：‘谓之鹊。’曰：‘谓之乌，可乎？’曰：‘不可。’曰：‘今王之国有柱国、令尹、司马、典令，其任官置吏，必曰廉洁胜任。今盗贼公行，而弗能禁也，此乌不为乌，鹊不为鹊也。’”楚王向史疾询问怎样可以止盗，而史疾以鹊为喻，指出楚国官不司其职、不谋其位的混乱局面。治理国家的官吏如果不能做到廉洁胜任，那么盗贼永远也不可能止息。史疾所说的“贵正”与孔子所说的“必也，正名乎？名不正则言不顺”一脉相承，均从治国角度出发，认为执政者应当名正。只有名正，人民才能信任，政令才能施行，意即言顺。只有做到名正言顺，国家才能得到治理，否则是“乌不为乌，鹊不为鹊”，混乱不堪。列子相关文献中尚未发现类似记载。《战国策》为刘向辑录的记载战国策士言行的史录，所载多为史实。史疾为列子后学，应当没有疑问。而其所载“贵正”一说，则存在几种可能：第一，借孔子以自神其说，并非事实；第二，为列子思想之一。《尸子》及《吕氏春秋》总结列子学术为“贵虚”，当是以其主体思想为主。而战国诸子之说，大多针对当时弊病各抒己见，带有很强的政治色彩。列子作为先秦诸子之一，当然也关注时政，其思想中带有政治倾向无可厚非；第三，列子后学适应社会发展，而对其师思想所作的修正；第四，列子再传弟子中的一个派别。尽管据现有文献无法确定“贵正”说与列子之关系，但《战国策》所载当有其历史依据，不应忽视。

综上所论，列子以贵虚为主要思想，注重人自身的修养与发展，从根本上将万物等同起来，从道的高度来俯视生死，肯定人自身存在的价值，这是其思想的可贵之处。

第一章 战国秦汉文献中的列子

第一节 研究背景及概况

《尸子》概括列子思想主旨为“虚”，《庄子》多载列子事，《战国策》也载列子弟子事。《吕氏春秋》及《淮南子》中也有相关记载。而《汉书·艺文志》载《列子》八篇，称“列子名圄寇，先庄子，庄子称之”，这是有关列子生平及著作的最早文献记载。尽管这一时期对于列子及《列子》仍存在诸多疑问，但将各种文献资料中的点滴记载整合起来，便成为后世《列子》研究的源头。

战国时期百家争鸣，列子始终未曾出仕为官，他的弟子后学中有明确记载曾为诸侯所用的是史疾，但其称列子“贵正”，与《尸子》及《吕氏春秋》中“贵虚”说不合，故后人多以为史疾是借重孔子而自神其说。列子最早以御风而行的神人形象出现在《庄子》中，后人也因《庄子》多寓言，怀疑列子为“子虚乌有”之人。但《尸子》及《吕氏春秋》均称其思想主旨为“贵虚”，近道家。《尸子》早亡，学者多将《吕氏春秋》作为可信史料，故其所记大致可信。《吕氏春秋》中有关列子的记载与今本《列子》及《庄子》基本相合，可能源自《庄子》或古本《列子》。书中称列子为“子列子”，或采自古本《列子》，或有列子后人参与修订。而《庄子·达生》及《庄子·让王》载列子事也称“子列子”。一般认为，内篇为庄子自著，外篇及杂篇为庄子门人所著，不成于一时。由此看来，庄子后学与列子也存在一定关系，或者外杂篇作者采自古本《列子》，未作审定而一并收入，以至于保留了原作风貌。

汉代对《列子》的引述首见于《淮南鸿烈》。淮南王刘安仿效吕不韦集合门客著《淮南鸿烈》一书，采诸子百家之言，《汉书》归入杂家类。《淮南鸿烈》卷七《精神训》及卷二十《泰族训》选列子事，均取其意以说明本篇主旨。淮南王之后对列子有所研究的是刘向。刘向奉旨校理群书，每部书成均附序言一篇，叙述校书经过及书籍大旨供皇帝御览，称为书录。《列子书录》出现的确切年代已不可考，唐柳宗元《辩列子》中已经提到这篇序。由于序中所言多有不合史实之处，后世学者亦对其产生疑问，认为这篇序言是伪作，不足为凭。不可否认，刘向确曾校定过《列子》。《汉书·艺文志》道家类著录《列子》八篇，班固所著《艺文志》，全抄刘歆《七略》而成，并未做太大改动。刘向在书录中将《列子》归入黄老道家一系，明显受时代因素影响。班固《汉书》中有《古今人表》，记载上古至汉时古今名人，按照人品依次分为九等，列子被列于第五等。由此看来，班固认为列子并非圣人之流。

列子作为先秦诸子之一，其影响较老庄逊色，但也形成了独特的思想，且有弟子追随其左右问学。尽管战国秦汉时期有关列子的资料较为零散，但却奠定了后世《列子》研究的基础。无论从思想还是文本来讲，均奠定了后世《列子》研究的基础。

第二节 战国子书中的列子

战国子书有关《列子》的记载有限，主要集中在《尸子》、《庄子》与《吕氏春秋》中。《尸子》概述列子思想主旨；《庄子》将列子描述为御风而行的神人，所载列子事多与今本《列子》相合；《吕氏春秋》所载列子事，综合《尸子》及《庄子》，随行文需要而适当节选。

一　《尸子》论列子

尸子为先秦诸子之一，《史记·孟子荀卿列传》载“楚有尸子”，裴骃注曰：“刘向别录曰：楚有尸子。疑谓其在蜀。今按：《尸子书》，晋人也，名佼，秦相卫鞅客也。卫鞅商君谋事画计，立法理民，未尝不与佼规之也。商君被刑，佼恐并诛，乃亡逃入蜀，自为造此二十篇书。凡六万余言，卒因葬蜀。”[1]而《汉书·艺文志》杂家类著录《尸子》二十篇，班固注曰：“名佼，鲁人。秦相商君师之，鞅死，佼逃入蜀。”裴骃所记与班固不合，然均认为尸子在商鞅亡后入蜀而著书，最后终于蜀地。据孙星衍《平津馆丛书》集本《尸子叙》，《尸子》“后亡九篇，魏黄初中续之。至南宋，而全书散佚，章孝廉宗源剌取书传，辑成此帙。”他评价此书说：“尸子之学，不尽纯夫儒家通天地人、法阴阳五行、守五帝三王之道，固已兼诸子之所贵矣。”由此看来，尸子之学兼及诸子百家，可谓得诸子之精髓。

《尸子·广泽》论诸子曰：“墨子贵兼，孔子贵公，皇子贵衷，田子贵均，列子贵虚，料子贵别囿，其学之相非也数世矣，而皆已弇于私也。……若使兼公、虚、均、衷、平、易、别囿，一实则无向非也。”尸子总论墨子、孔子、田子、列子、料子的思想主旨，以一字或两字概括，基本上符合各家思想主旨。尸子认为，各家思想门户偏见甚重，他们均是出于一己之见而否定驳斥别家思想。尸子主张打破门户偏见，融合各家思想。列子贵虚说首见于《尸子》。由此可知，先秦时期确有列子其人，他的思想也曾

---

1 裴骃《史记集解》卷七十四，文渊阁《四库全书》本。

风靡一时。关于贵虚的主张，可从今本《列子》中找到相关记载。《列子·天瑞》载有人问列子何为贵虚，列子答曰“虚者无贵”。虽然后人多认为今本《列子》为伪书，但对这段记载则多持肯定意见，主要是因为《尸子》及《吕氏春秋》中均有提及。《列子》贵虚之说极有可能是列子亲口所说，并非他人所总结。尸子约生活于战国末期，距列子不远，他的论述当有所本。商鞅亡于公元前338年，其后尸子入蜀著书并亡于蜀地。列子卒于公元前398年之前，距尸子入蜀著书有60余年，则尸子可能亲闻列子之学。而《尸子》中所载贵虚之说不见于先秦其他子书，《吕氏春秋》虽有相关记载，但其书为集合前代子书而成，极有可能是参考《尸子》而来。

《尸子》以一“虚”字概括列子思想主旨，是时人对列子思想的准确概括。不仅证明列子确有其人，而且还说明列子思想近于道家，在先秦时期也确有一定影响。

二 《庄子》论列子

《庄子》中有关列子的记载共有六处：《逍遥游》一处，《应帝王》一处，《至乐》一处，《达生》一处，《让王》一处，《列御寇》一处。除《逍遥游》为概述外，其他几处均与今本《列子》中所载相差无几。

《逍遥游》将列子描述成一位御风而行的神人，但庄子认为他仍然“犹有所待”，并未真正得道。庄子说：“彼于致福者，未数数然也。此虽免乎行，犹有所待者也。若夫乘天地之正，而御六气之辩，以游无穷者，彼且恶乎待哉？”庄子肯定列子并未急于追求个人安乐的求道精神，但他认为真正的得道者是无所凭借而游于无穷。列子虽然达到了一般人难以企及的境界，但仍然有所凭借，并未真正得道。列子御风当然是一种传说，庄子认为列子并未得道的观点应当有其现实根据。或许在庄子眼中，列子还尚未达到“无己、无功、无名”的境界，因此不能算是真正的得道者，充其量是高于常人的智者。《应帝王》载列子被神巫所迷惑，经壶子点化而最终觉悟，更加证明了《逍遥游》中庄子的论断。《至乐》载列子阐释生化之理，《达生》载列子向关尹问道，《让王》载列子拒受郑子阳粟，《列御寇》载列子之齐却半路而返，均见于今本《列子》。一般认为，内篇为庄子自著，外篇为庄子与其弟子合著，杂篇为庄子后学所著。这六篇中，《逍遥游》、《应帝王》属内篇，《至乐》、《达生》属外篇，《让王》、《列御寇》属杂篇，各篇所载文字风格也不尽相同。《逍遥游》及《应帝王》虽肯定列子的修为，但并不认为他是得道者；《至乐》、《达生》则渐渐倾向于将列子描述为经一番修炼而得道的圣人；《让王》、《列御寇》则完全将列子描述为一位得道者。需要特别注意的是这几篇中对列子的称呼也有所不同。《逍遥游》、《应帝王》、《至乐》三篇均称列子，而《达生》及《让王》则称子列子，《列御寇》称列御寇。《达生》及《让王》两篇称子列子，据张湛《列子注》：“载子于姓上者，首章或是弟子之所记故也。”则《达生》及《让王》作者对列子甚为尊敬，抑或是两篇中所载列子资料来源于古本《列子》，庄子门人编辑时未加甄别而一并录入，以至于保留了原书风貌。

在庄子看来，列子是一位“犹有所待”的御风者；而庄子弟子出于对前人的尊敬，又碍于庄子，便将列子描述为一位经努力学习而得道的圣人；到庄子后学手中，列子地位等同于庄子，成为道家代表人物之一。

三　《吕览》论列子

《吕氏春秋》是秦相吕不韦集合门客编纂而成的一部类书，包含先秦诸子各家思想，以十二纪、八览、六论而统摄全书。列子相关记载共有三处，《审己》载列子向关尹学射，《观世》载列子拒收郑子阳粟，《不二》总论列子学术，与《尸子》相同。

《吕氏春秋》所载列子事，均随行文而各取所需。《审己》主旨在于说明物之所以为物，追寻事物深层的理论关系。《审己》说："凡物之然也必有故，而不知其故，虽当与不知同，其卒必困。"列子向关尹子学射，关尹子首先问他是否明白能够射中的道理，列子因不知所以然而继续学习三年，最后明白了之所以射中的原因，才通过关尹子的考核。关尹子进一步阐释说："非独射也，为国与身，亦皆如之。故圣人不察存亡，而察其所以然。"关尹子是通过学射这一契机，让列子明白"察其所以然"的道理。

《观世》叙述知人论世的道理，作者论述说："天下虽有有道之士，国犹少。千里而有一士比肩也，累世而有一圣人继踵也。士与圣人之所自来若此，其难也。而治必待之。治奚由至？虽幸而有，未必知也。不知则与无贤同。此治世之所以短，而乱世之所以长也。"《观世》作者认为，天下是否安定，在于统治者是否能够了解自己境内有多少贤人且能为己所用。作者认为，天下虽然有不少贤士，但相对于各个国家来说却并不多，能够为君主所用的贤人便更少。围绕这一主旨，作者选取了许多故事作进一步说明。所选列子拒子阳粟事亦见《列子》及《庄子》，文字相差无几。作者论述道："受人之养而不死其难，则不义；死其难，则死无道也。死无道，逆也。子列子除不义、去逆也，岂不远哉？且方有饥寒之患矣，而犹不苟取，先见其化也。先见其化而已动，远乎性命之情也。”郑国当权者虽然赠粟给列子，但并非真正了解列子，而是因他人举荐为赢得名声而不得不赠。列子懂得这个道理，即使自己忍受饥寒也绝不受不义之物，从而免除了祸患。高诱注曰：“孔子曰：贫观其所取。此之谓也。”由此看来，《观世》作者也认为列子是得道的贤士。需要注意的是，文中冠“子”于列子之前，与《庄子》情况相同，或者原文如此而作者不加审定一并录入，保留了原文风貌；或者是吕不韦门客中尚有列子后学参与编订此书，故而尊称列子。

《不二》旨在于强化王权统治，严格管束众人言论。作者论述道：“众人议以治国，国危无日矣。”作者列举老子、孔子、墨翟、关尹、子列子、陈骈、阳生、孙膑、王廖、儿良十家学术主旨，其所记墨子贵廉、孔子贵仁与《尸子》不同，而列子贵虚之说则与《尸子》同。在这十家中，只有列子前冠以“子”字。《吕氏春秋》有关列子的记载不存在连续性，随各篇主旨不同而有针对性地选取相关片段。

《尸子》、《庄子》、《吕氏春秋》这三种子书中有关列子的记载主要集中在对列子学术思想的总结。综合三家所述，先秦时期确有列子其人。列子弟子极有可能编过一部古本《列子》，使列子思想流传广泛。尽管对列子生平及学术情况所知有限，但这些点滴材料奠定了后世列子研究的基础。

第三节　汉代文献中的列子

汉代《列子》流传情况较为复杂。《淮南子》类似于《吕氏春秋》，亦随行文所需而节取《列子》相关文字。《淮南子》化用列子事，将其融入叙述之中。刘向曾校订《列子》，《汉书·艺文志》亦著录《列子》八篇。今本《列子》前附有一篇署名刘向的《列子书录》，叙述《列子》校订过程及全书大旨，后人多疑其为伪作。刘向所编订的《新序》及《战国策》二书均有与列子相关的文献资料，且《战国策》提出“列子贵正”的说法，与《尸子》及《吕览》不同。

一　《淮南》论列子

《淮南子》为淮南王刘安主持撰写而成，以道家思想为主，糅合儒家、法家等诸家思想。据《汉书·淮南厉王刘长传》载，淮南王刘安“作《内篇》二十一篇，《外书》甚众，又为《中篇》八卷，言神仙黄白之术，亦二十余万言”。由此可知，刘安当时著有《内篇》二十一篇，《外书》数篇，《中篇》八篇。《汉书·艺文志》著录《淮南内》二十一篇，《淮南外》三十三篇，入杂家类，仅有《内篇》二十一篇流传下来。班固论杂家说：“杂家者流，盖出于议官。兼儒、墨，合名、法，知国体之有此，见王治之无不贯，此其所长也。及荡者为之，则漫羡而无所归心。”班固将杂家定义为“无所归心”的议官之说，认为其只是针对治国而综合各家学说的议论，并非专门之学。以此而论，《淮南子》则有所例外。虽然兼综各家学说，但其主旨为道家。

《淮南子》中有关列子的记载分别见于《精神训》、《缪称训》、《泰族训》。与《庄子》、《吕氏春秋》等书直接引述原文不同，《淮南子》则是将其化入论述当中，重其意而不重其文。《精神训》主旨据高诱所说为“本其原，说其意”，其选列子见郑神巫事，着重叙述壶子齐生死的思想，以说明其生死无别之意。《缪称训》主旨为“同之神明，以知所贵”，载列子学壶子持后之道，作者评价说：“故圣人不为物先，而常制之其类，若积薪樵。后者在上。”与老子“后其身而身先”思想相合。《泰族训》引列子语曰：

“使天地三年而成一叶，则万物之有叶者寡矣。夫天地之施化也，呕之而生，吹之而落，岂此契契哉！”《列子·说符》亦载，文字略有出入。《列子》原文为：宋人有为其君以玉为楮叶者，三年而成。锋杀茎柯，毫芒繁泽，乱之楮叶中而不可别也。此人遂以巧食宋国。子列子闻之，曰：“使天地之生物，三年而成一叶，则物之叶者寡矣。故圣人恃道化而不恃智巧。”列子引述此句，意在说明“圣人恃道化而不恃智巧”的自然之功。马宗霍解释说：“夫三年而成一叶，勤亦至矣，故此之‘契契’，盖为勤苦之貌，言天地施化，纯任自然，必不若是也。”[1]马氏所说与列子原意相符，也符合《泰族训》“神明之事，不可以智巧为也，不可以筋力致也”的主旨。

《淮南子》所引列子事，重在取其意。前两处均化入叙述之中，后一处虽引列子文字，也是为其主旨所服务。《淮南子》所引列子学持后及论三年成一叶事，均未见汉代其他著作引述，且与今本《列子》文字有出入。刘安所据以引述的文字，或为刘向整理之前的《列子》资料。

二　刘向论列子

刘向的功绩主要是校订《列子》八篇，尽管原书不存，但为后世提供文献依据。此外，他所著《新序》还对列子作相关评述，而其所整理的《战国策》则载“列子贵正”说。

《汉书·艺文志》著录《列子》八篇，班固沿袭刘向、刘歆《七略》稍加删改而成，因此保留了刘向、刘歆父子所校书的基本面貌。今本《列子》前还附有一篇署名刘向的《列子书录》，叙述整理《列

1 何宁《淮南子集释》，中华书局 1998 年版，第 1377—1378 页。

子》的过程，并对全书主旨有所论述。据这篇序所说，刘向整理的八篇《列子》并非完书，而是综合了国家及个人所藏共二十篇，校除重复而成八篇之数。据此来看，在刘向校书时《列子》已非完书。至于古本《列子》的篇卷结构，则很难知晓。序中还说《列子》书在汉景帝时非常流行，后来散落在民间，以至于湮没无闻。又，序中言列子与郑缪公同时，与《列子》书中所载列子与郑子阳同时不合，前后相差百年。柳宗元《辩列子》已详细辨析，认为是刘向笔误。笔者认同柳宗元的观点，还有可能是后世传抄错误。

《列子书录》中概括《列子》全书主旨，认为列子之学属于道家，以“秉要执本、清虚无为”为宗旨，“及其治身接物，务崇不竞，合于六经”。但也对《列子》一书提出质疑：“《穆王》、《汤问》二篇迂诞恢诡，非君子之言也。至于《力命》篇一推分命，《杨子》篇唯贵放逸。二义乖背，不似一家之书。”刘向虽然认为《列子》属于道家著作，但他评价此书的标准是“合于六经”。据此，他认为《周穆王》与《汤问》两篇“非君子言”，意即不合于儒家经典。而《力命》着重论述命运不可抗拒，《杨朱》则重放逸，两篇“不似一家之书”。

刘向在《新序》中引列子拒子阳粟事并评价说：“列子之见微除不义远矣，且子列子内有饥寒之忧，犹不苟取，见得思义，见利思害，况其在富贵乎？故子列子通乎性命之情，可谓能守节矣。”刘向称赞列子不为利益而折节权贵的操守，因此将其归入“节士”之列。刘向在文中也称列子为“子列子”，由此看来，“子列子”这一称呼似乎变成对列子的尊称，并非只是弟子对老师的尊称。

《战国策》记录战国策士言行，是了解战国史实的重要资料。《韩策二》载史疾为韩使楚，自称是列子后学，他总结列子思想为“贵正”，与《列子》、《尸子》、《吕氏春秋》所载相左。后人对此说不以为然，认为是战国策士借重儒家以自神其说。综合来看，史疾所说“治列子圄寇之学”大体不差。而其所述列子学术主旨，极有可能是列子后学随时代变迁而做出的修正。

《列子》因刘向整理而得以流传于世，使得我们对列子及其学说有了更为系统的认识。然而刘向也给后人留下了许多未解之谜，有待来日新资料的出现。

第二章 魏晋《列子》学

第一节　研究背景及概况

东汉末年，汉廷已名存实亡，权利下移，各路诸侯纷纷割据称霸，中原地区再次陷入分裂割据的混乱局面。尽管曹操“挟天子以令诸侯”，但他为魏晋时期的学术发展做出了贡献。随着曹魏政权的衰落，司马氏掌握政权，诛杀异己，在广大士人中引起恐慌。饱学之士深感生命脆弱，引发了对生命的深切思考。在这种特定的环境中，老庄道家思想备受广大士人青睐。他们远离政治，借空谈玄理来抒发心中的压抑情绪，形成了三玄之学。三玄指《老子》、《庄子》、《周易》，魏晋玄学思潮由此生发开来。向秀、郭象、王弼等玄学思想家层出不穷，将魏晋玄学思想推向了高峰。东汉末年佛教传入，为便于传播，佛教吸收传统儒家及道家思想同儒、道两家争夺思想阵地，掀起了激烈的思想论争。而佛教本身严密的逻辑思维方式及教理也被儒、道两家吸收运用，儒、释、道三家开始了漫长的融合发展之路，并为玄学注入了新鲜血液。魏晋时期的《列子》研究即是在这种背景下展开的。

汉末皇甫谧著《高士传》，为列子立传，称赞列子的高尚节操。《抱朴子》也引列子故事，称赞列子不畏权贵的勇气。尽管目前为止尚不能确定二者所引材料的出处，但至少说明《列子》在魏晋时期曾受到过重视。而东晋末年张湛的《列子注》，更是开启了《列子》研究的大门。

魏晋时期是中原文化与各民族文化融合发展的交会期，佛教等外来文化不断与本土文化相融合，从而奠定了中华文化的根基。玄学作为魏晋时期的代表性思想，其本身即是儒释道思想融合的佐证。张湛运用玄学思想来解读《列子》，将其置于魏晋玄学的大背景下来考察，是学术发展的必然趋势，也是《列子》研究本身不断发展的必然结果。

《列子书录》认为道家虽然崇尚清虚无为，但其大旨与六经相合，是以儒家统率道家，这也是时代发展的需要。汉末由于经学体系的崩溃，广大士人失去了心中的依怙，开始重新寻找精神支柱。而作为士人道德准则的儒家思想，始终是其心中无可替代的法则。在魏晋士人看来，并非儒家思想不合时宜，而是混乱的时代打破既定秩序，违背了经典的道德准绳，以致天下大乱。同时，他们也看到了儒家思想的不足之处，新的思想体系应运而生，这便是玄学。通过嵇康、阮籍、何晏、王弼等玄学先驱们的不断努力，最终将道家思想与儒家思想结合起来，并不断吸收各种外来文化，形成了代表魏晋时期思想发展趋势的全新思想体系。但由于对玄理探究过甚，导致玄学最终落入对生死的不断探究中而不能自拔，这也是终魏晋一代玄学所无法解决的大问题。张湛作为魏晋时人，深通玄学要义，他继承向秀、郭象的独化论，与王弼的有无之辨相融合，以佛教的佛性论调和二者的矛盾，最终将玄虚的理论化探讨引向了人自身。值得注意的是，张湛在《列子注》中并未直接引用佛学理论，而是借鉴其理论手法，将矛盾消弭于无形。

以现在成熟的佛教观点来看，《列子》中的某些思想与佛教思想有相同之处，这也使得后人猜测《列子》是魏晋人所伪作。由于张湛在《列子注》序中所叙述的近乎传奇的《列子》流传过程，更有学者怀疑《列子》为张湛伪造，更有甚者怀疑《列子》为王弼所伪造，奇谈怪论，不一而足。就《列子注》而言，其杂糅儒道，并未体现出明显的佛教痕迹。张湛在《列子注》序中称《列子》“往往与佛经相参”，只是指出《列子》中的个别篇章与佛经有相似之处，并未明确指出《列子》乃抄袭佛经而来。

总而言之，张湛的《列子注》不仅是玄学思想的集大成之作，而且是《列子》研究的开端，代表了当时《列子》研究的最高成就。在后世的《列子》研究著作中，张湛的《列子注》具有举足轻重的地位。

第二节　皇甫谧等评列子

魏晋时讨论及吸收《列子》的著作主要有《高士传》、《抱朴子》。《高士传》为汉末人皇甫谧所著，所论均为山谷高洁之士。葛洪《抱朴子》引《列子》入书，说明他也注意到《列子》。

一　皇甫谧评列子

皇甫谧，生于汉建安二十年（215），卒于西晋太康三年（282），著名医学家，编纂有《历代帝王世纪》、《高士传》、《列女传》等。

《高士传》三卷，据皇甫谧序称：“谧采古今八代之士，身不屈于王公，名不耗于终始，自尧至魏凡九十余人。虽执节若夷齐，去就若两龚，皆不录也。”[1] 皇甫谧《高士传》的选录标准是“身不屈于王公，名不耗于终始”的隐士。即使如夷齐、龚胜、龚舍这样的名节之士，也不在著录之内。由此看来，列子在皇甫谧的心中属于不为权势折腰的名节之士。其论列子曰：

> 列御寇者，郑人也，隐居不仕。郑穆公时，子阳为相，

1 皇甫谧《高士传》序，民国六年潮阳郑氏刊《龙溪精舍丛书》本。

专任刑法，列御寇乃绝迹穷巷，面有饥色。或告子阳曰："列御寇盖有道之士也，居君之国而穷，君无乃为不好士乎？"子阳闻而悟，使官载粟数十乘而与之。御寇出见使者，再拜而辞之。入见其妻，妻望之而拊心曰："妾闻为有道者之妻子皆得佚乐，今有饥色。君过而遗先生食，先生不受，岂非命也哉？"御寇笑曰："君非自知我也。以人之言而遗我粟，至其罪我也，又且以人之言，此吾所以不受也。"居一年，郑人杀子阳，其党皆死，御寇安然独全，终身不仕。著书八篇，言道家之意，号曰《列子》。

这段记载亦见《列子》、《庄子》及《吕氏春秋》，文字稍有出入。对皇甫谧这段叙述，有以下两点需要注意：第一，列子的生活年代。今本《列子》前所附刘向《列子书录》说列子与郑缪公同时，柳宗元认为是郑穆公之误。皇甫谧这里直接称列子生活于郑穆公时，看来他早已注意到这个问题。根据柳宗元的论述，他似乎尚未见到皇甫谧《高士传》中的记载。尽管无从得知皇甫谧这段记载的文献来源，但其必有所本。第二，列子著书。据现有资料来看，《列子》应该是列御寇死后其弟子所著。《列子》、《庄子》中所引均称"其后子阳卒"，显系弟子追记，而皇甫谧这里则说列子亲著八篇，或许其中有臆测成分，但此说值得注意。

二　葛洪评列子

葛洪在《汉过》、《守堉》、《安贫》中三次引述列子不受子阳粟事，称赞列子的高尚德操。虽然葛洪崇尚道教，但这三篇所论均非常切中时弊，他也看重列子的节操，故而三次引述。

《汉过》为《抱朴子·外篇》第三十三篇，作者在篇首论述说"历览前载，逮乎近代，道微俗弊，莫剧汉末。”陈澧总结这篇的主旨为“指斥当时之事，托言汉末耳”。[1]由于统治者未能励精图治，以至于广大有识之士不能发挥才能，葛洪认为这是因为统治者“失人故也”。葛洪引列子事说：“故列子比屋，而门无郑阳之恤。”列子住在郑国，饥寒度日，却不得郑子阳重视，可见世道下降到何种程度。《守埆》为《抱朴子·外篇》第三十五篇，埆与瘠通，意谓虽贫穷而矢志不渝。葛洪在《汉过》中抨击统治者不识人，此篇则赞扬坚守贫困的有道之士的高尚情操。他引列子事说：“故列子不以其乏，而贪郑子阳之禄。”郑子阳不知列子为有道之士，故未能加以重用。后因人举荐，郑子阳派人给列子送去粟米，列子认为郑子阳并非真正了解自己，因此拒收馈赠。列子虽然贫穷，但能够坚守正义，这一点为葛洪所看重。《安贫》为《抱朴子·外篇》第三十六篇，紧承上篇而继续赞扬有道之士的节操。在这一篇中，葛洪假借乐天先生与偶俗公子对话来赞扬有道之士的高尚。乐天先生安于贫困，尽管衣食无着，但仍“言高行方，独立不群”，以至于“时人惮焉，莫之或与”。偶俗公子讥讽乐天先生，认为他并非真正有才学，因为真正有才学的人“不久滞于穷贱”。他认为乐天先生“甘列子之菜色，邈全神而遗形”的行为是“画骐骥以代徒行之劳，遥指海水以解口焦之渴”的愚蠢行为。而乐天先生则不以为然，认为偶俗公子不能明白体道者的精神世界。葛洪借乐天先生之口叙述得道者的精神境界说：“夫栖重渊以颐灵，外万物而自得；遣纷埃于险途，澄精神于玄默；不窥牖以遐览，判微言而靡惑。”在俗人看来，物质的追求是实在的，精神的追求是虚幻的。他们只注重实在的东西，对于精神的价值则认为是不切实际的无用之物。得道者虽然在物质上捉襟见肘，但他们的

1 杨明照《抱朴子外篇校笺》卷三十三，中华书局 1991 年版，第 121 页。

内心世界是常人所无法企及的。葛洪认为，精神的追求应当高于物质的追求，这也是他修道的根本原因。列子是有道之士，即便是甘于贫苦也不接受郑子阳所赠之粟，体现出得道者的远见卓识。由此看来，葛洪所极力称赞的即是列子这种为道而献身的高尚情操。

第三节　张湛的《列子注》

张湛生活于东晋末年，此时玄学已经接近尾声，玄佛合流，且儒、释、道三教合流趋势明显，他的《列子注》即是在这种背景下问世。明为张湛解读《列子》，实是张湛依托《列子》阐释自己的玄学思想。可以说，《列子》的学术地位因张湛而奠定，张湛也因注《列子》而名传于世。

由于张湛在《列子注序》中叙述了一个近乎传说的《列子》流传过程，后人多疑《列子》为张湛伪作。持此观点的学者普遍认为张湛的《列子注》是自说自话，无任何价值，对其序中所提及的《列子》流传过程也一并予以否定，有学者甚至怀疑《列子》为王弼所伪造。张湛确有一部《列子注》传世，尽管《列子》一书从表面看存在与魏晋思想相吻合之处，但这并不能说明《列子》是张湛所伪造，也不能成为《列子》出于魏晋的证据。张湛的《列子注》虽存在诸多争议，但作为一部体现后期魏晋玄学思想的传世著作，它在《列子》研究史上仍占有无可替代的重要地位。

一　张湛的生平及家世

张湛，史书无传，相关记载仅散见于《世说新语》等书中。《世说新语·任诞》“张湛好于斋前种松柏”一节，刘孝标引《张氏谱》曰：“湛祖父嶷，正员郎。父旷，镇军司马。湛仕至中书郎。”余嘉锡笺疏又引《宋书·良吏·王歆之传》曰："高平张祐，以吏材见知。祐祖湛，晋孝武时以才学为中书侍郎、光禄勋。"[1]由此可知，张湛的祖父张嶷及父亲张旷都曾入朝为官。张湛出生于仕宦之家，这在注重门阀氏族的魏晋时代非常重要。又据张湛《列子注序》称："先父曰：吾先君与刘正舆、傅颖根皆为王氏之甥也。并少游外家舅始周，始周从兄正宗、辅嗣皆好集文集。"张湛祖父张嶷的舅父为王始周，而王宏（正宗）、王弼（辅嗣）又是始周的堂兄，傅颖根的祖父傅玄、父亲傅咸也都是仕宦之家，张湛家族能与这样的王氏联姻，可见其亦为仕宦大族。

关于张湛的生卒年，史料中无确切记载。严灵峰将张湛的生年假定在公元371年，他说："假定张湛少其祖父五十岁，则张湛当生于公元371年，为孝武帝时人，正与范宁同时。"[2]马良怀根据《世说新语·任诞》中所载张湛与袁山松、桓冲相厚及《晋书·范宁传》范宁向张湛求医方的记载，通过对这三人生卒年的考订而推定张湛的生卒年。他认为，袁山松生年不详，但据《晋书》所载孙恩起义时镇守沪渎，公元401年城破被害。桓冲则生于公元326年，卒于公元383年。范宁生于公元339年，卒于公元401年。他又根据桓冲与张湛的对话及范宁向张湛求医方而受讥讽的记载，认为若按严氏的说法张湛当时才十多岁，一个小孩子是不会有"挽歌甚凄苦的举止的"。而与范宁相比，他少范宁32岁，当为范宁晚辈，而从他对范宁的讥讽来看，这也不是晚辈对长辈应有的态度。所以，他把张湛的生卒年上推至东晋成帝（公元325—342年在位）至安帝（公元397—418年在位）之间，则张湛大致生活于公元325—418年之间。《晋书》载张湛"晋孝武帝世，以才学为

1 余嘉锡《世说新语笺疏》卷下之上，中华书局2007年版，第890—891页。
2 严灵峰《列子辩诬及其中心思想》，文史哲出版社1998年版，第162页。

中书侍郎、光禄勋”，则张湛主要在孝武帝（公元373—396年在位）间为官。[1]

《世说新语•任诞》载："张湛好于斋前种松柏。时袁山松出游，每好令左右作挽歌。时人谓：'张屋下陈尸，袁道上行殡。'"又载："张骥酒后挽歌甚凄苦，桓车骑曰：'卿非田横门人，何乃顿尔至致？'"由这两条记载可知，张湛亦有魏晋名士的癫狂风度。又《晋书•范宁传》载："初宁尝患目痛，就中书侍郎张湛求方，湛因嘲之曰：'古方，宋阳里子少得其术，以授鲁东门伯，鲁东门伯以授左丘明，遂世世相传。及汉杜子夏郑康成、魏高堂隆、晋左太冲，凡此诸贤，并有目疾。得此方云：用损读书一，减思虑二，专内视三，简外观四，旦晚起五，夜早眠六。凡六物熬以神火，下以气簁，蕴于胸中七日，然后纳诸方寸，修之一时，近能数其目睫，远视尺捶之余。长服不已，洞见墙壁之外。非但明目，乃亦延年。'"这条记载不仅证明张湛洒脱不羁的性格，而且还说明张湛通医术。据《新唐书•艺文志》载，张湛著有《养生要录》十卷，《养性传》二卷。

据此，张湛生平可大致归纳如下：

张湛，约生活于公元325—418年之间，字处度，小字骥，高平（今属陕西）人。祖张嶷，官至正员郎。父张旷，官至镇军司马。东晋孝武帝时，官至中书侍郎、光禄勋。张湛性诙谐，有魏晋遗风，通医术。主要著作有《列子注》八卷，《养生要集》十卷，《养性传》二卷。[2]

---

1 马良怀《张湛评传——兼容三教 建立二元》，广西教育出版社1991年版，第25—27页。

2 另据《宋史•艺文志》载，张湛还有《列子音义》一卷，而《旧唐书•经籍志》、《新唐书•艺文志》均不见著录。宋本《列子》张湛音注很少，《列子音义》或为后人依托。

二 《列子注》的创作背景

魏晋是一个思想大解放的时代，一批批思想精英不断涌现，为这个战乱的时代增添了希望的色彩。汉王朝面对四分五裂的政局已经无能为力，日渐强大起来的各种割据势力不断扩充自身，最终确定了魏、蜀、吴三足鼎立的局面。魏虽然僭越称帝，但亦为司马氏政权所篡夺，蜀与吴也最终为其所灭，进入一个新的历史阶段。

魏晋时期所面临的首要思想变革是经学体系的解体。自汉武帝罢黜百家而独尊儒术之后，儒家思想成为官方的统治思想。汉代儒士重家法，解经以烦繁琐为最大特点，即使解释几个字的标题，也是动辄万言。实际上，由董仲舒所确定的儒学体系已经与封建国家发展的实际需要相结合，这时的儒家已经成为国家统治的工具，已失先秦儒家原貌。这样一种价值体系，给汉王朝带来了数百年的繁荣，也给广大儒士带来了入仕的机会。汉末的动乱，从更深层次上讲，是儒家价值体系的不断弱化，但这并不意味着儒家思想退出了历史舞台，它仍然是士人心目中治世的理想手段。只是面对四分五裂的局面，它已经不再具有约束力。司马氏统一了全国，但也仅仅经历了武帝朝短短数年的平静，随后便进入了无尽的战乱纷争之中。面对这样一种局面，广大士人要求得生存，就必须突破汉代儒学价值观的束缚，要把儒学改造成为适合时代需要的一种新的价值体系。

其次，战乱带给人的最深切的感受便是死亡。在战争面前，人的生命毫无价值可言。面对无可奈何的政局，他们逐渐将目光转向了自身。既然外因不能带来生的意义，那便从内因着手，自己为自己寻找快乐，寻找生的意义。因此，他们通过各种怪诞的行为，既坚持了自我的操守，也发泄了内心的孤独与愤懑。

在这种情况下，一种新的价值体系——玄学逐渐形成。魏晋时期“并没有‘玄学’这一名称，因此，很难把它看作具有明确统一的思想特征的潮流”。[1]而玄学的实质，实际上是在儒家思想动摇的情况下，士大夫“将老庄的人性自然与儒家的伦理思想有机地结合在一起”。[2]也可以说，“玄学是一种阐发内圣外王之道的政治哲学，它力求与世界协调一致，为当时的不合理的政治局面找到一种合理的调整方案。但是，当现实变得更不合理，连调整的可能性也完全丧失时，玄学就从世界分离出来而退回到自身，用应该实现的理想来对抗现有的存在。玄学发展到这个阶段，给自己涂上了一层脱离现实的玄远之学的色彩，由政治哲学变为人生哲学，由外向变为内向，由积极用世变为消极避世。”[3]循着这个路子，玄学首先由嵇康、阮籍“越名教而任自然”的思想进入尝试阶段。所谓名教，是指在汉代经学体系下所建立的一种束缚制度。嵇康等人认识到，这种价值体系在新的时代已经失去了作用，成为阻碍社会发展的绊脚石，儒家思想需要输入新鲜血液。而这时以老庄为代表的道家哲学悄然兴起，他们便吸收道家思想改造儒学，提出“越名教而任自然”的口号。但他们并未抛弃名教，而是主张超越名教，这也暗含着对名教背后的儒家进行改造的意味。任自然，并非无所顾忌，而是随顺时代的发展。所以，嵇康、阮籍所谓的“越名教而任自然”，带有明显的改造儒家思想的特点。而以何晏、王弼为代表的“贵无”派，则更倾向于儒道的互相融合。“玄学的关键在于儒道思想的结合，所以，能否成功地调解这一

1 童强《嵇康评传》，南京大学出版社 2006 年版，第 2 页。
2 王晓毅《郭象评传》，南京大学出版社 2006 年版，第 96 页。
3 余敦康《魏晋玄学史》，北京大学出版社 2004 年版，第 301 页。

矛盾，关系着玄学理论是否能将儒道经典融为一体，将儒道圣贤合理就位，换句话说，这是一个决定玄学理论是否最终立于不败之地的重大理论课题。”[1]何晏是这一理论的提倡者，而王弼则最终完成了“贵无”论的体系建构。这其中最能体现出这一学说特点的是对“三玄”学的重视。所谓“三玄”，是指《周易》、《老子》、《庄子》。《老子》与《庄子》是道家著作，而《周易》历来被归入儒家，王弼对这三部著作都下了很大工夫，体现出鲜明的儒道融合思想。他“一方面将儒家地位尊于道家，但又将道家著作的位置尊于儒家六经。这样，既保住了儒家的传统地位，又将道家著作提到了经典的重要地位，为儒道的顺利融合奠定了理论基础”。[2]这样，玄学在王弼手中走向了繁荣。但是，王弼等的哲学思想虽然将玄学推进了一大步，却是“以‘体用’思想方法调和了名教与自然的关系，但由于他们以‘无’生‘有’的宇宙生成论予以论证，留着一个宇宙本根的尾巴，因而名教与自然最终为本末母子关系，不能融为一体。西晋元康玄学、尤其是郭象玄学，彻底地割去了生成论的尾巴，以‘体用’方法解决了名教与自然的矛盾”。[3]因此，郭象也成为魏晋玄学的终结者。

玄学发展到郭象，已达到一个顶点，后人很难再开拓出新的领域。同时，佛教思想也不断壮大起来，大有超过儒道的发展趋势。而儒、释、道三家思想的合流，又成为一个新的历史趋势。不可否认，东晋时期的玄学，实际上已经融进了佛教的因素。张湛的《列子注》就是在这种复杂情况下产生的。

---

1 王晓毅《王弼评传》，南京大学出版社，1996 年版，第 186 页。
2 王晓毅《王弼评传》，南京大学出版社，1996 年版，第 223 页。
3 王晓毅《王弼评传》，南京大学出版社，1996 年版，第 184 页。

三　《列子注》的主要内容

《列子注》主要体现了张湛对列子“贵虚”论的阐释及儒道互补两个主题。张湛的玄学理论是建立在王弼贵无与郭象独化的基础之上，他首先继承了郭象的独化论，认为万物自生自化。“有”是相对于“无”而言，只有明了生化的道理才能达到“无”的境界。相反，也只有处处以“无”为先，也才能明白生化的道理。二者相辅相成，缺一不可。张湛企图调和魏晋玄学的固有矛盾，将列子贵虚的主张进一步延伸开来。他还糅合儒、道两家思想，以道家思想之长而补儒家之不足。

1. 对“虚”的阐释

张湛认为，“有生”是“块然之形”，指形体；“不生”是“生物而不自生”，指物不能自生；“有化”是“存亡变改”，指形体存亡变化的现象；“不化”是“化物而不自化”，指形体本身的变化并不能引起生化的变化。亦即是说，形体有生灭存亡的变化现象，而形体生灭变化的现象却不生不化。他指出：“不生者，固生物之宗；不化者，故化物之主。”张湛将万物的生灭变化归结为“不生”与“不化”的作用，他引向秀《庄子注》说：

> 《庄子》亦有此言。向秀注曰：“吾之生也，非吾之所生，则生自生耳。生生者岂有物哉？故不生也。吾之化也，非吾之所化，则化自化耳。化化者岂有物哉？无物也，故不化焉。若使生物者亦生，化物者亦化，则与物俱化，亦奚异于物？明夫不生不化者，然后能为生化之本也。”

对于物而言，生与化是两种变化现象。因为有生化的作用，有形的物体才显现出生灭变化的现象。对于生化本身而言，生与化是使万物变化的规律，其自身并不产生生灭变化的现象。若生化本身也随着物而有生灭变化，那么生化与物便没有区别。郭象沿袭向秀的这种观点，创造了独化论。张湛也认同向秀的观点，认为物在现象层面有生灭变化，而在实质层面则不存在生灭变化。只有明白了生化的这种独特现象，才能参透生化的根本。针对物的生灭变化，张湛认为，形体属于有的范畴，而生化属于无的范畴，两者不能自生：

> 谓之生者则不无，无者则不生。故有无之不相生，理既然矣。则有何由而生？忽尔而自生。忽尔而自生，而不知其所以生。不知所以生，生则本同于无而非无也。此明有形之自生、无形以相形者也。

既然称为生，那便不是无。若称为无，便不会生。有既然不是由无所生，那么便是自生。正因为其自生，才显得更为神秘。就现象而言，生便是有，不能称为无；就本质而言，生不自生，同无相似而并非无。张湛认为，这是说明有形之物自生、无形之物相形而显的道理。有无之辩源自老子，王弼在此基础上提出了有无相生论："凡有皆始于无，故未形无名之时，则为万物之始。及其有形、有名之时，则长之、育之、亭之、毒之，为其母也。言道以无形无名始成万物，万物以始以成而不知其所以然，玄之又玄也。"[1]王弼认为，有由无而产生，在无与有之间又加入一个

---

1 楼宇烈《老子道德经注校释》，中华书局 2008 年版，第 1 页。

“道”，并认为“道”是产生并孕育万物的根本。而独化论则认为万物自生自化，并非基于一个无形无象的道而产生作用。张湛认同向秀、郭象的独化论，认为万物自生自化，而生化并不随物而有生灭变化。不可否认，生是有的范畴，而老子又认为有是由无而生。既然无产生有，那么物便不会自生自化。张湛认同生即是有，但他否认有是自无而生。既然有并非无所生，那么便是自生。生本质上与无相同但并非是无，因为生并非不存在。张湛以独化论为基础，否定无能生有的观点，将有与无界定在物的范畴。据此，他解释“虚”说：“凡贵名之所以生，必谓去彼而取此、是我而非物。今有无两忘，万异冥一，故谓之虚。既虚矣，贵贱之名将何所生？”所谓“虚”，即是“有无两忘，万异冥一”。在物的范畴，有与无是两个相对的概念。而虚则否定有与无，表明“虚”是超越物而存在。既然超越于物而存在，又如何达到虚的境界呢？他说：

> 夫虚静之理，非心虑之表、形骸之外求而得之，即我之性内安诸己，则自然真全矣。故物以全者，皆由虚静，故得其所安；所以败者，皆由动求，故失其所处。

张湛认为，虚静的道理并非于心虑及形体之外求得，而是从自我本性内求得，意即自性本全。在张湛看来，只要做到了虚静，便可“得其所安”。张湛明显借用了佛教的观点。东晋时大乘佛教已经在中土广为流传，鸠摩罗什的弟子竺道生提出了佛性说，认为人人自性之中本有佛性，只是由于先天的业障及后天习染而障壁佛性，使得自身本性不能显现。只要通过佛法的修持，便可了脱生死而成佛，这符合大乘佛教普度众生的精神，更容易为普通民众所接受。隋唐道教即借用佛教的这种观点，创立了道性说。

张湛吸收了这种观点，将生化的讨论引向人自身。这也就是说，自然的变化因人而生，生化也因人而起作用。因此，他总结说："夫巨细舛错、修短殊性，虽天地之大，群品之众，涉于有生之分、关于动用之域者，存亡变化、自然之符。夫唯寂然至虚、凝一而不变者，非阴阳之所终始、四时之所迁革。"世间万物虽然高低不一、品行各别，生灭变化、动用之域均是自然变化。而寂然至虚、凝一不变的"不生""不化"，则并非阴阳四时所能左右。据此看来，张湛将"虚"置于生化论之上。对于不随物生化的生化之本，只有在"虚"的关照下才能显现出来。而"虚"则由自身而获得，从而又将生化引入物的范畴。

综上所述，张湛在认同向秀、郭象的独化论基础上，否定无与有相生的观点，将无与有这两个概念从老子最高哲学的范畴降低到物的范畴，从而完成了独化与有无之辩的统一。在引入佛教佛性论的前提下，借助于"虚"又将生化论引向人自身。表面看来，张湛似乎将魏晋玄学又提升了一个高度，把王弼、郭象等未能解决的问题画上了一个圆满的句号，但实际上张湛并未能解决玄学的终极问题。他只是将独化与贵无这两种观点相调和，又引入佛教观点，从而完成了他对列子贵虚论的阐释。至于物由何而生的终极问题，始终未能获得解决。

2. 儒道融合论

汉代所建立起来的经学体系在汉末的动荡中濒临崩溃，儒生们一时失去了思想依怙。尽管儒学式微，但经汉代的努力，儒家思想已经成为封建国家的立国之本。无论统治者采取何种政策，表面必须尊崇儒学以确立自己的正统地位，同时赢得儒生的支持。汉末魏晋时期道教兴起，佛教也普遍传播开来。在这种背景之下，重新树立儒学的权威性就显得十分迫切。而儒家之所以式微并非完全由外因所致，其自身的缺陷是其衰弱的主因。为了改变儒学的这种颓势，儒生们吸收释道思想以补儒家之不足，期望实现儒学复兴。

张湛也非常推崇儒家思想，他指出：“《诗》、《书》、《礼》、《乐》，治世之具，圣人因而用之，以救一时之弊。用失其道，则无益于理也。”[1]《诗》、《书》、《礼》、《乐》是儒家治世的根本，孔子提倡以《诗》、《书》、《礼》、《乐》来教化世人。而以老子为首的道家则反对《诗》、《书》、《礼》、《乐》，认为这些都是人间智巧之术，无益于治世。张湛试图调和两家矛盾，认为《诗》、《书》、《礼》、《乐》并非无用，而应用到恰当之处。他认为，只有圣人才能做到恰到好处。圣人的标准是“智周万物，道济天下。若安一身、救一国，非所以为圣也”。由此看来，作为圣人的首要条件应当懂得用智。张湛认为，智者应当达到无为而无不为的境界：

> 智者，不知而自知者也。忘智，故无所知；用智，则无所能。知体神而独运、忘情而任理，则寂然玄照者也。

智者应首先达到“无”的境界，不以自我喜好而起心动念。如果智者将智慧作为炫耀的资本，那么与俗人便没有任何区别。只有摒弃自我内心的情感束缚，才能与自然相应，用智而不为智所束缚。以此为基础，扩大至国家、众人，否则便不能称为圣人。他从治国理政的角度进一步解释说：

---

1 张湛《列子注》卷四，宋刊本。

治世之术，实须仁义。世既治矣，则所用之术宜废。若会尽事终，执而不舍，则情之者寡而利之者众。衰薄之始，诚由于此。以一国而观天下，当今而观来世，致弊岂异？唯圆通无碍者能惟变所适，不滞一方。

仁义之道为儒家提倡、道家所极力摒弃之术。张湛认为，治理国家只有通过仁义才能达到理想的要求，而关键是在达到治理之后如何处理仁义。如果治理之后仍然对仁义执之不舍，最终会为情所缚而不能自拔。从长远来看，这是产生弊端的根本原因。只有达到圆通无碍境界的圣人，才能做到伸缩自如，不为世情所困，当然天下也会大治。张湛这里所说的圆通无碍，即打破儒道界限，融会贯通，而非两相攻击。由此看来，张湛认为在物的层面应当以儒家理论来治世，而在形而上学层面则应以道家思想约束自我，只有两者相互为用，才能取长补短而达到圆通无碍的境界。

虽然张湛主张以儒家理论来治世，但他对于当时的腐儒却不以为然。他在《天瑞》批评晏子说："晏子儒、墨为家，重形生者。"张湛认为，儒家只注重形生而忽视形而上学层面的修为，但这并非否定儒家思想的可取之处。他在《周穆王》中评价治华子病的儒生说："儒者之多方，固非一途所验也。"张湛也承认儒家思想的包容性，这也为他融合儒道思想创造了条件。

综上所述，张湛有选择地吸收儒家思想，以道家"无为而无不为"的标准来规范儒家理论，强调用而弃之，不主张贯彻始终。他将儒家界定在物的层面，道家界定在形而上学层面，认为物的层面必须由物来治理，而治理的过程决不能超越形而上学层面。表面看来张湛确实尊崇儒家，实际上是以道家为本、儒家为用。

《列子注》是张湛对魏晋玄学的总结，他融合了贵无及独化两家思想，将无与有置于形而上学与物质两个层面下解读，从而为自生自化的独化论创造了生存空间。基于此，他进一步调和儒、道两家思想，主张互相借鉴，以道家之长而补儒家之不足，也以儒家之长补道家之不足，达到理想的治世效果。张湛虽然深谈玄理，但他仍然关心时政，希望圣人出现，以圣道治理乱世。《列子注》在《列子》研究史上有开创之功，后世研究《列子》者均应予以重视。

第三章 唐代《列子》学

第一节 研究背景及概况

隋代结束魏晋南北朝数百年的分裂割据局面，重新建立了大一统的封建王朝。但隋朝国祚短暂，以李渊为首的关中力量逐渐消灭隋末各路反叛诸侯而建立了唐政权，中国封建社会逐渐走向鼎盛时期。李唐王朝为树立自己的权威，自称老子后裔，道教在唐代被定为国教。至唐玄宗统治时期，对道教的崇奉达到顶峰。尽管统治者尊奉道教为国教，但并不排斥其他宗教。而一直被封建王朝奉为治国经典的儒家思想，在唐代也得以恢复。由于统治者实行兼容并包的政策，各种思想在魏晋基础上进一步融合，从而奠定了华夏文化的基础。

魏徵及马总的节选《列子》是现存最早的《列子》选本，由于二人所处的时代不同，也影响了他们的选文标准。魏徵为唐太宗朝名臣，他所主持编纂的《群书治要》一书，集合了前代在治国理政方面有益的名言警句，体现出鲜明的政治倾向。马总的《意林》是在梁庾仲容《子抄》基础上删改而成，以有益于人心教化为标准。两书中所选《列子》文句虽仅只言片语，却体现出不同的思想倾向。二十世纪初所发现的敦煌文献中有《列子》残卷，大致为唐代初期写卷，出现了一种《列子》选本，是以张湛《列子注》为基础删削而成。此外，唐代其他各类著作中也纷纷引述《列子》文句，如五臣注《文选》、《初学记》等，均说明《列子》

在唐代流传广泛。

唐代《列子》研究最为显著的是卢重玄、殷敬顺、柳宗元三人。卢重玄所生活的开元时期，正值唐玄宗崇奉道教。武则天统治时期，采取压制道教、崇奉佛教的政策。玄宗继位之后，延续李唐王朝一贯传统，仍以道教为国教，庄子、列子、亢仓子均被封为真人，其书改称为经。并专门设立博士，命儒生亦研读道经。玄宗不仅从政策上提高道教的地位，还从思想上加以约束。在他的号召下，其臣子也纷纷注解道经，卢重玄的《列子注》就是在这种情况下创作的。但此书并无单行本传世，高守元《冲虚至德真经四解》收入并保存下来。他的《列子注》遵循唐玄宗崇老思想，以老学解读《列子》，同时还兼容儒、释、道三家思想，体现出三教融合的趋势。而殷敬顺的《列子释文》，则是现存唯一一部完整注释《列子》的音韵学著作。至北宋末年，其书逐渐亡佚。陈景元游天台山得残卷，并补遗其残缺之处，最终成今本《列子释文》二卷。文中不仅注释《列子》生字僻词，还品评文意，并校勘文本。晚唐文学家柳宗元有《辩列子》一文，对流传下来的刘向《列子书录》提出质疑，开后世《列子》辨伪先河。

总体来看，唐代的《列子》研究主要集中在思想、注释、辨伪三个方面。思想上将《列子》置于老学体系之下解读，并体现出三教融合的趋势。注释则以殷敬顺《列子释文》为代表，首开《列子》音韵学研究先河。柳宗元辨析列子的观点，成为后世文人学者研究列子的第一手资料。而唐代各种著作对《列子》文句的引述，更加说明了《列子》一书在唐代流传广泛。

第二节　敦煌及唐人选《列子》

二十世纪初，敦煌藏经洞被世人发现，大量的写卷成为学界宝贵的学术资料。现残存《列子》数片，有两种传本：一种为张湛《列子注》写本，一种为以张湛《列子注》为底本的节选本。这两种《列子》写本的抄写年代大约在唐前期，说明《列子》在南北朝末年及唐初已广为流传。唐初魏徵《群书治要》选《列子》数条，重在治国理政。马总的《意林》亦选入《列子》，《意林》是在梁庾仲容《子抄》基础上删改而成，侧重于教化人心。

一　敦煌《列子》残卷琐议

敦煌藏经洞所存残卷不乏有各种子书，可惜多数已为外国侵略者所抢夺，分藏于英国、法国、德国等国的各大图书馆之中。随着文化交流的日益频繁，各种敦煌文献被不断整理并影印出版，这使得我们可以看到较早的写本文书。《列子》也是其中之一，虽然只是残篇，但足以证明其传播广泛。

敦煌文献残卷《列子》主要为英国国家图书馆及法国国家图书馆所收藏。英国国家图书馆收藏碎片较多，其中以编号为S777、S6134及S10799三个残片内容最多，S777为《列子·杨朱》张湛注本，正文大字，注文小字双行，起自注文“阳性禀五行也”，迄自正文“可杀可活制命”，与今《四部丛刊》影宋本体例相同，文注分明。S6134为《列子·黄帝》文，起自小字“弇之西古州之北”，迄自大字“虎狼鹏”，体例与今本《列子》不符。S10799亦为《列子·杨朱》张湛注本，起自正文大字“古犹今也”，迄自正文大字“任之”，与今本《列子》相符。由笔迹来看，三种残片笔迹都不相同，可以推定其为不同人的写本。S777与10799文注分明，基本上与今本《列子》相差无几。唯 S6134 残片与今本出入很大，主要表现在文字上的差异。今本正文与注文分界清晰，敦煌残片以大字为正文，与宋本相较，有删节。以双行小字的形式出现的文字，缀于大字之下，且从文义上看，显系解释大字正文。如，“饮露不食五谷”以大字出现，而小字“姑射山在河州中上有”，显然是对大字文义的进一步解说。与宋本相较，解说的文字是从原文中节选出来的，其中并无新的内容。

法藏编号为 P2495 的《列子》残片，属《说符》内容，与《庄子》合卷，严灵峰《老列庄三子补编》收录此卷，并有整理文字，称其为《列子庄子抄》。只是严灵峰称《列子》残卷起自“扬子邻人亡一羊”，标明上缺，今法藏敦煌文献残片实起自“丁壮者皆”，结处则意见相同。由体例来看，此残卷与 S6134 相同，也为节抄本，注文也是节取原文，并无新的文字出现。由笔迹来看，基本属于一人所抄，即为同一卷子。[1]

编号 S6134 与编号 P2495 敦煌残片《列子》，内容上为节抄，注释既非张湛原注，也非新的注解，而是用《列子》原文来对其所节取的文字做进一步说明。首先我们可以确定这是《列子》的一个节选本。他的选取内容是在对原文的高度概括下总结出来的多个主题，对于说理性强的文字则多选，甚至与原文相差无几。而对于故事性强的文字则总结出一个主题来，再用原文中的故事来对这个主题做进一步说明。如其所选《说符》中“正旦放鸠”与“杨子之邻人亡羊”两个故事即可说明这个问题。“正旦放鸠”《列子》原文为：邯郸之民以正月之旦献鸠于赵简子，简子大悦，

1 杨思范认为这两张残片出于同一张写卷，笔者认为这种判断过于武断。对于敦煌文本的鉴定，方广锠先生已明确指出，不应仅从文字的相若来断定其是否相同，对于纸张的鉴定、书写的款式等各方面都应综合考虑。由于无法见到实物，只凭文字不能贸然决定。

厚赏之。客问其故，简子曰："正旦放生，示有恩也。"客曰："民知君之欲放之，故竞而捕之。死者众矣。君如欲生之，不若禁民勿捕。捕而放之，恩过不相补矣。"简子曰："然。"这样一件事被作者用四个字"正旦放鸠"来概括，注文即对原文略加删削而以小字双行形式缀于其下："邯郸民以正月旦献赵简子鸠，简子曰：放之。正旦放鸠，示有恩也。厚赏献客。于是民争□鸠，□死者众矣。欲生之，不若禁勿捕之也。"[1] 相较于原文，此处注文虽是节选，但也经过了作者的加工概括，是以《列》来解《列》，是基于文本而对原文所载故事的深入理解。类似的典型事例还有"夺市人金"。《列子》原文为："其人有欲金者，清旦，衣冠而之市。适鬻金者之所，因攫其金而去。吏捕得之，问曰：人皆在焉，子攫人之金何？对曰：取金之时不见人，徒见金。"敦煌残卷双行小字文为："齐人有欲得金者，□旦，衣冠往市，适见货金者，因攫而去。吏捕得而问，对曰：取金之时不见人，但见金耳。"[2] 以小字形式出现的文字，也是对原文的因袭，且略有删节，类似于后世的选本。由这两个事例可知，对于故事性强的文字，作者都高度概括，并用《列子》原文来解说概括后的文字，类似于后世根据某一故事而总结出来的成语。

"杨子之邻人亡羊"一节，敦煌残片原文为：杨子邻人亡一

1 严灵峰整理文字为：邯郸民以正月旦献赵简子鸠简子曰放之正旦放之示有恩也厚赏献客于是民争□鸠□死者众矣欲□之不若禁勿捕之。未断句。杨思范在整理文字为：邯郸民，以正月旦，献鸠赵简子，鸠简子曰：放之正旦方，示有恩也。厚赏献客，于是民事之，死者众矣，生之，不若禁民勿捕之也。两相比较，杨文不若严文符合实际，且断句多处不通。此处系笔者参校两者文字，再仔细比对残片整理而成。

2严灵峰整理文字为：□人有□得金者□□□□□□□□□□□□□□□□□□□而去吏捕得问□□取金之时不见人但见金耳。杨思范整理文字为：齐人有欲得金者，旦衣冠往市，适货金者，因攫而去。吏捕得，问对曰：取金之时，不见人，但见金。严文省略甚多，杨文断句不恰当。

羊，相率追之。既反，杨子问其故，答曰：失羊矣，歧路之中复有歧矣。大道以多歧亡羊，学者以多方丧生，本一末异也。此处也是对原文的删略，省去了杨子因此事而不言不笑，孟孙阳答心都子问的细节，直接以说理而结。在作者看来，亡羊失路，恰如多方丧生一样，所以专门节取这一处来说明“本一末异”的道理。这段文字后面没有解说性文字。再如，人有种枯梧树者，其邻父言曰：枯梧不祥。其家遽伐之，邻父即请以为薪。双行小字为：其家□□不与也。这段文字也有删节，只保留了叙述的部分。由此看来，对于说理性较强的文字，作者都予以保留。而对那些可有可无的细节对话，则不予保留。这样的处理方式，与后世的选本体例相近。

据敦煌写卷最近的选本是唐人魏徵的《群书治要》及马总的《意林》。魏徵的《群书治要》选取《列子》中有关治国的文字，间有注解，与敦煌《列子》略有差异。马总的《意林》与《群书治要》不同，他是志在“防守教之失”、“补比事之阙”、“佐属文之绪”，选文皆以理合。从选文内容上来看，有的与敦煌《列子》选文相近。如“杨子邻人亡一羊，相率追之，歧路之中复有歧矣。曰：大道以多歧亡羊，学者以多方丧生，本一末异也。”与前者所引敦煌文字相较，此处节选文字只略去了“之”及“既反，杨子问其故，答曰：失羊矣”一句话，后多加一个“曰”字。再如，“齐人有欲得金者，清旦往市，适见货金者，因攫而去。吏捕问之，对曰：取金之时不见人，但见金耳。”与敦煌文字相较，也是相差无几。由此可暂且做出这样的推断：编号 S6134 与编号 P2495 的敦煌《列子》残卷，极有可能就是与此相关的《列子》选本。又据《意林》序中所言，南北朝时梁庾仲容有《子书抄》三十卷，其为诸子的选本，选录标准是“广搜采异而立言之本，或不求全”。马总的《意林》就是在这个基础上“增损庾书，详择前体”而成。从时间上看，敦煌本《列子》中“民”字缺笔，可知其抄写年代为太宗之时或之后。首先可以确定在敦煌写本之前及之后，均有关于《列子》的节选文字流传于世。而敦煌文字与《意林》所选如此相近，这样似可进一步推断：敦煌《列子》与庾仲容《子书抄》[1]也存在某种联系。虽没有文献史料证明其与庾仲容《子书抄》的关系，但至少可以说明敦煌残卷《列子》的选文与庾仲容《子书抄》体例及处理选文的方式相近。这样，就可以确定敦煌残卷《列子》为选本，并不是全本。而且选录的标准是有助于世风教化的说理性文字，对于叙述性文字则在不影响文意的情况下适当删略。

对于残卷中以小字双行形式出现的说明性文字，杨思范认为是在张湛注基础上的另一种新注，似过于武断。古人注书的体例往往是在原文的基础上尽情发挥，其间夹杂着作者个人及时代的影响。而敦煌残卷《列子》的说明性文字也是原文的节选，并无之外的文字对其作引申说明，这点似不合注书常规。编号为S777的《列子》张湛注残卷其体例则与此不同，与宋本相较，则相差无几，可知其为张湛注本无疑，并非节抄本。而与S6134和P2495两张残卷体例不同，可知这两张残片所代表的《列子》抄本决非张湛注本，亦不是新的注本。那文中的小字作何解释呢？这一点从《永乐大典》残卷所遗留的信息似可说明一些问题。如《永乐大典》卷二三三七“教吾伐梧”条下引《列子》原文：《列子·说符》：人有枯梧树，其邻父言枯梧之树不祥，其邻人遽而伐之。邻人父因请以为薪，其人乃不悦，曰：邻人之父徒欲为薪，而吾

1《南史·庾仲容传》载“仲容抄子书三十卷，诸集三十卷，众家地理书二十卷”，《隋书·经籍志》、《旧唐书·经籍志》、《新唐书·艺文志》、《宋史·艺文志》均著录。今佚。

伐之也。与我邻若此，其险其可也？这样的处理方式与敦煌《列子》的处理方式极为相似。“教吾伐梧”是以大字形式出现的一个条目，后面的《列子》引文则是以小字双行形式出现，是对上面条目所作的解释说明。

敦煌残卷中还有一处值得特别注意的地方，就是引用了张湛的注文。编号 P2495 残片“合得遗契”下小字双行文为：宋人有于道得人遗契藏之，密数其齿。注云：刻处似齿。告邻人曰：吾富可待矣。这里出现了一处“注云”，其为张湛原注。杨思范认为这是敦煌残卷作者新注中所残留的张湛注文，此说不甚恰当。若是新注，则注文作者一般都注明作者，如张湛注中就多处引用郭象、向秀的文字，均注明“郭象曰”、“向秀曰”，此处若是新注，则应标明“张湛曰”，但却直接用“注云”，并未出现任何的新注迹象。

由此可知，编号 S6134 与编号 P2495 所代表的敦煌本《列子》，是与张湛注本同时存在的另外一个本子。由其所引张湛注文可知，其是以张湛注本为基础，在原文的文字基础上进行重新整理，根据一定的标准对原书文字进行删略。所选文字也尽量保留原意，而以说理为主。以小字形式出现的文字，既是对选文的进一步说明，又是根据张湛注本《列子》进行的又一次删节，且为说明问题，其中还采用了张湛的注文来做进一步说明。而且，重要的是其中仅仅是选取《列子》原文而对其所节选的文字做进一步说明，并未加入作者的任何阐释。所以，从严格意义上来看，编号 S6134 与编号 P2495 所代表的敦煌本《列子》不能算作《列子》的一个注本，称其为选本似更恰当一些。

敦煌写本《列子》的发现，说明南北朝末年至唐初的一段时间内，学者们已经开始注意《列子》这部著作。这一时期内流传最为广泛的是张湛的《列子注》，尤为值得注意的是以《列子注》为基础，出现了一种《列子》选本，选录方式与后世选本不同。

二　魏徵及马总《列子选》

除敦煌本《列子》之外，现存最早的《列子》选本分别是魏徵的《群书治要》与马总的《意林》。虽然两书所选《列子》文字不多，但却有很强的针对性。《群书治要》所选重在有助于国家吏治，《意林》所选则重在启迪人智。

魏徵《群书治要》中的《列子》选文。魏徵是唐初名臣，他所生活的时代正是唐朝国祚初定而谋求发展的初创期，加之唐太宗励精图治，使得唐初几乎所有活动均带有很强的政治色彩，《群书治要》即是在这种情况下编纂而成。《群书治要》序中说："皇上……以为六籍纷纶，百家踳驳，穷理尽性，则劳而少功；周览泛观，则博而寡要。故爰命臣等，采摭群书，剪截淫放，光昭训典。圣思所存，务乎政术。"[1]由此看来，《群书治要》的编纂目的即是为了"务乎政术"，这便为全书定下基调。

魏徵《列子选》分别从《天瑞》、《汤问》、《力命》、《说符》中节选七段，其中《天瑞》一段，《汤问》一段，《力命》两段，《说符》三段，文中注释为节选张湛注，并做适当删节。《天瑞》选"子列子曰：天地无全功"一段，突出了圣人的作用，将儒家所讲的仁义放到了决定性的位置，除颂扬太宗的功绩之外，要求所有臣民都要服从王政的教化，这就是"宜定之分"。接下来《汤问》所选文字更进一步说明了圣人的重要。《群书治要》中作《殷汤问》，当衍一"殷"字。这里选了大禹的一段话："六合之间，四海之内，照之以日月，经之以星辰，纪之以四时，要之以太岁，神灵所生，

1 魏徵等《群书治要·序》，上海商务印书馆《四部丛刊》影印日本天明七年刊本。

其物异形，或夭或寿，唯圣人能通其道。”这一段旨在宣扬太宗的文治武功，使得天下太平、万民乐业。《力命》选管夷吾与小白问答一段，寓含褒义，说明李唐王朝得天下是命中注定，王化所归，天道所趋，所有臣民均应顺应天意，拥护李唐王朝。《说符》所选三段则侧重个人修养，篇名《说符》漏刻，当补。晋国苦盗一段，通过郤雍与随会治理国家的不同方式所得到的截然相反的结果，说明了治理国家的关键在于教化昌明，而不是依靠奇技淫巧。而教化的昌明则来自于执政者自身的道德修养，也即是儒家所说的“内圣外王”之道。孔子在河梁看到一丈人游水的故事，强调忠信的作用。楚王与詹何的问答，更是明确指出了自身为本的道理。说明只要在自身修养上达到一个很高的层次，一切的世间道理便会自然明了。因此，自身修养在治理国家中最为重要。

由于《群书治要》是较早的《列子》选本，对于文本校勘也有一定作用。将其与北宋本《列子》相校，得异处数条：《天瑞》“非阴则阳”，宋本作“非阳则阴”；《力命》“仲父之病病矣”后缺“可不讳云”一句，“其为人廉洁善士”，宋本后有“也”字，“上且钩乎君”宋本作“上且钩乎君”，“其得罪于君”宋本后有“也”字，“其为人也”后缺“上忘而下不叛”一句，“愧不若黄帝”宋本作“愧其不若黄帝”，“以贤临人者”宋本无“者”字，“不得不厚”后缺“厚之于始，或薄之于终；薄之于终，或厚之于始”一句；“郤雍”，宋本作“郄雍”，“能视盗之眼”宋本作“能视盗之貌”，“盗而戕之”宋本作“盗而残之”，“召文子”宋本作“立召文子”，“人有耻心”宋本作“民有耻心”；“其悬水三十仞”宋本作“有悬水三十仞”，“孔子使人止之”宋本作“孔子使人并涯止之”，“鱼鳖鼋鼍弗能居也”宋本作“鱼鳖弗能游，鼋鼍弗能居也”，“丈夫不以措意”宋本作“丈夫不以错意”，“吾之出也”宋本作“及吾之出也”，“措吾躯于波流”，宋本作“忠信错吾躯于波流”，“犹可以忠信亲之”宋本作“犹可以忠信诚身亲之”；“何明于治身”宋本作“臣明于治身”，“楚王曰”宋本作“楚庄王曰”。由以上对比可以看出，《列子》在流传过程中还是存在很大差异。

马总，唐代宗、德宗时人，崇尚儒学。其所选《意林》，是根据南朝梁庾仲容《子抄》补充删改而成。戴叔伦为《意林》所作序称：“扶风马总元会家有子史，幼而集录，探其旨趣，意必有归。遂增损庾书……上以防守教之失，中以补比事之缺，下以佐属文之绪。有疏通广博洁净符信之要，无僻放拘刻徼蔽邪盪之患。”[1] 据此而论，马总编纂《意林》有三个目的：一是“防守教之失”，二是“补比事之缺”，三是“佐属文之绪”，由内而外，由自身修养到为文瞩事，可谓无所不及。当然，这其中也不免有戴叔伦的溢美之词，但基本指出了马总《意林》的主旨。

马总这部书是节选摘抄，对原文中无用且累赘的字句均做适当删节，只取其意。《意林》从《天瑞》、《黄帝》、《周穆王》、《仲尼》、《汤问》、《杨朱》、《说符》中共选出二十二条，均经删节。在选文处理上，大致有如下两种情况：一是选取文中富有哲理的语句，如“天有所短，地有所长，圣有所否，物有所通”（《天瑞》），“勤能使益，寒能使温”（《杨朱》）；二是对文中故事性强的段落，尽量将繁琐的对话删节，采用叙述的手法写出来，重在说理。如“宋人养猿，号曰狙公，欲与狙芧。先诳只曰：朝三而暮四，众狙皆怒。又许朝四而暮三，而众狙皆喜。圣人以智笼群愚，亦犹狙公以智笼群狙也。”与原文相比省去了许多描述性话语，只以理性话语而阐释道理。

---

1 马总《意林·序》，上海商务印书馆《四部丛刊》影印武英殿聚珍版丛书本。

魏徵处于唐代建国之初，首要任务是如何稳定社会，谋求封建王朝的长治久安。马总身处中唐时期，唐王朝经安史之乱，国力开始衰退，朝臣均以恢复盛唐辉煌为己任。与此相应，文学上也处在革新时期。在这样一种状况之下，难免会产生如马总这样注重世道人心的作品。

第三节　卢重玄的《列子注》

卢重玄，生卒年不详，范阳（今北京市、河北省保定市北部一带）人，为范阳卢氏后裔。父为魏州长史卢儆，兄为唐代著名诗人卢藏用。卢重玄于景龙二年“茂才异等科”及第，官司勋郎中、通事舍人。史书中有卢重玄与卢重元两种记载，《新唐书·艺文志》有《梦书》四卷，注曰：卢重元著，开元时人。《宰相世系表上》卢氏家族下载卢重玄，官司勋郎中，唐初诗人卢思道玄孙。《宋史·艺文志五》著录《梦书》四卷，著录为卢重玄撰，《旧唐书》未见著录。宋人赵明诚《金石录》卷五“唐杯渡师墓石柱颂”下记“卢若虚撰，卢重玄八分书，开元五年四月”，由此可证卢重元应为卢重玄。《新唐书·艺文志》著录有误，应从《宰相世系表》为“玄”。清人秦恩复校刊本卢重玄《列子注》，因避清讳而文中凡作“玄”之处均作“元”。

考历代正史及私人著述，均未见著录卢重玄《列子注》。阮元《四库未收书目提要》曰：“唐、宋《艺文志》皆未著录，郑樵《通志》、焦竑《经籍志》始见其目。此则从《道藏》中和光散人高守元《冲虚至德真经四解》之内录出，发刊依张湛注分卷，足以羽翼湛注。即所征引各籍，亦多与古本相同，惟《杨朱》一篇注佚其半，惜无别本可补耳。”[1]明正统《道藏》未予收录，赖高守元《冲虚至德真经四解》而保存下来。嘉庆间，秦恩复重新整理校勘卢重玄《列子注》，并有《卢注补》一卷。时人汪孝婴又作《卢注补正》数条，是今存最为完备的刊本。

卢重玄主要活动于唐玄宗时期。道教在玄宗时期被抬高到了无以复加的地位。唐玄宗以皇帝之尊，统领学界，用政治手段来引领学术。在他的倡导下，完成了《唐玄宗御制道德真经》，不仅为唐代道教研究确立了方向，也为统治制造了舆论。《庄子》、《列子》等被列于道教经典的道家著作，也不能脱离这种大风气的影响。在大力提倡老子思想的前提下，唐玄宗的臣子们也响应号召纷纷为《庄》、《列》等书作注，卢重玄《列子注》即是在这种情况下完成的。通观全书，首先是以老子思想解读《列子》。其次，是用道教的神仙修养之术来附会《列子》，使之成为辅助《老子》而修炼成仙的道教典籍。最后，由于唐王朝开放的宗教政策，虽然尊崇道教，但并不排斥其他宗教。这种开放的文化政策，为思想的进一步融合创造了条件，儒、释、道三教融合趋势明显。

一　尊崇老子——以老解《列》

唐代君主自立国之初便尊崇老子，“唐初崇道有着明显的政治目的，他是利用道教来制造皇权神授舆论的开始。当时崇道的主要特征是尊崇老子，神化老子，并以老子显灵等名义来编造政治神话，神化唐宗室，以适应当时政治军事斗争的需要”。[2]如果

1 阮元《四库未收书目提要》卷二，韦力编《古书题跋丛刊》第八册，学苑出版社 2009 年版，第 245 页。

2 任继愈主编《中国道教史》，上海人民出版社 1990 年版，第 266—267 页。

说唐初是为了李氏取隋而代之制造皇权神授舆论的政治军事目的，那么，唐玄宗时期的崇道活动除要抑制武后时期所造成的佛教压过道教的境况，更多的是玄宗本人对道教长生不老术的追求。[1]老子被确定为道教教主，其他道家人物则成为老子羽翼。卢重玄在《列子注序》中说：“我开元圣文神武皇帝，知道为生本，至德非言，广招四方，傍求万宇，冀有达其玄理，将欲济于含生。小臣无知，偶慕斯道，再承圣旨，重考微言，谨寻《列子》之书，辄诠注其宗要。”在唐玄宗及其群臣看来，道教宣扬道为万物根本，其他所有论说均离不开对道的解说与探寻。庄子与列子是对老子的阐释与发挥，很自然便被纳入到老学研究范围之内。卢重玄以老解《列》思想主要包含以下两个层面：

1. 道体论

“道”是老子思想的根本概念，他说：“道可道，非常道；名可名，非常名。无名天地之始，有名万物之母。”第二十五章又说：“有物混成，先天地生，周行而不殆，可以为天下母。吾不知其名，字之曰道，强为之名曰大。”老子认为，天地万物的产生，都是由“无”而到“有”，“无”是产生万物的根本，是天地万物的开始，而“有”则生育万物。因其无可比拟的功绩，无法给它命名，勉强称其为“道”。王弼在第一章注中说：“凡有皆始于无，故未形无名之时，则为万物之始。及其有形有名之时，则长之、育之、亭之、毒之，为其母也。言道以无形无名始成万物，万物以始以成而不知其所以然，玄之又玄也。”王弼此说可谓切中老子本意。

1 任继愈主编的《中国道教史》将唐玄宗的崇道活动分为两个时期：从即位到开元末为前期，开元末及天宝年间为后期。前期的崇道主要是出于政治上的需要，后期的崇道主要是祈求个人的长生不老。

卢重玄在《列子注序》中说："黄老论道久矣，代无晓之者。咸以情智辩其真宗，则所论虽多，同归于不了；所诠虽众，但详其糟粕。莫不以大道玄远，遥指于太虚之中；道体精微，妙绝于言诠之表。遂使真宗幽翳，空传于文字；至理虚无，但存其言说。曾不知，道之自我，假言为诠。得意忘言，离言以求证。徒以是非生灭之思虑、因情动用之俗心，矜彼道华，求名丧实。"黄老论道已经很久了，可是世间却没有人懂得其中的道理。后人总以自我情感揣测圣人的言论，而道体真相不能用言诠表达。如同庄子筌蹄之喻，言论只是工具而已。道虽然不能以言诠求得，但言诠可以传达道。学人应当抓住这一点，由言而进意，得意而忘言。正因为道的这种特性，对于道的体认便不能以常情、常理来理解。卢重玄最后说："居清净者则为道，道无形质，但离其情，岂求之于冥漠之中、辩之于恍惚之外耳？"道由清净而生，清净则因忘情而有。因此，只有离情欲才能体道。

卢重玄注解"而无不知也，而无不能也"一句引老子语阐释"道"的作用说："老子曰：吾不知谁之子，象帝之先。言此神也，先天先地。神鬼、神帝，无能知者、无能证者。若能体证兹道，则天地之内无不知、无不能矣。"其所引"象帝之先"出自《老子》第四章："道冲而用之或不盈，渊兮似万物之宗。挫其锐，和其光，同其尘。湛兮似或存。吾不知谁之子，象帝之先。"王弼注曰："故人虽知万物治也，治而不以二仪之造，则不能赡也。地虽形魄，不法于天则不能全其宁；天虽精象，不法于道则不能保其精。……地守其性，德不能过其载；天慊其象，德不能过其覆。天地莫能及之，不亦似帝之先乎？"[1]道是超越于一切世间万有的独立存在物，它

1 楼宇烈《老子道德经注校释》，中华书局 2008 年版，第 11 页。

产生了世间万物并使其按照一定的规律运转不息。道的作用是不能用智力来求得的，只有明白了道的本质，也只有真正与道相契合，才能真正体会道的妙用，而天地万物的一切规律也便明了于胸。由此，世界的产生与运作均归于“道”的统率之下。

2. 体道说

老子虽然以很大篇幅来解释道的生成及运作规律，但最终目的是向世人揭示道的规律，以期人人都能够注重自身修养，推己及人，天下自然大治。他在七十章中说：“吾言甚易知，甚易行。天下莫能知，莫能行。言有宗，事有君。夫唯无知，是以不我知。”老子认为，他所讲的道理浅显易懂，也很容易实践，可为何没有人能真正明白并去实行呢？他认为是“知”在作怪。“知”指知识，也即人的聪明才智，老子主张摒弃聪明才智。老子认为，道并非不可捉摸，它时刻存在于万事万物之中，所谓“言有宗，事有君”，王弼说：“宗，万物之宗也；君，万物之主也。”“万物之宗”即是无，“万物之主”即是道。那么，既然明白了道是万物生灭变化的根本，如何使自身无限接近乃至明了道的本质呢？凡人应当如何做才能明白道的运转规律呢？老子认为，世间万物都有一定的规律，人不能违背规律亦即道去办事。若人凭借自我聪明去办事，那便永远不会见道。

卢重玄在秉承老子这种理念的前提下，从形神修养的角度进一步引入了“神”的概念。他说：“夫生者何耶？神与形会也。死者何耶？神与形离也。形有生死，神无死生。故老子曰：谷神不死。死而不亡者，寿也。”卢重玄认为，人生为形，形的主宰是神。神与形合则人生，神与形离则人死。人的形体虽然有生死的变化，而神却不存在生死的变化，它恒久不变。老子所谓的谷神，也即是产生“有”的“无”。王弼曰：“谷神，谷中央无者也。无形无影，无逆无违，处卑不动，守静不衰，物以之成而不见其形，此至物也。”[1] 卢重玄所说的神，正是沿袭了老子的这种观点。作为凡人，如何保有神而达道呢？卢重玄在序言中说：

> 至人忘情归性则近道，凡迷矜性殉情则丧真。是故：隳支黜聪，道者之恒性；贪生恶死，在物之常情。不矜爱以损生，不祈名而弃宝。……至人了知其道，故有而宝真。真神无形，心智为用。用有染净，凡圣所以分。在染溺者则为凡，居清净者则为道。道无形质，但离其情，岂求之于冥漠之中、辩之于恍惚之外耳？

得道的至人与愚痴的凡人之间的根本区别就在于是否能够达到身心清净。如果执迷于尘世间万物的纷扰，便始终不能得道。道无形质，非言诠所能明了，只有使身心达到清净才能渐渐与道接近，而达到清净的境界又必须时常督促自我。老子在第二十八章中说：“重为轻根，静为躁君，是以圣人终日行不离辎重。虽有荣观，燕处超然。”王弼说：“凡物，轻不能载重，小不能镇大。不行者使行，不动者制动。是以重必为轻根，静必为躁君也。”圣人之所以能够时常体道而不失，是因为他们时常提醒自己从不懈怠，而凡人则很容易为物质所累而迷失本性。卢重玄在《杨朱》卷首解题中说：

> 夫君子殉名，小人殉利。唯名与利，皆情至所溺，俗人

1 楼宇烈《老子道德经注校释》，中华书局 2008 年版，第 16 页。

> 所争焉。故体道之人也，为善不近名，不趋俗人之所竞；为恶不近利，不行俗人之所非。违道以求名，溺情以从欲，俱失其中也。故有道者不居焉！

君子也好，小人也罢，不是为名，便是为利。而真正的体道人则不然，从不为名利所羁绊。因此，只有时常警惕自己保真，才能体解大道：

> 伪者，取名而无实；真者，实行而忘名。尧舜之与夷齐，炳然如此真伪之迹耳，不易察哉。世人若不殉名利而失真，则溺情欲而忘道矣。天下善人少，不善人多。则殉名者稀，从情欲者众。虽有智者，亦无可奈何，盖俱失中也。

名与实是羁绊人体道的两道门槛。虚伪之人只看重名而不顾实，真人则重实而轻名。世人都赞美伯夷、叔齐的高义，殊不知他们恰恰就是沽名钓誉之人。尧、舜则不然，他们以天下为己任，绝不取无用之名。世人如果不牺牲名利而取实，终为情欲所惑而失道。由此看来，卢重玄认为人泥于情欲的根本原因是追逐名利。若能抛却名利的羁绊，便如同尧、舜一样朴实无华。但是，人生于世又不能完全摆脱名利的困扰，这又要求人把握好一个度，做到名利之前不动心，用智而不用情。只有保持这样一个中道的原则，才能把握好“真”与“伪”之间的度。老子在第二章中也明确表达了这种观念：“天下皆知美之为美，斯恶已；皆知善之为善，斯不善已。故有无相生，难易相成，长短相较，高下相倾，音声相和，前后相随。”美恶、高下、长短、前后等都是相对而生，不能偏举一端，偏举便会失中，失中便失去了分别的意义，也就无所谓美恶、高下、长短、前后等的区别。所以王弼说："喜怒同根，是非同门，故不可得而偏举也。"[1]守中仅是求道的门径，若想保有道就必须守静。老子在第十六章中说："致虚极，守静笃，万物并作，吾以观复。夫物芸芸，各复归其根。归根曰静，是谓复命。复命曰常，知常曰明，不知常，妄作，凶。知常容，容乃公，公乃王，王乃天，天乃道，道乃久。没身不殆。"王弼注曰："以虚静观其反复。凡有起于虚，动起于静，故万物虽并动作，卒复归于虚静，是物之极笃也。"世间万物都起于无，无归于静，归静则万物归根。因此，做到了静就能看到万物起落的根本，明了了道的根本。所以，要想体道，必须守静。只有守静，才能保真，进而体道。卢重玄在《说符》中说："夫贪于得而不知得由所守者，俗人之常情也。故嗜欲无情而真道自丧矣。所以贵夫知道者，内守其道而不失，外用于物而不遗。"体道之人要时常内守其道，时常处于静乐之中，只有这样才能时常保真而不失道。

道体论与体道说是《老子》全书思想的两个着眼点，老子不厌其烦地揭示道的规律，反复讲解道是何等重要，要人们去体解大道。在他看来，道是根本，只有抓住根本，细枝末节才会迎刃而解。卢重玄发展了这种观点，他认为列子思想与老子相应。老子在有无之辩中提出了道的观念，以化解其无法解决的本体论冲突。按照老子的说法，道成为体现无的最高范畴，是统率万有的宗主。在道之下，老子提出"德"这一概念。王弼说："德者，得也。常得而无丧，利而无害，故以德为名焉。"[2]所谓德，即得，亦即得到了道。那么，道与德也就是一个事物的两面，亦即都是无的体现。卢重玄没有采用"德"这一概念，他受道教内丹派思

1 楼宇烈《老子道德经注校释》，中华书局2008年版，第6页。
2 楼宇烈《老子道德经注校释》，中华书局2008年版，第93页。

想的影响，引入了“神”这一说法。在他看来，“神”是形体的主宰，形体因“神”而有生命，“神”体现着道。人人若能守住本身所具有的“神”，那么在不断的修养中便能慢慢与道相契合。实际上，卢重玄已经将“神”提到与道等同的地位，“神”便是道。

二　贯通全书的主线——“神”

关于形神问题的讨论从先秦时期便已开始，《庄子·在宥》：“抱神以静，形将自正。”又曰：“神将守形，形乃长生。”《天地》：“留动而生物，物成生理，谓之形；形体保神，各有仪则，谓之性。”《黄帝内经》：“心者，君主之官也，神明出焉。”“形”与“神”的讨论是基于身与心而逐渐展开。生与死一直是困扰人的两个大问题，面对死后之事，古人产生了种种猜测。他们认为死亡仅仅是肉体的消亡，在肉体之外还存在着一种不生不灭的超然力量，这便是主宰肉体活动的心。“形”是“神”的扩大化，“神”是心的扩大化，形神问题是身心问题的哲理化。

道教思想的发展演变直接反映了这种变化。道教在魏晋时期以外丹服食之术来企求长生不老，葛洪所著《抱朴子·内篇》即专门讨论炼丹服食之术。他认为，通过服食丹药能够长保形体而长生不老。虽然他们也提倡炼气养形，但那是为长生不老、白日飞升而创造条件。唐代道教内丹修炼之术兴起，虽然根本上仍未突破形体长生不老、服食丹药而白日飞升的局限，但却建立起了内丹道的理论基础。以吴筠为代表，把修炼成仙的理论与“神”、“性”联系起来。他认为长生不死的是“神”、“性”，而非肉体。[1]这样，形神问题便与道教修炼术联系起来。而对于“神”的理解，

1 卿希泰《中国道教思想史》第二卷，人民出版社 2009 年版，第 160 页。

也慢慢哲理化，最终“神”与“道”相等同，成为沟通天人的中介。

卢重玄发展了这种思想，用“神”来代替“道”，把《列子》由道家著述转变为道教修炼宝典解读。卢重玄以“神”统率全书，把所有的理论都纳入到“神”的范畴之下，构建了一个由养形炼神进而明道、体道的框架。

1. “神为生主，形报神功”的形神论

什么是“神”？卢重玄在《天瑞》解题中引《周易》解释说：“夫群动之物，无不以生为主。徒爱其生，不知生生之理。生化者有形也，生生者无象也。有形谓之物，无象谓之神。迹可用也，类乎阴阳；论其真也，阴阳所不测。故《易》曰：阴阳不测之谓神。”在常人看来，有生命、能够自由活动的现象就是生，常人只知享受生的快乐，而不知探寻之所以生的道理。生化是形体生灭的表现，主宰这种变化运转不息的“生生”之道却无声无息。这种有形的变化称为物，因为其可见可触。而那种无形的变化称为“神”，“神”的作用就如同阴阳和合而产生万物一样，但要追寻这种变化的真相，却不是阴阳变化的现象所能说明。因此，“神”是驱使生命变化的动力，它如同道一样妙不可言。形体因“神”的作用而更加生机勃勃。卢重玄说：

> 神为生主，形报神功。神有济物之功，形有尊崇之报。神有害物之用，报有贱陋之形。故神运无穷，形有修短。报尽则为死，功著则别生。……代人但约形以为生，不知神者为生主；约气以为死，不知神者为气根。系形则有情，迷神则失道。封有惑本，溺丧忘归。

“神”是“形”的主宰，“形”是“神”的外在表现。“形”的尊崇、贱陋、修短等种种外在表现，均是受“神”的支配而形成。“神”对于“形”的作用完结了，形体即告消亡。正因为“神”的存在，“形”才有生灭的变化；正因为有“形”的表现，“神”才显现出其主宰万物的功绩。世人只看到形体的变化，只知围绕形体做文章，却从未了解形体之所以存在的原因；只知道有气为生、气亡为死，却不知“神”才是气存在的根本，卢重玄称其为“神迷”。若“神迷”则丧失了形体存在的根本，便永远找不到回归之路。卢重玄强调“形”与“神”的关系，他认为，“形”与“神”相比，“神”才是根本。

卢重玄认为，“神无方比，故称独也。老子曰：独立而不改也。疑者不敢决言，以明深妙者也。”“神之独运，非物能使。若因情滞有，同物生化，皆非道也。”“神”独立运行不受形体束缚。如果“神”也“因情滞有，同物生化”，便不能称为“神”。所以，“独”是神的特性。在这个基础上，卢重玄对形神问题做了进一步深化，逐渐将其引到有无之辩上来：

> 夫有形之物，皆有所生以运行之。举其大者，天地也。运天地者，阴阳也。阴阳，气之所变，无质无形，天地因之以见生杀也。阴阳易辩，神识难明。借此以喻彼，以为其例。然后知神以制形、无以生有也。
>
> 有形之始谓之生，能生此生者谓之形。神能形其形、能声其声、能色其色、能味其味者，皆神之功，以无制有。
>
> 形有所生，不能生无，影响是也；神而无形，动则生有，万类是也。

夫大冶铸金，依范成质。故神为其范，群形以成。男女修短，阴阳已定矣。何者？神运其功，形为功报耳。

“神”是创造世间万物的根本，因为有“神”的存在，形体，乃至世间一切可见、可闻、可感知的事物才能以其特有的形式存在。其实，卢重玄所谓的“神”就是产生天地万物并使其运转不息的自然规律。正因为有了自然规律的不断变化，才有了天地万物的生灭变化。虽然“神”创造万物并驱使万物生灭变化，但“神”却不可见，“神能形其形、能声其声、能色其色、能味其味者，皆神之功，以无制有”。在卢重玄看来，“神”才是世界万物的支配者。形体的变化是因为“神”的作用，而神却以“无为而无不为”的方式使万物运作不息，“神”成为代替“无”并体现“无”而驱使万物运作的总规律。这样，“神”与“道”也便相差无几了。

2. “自然神行，神合于道”的契道论

通过对于形神关系的辨析，卢重玄最后得出了“神”即是“无”的观点。由此一来，“神”便与“道”等同了：

夫神者，生之主也。既为生主，则役神以养生。养之失理，却成于损也。俗以益嗜欲者为养生，适为丧年之本矣。故君子养于性，小人养于情。养情者，无嗜欲、保自然，不乐生、不恶死，无向背、憎爱，无畏忌。自然神行者，神合于道也，非是别有一国、别类之人耳。故曰：仁道不远，行之则至；一言契者，交臂相得焉。

“神”为生主，俗人以为满足嗜欲便可常养保真，殊不知这正是丧失根本的做法。君子明白自然的可贵，因此抛弃嗜欲的烦恼去追求自然。而神恰恰是他们所追寻的自然的本质。因此，自然看似神奇，其实即是“神”与“道”相合而显现出来的外在表现。俗人以为“道”远离人世，“道”其实就在万事万物的生灭变化之中。卢重玄进一步解释说：“夫道者，神契理合、应物以真，非偏善于小能，不暴怒于小过，如春之布，万物皆生，俗易风移。自然而化，不知所以化，不觉所以成，故百姓思之不知其极也。”“道”是“神契理合、应物以真”的自然生化之理，它无任何极端倾向，如同春天化育万物般悄无声息。形体的生灭变化是由“神”主宰，“神”的运行又与“道”相合。所以，养神即体道：

> 智人潜行积德，非本空虚者也。何如能蹈火不热、登高不栗乎？以明纯气出乎性，守神以合道，则能至于此。故曰至人也，岂智巧果敢所能得耶？

智者并非生而知之者，他们也是通过不断地“潜行积德”而达到空虚的境界。只要能做到守神，也便能契合于道，最终会达到“蹈火不热、登高不栗”的境界。他在《黄帝》“神人吸风饮露”一节注释中说：“此言神之合道也。故假以方外之中、托以神人之目，不因五谷以为养，吐纳真气以为全。心如澄水，无波浪之能鼓；形如处女，无思虑之所营。喜怒不入其襟，是非不干其用。无求无欲，同天地之不仁、不惠、不施，正阴阳之生于万物所不能扰，鬼神所不能灵。证之真□，其功若此也。”由此看来，得道的神人能够远离世间万物的纷纷扰扰，无欲无求，不为物累而逍遥自在，那种“心如澄水，无波浪之能鼓；形如处女，无思虑之所营。喜怒不入其襟，是非不干其用。无求无欲，同天地之不仁、不惠、不施”的超然行为，正是得道者的写照。

“神”是万物的主宰，它的特性是“独”，不可捉摸，没有行迹，只能通过一定的修养功夫才能与之契合。虽然“神”不可捉摸，但并不意味着“神”不可知。因为“神”驱使形体运行，是使生之所以生的动力，所以“神”便潜藏于不被世人所注意的自然当中。万物的生灭变化是如此自然，以至于其受益者都无从察觉。智者能够从这看似自然无奇的变化中悟到真理，从而看透生生之理。而愚痴的人则大多为形体所累，追求当身之娱、当生之乐，以满足形体的无限欲求，形神颠倒，这样的人永远也不能与“神”相契合，永远生活在愚痴之中。这种观点已经与老子所讲的“道”相等同了。所不同的是，卢重玄从道教修炼养形的角度来阐释形神关系问题。“神”在这里不仅是“道”的代名词，更是人性中所包含的得道成仙的道性。道性是人人都具有的，只不过通常不为人所知。若能抛开形体的束缚，反观自身，距道也便不远了。

3. “知道养神，含真易虑”的修养说

“神”既然存在于自我身体之中，首先要从思想上认识它。“神”体现着“道”，“道”的全部特性也都赋予了“神”。“道”不在玄远的天边，“道”就在自我身中。若想得道，应当时常提醒自我，使自我的行为、思想无限接近于道。卢重玄在《黄帝》“海上之人有好沤鸟”一节注释中说：“夫神会可以理通，非以情知。知生则骨肉所猜，理生则万物无间，然后知审精微也。同万物者，在于神会；同群有者，在于情灭。欲独矜其心智，则去道远矣。”“神”超越于人的情智。情智即人的知识，人的知识是由形体造作而产生，是人间智巧的表现。因此，知识非但不能帮助人得道，反而成为人修道的障碍。

凡人之所以远离道，就是因为情智的束缚，而道却不能以情智获得。在卢重玄看来，万物体现着道，而以人为代表的、有感知的生物却因情智的缘故而无法感知道的存在。人只知通过情智判断好坏，所谓“眼见为实，耳听为虚”，对于无形无状、不可言说的道则充耳不闻、视之不见。他认为，“同万物者在于神会，同群有者在于情灭”，如果人想体道，便要努力使自己摆脱情智的困扰，以自己本身的神识与道相契合，通过对万事万物之理的探寻而与道合。如果仍然抓住自我的心智不放，执着于有，那么距离道便会越来越远。他引用老子强弱转化的思想进一步指出：“强之与柔，二者易知也，人所以未知者何？即求胜之心多也。即遇不如己者，未足为强；若遇敌于己者，则常危矣。”人最大的缺点是为自我情智所束缚，事事都以情智去判断，便不能心领神会以契道。卢重玄解释《黄帝》“狙公养狙”一节说：

> 含识之物，虽同有其神，而圆首方足、人最为灵智耳。智之尤者，为贤为圣；才之大者，为君王圣人。随才而任，各得其宜。无小无大，各当其分。既无弃人，亦无弃物。笼之以智，岂独众狙也？

人与有血气之物虽然所含之“神”没有差别，但人却因为有“灵智”而为万物之长。尽管如此，由于人与人之间才智的不同，人又有高低贵贱之分。世间万物所蕴藏的“神”虽然没有分别，但人的智力却不是“神”所能决定。也正因为人与人之间情智的差别，使得人人都以情智为准则而衡量人的高下，而“道”并非智力所能获得，根本在于抛却智力，明了“神本形末”的道理：

天地成器，无所不包。人生其中，但保其有。曾不知神为形主，无制于有。圣人所以养其本，愚者但知养其形。约以为形，贪生而不识生之主。形谢以为死，不知神识之长存。迷者为凡人，悟者通圣智。

天地包容万物，人在天地之中只知道珍惜眼所看到的有形之物，却从未注意“神”的存在。圣人与凡人的区别就是圣人懂得“养本”，明白时常保有“神”的重要，而愚痴的众人却只知保养形体。只有明白“神”是万物的主宰，才能懂得形体的生灭变化是由“神”所主宰的道理。形体虽然有生灭的变化，而“神”却恒久存在。当然，也并不能说保养形体没有用处，因为“神”的功用是由形体表现出来，所以：

夫劳形而逸其神者，则觉疲而梦安；劳神而役形者，则觉乐而梦苦。神者，生之主也，而人不知养神以安形；形者，神之器也，而人不知资形以逸神也。故形、神俱劳，两过其分。若劳佚适中者，疾并少间矣。

如果经常使形体劳苦不得休息，神会过分安逸，夜间所梦也便会是安逸的情境；如果经常使神劳役而不得休息，形体会过分安逸，梦中所见也便是极为劳苦之事。要知道，“神”是形体的主宰，形体是“神”的承载。无论是劳苦形体还是劳役“神”，都是不得其道的极端做法。只有使形体与“神”得到适当的休息与劳役，才能减少疾病。因为“神”是形体的主宰，它使形体运转不息。如果能适当调动自身神识的功用，使它不因过分安逸而被长期埋没，自然会一步步接近道。同时，形体也会因为主宰者的运动而有相应的动作。相反，如果能使形体得到适当的劳作，“神”也会因此而趋近于中道。形体虽然不能束缚“神”，但形体承载着“神”，是“神”的功用的体现。若形体不在了，“神”也就离开了，也便无从体道。因此，形体的适当劳作，会使其经常处于一种不断进取的状态，“神”也会因为形体的滋养而常保不失。他在《仲尼》中又进一步引入了“气”的概念，以调和“神”与形体的矛盾：

> 夫体既有质而成碍，心则有系而成执。体合于心者，不在于行碍，而在于封执也。故气之于心，虽动而无所执，故心合于气者，不在封执，而在于动用也；故气合于神者，不在于动用而在于了识也。

人的形体因“神”的存在而有了生灭变化，而“神”的运行又需要有“气”的存在。所谓“气”，即是使人形体中的血脉不断流动而使形体得以滋养的驱动力。形体因为可见可触而使人很在乎它的存在，这便成为得道的障碍。心则时常因为这种障碍而不能解脱，形体的存在也成为心了悟的阻碍。正因为这种阻碍，才使得人的身与心不能一致，不能达到了悟的境界。“气”是使形体乃至心得到滋养的驱动力，它本身没有执着与阻碍。因为形体的运动，“气”也运动不息。所以，心“与气合”的关键是使形体运动适中。正因为“气”的驱动，形体才得到滋养而能够运动，“神”也因此而显现出它的作用。所以，“气”也体现着“神”的功用。既然“气”无所系着而运动，那么相较于心与形体，“气”更容易与“神”相合。形体与“神”之间互为作用、互为矛盾的关系，使得常人很难把握平衡二者关系的一个度。而常人则可以控制自身“气”的运动。这样，“气”又成为与“神”相合的着眼点，而“气与神合”的关键又在于“了识”。所谓“识”，也即是人的各种思虑。若能抛却思虑，便能控制“气”的运行，从而使形体合乎“神”的要求，恰如其分地把握“神”与形体之间相互运作的一个度，这样才能慢慢趋近于“神”。他又总结道：

> 夫至极者，神也。微妙玄通，深不可极。视之不见，听之不闻。常在于己而莫知其居，形万物而不可著见其动。若水润下而济上。其静若镜，照用而不疲；其应若响，不遗于物。此养神之至理也。

“神”滋润万物却无声无息，虽然经常围绕在身边却不曾体会到它的存在。如同水一样，滋润万物生长。又如同镜子一样，永远不知疲劳，只要存在生灭的变化，它就不会遗落任何世间存在之物。明了了“神”的这种特性，也就明了了养神的关键所在。他在《力命》中总结得道养神的方法说：“故知道之士养其神，含其真，易其虑，变其身。”养神的关键是明了神的作用而不失真。所谓“真”，即能够明白形体的暂时性。卢重玄认为，形体是无知的，因为“神”的存在形体才有知觉且能够活动，他说：“夫形体者，无知之物也。神识者，有知之主也。守乎本，则真全而合道；滞乎质，则失性而徇情。俗人徒见形之有憎爱，不知神之为主宰也。”“神”是形体的主宰，形体虽然承载“神”，但人往往会因形体可感知“失性而徇情”。一旦为情所困，就会迷失神识，也就远离了道。所以，要想体认大道，就应该保养自身的神识。保养神识的关键在于明了神识的特性，不要为假存的形体所束缚。要想明了这个道理，就要克制自己的思虑，应当对世间万物有一个正确的认识。这样便可时常保养神识，通达无碍，不为世事所迷惑，不为情智所牵引，就能合于道了。

综上所论，“神”在卢重玄《列子注》中占有统率的地位。用“神”来代替“道”，更容易彰显人的道性，也更容易宣扬道家人人皆可成仙得道的思想。在理顺形神关系的前提下，进一步说明“神”就是“道”，并且彰显出人的可贵，从而为得道奠定基础。

三　三教融合的思想倾向

儒家思想历来被奉为正统，唐朝自然也不例外。虽然卢重玄以老子思想来解读《列子》，但对于孔子及儒家思想，仍然是尊重的。他在《仲尼》中说：“非《诗》、《书》、《礼》、《乐》不足以为治天下之法，而世之理论不由诗书礼乐所能救焉。若去其法，又无以为世之本也，此为有道者之所深忧。”《诗》、《书》、《礼》、《乐》是孔子所订，历来被认为是有效的治世手段。老子认为《诗》、《书》、《礼》、《乐》是扰乱天下的根本，他极力主张回到没有纷扰争夺的原始社会。卢重玄认可孔子是得道者，他认为并非《诗》、《书》、《礼》、《乐》本身有问题，而是世间的变化已经超越了诗书礼乐所能约束的范围。但若抛开《诗》、《书》、《礼》、《乐》不用，人王君主包括圣人在内，又无法找到一种可以代替诗书礼乐的方法约束人的行为。尽管老子鄙视《诗》、《书》、《礼》、《乐》，他也必须通过文字来教化众人。孔子也认识到这一点。卢重玄进一步解释说：

知天命之所无可奈何，而安其分以不忧者，君子之常心也。古之开物成务、济人利俗则不然也。不安其乐，不任其知。先天而不违，后天而奉天时，是真乐真知也。若然者，故无不乐、无不知，故能无所不为矣。岂复委任之哉？是以，《诗》、《书》、《礼》、《乐》诚所以助化之本也，革之者何为乎？

世事变迁是天命运行的必然结果，明白这个道理，就应以平常心去对待这种变迁。时代不断变迁，人们需要《诗》、《书》、《礼》、《乐》规范与约束自我的行为，从而能够更契合道而区别于禽兽。因此，古时圣人注重实践的作用。而如今《诗》、《书》、《礼》、《乐》已无法发挥它的作用，这是不可违背的天命。既然如此，就应以平常心看待世间万物。不能过分安乐，也不能随顺自我的情智，应当遵从天命的发展。若能如此，面对任何事情就会泰然处之而无所不为。也即是说，只要能明白天命的变化，遵从天命的安排，虽然无所作为，实际上却仍然在按照《诗》、《书》、《礼》、《乐》的精神行事，也即是老子所说的“无为而无不为”，这样也便顺从了道。由此看来，《诗》、《书》、《礼》、《乐》并非无用。老子的“无为”与孔子的“为”，均是顺应天时的。卢重玄借助于道将孔子与老子置于同一屋檐之下，把不可治的乱世归结于天命的作用。《诗》、《书》、《礼》、《乐》在天命的作用下也成为有助于教化的工具，而非扰乱社会的祸端。儒家与道家在圣人之道的旗帜下，很自然地合而为一。

卢重玄还将佛家思想与儒、道观念相比照。《汤问》注曰：“眼、耳、鼻、舌、身为五根，随波流不得暂止也。此举世皆随声色香味染著而不得休息，乃至忘生轻死，以殉名利，不知止虑还源、养神归道者也。”“故大圣作法设教以止之，五根于是有安矣。五尘以对之，五识以因之，故云十五也。因心而制之，故云三番六万岁一交耳。自此知制五根之道也。”识、根、尘的概念均出自佛教。识有六，分别为：眼识、耳识、鼻识、舌识、身识、意识；根也有六，分别为：眼、耳、鼻、舌、身、意；尘亦有六，分别为：色、声、香、味、触、法。因为有了六尘的存在，六根才发挥了它们应有的作用，即六识。这三组概念相互依存、相互作用，构成完整的器世界。他将《汤问》中所说的五座神山看作佛教所说的五根，五座山都是相互独立的，它们之间并无联系，只是随着大海的波涛而不断漂流，无有止息。这就好比人的五根，随着意识的流转而不断运动，没有停息。使得意识不断流动的是器世界的六尘，人生活在由六尘所组成的器世界之中，身心随声色而上下起伏，如同五山随波流上下往还、无有止息。控制五根的关键在于止虑，即控制自我的意识流动而使其不为声色所牵引。只有驯服了如波涛般上下起伏的意识，才能使五根暂时得到休息，保养神识以合于道，从而达到无忧无虑、不为任何外物所牵引。六尘是器世界中所存在的万事万象的总括，人生活在器世界之中，其感觉器官也即六根，从观、听、尝、触、思等各方面感知世界。因此，六尘的存在引起了人六根的活动，表现出来便是六识。卢重玄用佛家这种理论来解释《列子》中的神话故事，同时将其与道家修养之说结合起来，统一纳入道的统辖之下。如他在《说符》中所说："释氏之经非中国圣人约人为教，利人而已矣。释氏是六通圣人，约识为教，通利有情焉。今列子之书乃复宣明此指，则大道之教未尝不同也。"所谓六通，分别为：天眼通、天耳通、他心通、宿命通、神足通、漏尽通，修行之人所得神通的多少决定了他所获果位的高低。佛教认为，人只要依佛所说而用心修行，即使无法超出六道轮回的天人也能获得前五通。所不同的是，由于修行果位的高低，他们神通的功用又有所不同。而最后一通漏尽通，只有达到了佛的果位才能获得。获得了漏尽通，也便超出了三界，达到了不生不灭的境界，亦即获得解脱。正因如此，佛才被称为六通圣人。卢重玄认为，佛家的经典理论是约束意识，不论何种生物，以至于披毛戴角的牲畜，也有获得神通而修证佛果的机会，所以说“通利有情”。而中国圣人则是“约人为教”，认为人高出于世间万物。禽兽虽同人一样也有血肉皮毛，但没有意识，不能如人一样受诗书礼乐的熏陶而通晓礼仪。卢重玄认为，尽管二家学说有所区别，但在利乐有情、净化人间、宣扬大道这一点上却是相通的。《列子》阐明这个道理，恰恰说明在修道这个问题上，佛教与儒家、道家有着共同的价值取向。

综上所论，卢重玄在坚持以老解《列》的前提下，把儒家与佛家统一纳入道的统率之下。儒、释、道经魏晋南北朝之后，开始慢慢融合。尤其是佛教，吸收中国本土文化以便于符合中国民众的心理，经魏晋南北朝的发展演变，在唐代大一统的格局之下，逐渐显示出了与儒、道相统一的发展趋势。这一方面说明人类所创造的精神文明尽管在地域、思维、民族等方面存在差异，但仍然有着一定的趋同性；另一方面，也说明了中华文明强大的包容性。卢重玄对三家思想的阐释，也从一个侧面证明了这一点。卢重玄的《列子注》是继张湛之后对《列子》的全面注解，不仅体现着作者对于《列子》的理解，也反映出鲜明的时代特色，是时代进步的产物。在《列子》的注本中，卢注可与张注相比肩。

四　秦恩复的卢注补

秦恩复（1760—1843），字近光，号敦夫，江苏江都（今江苏省扬州市）人。乾隆五十二年（1787）进士，改翰林院庶吉士。散馆，授编修。精校勘，延顾千里于家，共相商榷。阮元抚浙时，聘主诂经精舍。尝校刊《列子》、《鬼谷子》、《扬子法言》、《三唐人集》及《隶韵》等书，时称秦板。著有《石砚斋书目》四卷、

《享帚词》四卷，[1] 俱见于《清史稿·艺文志》。生平事迹见（同治）《续扬州府志》卷九。

秦恩复对于卢注《列子》的整理，首先在于校刊精审。他与当时的著名藏书家顾广圻交往甚密，并延请其到自己家中探讨古书校勘。《列子》也经由顾广圻校勘，并由吴涟书写上版，无论从校勘还是刊刻来讲均较为精审。不仅如此，他还补正卢注不足之处，使得卢重玄注更为完备。据秦恩复刻卢注《列子》序称："由唐迄今，几及千载，历代搜奇好古之士，网罗放失，不遗余力，而卢注未经采录。夹漈、弱侯号称淹博，缥缃什袭，又不广为流通。向非入之道家，递相纂述，不几终遭沉晦耶？传写日久，讹谬滋多。"秦恩复由金陵道院获卢注《列子》，由于时代久远，字句有所讹误。有感于此，再加之《列子》注本甚少，卢注《列子》便显得更为珍贵。因此，秦恩复对此书校刻甚为重视。其次，对卢重玄注的补正。秦恩复在序言中说："辨张、卢字句之异同，补殷、陈释文所未备。其有乌马、鱼鲁灼然可知者，随加刊正，不复存疑。或辞义难通，字文牵混，仍其旧本，未敢以臆为断，别加考证，以相参检而已。"这段话概括了补正的大致体例。耿文光在《万卷精华楼藏书记》中说："秦恩复依宋治平监本重刊"，若真如此，则秦恩复所据为又一宋本。今存《四部丛刊》收铁琴铜剑楼藏北宋本《列子》，将其与秦恩复补正中所说"张湛本"异文相对照，有许多不合之处。如，《天问》"自生自化、自形自色，自智自力"，秦恩复补正曰："张湛本作知，下同"。《四部丛刊》影宋本与秦刊本原文同，亦作"智"；"古者谓死人为归人，夫言死人为归人，则生人为行人矣"，秦恩复注曰："张湛本无夫字"。《四部丛刊》影宋本与秦刊本原文同，有"夫"字；"诚然天地万物不相离也，

1《清史稿·艺文志》作四卷，《续扬州府志》作三卷，今从《清史稿》作四卷。

仞而有之”，秦恩复注曰：“张湛本作认。认，俗字当作仞。”《四部丛刊》影宋本与秦刊本原文同，均作“仞”，《释文》亦作“仞”。此后各篇均有类似注解，不一一列举。再校以明正统《道藏》本，仍与此相类。由此看来，秦恩复校勘所据“张湛本”，当为《列子》另一版本。秦注对于张、卢二家注及《释文》未注明之处也有所补充。如上文所提到的“诚然天地万物不相离也，仞而有之”一句对于“仞”字的解释，《释文》：“仞而，音刃”，未作任何补充说明。秦恩复补正曰：“张湛本作认。认，俗字当作仞。《淮南子·人间训》：‘非其事者，勿仞也。仞人之事者，败又与充牣’之牣通。牣，满也。”秦注通过两种不同版本的对照，又取《淮南子》为佐证，进一步解说“仞”字的本义。又如《黄帝》对于“列谷射山”的解说，《释文》引《山海经》，张湛注只注明“见《山海经》”，卢注未做说明。秦注在《释文》的基础上进一步引《山海经》做详细解说，并征引各种校本加以说明，辨正讹误，由此也旁证了《山海经》的错误。

综上所述，秦恩复校刊本卢注《列子》，无论是刊刻还是校订均甚费苦心，且补张、卢二家及《释文》之不足，可谓《列子》传本中不可多得的善本。

另，秦刻本卢重玄《列子注》中尚有汪莱[1]《列子卢注考证》

1汪莱（1768—1813），字孝婴，号衡斋，歙县（今安徽歙县）人，在数学、天文、经学、训诂学、音韵学和乐律等方面都有很深造诣，尤以数学成就最著。嘉庆十二年，以优贡生入京，考取八旗官学教习，入史馆纂修《天文志》、《时宪志》。后又受聘于翰林秦恩复家中，得以饱览群书。嘉庆十五年（1810），调任池州郡石埭县训导，因廉洁自奉，尽心办学，卒于任上。《清史稿·艺文志》著录《衡斋算学》七册，《清史稿》传中另有《考定通艺录磬氏倨句解》一册，民国《歙县志》还载有《十三经注疏正误》、《说文声类》、《三声论》、《声谱》、《覆载通几》一卷、《参两算经》一卷、《乐律逢源》、《考定磬氏倨句令鼓旁线中县而县居线右解》一卷、《校正九章算术及戴氏订讹》一卷、《今有录》一卷、《衡斋文集》三卷。生平事迹见《清史稿》卷五〇七。

数条，均为考证字句阙误，可补秦恩复补正之不足。据秦恩复卢注《列子》刊刻序所称："校刊既竣，复得歙县汪君孝婴补正数条，附录卷末。"傅增湘《藏园群书经眼录》所载卢重玄《列子注》曰："清秦恩复石砚斋初刻软字本。有朱笔校字，卷末一行云：嘉庆甲子春仲汪莱覆校。"此可与秦恩复所说互证。

第四节　殷敬顺的《列子释文》

殷敬顺，唐玄宗时人，曾为当涂县丞，生平资料不详。顾广圻曾怀疑殷敬顺是宋人托名唐人，[1]但唐人段成式《酉阳杂俎》引《列子·黄帝》曰："《列子》云：瓦抠者巧，钩抠者惮，黄金抠者昏"，又引殷敬顺《释文》解释说："殷敬顺敬训：驱与抠同，众人分曹，手藏物，探取之。又令藏钩剩一人，则往来于两朋，谓之饿鸱。"段成式所引殷敬顺《释文》并不见于通行本《释文》，当是佚文。段成式为唐代著名志怪小说家，约生于唐德宗贞元十九年（803），卒于懿宗咸通四年（863）。他在《酉阳杂俎》中征引殷敬顺《列子释文》，可证唐代确有殷敬顺其人，并非依托。从一个侧面也说明《列子释文》成书后流传范围很广，否则段成式不能将其引入书中。《新唐书》本传载段成式博闻强记，可知他曾遍览群书，最后才写成《酉阳杂俎》这部书。《酉阳杂俎》为一部笔记小说，并非成于一时，而是分阶段写就。虽然他何时看到殷敬顺《列子释文》不可详考，至少可说明在其见到殷敬顺《列子释文》之时，《列子释文》应当流传已久。据此可推断殷敬顺大约生活于唐宪宗时期，或者更早。任大椿《列子释文考异》称"其书引《荀子》

1［日］岛田翰《古文旧书考》卷四，韦力编《古籍题跋丛刊》第三十三册，学苑出版社 2009 年版，第 452 页。

杨倞注，则宪宗以后人也。”这种说法过于武断。传世本《列子释文》已经陈景元补遗，陈景元也完全可能引用杨倞注。《列子》音释著作很少，殷敬顺《列子释文》为存世的首部专门对《列子》作音释的音韵学著作。《列子释文》原书在宋时已佚，陈景元于天台山中获唐徐灵府写本残卷，后经陈景元补遗，并作《同异》一卷，而成《释文》全帙。今通行本《列子释文》，即为陈景元补遗后整理之作。《列子释文》自宋时已混入张湛注中，单行本有明正统《道藏》本、任大椿《燕禧堂五种》本、顾广圻抄本、陈春《湖海楼丛书》本，其中以陈春《湖海楼丛书》本《列子释文》校勘最为精审。

一　《释文》卷数及版本

《列子释文》，两《唐书》均未著录。晁公武《郡斋读书志》著录为一卷，题“唐当涂县丞殷敬顺撰”。陈振孙《直斋书录解题》及焦竑《国史经籍志》均著录二卷，马端临《文献通考》著录一卷。由此看来，《列子释文》尚有两种版本。孙猛在《〈郡斋读书志〉校正》中说：“《列子释文》一卷，《读书附志》卷下《拾遗》已录《列子释文》二卷，故赵希弁未摘录衢本此条入《后志》，见《后志》存目。又，存目、《书录解题》卷九、《经籍考》卷三十八以及今本俱作二卷，疑此‘一’乃‘二’之误。”[1]赵希弁《读书附志》所收书目为晁公武《读书志》所未收者，据孙猛所言，赵氏《后志》存目未收衢本一卷本《列子释文》。晁公武所著录的一卷本，是他亲见或据其他文献资料而来。赵希弁所著录的二卷本《列子释文》，也应当是他所亲见或据其他资料而得。那么，晁氏与赵氏二人所著录的书目极有可能是两种本子，

1 孙猛《〈郡斋读书志〉校正》，上海古籍出版社 1990 年版，第 478 页。

孙猛所言过于武断。陈景元在《冲虚至德真经释文序》中说："得国子监印本经并注，脱误长乙，共一百六十字，集成讹谬，同异一卷，附于《释文》之后。已而补亡拾遗，复其旧目。"由此可知，陈景元在得到殷敬顺《列子释文》残卷之后，曾据国子监本《列子》校勘有无，成《同异》一卷，附在殷敬顺《释文》之后。而陈景元对于殷敬顺原作，只是整理残卷，并未改动原文。后与监本《列子》校勘，得脱误一百六十字，最终成《同异》一卷。据此文意推断，殷敬顺《列子释文》当为一卷，因后世无传本，至陈景元时得残卷，及时整理，并作《同异》一卷，而成为两卷。后来学者为便于研习，将陈景元所作《同异》混入殷敬顺《释文》当中，又重新分卷，才成为我们今天所见到的两卷本《列子释文》。所以，《列子释文》应该有三种本子：殷敬顺原著一卷本，陈景元补遗两卷本，《道藏》所收两卷本。现在我们看到的《列子释文》，多据《道藏》本而来。

《列子释文》现在所见到的最早单行本当属明正统《道藏》本，题唐殷敬顺撰、宋陈景元补遗，二卷。《道藏》之前的《列子释文》多混入张湛注中，如元明递修《纂图互注六子》本《冲虚至德真经》。乾隆间，著名学者任大椿辑有《燕禧堂五种》，收《列子释文》二卷。据任氏序称，其所据也是《道藏》本。之后，清嘉庆间，陈春辑《湖海楼丛书》，并请著名校勘家汪继培校订《列子》，成《列子参订》八卷，并附《列子释文》二卷。汪氏校订《列子》，将混入张湛注中的《列子释文》剔除，并以宋本《列子》校勘，《释文》以《道藏》本为底本校勘。另外，顾广圻又有抄本《列子释文》二卷。据戈宙襄跋，顾氏所抄亦根据《道藏》本而来。这几种本子是现在所能见到的《列子释文》的单行本，都是依《道藏》本《释文》而来。那么，它们是否都是因袭《道藏》本《释文》呢？取湖海楼本与《道藏》本相校，再辅以宋本《列子》，便可发现《道藏》本《列子释文》虽为后来流传各本之祖本，但其中亦存在许多错误之处，主要体现在以下两点：

字词位置颠倒。“往复”与“而复”（《天瑞》），“黛”至“亡”与“广乐”至“眩”（《黄帝》），“春螽”至“之股”与“能裂”至“犀兕”（《仲尼》），“至伏羲神农时其国人犹数千丈”与“僬侥国”（《汤问》），“趣走”与 “不去”（《杨朱》），“自以为不知己者居海上”与“食菱”至“今死而弗死”（《说符》），这六处《道藏》本《释文》均与湖海楼本《释文》顺序相反。核以宋本《列子》，可知《道藏》本误，当以湖海楼本为是。

字误之处甚多。“名之弥正切与诒同”（《天瑞》），《道藏》本“诒”作“诏”，《广韵》：诒，弥正切，去劲，明。据此义，湖海楼本为是，当作“诒”。“大较音角”（《天瑞》），《道藏》本“大”作“本”，宋本《列子》亦作“大”。“夏革音棘字子棘为汤大夫”（《汤问》），《道藏》本“汤”作“阳”，误，应从湖海楼本为是。“菌芝其陨切崔谍云粪上生芝也朝生暮死简文云歘生之芝”（《汤问》），《广韵》：菌，渠殒切。“其”与“渠”同属十二群部，“陨”与“殒”同属真部。因此，二字反切属同一音系，可通用。《道藏》本“陨”作“阴”，“阴”属侵部，与“陨”韵不同，不能通用，《道藏》本误，以湖海楼本为是。《道藏》本无“之”字，陆德明《经典释文》释“朝菌”引此句，作“歘生之芝”，则以湖海楼本为是。

任大椿《燕禧堂五种》本《释文》及顾广圻抄本《释文》，均因袭《道藏》，凡是位置错乱或字误之处均未改正。且顾广圻抄本《释文》尚有多处遗漏，戈宙襄均有校勘。

尽管《道藏》本《释文》与湖海楼本《释文》两相对照可以互为补充，但仍存在讹误之处。如，“赞曰音叹”（《天瑞》），《道藏》

本与湖海楼本同，宋本“赞”下张湛注曰：“当作叹”。《广韵》：赞，则旰切。叹，他旦切。《说文》段玉裁注：叹，他案切，十四部。尽管这两个字的韵母同属寒韵，但声母“则”属精部反切上字，“他”属透部反切上字，并非同一系统，不能视为同一个字。《道藏》本及湖海楼本《释文》失考，应以宋本为是。“密遭本作造七到切”（《仲尼》），《道藏》本作“速”，湖海楼本作“遭”，宋本作“造”。《说文》：造，就也。遭，遇也。《列子》原文为：“子产日夜以为戚，密□邓析而谋之。”据文义，当为“造”，宋本是。“眠眠上声”（《力命》），《道藏》本作“视”，湖海楼本与宋本均作“眠”。张湛注曰：莫典，当为“眠”字音切。“视”，《类篇》：视貌，《玉篇》：古文视字，《正字通》：视同视，《说文》：视，亦古文视。当从宋本作“眠”为是。宋本《列子》与后两者相较，更近古貌，且从文义判断，更为恰当。所以，当《道藏》本《释文》与湖海楼本《释文》出现相悖之处，参校宋本即可辨出正误。

还有一点需要特别指出，《列子释文》除对《列子》文本做音释外，也兼及张湛注语。以《列子释文》与《列子》相对比，自可一目了然。

虽然湖海楼本与《道藏》本相比较为精审，但其并非无一点错误，而《道藏》正可补湖海楼本之不足，宋本又可补两者不足。其他各家刻本，又可补宋本不足。由此看来，所谓精审，只是相对而言，并非绝对，这是研究《列子释文》应当注意之处。

二　陈景元《释文补遗》

陈景元，北宋著名道士，号碧虚子。宋神宗曾赐号“真靖大师”，宋哲宗绍圣元年（1094）飞升。陈景元不仅是道教著名学者，还是有名的书画家，与当时名流王安石、朱熹等都有往来。他在《冲虚至德真经释文序》中交代自己得《列子释文》及整理经过说：

仆自总角好读是书（按：指《列子》），患无音义解所暗惑。及长，游天台山桐柏，于司马徽水帐之下获烂书两卷，标题隐约，乃《列子释文》。纸墨败坏，不任展玩，急手抄录。其脱落蠹碎，墁灭栈损，十已四五矣。而纸末题云："唐当涂县丞殷敬顺纂，衡岳默希子书。"遂草写藏于巾衍。后于潜山览有唐道士徐灵府手写《列子》，洎卢重元注，就于藏室翻景德年中国子监印本，参有校无，会得帖异。比得国子监印本经并注，脱误长乙，共一百六十字，集成《讹谬同异》一卷，附于《释文》之后。已而补亡拾遗，复其旧目。

由这段序言可知，陈景元对《列子》非常熟悉。在阅读过程中，因为古书字句难通，对于一些疑惑无法解决。后来在司马徽水帐下得残本《列子释文》，但已败坏不堪。后经他急手抄写，才得十之六七。他又据国子监本《列子》校勘，成《讹谬同异》一卷，附于《释文》之后。由其自序看来，陈景元对于《释文》并未做太多修改补充，他所校勘出来的一百六十字《讹谬同异》，也被后人混入殷敬顺《释文》当中，大部分已经不可辨别，只有个别引用之处还可看出痕迹。如《黄帝》释"地皋"："音高，顾允《汉书集解》云：'如淤泥'。"《旧唐书·经籍志》著录有顾胤《古今汉书集义》二十卷，并无顾允其人。顾胤为唐代学者，历迁起居郎，兼修国史，《旧唐书》卷七十七令狐德棻传后附顾胤传。《释文》作"顾允"，当为避宋太祖讳而改，属陈景元改动无疑。这里究竟是殷敬顺原注，还是陈景元补注，没有直接资料可以印证，但属陈景元改动则无疑问。对于殷敬顺原文，陈景元也有未改动者。

如《天瑞》释杞国引《世本》，《释文》作《系本》，当为避唐太宗讳而改，陈景元则因袭殷敬顺原注而未作改动。

《释文》中有多处注中作“一本作某某”，疑即陈景元补遗之处。国子监本《列子》今无传本，铁琴铜剑楼藏宋本《列子》为黄丕烈从书商手中购得，黄氏对此书评价甚高，认为是北宋刊本。以宋本核对《释文》，有与原文相合者，也有与《释文》注语相合者，说明《列子》传本也存在许多细微差异。《天瑞》释“精神者天之久”注曰“今国子监本作分”，北宋本《列子》也作“分”。可见，这是陈景元补遗无疑。根据这种校勘情况可以推断，凡是有“一本作某某”语的地方，均有可能为陈景元依国子监本《列子》校勘而得。试举几例：《天瑞》“尝语”，《释文》注曰：“一本作诏，告也。”宋本《列子》作“尝”。“食于到徒”，《释文》注曰：“司马彪云：徒，道旁也，一本或作从。”宋本《列子》作“从”。《黄帝》“肌色”，《释文》注曰：“一作颜色”，宋本《列子》作“肌色”。

综上，陈景元所作《同异》一卷，是根据国子监本《列子》来校勘其所得殷敬顺《列子释文》残本。对于相同之处，则不做改动。对于相异之处，则一一注明不同。

三　《释文》音释特点

本书名为“释文”，实则音注混合。古人著书，音义混杂，即使是专门的音韵学书籍，如《说文解字》、《广韵》等，均是音注与释义相混。从这里也可看出古人并非只注重一端，而是综合运用所学，重点在于为读者扫清阅读障碍。陆德明在《经典释文》序言中说：“古今并录，括其枢要，经注毕详，训义兼辩，质而不野，繁而非芜。示传一家之学，用贻后世。”[1]这段话更是对古人注音的绝好注脚。殷敬顺《列子释文》也是如此，在对其所认为应当解说的字采用多种注音方式出注的同时，也广搜博采，对《列子》原文也做了进一步解说，由此也为我们保留了许多散佚的文献资料。

殷敬顺《列子释文》采用了多种注音方式，首先是传统的反切注音法，所有注音均作“某某切”，如“分，符问切”（《天瑞》），“见，贤遍切”（《天瑞》）。其次，是用与其读音相同的字来为某一个字注音，如“夫，音符”（《天瑞》），“殆，音待”（《天瑞》），“属，音烛”（《天瑞》）等。再次，如本字无需用他字注音读者可自然明了，则不再注音，只用“依字”说明。如“度在身，依字读”（《说符》），“素衣，依字”（《说符》）等。最后，只以音调标示读音，不出注字。如“横，去声”（《杨朱》），“累其，去声”（《杨朱》），“智料，去声”（《说符》）等。多种注音方式的运用，说明古人并不注重形式的约束，而是运用多种方式为读者最大限度地提供阅读方便，这一点或许对音韵学研究有所启发。

殷敬顺《列子释文》中还有一个显著特点就是对相同的字在不同语境下注音的区分，这里有两种不同情况：一是不同句子当中相同的字注音相同，有时所用反切上下字有异，但所切读音相同。如“分”这个字，有“符问切”与“扶问切”（均见《天瑞》）两种读音，所用反切下字相同，反切上字不同。“符”与“扶”并属“奉”母，可通用，所以注音相同。二是相同的字在不同语境下注音不同。如“乐”字，《天瑞》、《黄帝》、《周穆王》均见，并作“音洛”，而《周穆王》篇“广乐”下注为“音岳”，

1 陆德明《经典释文·序》，上海古籍出版社影宋刊本1985年版，第2页。

由其注音可知“乐”在古时即有两种读音。并且，不同读音有不同解释。“不知乐生，不知恶死”（《黄帝》），“乐”在这里读作“洛”，与我们现在所说的快乐之乐意义相同。“钧天广乐，帝之所居”（《周穆王》），这里的“乐”则读为“岳”，与今天音乐的乐意义相同。《列子释文》当中有许多常用字，如“分”，“乐”，“复”，“为”等，殷敬顺均反复注音，这是为了在不同语境下作出区分，这也可见出古人为学的谨慎之处。

《列子释文》中还有音义混注的现象，即根据不同的文本通过校勘之后，对于其所据底本有误的字用本字以音注方式标出其所认为正确的字，这种注音方式旨在纠正误字，具有注音与释义的双重作用。如“沤鸟之至者百住而不止”（《黄帝》），张湛注曰：“住，当作数。”殷敬顺《释文》曰：“音数。”《广韵》：“住，停止也。”“数”，《说文》：“数，计也。”《列子》原文是指沤鸟停下来数量很多，既有“止”的意思，又有“计”的意思，是两者的综合。殷敬顺将二者合并起来，并非单纯的以义换音。这也可以说是殷敬顺的创造。这种情况如果单纯从音韵学的角度讲，确实是以义来换音。需要注意的是，古人注音并非单纯是对古字古音的研究，而是为了阅读的方便。也即是说，读音虽然重要，但更重要的是为阅读而服务。如果从这一方面来考虑，殷敬顺这种处理方式则非常有意义。

《列子释文》是现存唯一一部《列子》音释著作，[1] 后经陈景元整理补充而为完本，它为我们研究《列子》提供了方便。不仅在文献方面提供了不少亡佚的资料，而且在音韵方面还有其独到见解。尽管其中也有许多错误存在，但仍不失为一部绝好的《列子》研究著作。

1《宋史·艺文志》还著录有张湛《列子音义》一卷，其具体情况无从查考。

第四章 宋金元《列子》学

第一节 研究背景及概况

唐王朝盛极而衰，在农民起义及方镇割据的混乱局面中结束了数百年的统治，中原大地又进入了分裂割据之中，这一时期统称为五代十国。随着赵匡胤黄袍加身，宋王朝结束了五代十国的分裂局面，统一了北方。而在唐末逐渐强盛起来并趁机进入中原的少数民族政权，与宋王朝并立存在。宋处于中原腹地，西北有契丹政权，东北有女真政权，南有大理政权。宋王朝与契丹及女真政权长期混战，民不聊生。但在混乱之中，民族文化融合的脚步却越来越快。尽管政治上仍然分裂割据，但文化上各少数民族却逐渐为汉文化所同化。加之宋王朝自立国初即采取以文治国的政策，重文轻武，创造了独特的宋代文化圈。

宋代亦重道教，宋初在唐代基础上不断修订《道藏》，《列子》作为道教典籍之一，也被重视起来。宋真宗加封列子为“冲虚至德真人”，其书改名为《冲虚至德真经》，并命崇文院重新整理刊印。宋徽宗以皇帝之尊，亲自为《列子》作注，他的臣子也追随徽宗的喜好为《列子》作注。先后有宋徽宗《冲虚至德真经义解》、范致虚《列子注》、江遹《冲虚至德真经解》三部著作，均以老子思想为基础，范致虚及江遹还将宋代易理引入其中，体现出鲜明的时代特点。

佛教在唐代基础上继续发展，儒、释、道三家思想也进一步融合。儒生们为了改变儒家的尴尬地位，均借助释道思想来重新提升儒家的权威性。宋初的周敦颐借鉴释道对于宇宙人生的探讨，对儒家思想进行了全新的改造，开宋明理学之先河。林希逸即是理学家。林氏有《鬳斋三子口义》，虽然标榜儒家，其中却体现出鲜明的释道思想。《列子口义》是《三子口义》中最后完成的著作，将三家思想融摄于儒家之下，形成了外儒内释道的特点，着重探讨《列子》有关宇宙人生的论述，间或涉及《列子》辨伪。

宋代沿袭唐代科举制，科举考试成为读书人仕进的必经之路，随之兴起的便是各种与科举考试相关的普及性读本，尤以品评文章写作方面的作品为主。刘辰翁首开评点先河，品评诸子及史书。刘辰翁批点《列子》，以林希逸《列子口义》为底本，更正林氏观点，以文评为主，信手拈来，虽不成体系，却可见出作者文学造诣之深。

金代《列子》研究以高守元的《冲虚至德真经四解》为代表，辑录张湛、殷敬顺、宋徽宗、范致虚四家注，为后世研究《列子》者提供了极大方便。元代全真教盛行，倡导三教合一。苗善时有《玄教大公案》一书，选取《老子》、《列子》、《庄子》、《周易》等书，品评文句，总不离道教修炼。他对所选四则《列子》的解读，带有鲜明的三教融合特点。

第二节　徽宗君臣的《列子注》

宋徽宗自称“道君”，不仅亲自注解道经，还亲身修炼道法，是一个不折不扣的道教徒。他解《列子》，主要以老子思想为准则，体现出鲜明地崇老倾向，希望能够达到老子所说的无为而治的大同境界。范致虚与江遹作为徽宗的臣子，也遵循他的一贯思想，以老子思想解读《列子》，而又提倡儒道融合，推尊孔子，还将易理引入书中，体现出《列子》研究的多元化倾向。

一　宋徽宗的《列子义解》

宋徽宗名赵佶（1082—1135），神宗第十一子，哲宗弟，在位二十五年，是宋朝第八位皇帝，国亡被俘，受折磨而死。在政治上，赵佶是一个“不务正业”的亡国之君。任用奸臣，信奉道教，大建宫观，劳民伤财。在文化上，他却是一个书画家，中国古代的画院制度便是由他所建。他所创的“瘦金书”，在中国书法史上独一无二。他在绘画上更注重意境的表达，体现了宋代特有的政治风貌。他极为崇奉道教，并自称“道君皇帝”。所著有《御注道德真经》四卷，《冲虚至德真经义解》八卷，《西升经解》二卷，《南华真经逍遥游指归》等。其生平资料见《宋史·徽宗本纪》。

《冲虚至德真经义解》，《宋史》著录八卷，今所存唯《道藏》所收六卷本，至《仲尼》而结束，高守元《冲虚至德真经四解》收录了《仲尼》之后的内容。作为一名虔诚的道教徒，宋徽宗以道为根本，建立起了无为而治的理想蓝图。作为皇帝，他也在处处宣扬道的作用，以尧舜等上古帝王为典范，融治国与修道于一体，奉老子“身治而国安”为治国圣训。

1. “道”为根本的老学思想

宋徽宗以“道为万物终始”为基础，将《列子》置于“道”本体思想之下考察，认为《列子》所阐述的道理是对老子思想的引申与发挥。宋徽宗认为，《列子》首篇《天瑞》“始言生化而终于国氏之为盗”，正是在说明“任其自然”的道理，《黄帝》则阐释了道在人间的运行。天至高无上，孕育万物而无所求，这便是道性的体现。黄帝是上古圣王，按照天道来治理人世，他所施行的一切法则都是道性的体现。因此，黄帝又是“道”的化身。宋徽宗认为这是道体贯通天人的表现，他在《黄帝》解题中说：“古之明大道者，先明天，而道德次之。《列子》以《天瑞》首篇而继之以《黄帝》。”在《说符》解题中又进一步解释说：“善言天者，必有验于人。《天瑞》，自然之验；《说符》，言人事之合。”这样，整部《列子》就被纳入一个由天而道再而人的下降系统。在这个系统中，天代表了至高无上的道，是真理的体现。圣人是道的传承者，担负着传承道统的神圣责任。道德是圣人效法“道”为众人制定出来的行为准则。道德代表道的要求，是圣人治世的手段。只要按照道德的要求去做，便会逐渐接近于道，从而体道、得道。老子在《道德经》中阐述了一个“道为根本、无为而治”的理想世界，其基础便是要求人们按照圣人的教导努力实践，时刻约束自我的思想及行为，努力与“道”相契合。宋徽宗在《道德真经解》中说：“道者，人之所共由；德者，心之所自得。道者，亘万世而无弊；德者，充一性之常存。”在《西升经》序中，他表达了同样的意思：“万物莫不由之之谓道，道之在我之谓德。道德，人所固有，昧者常失之。”宋徽宗严格恪守着老子“道为万物终始”这一思想，将老子所建立的道德体系扩大化，建构起其独特的思想体系。

老子认为，“道”不可用世俗中的思维来定义，它虚无缥缈地存在于一切事物之中。在世人眼中看似无用、卑微的事物，恰恰体现着“道”。所以，他反复申说，让人们注意那些为常人所忽视的自然现象。同时，他也推崇圣人的作用。认为“道”的高妙只有圣人才能看透，而圣人的职责就是将道传给众人。所以，他们根据道的规律制定了人间的法则，即“德”。“德”是“道”的体现，它是“道”在人世的施行。宋徽宗认为，“道”是一切事物的根本，它有三个特性：首先，“道”始终如一、无生无灭。宋徽宗认为，世间的万事万物每时每刻都在生灭变化，而道却始终如一地在履行它的职责，从古到今都默默地存在于万事万物之中。他指出：“有生有化者，物也；无生无化者，道也。物丽于数，故生者不能不生，化者不能不化；道行乎物，故常生常化，而无时不生，无时不化。”物因为被数所拘，不能没有生灭变化的表现。而“道”是使物生灭变化的主宰者，所以“道”使物每时每刻都在生灭变化，而“道”本身则无生灭变化可言。其次，“道”不可言说。《天瑞》注曰：“道不可言，言而非也。”得道者之所以要言，是因为“不得已而有言”。需要指出的是，得道者的言语是用来传达道，但并非“道”本身。他在《说符》“秦穆公谓伯乐”注中说：“可以言论者物之粗，可以意致者物之精。得其精忘其粗者，言之所不能论也。”由此看来，“道”只能通过个人的体悟而证得，却不能通过言语而求得。虽然圣人是得道者，他们的言说也是在传道，但是“道”的精髓却并非言语所能传达。换句话说，圣人的言论只是给我们一个阶梯，通过这个阶梯，再加上自己的努力，便会慢慢证悟道的真谛。最后，“道”是万物的终始。宋徽宗进一步阐发老子的本体论，他指出：“无名，天地之始；有名，万物之母。为万物之母者天地，故含万物而不穷；为天地之始者道，故含天地而无极。天地，空中之一细物，而道包之。则天地之表，固有大于天地者矣。”“道”不可用言语来表达，它是万物的创造者，万物由“道”而生，最后又重归于“道”。

宋徽宗充分发挥了老子道本体的思想，将万物的变化都纳入“道”的作用之下。“道”是“在体无体，若灭若没。视之不可见，若亡若失；抟之不可得，绝尘弥辙。逐之不能及。”所以，只有通过圣人的言传才能找到道的踪迹。而圣人的言论虽为传道而设，却并非“道”本身，学者应当透过言论来抓住其背后所隐藏的真谛。显然，宋徽宗在这里又糅合了庄子的言筌论辩。总之，宋徽宗以老子的道本体为其出发点，极力宣扬道的作用，在肯定并否定圣人言论的前提下，强调自我内心的修养功夫。从而将自我内心的修养提到了主要地位。在完成这种修养之后，便可达到与圣人同等的修为，这便是“内圣外王”思想。

2、“无为而治”的内圣外王思想

“道”至高无上及涵养万物的特性，是每一个道家思想接受者所必须承认的。老子说：“道可道，非常道；名可名，非常名。无名，天地之始；有名，万物之母。”宋徽宗认为，“道”不可名状，“天地亦待是而后生……未有天地，孰得而名之？故无名为天地之始。”正因为有了天地，才有了万物，所以“有名为万物之母。”天地之间的所有生化表现都受“道”支配，“道”无处不在。同时，任何事物的生灭变化也无不体现着“道”。只要用心去体会，道就在身边。那么，为何人却不能得道而解脱呢？宋徽宗认为，世人以常见的事物为真实可信，而以不常见的事物为虚妄不实。对于常见的事物从不疑虑，而对于不经常存在的事物，他们则产生怀疑而不相信其存在，世上也因此才有了圣人跟俗人的区别。

宋徽宗认为，古人追寻大道，并非从感官出发，而是从内心出发，首先要探索“天”的奥妙。“天”在这里并非我们眼中所见的天空，实际上已经成为了具有道性的象征性存在，它涵养万物而无所求，正是“无为而无不为”道性的体现。万物秉受了“天”的这种特性，自身中也含藏着道性。因此，只要人细心体会身边的一切变化，终归会有所得。圣人与常人的根本区别就在于是否能够细心体察身边的一切。他们虽然同俗人一样地穿衣吃饭，一样地行动，在他们的心里无时无刻不在体会“道”的妙用。众人只为维持生命的基本所需，更甚者为私利而不择手段，这样只能是舍本而逐末，永远不能得道。

宋徽宗认为，圣人之所以能够将“道”为己所用而不受任何约束，在于他们明白“道”卑下的特性。所以，他反复说明道的这种特性：“道恶乎往而不在，故在无者，亦道也；在有者，亦道也。”“道以柔弱谦下为表，故随感而应，未尝先人也。”“道在体无体，若灭若没，视之不可。若亡若存，搏之不可得。”正因为“道”具有这种不为人所注意的卑下特性，更加彰显出它的宝贵。宋徽宗认为，人之所以有痛苦的表现，是因为不能把自己放低到道的位置，根源在于没有把自己的心从世俗之中解放出来。只有将心解放，才能近于自然。他说：“劳形怵心者役于或使，解心释形者近于自然。或使者疑于安，自然者全其真。自然是“道”的外在形态，近于自然也便近于“道”。他进一步指出：“无所累者足以善其死，有所拘者不足以乐其生。则苦心劳形者为妄，而任情纵心者为真。”回归自然，不为世俗所拘，便可随心所欲，从而达到“真”的境界。实际上，这是一种修心的行为。作为一国之君，他不可能丢开国事而不顾。而对于宋徽宗来说，国事如同桎梏将其牢牢锁住，这是他所不希望的。所以，他极力倡导身修国治的教化论。

宋徽宗指出：“国之本在身，是以明明德于天下者，欲治其国，先修其身，所谓治其本而末从之也。古之人以道之真治身，其绪余以为国家，岂有身治而国乱？”他认为，古人重点在修身，只要身心达到一定的修养程度，那么万物便如同“道”一样将不治而自化。他不赞成“有为”，认为：“善为国者，藏其利器不以示人。无为而民自化，无欲而民自朴。又何尝务机巧、滋法令、饰智惊愚、明察物而期以得道为哉？”“圣人不以智治国，其有言也，无言之之累。其有为也，无为之之迹。齐智之所知，则浅矣。”他进一步发挥老子返归自然、无为而治的思想，认为只要按照“无为”的方法去做，摒弃一切智巧，使人民都回复本初的状态，国家就会安定。所以，圣人的所作所为从外表看来与众人没有什么区别，但心中无半点牵挂，只是随顺自然行事，而众人做一件事时却想着与此相关的所有事，唯恐因一时疏忽而有所损失。宋徽宗认为只要自身达到圣人的修为，便可免除一切灾难，国家也会不治而自安。因此，他极力提倡以圣人为榜样，努力学习圣人的道德修养，以求得国家长治久安。

圣人非生而知之者，与常人不同之处在于他们更加勤奋且能够坚持。世人最大的缺陷是没有恒心，志向不专一。如果能够做到志专心一，便做到精而通神。他指出：“志致一之谓精，惟天下之至精，为能通天下之至神。”所谓精，也即是志向专一。只要能够摒弃杂念，专心致志，做到精，便能通于“天下之至神”。何谓“神”呢？宋徽宗并未做出解释，而是反复阐释了神的妙用。他说：“神也者，妙万物而为言者也。”“神者，妙万物而不可测也。变物之形，易人之虑，是特穷数达变、因形移易者尔。”“盖形之所接存于昼，神之所遇生于夜。神形所遭，皆盈虚消息之自尔。”“神”的妙用不可言说，它使人的思虑与物体的形态都发生变化。“神”与“形”的变化，同是自然变化的结果。由此看来，宋徽宗所说的“神”，实际上是指人的精神。精神与心相通，心能够通过修炼而与道相合，而精神是形体的主宰。所以，精神也可以看作与心一体。正因为精神的存在，人的思虑以及物的形态才发生变化。精神的作用不可忽视。这种由精入神再入道的过程，实际上就是自我身心的调整过程。只有时常调整自我的身心，才能接近于道，如同圣人一样不为外物所束缚。也只有达到圣人的境界，才能感化万事万物，从而使天下太平、无为而治。

宋徽宗将老子的思想引申发挥，从“道”出发，将一切事物的生灭变化都看作道作用的结果。在道与众人之间，又加入了圣人这一角色。圣人不仅是道的获得者，也是道的传承者，他们担负着平定天下的责任。推之于国君，更是如此。

在中国历史上，宋徽宗不是一名合格的皇帝，却是一位不错的艺术家、道教学者。他不仅对道教思想了如指掌，而且能够融会贯通、运用自如。《冲虚至德真经义解》是宋徽宗道教思想的缩影，也蕴含着他作为一个皇帝希望国家长治久安的强烈愿望。他将这个愿望寄托在神灵的护佑、道德的教化之上，认为只要达到了自身道德的修养，就可使国家长治久安，这也是他迂腐不化的一面。宋徽宗在道教思想研究上成就很高，但却落得一个昏君的恶名。

二　范致虚的《列子注》

范致虚（？—1137），字谦叔，号太初，建州建阳（今福建建阳）人。宋哲宗元祐八年中进士，官太学博士。徽宗时为左正言，后为郢州通判，崇宁初诏为中书舍人。宣和七年以陕西五路经略使率兵勤王。高宗即位，徙知邓州。绍兴七年为资政殿学士、知鼎州，行至巴陵卒。《宋史》卷三六二有传。

范致虚《列子注》自《宋史》以下公私书目均无载，据吴师中为其所作序称：“爰因摹刻，以广其传”，可知范致虚的《列子注》宋时曾刊刻流通。高守元《冲虚至德真经四解》收录此书，原书体例已不得而知。由吴师中序中所说“上裨吾君道化之方”可知，范致虚这部《列子注》是为迎合宋徽宗好道而作。他的解读，多处与宋徽宗观点相同，并对其做进一步引申说明。他还将易理引入书中，开以易解列之先河。

1、儒道融合的道论

宋徽宗崇奉道教，他不仅读道经，还亲自为道教典籍作注，并自封为“道君”，还将《老子》、《庄子》、《列子》等道教典籍列为科举考试的必读书。吴师中在为范致虚《列子注》所作的序中说：“伏见政和训解，知其解于万世之后，恢崇道教，将欲引天下之人，反其性命之情，而还太古、赐至渥也。乃令廱泮之儒，兼习道经。而老、庄之书，一惊大手，焕若日星，观而化者，得所法象，不复可置议论矣。”吴师中强调了宋徽宗《冲虚至德真经义解》的价值，认为其书有“引天下之人，反其性命之情，而还太古、赐至渥”的作用，这难免有溢美之词。但他所说的“廱泮之儒兼习道经”则印证了当时道教受追捧的事实。隋唐建立科举制，宋代进一步完善，儒家经典、圣人之训始终占据统治地位。而宋代特殊的历史环境，又使得儒生们不能完全如汉儒那样死守儒家经典。道教经过唐代的发展，至宋代已经具有了相当完备的教理、教义；佛教经魏晋及唐代的发展，尤其是慧能之后大兴的禅宗，更加适合宋人的心理状态。释、道两家对宇宙人生的讨论可补儒家之不足，而释、道两家又借重儒家来谋得发展空间。

宋真宗尊列子为“冲虚至德真人”，《列子》改称为《冲虚至德真经》，徽宗亲自为其作注，《列子》成为与《老子》、《庄子》并驾齐驱的道教典籍，成为儒生的必读经典。吴师中在序中说：“《列子》书张湛尝为之注，而舛驳尤甚。非特不得立言之法，抑亦失经之旨，故士每患之。则得是书之意者，虽欲忘言，其可得耶？”在吴师中看来，张湛的《列子注》并没有将《列子》一书的主旨阐释明白，学人读其书而不得大旨。即使有人能够了解一二，若想做到忘言而体解大道，却又并非易事。虽然吴师中有贬低张湛注而抬高范致虚注的意味，但却说明了《列子》在此时期被作为体道、悟道入门经典的事实。范致虚秉承宋徽宗的思想理念，将“道”这一概念贯穿始终。所不同的是，徽宗抛开儒家思想而不顾，完全在道教背景下阐释“道”，而范致虚则将儒家与道家思想融合起来阐释“道”。范致虚说：“黄帝、老氏皆体神而明乎道者也。道一而已，岂有异哉？故谷神玄牝之说见于老氏，而列子以为皇帝书也。”宋徽宗也推崇黄帝，他将黄帝看作圣人的代表，“黄帝”一词已经成为“道”的代名词，他承认黄帝的至高无上，但并未将其与老子并列。范致虚则直接指出黄帝与老子所讲的道在本质上没有任何区别，《列子》将谷神玄牝说归于黄帝，这便是“道”无差别的最好证据。儒家与道家之间有了相同的基础，“道”具有了儒、道两家的思想特质。

范致虚认为：“道不可言，言而非也。卒不免于言者，盖其不言之言未之尝言，于此言之，特为汝言其大略耳。”“道”不可言说，一中言说便会脱离其本质。现在之所以要讲出来，是因为之前不曾讲过。即便如此，也只能讲其大略。他进一步阐释说：“道无异相，孰美孰恶？天下皆知美之为美，斯恶已。道无殊品，何贵何贱？以物观之，自贵而相贱也。”“道”并无特别之处，自然也没有美恶之分；“道”没有高下之别，也便没有贵贱之分。在世人眼中之所以有美恶贵贱的区别，根本上还是人存在分别之心。而人的分别之心，必须通过修身才能克服。他说：“道之真以治身，所以修一身也。”治身的关键还是诵读《诗》、《书》、《礼》、《乐》等圣贤之书，尽管“《诗》、《书》、《礼》、《乐》，先王之陈迹”，但“此为治之具，而非治之道”。范致虚认为，真正的圣人应如孔子一样抛弃一切人间智巧：“王言业，故善任智勇；帝言德，故善任仁义；皇言道，故善任因时。是皆应世之粗迹耳，岂其所以圣哉？故夫子皆曰弗知，又因以见其不居圣也。”圣王注重功业，以智勇著称于世；圣帝注重德行，以仁义著称于世；圣皇注重方法，以善于因时致用而著称于世。范致虚认为这些都是治世最为粗略的办法，所以孔子才笑而不答，这就更加显示出孔子的伟大。他认为，孔子“之道其犹海乎？或小或大，或多或寡，各随所取而有得焉耳”。他在《仲尼》解题中总体论述得道圣人的特点说：“惟忘乎智乃能不用其智，惟造乎神乃能不名其圣。若然者，入而内观，是非利害不入于胸次，故眼如耳、耳如鼻，鼻如口，口无不同。在我者，盖如此也。出而外观，则毁誉忧喜不汩于心术。故视生如死，视富如贫，视人如豕，视吾如人。在物者，盖如此也。力虽服海内而不自用，辩虽彫万物而不自悦。真知真能，得之在我。所谓无为而无不为者，其在是乎？”真正的圣人是以“无为而无不为”为行事准则。“无为无不为”的关键是即物而不为物所束缚，要做到毁誉不起，生死无着，只有这样才能达到眼、耳、鼻、口诸根互用的境界。范致虚由黄帝而到孔子，直接指出孔子也是同老子一样的圣人。孔子所宣扬的《诗》、《书》、《礼》、《乐》并非无用之物，它们是治世的工具，并非治世之道。《诗》、《书》、《礼》、《乐》背后所蕴含的道理，也是与“道”相合的。老子主张摒弃《诗》、《书》、《礼》、《乐》，孔子提倡《诗》、《书》、《礼》、《乐》。在常人眼中这是互为矛盾、不可调和的，范致虚则以治世之具、治世之道来调和二者，儒、道之间的矛盾得到化解，而“道”也具有了新的含义。

范致虚在《说符》解题中总结说：“事物之变，有万不同。

成败之相因，倚伏之相禅，言而验之，岂苟然哉？契乎自然之符而已。孔子曰：予欲无言。则无言者，圣人之本心。卒不得已而有言者，期于明道故也。使天下之人皆造乎道，尚何事于有言哉？故老子之书，终于信言不美，所以总叙其经之意。《列子》之书终于《说符》，所以自祛其著书之迹。”范致虚认为圣人的本心是“无言”，《老子》全书以“信言不美”为全书大旨，《列子》以《说符》作结，在他看来均是秉承“无言”的宗旨。孔子如此，老子、列子也是如此。

2. 对徽宗解的阐释

范致虚《列子注》有些地方注释与宋徽宗《义解》相同，但又做进一步引申阐释。如《天瑞》“国君卿大夫眎之犹众庶也”句，宋徽宗《义解》说：“古之善为士者，微妙玄通，深不可识。”徽宗点明了古代士的特点，并未做深入解释。范致虚承袭徽宗的观点，对士的这一特点做进一步阐释。他认为：“古之善为士者，微妙玄通，深不可识。故体性抱神，以游世俗之间。与物逶迤而同其波，曷常饰智惊愚，务为离世异俗之行哉？”古代的士在表面看来与常人无异，他们注重的只是内心的修养，并非如一般人所认为的那样“饰智惊愚，务为离世异俗之行”。因此，列子虽然在郑圃生活了四十年，仍然没有人知道他是一位得道的隐士。又如“虽然夫子尝语伯昏瞀人”句，宋徽宗说：“道不可言，言而非也。则壶子何言哉？不得已而有言，故闻而告之。”范致虚说：“道不可言，言而非也。卒不免于此言者，盖其不言之言未之尝言。于此言之，特为汝言其大略而已。”宋徽宗认为道不可言说，壶子之所以言是不得已而言。范致虚在此基础上做进一步阐释。他认为，道不可言说，言即非道。之所以要言，正因为道不可言说而又很少言说。即便如此，也只能“言其大略”而已。

范致虚还袭用宋徽宗《义解》的义理，但又并非完全引用。如《黄帝》“商丘开”一章中宋徽宗注曰：“诚信生神，神全者圣人之道。抱神以游世俗之间。”范致虚注曰：“挟名势以矜人者，无往而能服。体诚信以接物者，无入而不自得。”在宋徽宗看来，商丘开之所以能够触物无伤，是因为诚信二字。范致虚认同宋徽宗这一说法，他进一步指出，名势虽然能屈人之兵，却不能屈人之心。而以诚信待人，则无往而不利。所不同的是，宋徽宗并不停留在诚信上，而是由诚信引出了神的概念。范致虚并未沿用这一观点，他只抓住诚信二字，认为只要做到了诚信，便会“动天地，感鬼神，横六合”。徽宗作为一国君主，可以无所顾忌。范致虚作为臣子，且身为儒生，尽管顺从徽宗也读道教典籍，但其始终不敢脱离儒家正统。因此，徽宗可以将诚信引入道教范畴，而范致虚则始终有所顾忌。

3. 以易理解读列子

宋代易学思想发展迅速，主要以义理见长。范致虚将易理引入《列子》之中，掀开了《列子》研究的新篇章。

对乾坤理论的应运。乾与坤在易理中代表天与地，滋养万物生长。范致虚说：“阴阳专精为天地，散精为万物。天地者，万物之上下也。物与天地本无先后，明大道之序，则有天地而后万物生焉。故易曰：天地感而万物化生。”阴与阳是混沌之气所产生，天代表阳，地代表阴。天地是阴阳和合而产生，范致虚称其为“专精”。他认为，阴阳和合而产生天地，阴阳分散而造就万物。天与地是万物的上与下，万物处在天地之间。而万物之中又以圣人为贵，天、地与圣人被称为三才。他认为，“三才具而万物分，其用未尝不相待也。”对于三者的作用，他解释说：“天穹然而刚健无不覆焘，未必能形载也；地隤然而止静无不持载，未必能教化也。圣人位乎其中，仰观俯察，与天地参。教自我设，化自我行，斯能替天地之化育矣。”天地覆载万物，却不能教化万物。圣人处于天地之间，遵照天地的规律来教化万物。“三才奠位，万物散殊，皆有常职”，缺一不可。范致虚说：“天运乎上，地处乎下，圣人位乎两间，果何以统之耶？于此。有道焉，上际于天，下蟠于地，裁成辅相，弥纶围范，无不可者。故因阴阳统之，则天地虽大，将不出乎吾之度内矣。”天地通过道来统治万物，圣人通过道来教化万物。阴阳是产生天地万物的根本，是道的体现。因此，只要以阴阳运行的道理来统摄万物，一切尽在掌握之中。在范致虚看来，道产生了阴阳，阴阳和合而产生天地，天地又滋养了万物。万物之中以圣人为贵，天、地、圣人合称为三才。圣人代替天地教化万物。这是典型的儒家易学论。

对象数理论的应用。范致虚认为，“视之不见”、“听之不闻”、“循之不得”这“三者不可致诘”。他进一步解释说：“色之所色者彰矣，而色色者未尝显，故视之不见；声之所声者闻矣，而声声者未尝发，故听之不闻；形之所形者实矣，而形形者未尝有，故循之不得。若是者，吾不知其名，字之曰易。”“声声”、“色色”、“形形”分别指声之所声、色之所色、形之所形的原因，意即声、色、形各自的本质。这种道理不可言说，暂时将其称为“易”。范致虚认为“易”与“道”相同：“易变而为一，所谓道生一也。一之所起，有一未形。”既然为“一”，就必定会有变化，因为已经进入到无的范畴。他说：“七也，九也，又自一而分变之，所以无穷者也。七，少阳之数；九，老阳之数。终必穷。故九变者，究也。穷则变，变则通，故九复为一，一者形变之始也。终始反复，如环无端。自此以往，巧历不能计。”《系辞传》曰：“易有太极，是生两仪，两仪生四象，四象生八卦。”两仪指阴阳，四象指少阴、太阳、少阳、太阴，其中太阳又称老阳，为极致之意。在八卦理论中，阴阳是产生变化的基本因素。七为少阳之数，指万物在数的范围内仍处于变化的上升期。而九为老阳之数，指万物的变化已经达到极致，必定会向相反的方向转化，从而复归于一，开始新的转化。宋代的象数学源于陈抟的“先天图”，邵雍加以阐释，形成了以象数理论为基础的易学体系。他们认为，天地万物都在数之中，随数的变化而变化，数变化的基础便是阴阳的运转。范致虚吸收了这种思想，他在“道”的范畴内运用这种变化的象数理念来解读《列子》，从而体现出儒家“一以贯之”的思想。对此，他在《黄帝》尹生向列子问道一章中说：“数始于一三，中于五，区于七，究于九。古之学道者，或九日而后能外生，或九传而后得于疑始，或九年而大妙，盖以入道之序至是，而终进于无数故也。”一、三、五、七、九为阳之数，九为终极至阳之数。范致虚认为，古人学道均以九为转折点，即是根源于易这种九变理论。

对八卦原理的应用。八卦分别指乾、坤、艮、震、巽、离、坎、兑，这八种符号基本上涵盖了万物的本质。范致虚在《列子注》中也不断运用这种观念来解读《列子》。如解《天瑞》“莫如静，莫如虚。静也，虚也，得其居矣；取也，与也，失其所矣”一句说：“易以井为居其所，艮为止其所。井者性之原，艮者性之止，惟此则为不失其所故也。”文王卦中有井卦与艮卦。井卦卦辞曰：“改邑不改井”，寓意井为人所必须之物，无论城郭如何变化，井始终都不会变化。艮卦卦辞曰：“艮，止也。时止则止，时行则行。”范致虚沿用此意，他以井象征应当为人性找到恰当的归宿，而以艮象征人性应当适可而止，从源与流两个方面对人性加以约束。又如解“华胥之国”一章说：“正西曰弇州，正北曰台州。弇州之西，台州之北，则又归根复命之地也。”所谓“归根复命之地”意谓数终之处，西之西、北之北为西北。根据八卦方位图，先天卦西为坎卦，北为坤卦，西北为艮卦。而后天卦西为兑卦，北为坎卦，西北为乾卦。乾代表天，为万物开始之处，与此不合。艮为止，是万物终结之处。范致虚这里显然是运用了八卦理论。

范致虚的《列子注》是在宋徽宗提倡道教的前提下，参照徽宗《冲虚至德真经义解》的观点而作。这部著作不仅体现出鲜明地时代特性，而且开创了以易解《列》的先河。虽然前人也曾偶有涉及，但均是点到为止。范致虚将易理运用到《列子注》当中，在《列子》研究史上具有重要意义。

三　江遹的《列子解》

江遹，生平不可考。《冲虚至德真经解》卷首题“杭州内舍生臣江遹”，可知其为太学学生。四库馆臣评价江遹此书“大致文词都雅，思致玄远，迥在林希逸书之上也。”[1]大致切中此书要害。

《冲虚至德真经解》，《宋史》以下正史类艺文志均无著录，焦竑《国史经籍志》始著录二十卷，与《道藏》本卷数相合。《四库全书》收录为八卷本，称“焦竑《国史经籍志》作二十卷，与今本不符。然今本首尾完具，不似缺佚。竑所著录，大抵杂抄史志书目，舛漏相仍，伪妄百出，所记卷数，不足凭也。”[2]则四库馆臣对《道藏》所收二十卷本未加详考。光绪间，成都二仙庵住持阎永和重修《道藏辑要》收录此书，分篇而不分卷。

《冲虚至德真经解》是《列子》为数不多的注本中较为突出

1《钦定四库全书总目》卷一四六，中华书局 1997 年版，第 1939 页。
2《钦定四库全书总目》卷一四六，中华书局 1997 年版，第 1939 页。

的一部。生当崇奉道教的宋代，其中难免带有鲜明地时代特色；他崇奉道教，将儒家纳入“道”的范围之内，体现出儒、道融合的特点；还将象数之学引入《列子》之中。四库馆臣称其“未免于穿凿”，确有一定道理。

1. 对“无”的充分发挥

“无”是老子思想的核心，也是道家思想的总纲领。老子以“无”来阐释世界万物产生的过程，认为在“有”之前“无”即存在，它无形无相、不可捉摸。并以此为基础提出了“道”的概念，认为“道”是世间万物产生的基础，它的本质是“无”。老子以“无”来阐释宇宙发生的规律，意在使人看到世间万物的短暂，不要为利益争夺而互相残害。后人对其做出多种解释，并附会到道教思想之上。尤其唐宋时期，列子、庄子等道家人物因老子而被封为道教之神，他们的著作也被奉为道教经典。道教以飞升成仙为最终目的，这些道家经典又被当作修炼成仙的无上秘要而被加入了宗教因素。

魏晋时期，道教倡导炼丹服食，认为通过服食丹药可白日飞升。进入唐代，道教吸收佛教思想，逐渐将目光转向人自身，内丹道法由此兴起。尤其进入宋代，内丹道逐渐取代外丹道而成为道教思想主流。若按照老子有无之辩思想来划分，内丹道属“有”的范畴，外丹道则属“无”的范畴。外丹道将老子等神推到了无以复加的崇高地位，认为神不可学，强调服食炼丹的重要性，认为只有炼制金丹，按照一定的仪轨服食才能白日飞升而登仙界，但是永远无法达到神的果位。而内丹道则认为人人都有道性，只要通过不断修炼，培养自身金丹，最终能脱胎换骨，飞登仙界，与神同列。

葛洪在《抱朴子·内篇·论仙》中说："仙法欲静寂无为，忘其形骸。……吾徒匹夫，加之罄困，家有长卿壁立之贫，腹怀翳桑绝粮之馁，冬抱戎夷后门之寒，夏有儒仲环堵之暵，欲经远而乏舟车之用，欲有营而无代劳之役，入无绮纨之娱，出无游观之欢，甘旨不经乎口，玄黄不过乎目，芬芳不历乎鼻，八音不关乎耳，百忧攻其心曲，众难萃其门庭，居世如此，可无恋也。"葛洪是魏晋时期著名道士，以炼丹著称于世。他所讲的"无"，意在使人放弃对尘世的眷恋，一心炼丹而求成仙。所谓"寂静无为，忘其形骸"，实际上还是以"有"为中心，以形骸为基础。"无为"与"忘"的关键在于摒除杂念，专心炼丹，以求得长生不老。由此看来，这个时期的"无"还是以"有"为基础。而到唐宋时期，发生了明显变化。虽然也还讲服食炼丹，但道性说在民间已普遍流传。唐代道士司马承祯倡导服气养命与坐忘修心，"将道教传统的服气养命之法与新兴的修心学说相融，一方面使传统的养命之说有了新的内容，另一方面则令颇为玄虚、难以把握的修心学说有了较强的可操作性。"[1] 而吴筠的神仙可学论与形神可固论则明确提出性的概念，将修炼引向人自身。这样，"无"便成为一种修炼的途径。要想达到解脱，就必须要有"无"的功夫。宋代道教充分吸收佛教禅宗思想，将"无"的思想发挥到极致。

"道"是老子思想中的重要概念，是世界万物产生的规律。关于人应如何得道，江遹说："夫道有情有信，而至道不可以情求者，盖道不废情而有情不可以求道也。所谓至道之不离于真者也。安有术之可思？以思而求其术，是以情求至道也，终不足以得道也。"虽然"道"的本质是"无"，但其本身有情有信，并非全无感应。

1 卿希泰《中国国道教思想史》第二卷，人民出版社 2009 年版，第 152 页。

在常人看来，既然道有情有信，那么以情而求道不是更为便宜？事实并非如此。“道”所具有的“情”与“信”超越于人情，不能以常人的思维来理解。人一旦有情，便会落入世俗，不能摆脱俗事的困扰。因情而有欲求，一旦陷入欲求便不能自拔。因此，若以情求道，便永远不会得道。道家以清净无为为宗旨，强调“无”的重要性。情是使人迷乱的根本，只有摒除情的困扰，才能断除杂念，从而专注于道。所谓“真”，也就是“无”。只有达到“无”的境界，才能得道。但这并非说只注重“无”而忽略“有”。人与物都是真实的存在物，“道”依存于人与物而起作用。若人与物不存在，“道”也便失去依怙。江遹针对“有”与“无”的关系进一步阐释说：“可否相济谓之和。滞于有不可以为和，匿于无亦不可谓之和。盖无则无为而非理，有则有硋而非道。唯不废有无之用而有无俱遣，然后能大同于物。所谓大同于物者，以不同同之也。”

物的存在称为“有”，物的消亡称为“无”。这是常人眼中的“有”与“无”。从道的高度来看，不存在有与无的差别。因为道存在于有与无之间。“有”与“无”功用互别，但二者互为作用不可分割。“道”存在于有无之间，只有明白“有”与“无”的相互关系，才能得道。人与物都不能脱离道而存在，而“人之所以贵于万物者，以其有知与能也。人之所以役于造化者，以其为知能之使也”。江遹认为人应内观：“所谓内观者，亦非外于物而求见也。即我一身之物，任彼物化之迁，物自转物，我不逐物。即彼逐变之体，不易圆明之性。”内观即反观自身，这并非是脱离万物而自守本心。我身也属万物，也需随物化而流转变迁。因此，要以“无”来观照万物。首先看透身外之物，认识它们的本性。其次反观自身，即物而不离物，达到不即不离、无欲无求的精神状态。虽然身随万物变迁，但身内一点圆明之性却始终未动，以智慧之眼观照一切变化。所谓圆明之性，类似于佛家所讲的佛性。这种圆明之性决定了人人都可得道，人人都具成仙得道的潜在基础。只要通过一定的方法不断提升自我，使得圆明之性显现便可得道。关键在于对有无关系的理解。由外而及内，不为万物所动，便与道不远了。

“无”本是老子思想中与“有”相对的一个概念，通过不断地引申发展，糅合道教固有的思维传统，逐渐演变成了一种修炼方式。江遹以“道”为枢纽，首先将“无”与“有”对举，指出“无”与“有”并非互相对立，而是相互为用。“无”虽然重要，但“有”也不可忽视。离开“有”谈“无”，如空中楼阁而没有基础；离开“无”谈“有”，又如水中捞月而终无所得。其次，针对“有”与“无”的这种特点，他又提出“内观”，通过内观自身，保持圆明之性不乱，便可达到物我无别的境界，最终得道。“内观”的根本在于能够忘我，达到“无为而无不为”的境界。由此看来，“无”已经由“道”的特性而演变成为修炼的门径。

2. 儒道融合的圣人论

儒、道融合是唐宋儒家与道家发展的一个大趋势。儒家思想自汉武帝时确立独尊地位之后，一直是历代封建王朝的主导思想。李唐王朝采取兼容并包的政策，允许各种思想共同发展。唐玄宗将老子等尊为真人，其著作列入道教经典，科举考试亦从中拟题。宋代更是有过之而无不及。宋徽宗不仅亲注道书，还亲身实践，修炼道法。尽管如此，作为科举考试的必考科目，儒家的正统地位始终没有动摇。而道家思想在唐宋的崛起，也促使了儒、道两家对自身发展的思考，这便是融合。只有吸取各自的长处来补足自身的短处，才能更好地发展。当然，佛教在唐宋时期的崛起，也是促使儒、道两家谋求新发展的一个重要契机。不管怎样，儒、道两家的融合成为一个大的发展趋势。江遹所说的“道”，实际上已经包含了儒家思想。他将儒、道两家综合起来，共同纳入“道”之下。他在《天瑞解》中明确表达了这种思想：“六经皆载道而之后世者也。……六经之外，其立言著书，博极妙道之行，敛道之散而一之，落其华而实之，辩物复性，志静事简，表里六经之训者，莫备乎老、列、庄子之书矣。”六经是儒家经典，江遹认为这些经典均为载道的工具。六经之外能够明白无误地传达“道”的著述，当属老、列、庄三家。由此可见，在宋代读书人心目中，儒家正统地位不可动摇。尽管此时三教融合趋势明显，三家思想互相杂糅，但他们仍然以儒家为尊。基于此，江遹提出圣人论，将门派之别统统归入“道”之下。

儒家尊崇历代圣贤，孔子说：“君子有三畏：畏天命，畏大人，畏圣人之言。小人不知天命而不畏也，狎大人，侮圣人之言。”（《论语·季氏》）子夏也说：“君子之道，孰先传焉，孰后倦焉？譬诸草木，区以别矣。君子之道，焉可诬也？有始有卒者，其惟圣人乎！”（《论语·子张》）道家虽然以清净为宗，但对圣人也有所推崇。老子说：“以圣人处无为之事，行不言之教。万物作焉而不辞。生而不有，为而不恃，功成而弗居。夫唯弗居，是以不去。”（《老子》二章）“是以圣人后其身而身先，外其身而身存。”（《老子》七章）无论是儒家的圣人还是道家的圣人，都具有常人所无的德行，都是道的化身。江遹指出：“夫道可传而不可受，可得而不可见。不可见故不可受，可传斯可得。”道只能传而不能受，能得却不能见。道的这种特性使得它只能由人来传承而不能继承。圣人便是道的传承者，他们肩负传道的重任。

江遹说："圣也者，德之及而道之至也。谓之圣人，则心凝形释，都无所爱惜，都无所畏忌，当有何忧哉？"圣人达到无所畏忌、无所爱惜的境界，参透了万物的缘起，成为名副其实的得道者，他们没有任何牵挂与忧虑。在江遹看来，孔子的圣人地位不可动摇。而老子等道家人物尽管不比孔子伟大，但他们的著述也是在传承道统，而道没有门派之别。正因为道没有分别，圣人也不存在任何差别。圣人的主要职责是传道，而国家之事则成为余事："帝王之功，圣人之余事也。圣人不得已而有为。"圣人的有为是"不得已而有为"，并非如常人一样专注于世间的功名利禄，他们之所以乐此不疲地做着在常人看来无用的事，目的只有一个：传道。儒家更多强调行，而道家则更多强调悟。只悟不行，得道也无益；只行不悟，终将一事无成。所以，儒道结合才能将圣人的作用发挥到最大。

江遹认为，无论是儒家还是道家，都以传道为最终目标，在根本上没有区别。道虽然无处不在，愚痴的众人却无门而入，必须经由得道者点播才能一窥道的真谛。儒家千百年来便被奉为至尊，儒家经典不容亵渎，儒家圣人更是道的化身。儒家之外传承道最为典型的便是道家，尤以老、列、庄三子为最。因此，在习读儒家经典之余，也应当研读道家著作。

3. 引易理解《列子》

江遹《冲虚至德真经解》的另一个显著特点就是引用易理，主要体现在其对五行理论及象数理论的应用上。宋代易学"不追求《周易》经传文字训诂方面的解释，不停留在经文的表面字义上，注重探讨其中的义理。"[1] 江遹引用易理也具有这个特点。

---

1 朱伯崑《易学哲学史》二，昆仑出版社 2009 年版，第 5 页。

以五行配五方。五行的概念最早出现在《尚书·洪范》中："五行：一曰水，二曰火，三曰木，四曰金，五曰土。水曰润下，火曰炎上，木曰曲直，金曰从革，土曰稼穑。润下作咸，炎上作苦，曲直作酸，从革作辛，稼穑作甘。"《尚书》虽然提出了五行的概念，但相生相克理论还未形成。五行是古代先民对世界万物产生所做出的朴素唯物主义解释，古代天文及医学都以五行而立论。尤其是五行与《周易》的结合，再加以阴阳观念，形成了独特的宇宙生成论。江遹引用五行理论解《列子》，主要体现在其对四方的解释上。《周易·说卦》将八卦与八方相配："万物出乎震，震东方也。齐乎巽，巽东南也；齐也者，言万物之絜齐也。离也者，明也，万物皆相见，南方之卦也，圣人南面而听天下，向明而治，盖取诸此也。坤也者，地也，万物皆致养焉，故曰：致役乎坤。兑，正秋也，万物之所说也，故曰：说言乎兑。战乎乾，乾西北之卦也，言阴阳相薄也。坎者水也，正北方之卦也，劳卦也，万物之所归也，故曰：劳乎坎。艮，东北之卦也。万物之所成终而成始也，故曰：成言乎艮。"八卦乾、坤、艮、震、巽、离、坎、兑分别配属西北、西南、东北、东、东南、南、北、西。五行分别为金、木、水、火、土，五行分配五方，即西方为金，北方为水，南方为火，东方为木，中央为土。而春、夏、秋、冬四个季节又分属东、南、西、北。江遹解《周穆王》篇西极之化人一节说："西方主金，金为从革，故化人之来必从西极。"根据震、离、兑、坎四卦的卦义，代表了一年四季当中季节的更替。与西方相对的是兑卦，兑卦从悦，代表了收获。江遹说西方"从革"，意指变革。化人来自西方，意味着将有大的变革。在解读《仲尼》"西方圣人"章中，他又说："西为复命之方也，且天道自西之北，至北而后为复命之至。"所谓"天道"，实际指四季更替。这里所说的"复命"，也是指变革。再如，《汤问》篇释"共工触山"说：

“西北，万物归根之方也。日月星辰就于西北，则阴之精并于下而奉于上，万物得以资其气而生。东南，万物敷施之方也。地不满东南，则至阳之精并于上而降于下，万物得以资其泽以成形。”八卦当中乾卦配西北，巽卦配东南。乾代表天，属纯阳之气。季节更替由秋天进入冬天，阳气逐渐收敛而阴气逐渐升起，所以说“阴之精并于下而奉于上”，万物正是储存了这纯阳之气，才为春天的萌发积蓄了力量。巽代表风，是阳气萌动的表现，季节更替由春天逐渐进入夏天，阳气逐渐滋长壮大，所以说“至阳之精并于上而降于下”，万物才得以茁壮成长。乾卦代表了天，天是万物的起始，所以说为“归根之方”。巽卦代表了风，主阳气的散布，所以为“敷施之方”。共工触山由西北而起入于东南，正代表了万物循环不已的生灭现象。

对象数理论的应用。所谓象数，《左传》僖公十五年载：“龟，象也；筮，数也。物生而后有象，象而后有滋，滋而后有数。”杜预注曰：“言龟以象示，筮以数告，象数相因而生，然后有占，占所以知吉凶。”由此看来，象数起初只是占卜时为了说明卦象的卦辞。随着时代的发展，象数又融合阴阳五行学说，形成了汉代的象数之学。一些著名的大儒如郑玄、荀爽、虞翻等，分别从不同的角度阐释象数之学。象数学说最大的特点就是用数来说明宇宙万物的起源。易糅合后来的阴阳学说，认为宇宙之初为混沌之气，后来阴阳分判，轻清者上浮为天，浊重者下降为地，阴阳二气相交合而产生世间万物。在卦数里面，奇数代表阳性，偶数代表阴性。阳代表了数的变化之象，阴代表了数的含藏之象。江遹解《列子》，将易理中的象数之学融合到对《列子》文本的理解当中，可谓独出心裁。在《黄帝》中，他解释“狙公养狙”一节即用象数之学：“尝谓：自太易既判，一变而为七，天三地四之数，一奇一偶，方生方成，万物不能逃其数也。不明其数则役于数，不惑于数则能用其数。……虽圣人应帝王，未免于以天下为笼也。特其用数有微妙，故其治效有浅深尔。推而极之，虽天地之造化，一昼一夜，一觉一梦，一寒一暑，一死一生，亦无以易大衍七七虚一之数矣。”江遹在解《汤问》“汤问物有巨细”一节：“凡数起于一，立于三，成于五，盛于七，处于九。一、三、五、七、九皆数之阳也，变化之道也。故此篇数称以喻道焉。”这里所谓的大衍之数，起初为以蓍草占卜而构成的数来预测吉凶。[1]江遹所谓“大衍七七虚一之数”即指这种占卜方法。所不同的是，《周易》是专指吉凶占卜而言，江遹则重在说明其中所包含的义理。由一至九的演变过程，说明了世间万物产生的过程。[2]狙公养狙本为寓言故事，江遹则用易理将其引申到天理上来，将其上升到哲学高度考察。由此看来，江遹虽然引用易理来解《列子》，但他并非侧重于对易理的解释，而是重在对《列子》的解释，以揭示万物生灭的现象。

江遹充分发挥道家与儒家思想的长处，弥补各自短处。迎合君主口味，以《列子》为蓝本，表达了他对天下太平的祝愿以及对皇帝的奉承，以期获得皇帝的赏识。虽然带有明显的阿谀色彩，但江遹的这部著作还是代表了宋代《列子》研究的新趋势。也正如四库馆臣所评价的那样：“文词都雅，思致玄远。”美中不足

1《周易·系辞上》曰：“大衍之数五十有五，其用四十九。分而为二以象两，挂一以象三，揲之以四以象四时，归奇于扐以象闰。五岁再闰，故再扐而后挂……是故四营而成易，十有八变而成卦。八卦而小成，触类而长之，天下之能事毕矣。”所谓大衍之数，其实就是通过这种揲蓍草的方法而得出的排列顺序。对于这段话的解释，可参看朱伯崑《易学哲学史》（一）第6页。

2关于一为何演变为九的问题，尚无确切说明。八卦以三划为一卦，朱伯崑认为“多半出于对‘三’的崇拜。古人以三为多数”。可参看《易学哲学史》一，第15页。

的是，江遹对于书中人名穿凿附会，正如四库馆臣所指出的："《杨朱》谓：列子以御寇为名，盖以闲先圣之道为己任。《汤问》篇解魏黑卵、邱邴章、来丹之名曰：黑者，阴之色；卵者，阳之色。魏者，高显之所；魏黑卵，老阴之象也；邴者，明之盛；章者，文之成。邱者，中高之地。丘邴章，老阳之象也。丹含阳，来丹则少阳之方浸而长者也云云。亦未免于附会穿凿。"[1] 尽管江遹此书确有不足，但作为宋代一部重要的《列子》研究著作，不仅体现出作者对《列子》的理解程度，也反映出当时《列子》研究的大趋势。

第三节 程俱的《列子论》

程俱（1078—1144），字致道，号北山，衢州开化（今属浙江）人。以外祖尚书左丞邓瑞甫补官，宋徽宗宣和二年赐上舍出身。高宗时为秘书少监，整理馆阁旧籍，成《麟台故事》。后秦桧荐领史事兼任万寿观提举、实录院修撰，力辞不就，告归，年六十七卒。有《北山小集》十卷。

程俱儒、释、道皆通，宋人郑作肃在《北山小集序》中说："一日，裁书问文于先生，先生翌日答书，凡数百言。其要曰：'昔之作者，自六经、百氏之书、世传之史、方外之书，无不读。非惟读之而已，取舍是非，了然于心。其粲然者，我之文也。而资焉者，六经、百氏、载籍之传，而吾自得者也，然而莫见其迹也。'"[2] 由此看来，程俱不仅深通三教思想，而且还将其贯穿到自己的治学之中，体现出三教融合的趋势。

1《钦定四库全书总目》卷一四六，中华书局 1997 年版，第 1939 页。
2 程俱《北山小集•序》，《四部丛刊》影宋抄本。

《北山小集》中有《老子论》五篇、《列子论》三篇、《庄子论》五篇，以其三教融合思想为基础，总论《老》、《列》、《庄》三子主体思想。就《列子》而论，作者分别提取万物生化、天地变幻、去情累三种观点而立论，各篇之间层层推进，由生灭变化推演到天地变化，再由天地变化论及人自身的变化，最终说明人应当去除情累而不为外物所转，体现出宋代浓厚的理学化道统思想。

一　对生化理论的叙述

生化论是《列子》开篇所谈及的关于万物生灭变化的问题，后世学者多认为这是古本《列子》的内容，是《列子》思想的精华所在。《列子》认为，生与化是世间万物变化的两个终极现象，而生化本身则无任何变化。正因为如此，生与化才能“无时不生，无时不化”。张湛注引向秀语曰：“吾之生也非吾之所生，则生自生耳。生生者岂有物哉？无物也，故不化焉。若使生物者亦生，化物者亦化，则与物俱化亦奚异于物？明夫不生不化者，然后能为生化之本也。”向秀认为，生生与化化虽然使万物生化，但其自身却不生不化。若生生与化化有生化的变化，那么其本身与万物也便没有差别。正因为生生与化化具有这种不生不化的特性，才能成为万物生化的根本，这也是道的根本。由此看来，所谓的生化论，实际上还是遵循老子思想的道论。道作为产生与滋养万物的根本，其本身没有生灭变化可言。生与化是万物存在的两种表现，换句话说，是道的规律在起作用，是道的外在表现。也可以这样说，所谓的生化理论，实际上是对万物生灭的总结，与老子的道论并无二致。所不同的是，《列子》以常人较易接受的生化现象阐释道的作用，并未直接对道展开论述，实质上其仍未脱离道论的范围。程俱认识到这一点，他概括生化理论说：

混沦之初，不生不化者存，而生化之萌，具乎不生不化之内。天地既辟，万物并作，未有一息不由乎生化之运，未有一物不因乎生化之机。唯生也，而有不生者为之宰，苟无不生者生生，则生有时而尽矣；唯化也，而有不化者为之用，苟无不化者化化，则化有时而息矣。

程俱将世界看作一个混沌体，不生不化就存在于这个混沌体中。所谓不生不化，实际上是指产生生化的造物者，意即道。虽然不生不化本身并没有生化现象，但生化的运动已经开始萌芽。天地万物的形成，是因为生化的运作而产生。不生是所生之物的主宰，所化之物是因为不化而产生。如果没有了不生与不化的时刻运作，万物的生灭变化也便不存在了。程俱认为，《列子》之所以在首章讨论生化问题，是因为世间万物虽然变化纷纭，但实际上只有生与化两种现象：

然则六合之内，有形者孰非生？有事者孰非化？舍夫生灭变化，则亦无可言矣。此列子所以首言生与化也。首言生与化者，以谓吾之所言之理、所寓之物，无非生灭变化者。且万物皆出于机、皆入于机者，何也？生化之门也。生化之门者，生生化化，万物之奥也。

世间万物不出生与灭两种变化。万物“出于机，入于机”，就是在进出生化之门。生化之中含有无穷的奥秘，人的智力无法穷究。人所能知的范围均不出生化的约束，都自生化而来。正因为如此，世间万物的生灭变化才不可捉摸。对《列子》中所列的一系列生化现象，程俱认为，“物有以形相禅者，则化于显。物有以生受化者，则化于阴”。他将其分为两类：人们可以见到的普通生化现象，这种现象“化于显”；人们不能用肉眼所观察到的现象，这种现象“化于阴”。“化于显”，很容易理解。而对“化于阴”，程俱则倾向于佛教的轮回说。他引贾谊《鹏鸟赋》中“忽然为人，何足控揣；化为异物，又何足患”的典故，对照说明生化的道理。在他看来，“化于阴”的这种现象就相当于佛教所说的轮回，也相当于贾谊所说的“忽然为人，化为异物”。这个解释差强人意。佛家轮回说以因果为理论基础，而生化说则属于纯粹的万物生化论，不带有任何宗教色彩。虽然从表面上看二者存在相似之处，但实际并不相同。贾谊的观点代表了汉代气论发展下对宇宙生成的新探索，而这种观点我们也很难判断它是否由道家借鉴而来。所以，程俱在这里只是提出问题，而并未解决“化于阴”的问题。但对于这个问题的解决，除了佛教的轮回说，似乎找不到更好的、相对应的理论来为其作注脚，这也是后世学者总以这一点来攻击《列子》抄袭佛书的一个重要原因。

程俱认为，若想研究《列子》这部书，首先要有安于生化的意识。只有安于生化，才能通于生化。若不能通于生化，那么研究《列子》者便如同雾里看花、水中望月，终将一无所获。

二　对天地变幻的理解

生化产生了天地万物，天地悬浮在虚空之中，而万物又包括在天地之中。人们虽然能够用肉眼感受到天地万物的存在，但天地万物如生化一样，并非真实的存在。程俱解释说：

> 昔者未始有物，既而天地万物虽然乎其间，此亦何自来哉？安得不谓之幻？有形之物，会归于坏。及其坏也，岂非

幻灭而梦觉哉？天地之间，造化之密移也，日月之回薄也，风云之振荡也，谁其使之而一息不留也？今之天地日月，犹昔之天地日月乎？其亦迹也，不可得而知矣，非幻而何？上古以来，《坟》、《典》之所记，三王之所成，历代之所争，谁其祛之而廓无余迹焉？非梦而何？

在程俱看来，天地日月的运转，风雨雷电的变化，从上古直到现在人们为之争夺的事物，都没有留下任何痕迹，这些都是造化在起作用。如果没有生化的作用，谁又能将这些变化的痕迹都抹去呢？既然是生化在起作用，那么这些事物的变化也就不会脱离生化的范围，它们同样也存在生灭的变化，并且经历从产生到消亡的过程。既然万物从本质上没有什么区别，那还有什么可争夺的呢？一切都是在梦幻之中罢了。再具体到人自身，天地日月都没有恒常性，更何况人呢？既然最终都要归于毁灭，那人世间的一切也便没有什么可争夺的了。程俱最后总结说："列子之于性命，可谓尽矣。彼直以天地万物为一梦幻，岂夸言哉？"在他看来，列子是真正看透了生命的本质，懂得了生化的根本。

三　对人身情累的关照

懂得生化之理的目的是让人明白宇宙变化的起源，进而看透万物的生灭变化。人最大的障碍在于情感，程俱认为，《杨朱》是专门教人去除情累的，他很赞赏书中所论及的有种种怪异行为的人："杨朱一篇，大概所以祛情累也。故其言公孙朝之溺于色，公孙穆之湛于酒，而邓析谓之真人。端木叔放意所好，无不为也，而段干生谓之达人。"这些人的行为以常人眼光来看属于怪人，而邓析、段干木却认为他们是真人、达人。并非他们真的欣赏这种生活，而是看到了这些人的本质。程俱解释说：

> 持域中之论，则捡身贤于纵欲；究域外之理，则有心于善，不如无心之不善也。吾无心矣，安知善不善之所在乎？滑欲于俗，世俗之情也。有心于德，贤者之情也。胶其迹而累于情，等耳。盖存世俗之情以缮俗，固以汨其真矣。而存圣贤之情于胸次，亦未得全其真也。唯庸、圣之情俱尽，则亦循循常常，与途之人同耳。

若按常人思维来讲，显然洁身自好要优于纵欲。而就超越世俗的层面讲，存心为善，还不如无心为恶。若不存在有心与无心之别，自然也不存在善恶之分。世俗人都有欲望，而圣人则追求贤德的品行。无论是俗人还是圣人，均为情所累，并没有什么区别。诚然，用世俗的眼光来摒弃那些不为世俗所接受的行为是保存纯真的情感，但如果心中始终抱有成为圣贤的想法，还是没有最终达到真的境界。只有把俗人与圣人这两种情感全部抛弃，才能回归纯朴，不为万物所累而逍遥自在。在程俱看来，无论是世俗的还是超世俗的情感，都不应该有。只有抛弃这些情感，才能最终与大化同归。很明显，程俱在这里借用了佛家有无双遣的思维逻辑。佛家认为，人之所以不能成就佛道，最大的障碍就是不能抛开情感的束缚。无论好坏都必须抛弃，达到一种既不否定、也不肯定的中道境界。只有这样，才能以万物为契机悟得大道而不为万物所累。这在某种程度上与老子所讲的“无为而无不为”有相同之处，所以程俱也借用了老子对美恶的观点，强调无心的重要性。对于公孙朝等人的行为，在儒家看来是不可接受的，程俱指出：“虽然论而至于此，后之儒者有以斯言为罪者矣。”[1] 程俱当然也是儒者，从他的角度来看，公孙朝等人的行为则是“庶几乎无罪”的，这里很明显体现出他三教融合的思想。

程俱以三教融合思想为背景，由对生化理论、天地变幻理论、去情累三方面的论述，从玄虚的宇宙生成，下降到人的实际修为，体现了宋代道论的传统理念。他对《列子》的这种理解，也是宋代《列子》研究的一个思想倾向，体现出三教融合思想下《列子》研究的新趋势。

第四节　林希逸的《列子口义》

林希逸（1193—1271），字肃翁，号鬳斋，又号竹溪，福清（今属福建）人。少年时随南宋理学家陈藻在莆田红泉书院读书，后游学江淮。绍定五年（1232）入太学，时年 39 岁。端平二年（1235）以学省词赋第一人，对策擢第四人，授从事郎、平海军节度推官。淳祐五年（1245），主管三省架阁，除国子录二年，以少师安晚郑公荐，御笔召试馆职，除正字，改宣教郎，除校书郎。景定四年（1263），除秘书少监、太常少卿转朝议大夫，进讲《春秋》徹章，授守奉大夫，修进宁宗实录，授中大夫兼国子司业去国，提举玉局观。咸淳六年（1270），兼权直学士院造朝，除起居郎兴祠，除秘阁修撰，提举冲佑观。咸淳七年（1271）农历九月十五日，以疾终于家，年 79 岁。

林希逸著作甚丰，主要有：《易讲》、《述诗口义》、《春秋三传》、《正附论》、《周礼说》、《考工记图解》、《老庄列三子口义》、《学记》、《奏议》、《讲议》、《内外制》、《诗

1 程俱《北山小集·列子论三》，《四部丛刊》影宋抄本。

文四六》，共二百卷。其中以所著《庄子鬳斋口义》影响最大。

林希逸的学术渊源可上追到二程的洛学。[1]在《三子口义》当中，其用力最著者是《庄子》，其学术源流直接继承了陈藻的师承传统，[2]而他的《老子口义》是体现其理学思想最为显著的著作。《列子口义》后成，据其门人王庚所作序称："先生以《口义》授庚曰：'自吾闲居十年而三子之《口义》成，《列子》近方脱稿，子宜序。'"对于《列子口义》，他评价甚高："且如'程生马，马生人'与夫'白马非马，孤犊非孤犊'之说，此古今一大疑难也，先生悉以意解释，不为其愚弄缠缚。惜不令处度辈见之也。"[3]与前代注释《列子》的著作相比，林希逸的《口义》确实如王庚所说并不受书中词句的缠缚，用语似白话，通俗易懂。作为理学家，他在解释《列子》的过程中也运用了理学思想。

一　对《列子》真伪的讨论

林希逸肯定列御寇实有其人，且为有道之士，原因是"庄子多称其人"。刘向《列子书录》认为列御寇与郑缪公同时，林希逸认为此处应为郑繻公之误。《列子》中所载子阳馈列子粟事林希逸认为确有此事，并据此而推断列子后于孔子而早于孟子。他还认为《列子》书中多推尊孔子而"自神其说"。

对于传世本《列子》，林希逸认为并非全伪。在流传过程中难免有后人增窜，但仍保存有先秦相关资料。他指出："洪景卢谓《列子》胜《庄子》则失之矣。然其间又有绝到之语，决非秦汉以下作者所可及。愚意此书必为晚出。或者因其散佚不完，故杂出己

1 林希逸受学于陈藻，陈藻受学于林亦之，林亦之受学于林光朝，林光朝受学于陆景端，陆景端受学于尹焞，尹焞之学出于程颐。

2 方勇《庄子学史》第二册，人民出版社 2008 年版，第 107—108 页。

3 林希逸《列子鬳斋口义·王庚序》，元刊本。

意，且模仿《庄子》以附益之。”他不仅认为其书经后人增窜附益，而且还认为是有人刻意模仿《庄子》而作。且在注释中他也辨析各篇文字。如评“燕人生于燕长于楚”一章谓：“此段盖言人心无真见，则或以妄者为是，而真者为非也。微，无也。悲心更微，言反不悲也。此一篇语极到，必《列子》本书。”评“仲尼闲居”一章曰：“其大旨不过如此，却寓言以抑扬之。其笔法去《庄子》远甚，恐非《列子》本书。”评“力谓命”章云：“大意只如此，而其文亦直截，所以疑非《列子》之本书，此数章亦然。”评“白公问孔子”一章曰：“此一章与《淮南·道应》篇全同。若《列子》已出于景帝时，《淮南》不应全用之，以此知非《列子》之本书也必矣。”评《说符》曰：“此篇议论皆正，皆与儒书合。末后数件设喻俱佳，文字亦异于他篇。大抵此书八篇之中，其为本书者，亦自可辨。就中数段，全似《盗跖》、《说剑》，文字决非列子所作明矣。此篇议论虽正，决非《列子》家数，通诸家之学者必能辩之。”由此看来，林希逸判断《列子》书文字真伪的根据，一是从庄列的风格上来判断，在他看来，列子也如庄子一样，乘风而游，无所拘束，其为文风格也应是狂放而傲世独立的。所以，在书中他屡屡以庄、列比较而立论。二是从行文笔法上来判断。在他看来，既然列子为人的风格狂放不羁，那么形之于文字，也应是光怪陆离而使人无法捉摸的，对于文中用语甚正的文字，则判断不是《列子》本文。三是从书中所用材料与他书的时间先后上来判断。

林希逸对杨朱学说也有所批判。他在“杨朱游于鲁”一章中指出：“此又一转，谓名皆伪也，有实德者则不近名，好名者则无实行，凡为名者皆伪也。既以名为伪，乃借尧舜夷齐以立说，此所以为异端之书。”在“子产相郑”一章中，他又说：“《庄》、《列》

之书，本意愤世。昏迷之人却如此捭阖其论，而又为后人所杂。读其书而不得其意，与不辨其真伪者，或以自娱，此所以为异端之学也。”战国时期曾有杨朱学派，但没有著作传世。自孟子辟杨墨之后，杨朱便成为儒家攻击的对象。林希逸站在正统儒家的立场上屡屡斥责杨朱为异端学说，并认为庄列之书本为愤世，并没有这许多名实之论。林希逸认为杨朱为后人附会增入，并非《列子》原文。

林希逸对《列子》上下文意也非常重视，并将此作为判断《列子》真伪的依据。如《天瑞》“气形质具而未相离”章注说：“上面既说四个‘太’字，就此又把形、气、质总之。此不特言理之妙，亦是作文机轴。无此机轴，则不见斡旋之妙。”这里，林希逸从作文的手法出发点评《列子》遣词造句是否恰当。《说符》“子列子学于壶丘子林”一章注：“此一段其文亦粹，其论亦正，但与此书前后之言，殊不相合。岂前为诡说，而此为庄语乎？抑彼此错杂，非一家之书乎？”林希逸认为，《列子》如《庄子》一样，以诙谐漫谈为其主要特征，很少庄重典雅之言。他认为《说符》这一章用语典雅，持论甚正，与《列子》之前的语言风格不相符，可能为后人所杂。

综上所述，林希逸认为列子确为战国思想家，其学说与庄子相近，均为愤世之言。战国时期也确实存在《列子》这样一部著作，由于战乱及好事之徒附会作伪，使得《列子》真伪混杂，成为众矢之的。

二　糅合三教、参同老庄

林希逸受学于陈藻，陈藻是南宋末年理学家，林希逸的思想也秉承了理学的特质，即融儒释道于一体而独尊儒家，注重吸收道家及佛家对宇宙人生的阐释，以补儒家思想之不足。《老》、《列》、《庄》三子中，林希逸最为推崇《庄子》。他在《庄子口义》发题中说："其书虽为不经，实天下所不可无者。郭子玄谓其'不经而为百家之冠'，此语甚公。然此书不可不读，亦最难读。东坡一生中文字只从此悟入，《大藏经》五百四十一函，皆自此中细绎出。左丘明、司马子长诸人笔力，未易敌此。"对于《老子》，他说："大抵老子之书，其言皆借物以明道，或因时事习尚就以论之……《庄子》宗《老子》者也，其言实异于《老子》。故其自序以'生与死与'为主，具见《天下》篇，所以多合于佛书。若《老子》所谓'无为而自化，不争而善胜'，皆不畔于吾书。其所异者，特矫世愤俗之辞时有太过。"由此可见，林希逸对三家思想的融合痕迹。林希逸解《列子》虽似漫谈，但其中也明显体现出这种思想倾向。

推尊儒家。林希逸断定列子后于孔子而居孟子之先，所以其书中凡论及孔子处多为借重之说，亦即《庄子》寓言之意。他解读"林类年且百岁"一章说："列子之书皆尊敬孔子，故其寓言之中多借孔子以为说。不知果出于列子否耶？"在林希逸看来，《列子》寓言中屡屡提及孔子与其弟子皆是借重孔子声望而自神其说。他在"子夏问孔子"一章中进一步解释说："庄、列之字义，不可与吾书比。"由此看来，林希逸是以儒家正统而自居。尤其在《杨朱》中，更是承袭孟子而"辟杨墨"。他在"偽偽成者"一章中批评杨朱说："此等言句，便与孟子'知命者不立岩墙之下'者不同。圣贤之言，所以异于异端也。"基于儒家中庸的原则，他屡屡批判杨朱思想过于露骨："此等文字亦太露筋骨，似非所以垂训之意。《庄子》则不然"（"杨朱曰百年寿之大齐"章），"此段亦太露筋骨"（"杨朱曰天下之美归之舜禹"章）。由此可见，林希逸始终以儒家正统而自居，认为只有儒家中庸之道才是圣人垂训的中肯之言，而如杨朱辈的过激言论，既非庄列所有，亦非儒家所论，是纯粹的异端邪说。

借鉴佛家。对于佛家思想，林希逸遵循理学一贯思路，两相比较，互参互用。他秉承其师陈藻的学说，利用三教融合的思想解读《老》、《庄》、《列》三子。他在《庄子口义》发题中说："希逸少尝有闻于乐轩，因乐轩而闻艾轩之说，文字血脉，稍知梗概。又颇尝涉猎佛书，而悟其纵横变化之机。"林希逸不仅认为佛教可与中土思想互补，而且认为佛教的基本典籍《大藏经》是由《庄子》中细绎而出。他在承认佛教思想的前提下，把佛教也纳入到道家思想内，为其理论找到立足点。对佛教传入中国的时间，他在"商太宰见孔子"章中解释说："此章似当时已有佛之学，托夫子之名而尊之也。西方之人，出于三皇五帝之上，非佛而何？佛之书入于中国，虽在汉明帝之时，而其说已传入天下久矣。"在林希逸看来，佛教传播速度快于书籍传播。林希逸并不将《列子》视为魏晋思想的产物，认为佛教有可能在当时已经传到中国。只是由于其为外来思想，所以必须借重孔子这样的名人来自神其说，以抬高身价。他还断言："西方之人出于三皇五帝之上，非佛而何？"由此看来，他对于这一章的真实性并不怀疑。

林希逸对佛家思想的借鉴，首先是取其基本概念以合《列子》。如其解"生者理之必终者"一章中的"精神者，天之分；骨骸者，地之分"一句时，便引用了佛家所讲的圆觉四大之说。所谓"四大"，即地、水、火、风。佛教认为，人身即是由这四大和合而成。这与《列子》中所说的人身组合虽然不同，但其义理却相通。两者都认为人身是不稳定的，一旦组合人身的契机消失，那么人身的各种元素也便各归其所，这是朴素的唯物主义观点。在"舜问乎烝"一章中，他解释“天地之委形也”中“委”字说：“委，聚也。四大假合而为此身，故曰委形。……《圆觉》所谓‘今者妄身，当在何处’，即是此意。”再如“皇帝即位十有五年”一章中，他把《列子》书中所说的“九州之外”与佛家所讲的“西渠泥、南阎浮”相对比，说明其为虚言，指世界之广大无边。又如其解说“汤又问物有巨细”一章说：“今佛经多有此，如三十三天香积国、西方净土之类是也。”《列子》中所说的仙人之国多被看作寓言，佛经中也有许多类似的想象之国。林希逸认为“此无他，皆欲广人之所见耳”（“南国之人祝发而裸”章）。

其次取佛家理论与《列子》书中的思想对比，并做进一步引申。佛教自传入中国后，便与儒道文化相互吸收并利用。经过魏晋南北朝融合、唐代发展之后，在宋代重文轻武的土壤中成熟起来，成为中华文化不可或缺的组成部分。因此，佛教义理在诸多方面都与儒道思想相合。同时，由于佛教具有很强的思辨性，也补充了儒道的不足。林希逸即运用了佛教的这一特性，对《列子》中的某些地方做引申性解读。如其在“鲵旋之潘为渊”一章中将《列子》中所说的“九渊”，与佛家所说的“修观”相比照，他说：“今佛家以为观，古人以为渊。渊有九名，想犹今十二观也。”壶子因季咸而示道于列子，最后以这九水为喻，说明得道之人应不为外物所动，即使再凶猛的洪水也不足以动摇。林希逸认为，古人所讲的“渊”，即佛教所说的“观”。壶子本意是以水为喻，而林希逸则更进一步将其引申到修道上来。将这里的九渊，与佛教所说的十二观相比照，这便进一步深化了《列子》。

林希逸还为佛教辩护。在“生者理之必终”一章中，批评朱熹指责佛教剽窃《列子》的观点。他指出：“从古以来，天地间自有一种议论。如此原壤，即此类人物。佛出于西方，岂应于此剽窃？诋之太过则不公矣。”客观来讲，林希逸的这种观点应该说较切合实际。但是，这并非说林希逸承认佛教的独立性，他仍然将佛教纳入到老庄道家的范畴内。他在“无所由而常生者道也”一章中分析道与常的关系说：“庄列之论，大抵如此翻腾其说。释氏断常之论，亦必源流于此。”所谓“断常”，在佛教中是两个概念，“断”称为“断见”，常称为“常见。所谓“断见”，是断除一切的见闻而求佛道。所谓“常见”，是指一般人的见闻。无论是哪一种“见”，都不是佛所说的“道”。林希逸认为，“断”与“常”的关系，也正如“道”与“常”的关系一样，上下翻腾。他认为佛教源流于此，这也与其在《庄子口义》中所说的“《大藏经》由此紬绎而出”的观点相合。

参照道家。林希逸解《列子》的另外一个显著特点是参同老庄，即将《老子》与《庄子》的思想与《列子》相参照。林希逸认为老子、庄子与列子同属道家，庄子以老子思想为宗，但庄子“其言实异于老子，故其自序以生与死与为主”。老子以“无”为宗，以“道”为本，“其言皆借物以明道，或因时世习尚就以谕之”，而庄子则是以生死而立论。所以，庄子虽宗老子，实异于老子。而《列子》则与《庄子》相近，同源同归。林希逸虽然参同老庄解说《列子》，实际上主要运用《庄子》思想来解读《列子》，《老子》仅作为其立论基础。相较于老子，庄子不只围绕“道”，他更注重无拘无束的现实生活。林希逸认为，御风而行的列子如同庄子一般是一位追求无拘无束生活的傲世者。在林希逸看来，只有把一切事物都抛开的人才算是得道之人。所以，他从老子的“道论”出发，站在庄子逍遥的角度解读《列子》。

林希逸认为，老子思想主旨是借物明道。列子作为道家人物之一，尽管其思想与老子有不同之处，但仍然体现着老子的基本思想。《天瑞》“黄帝书曰”一章最早见于《老子》，《列子》在这里称《黄帝书》，林希逸由此推断上古时期还存在着一部《黄帝书》，老子的思想也并非其独创，而是有所继承。他认为，老子这一章“乃修养一项功夫所自出”，但他又一再强调“老子之初意却不专为修养也”。他认为列子举这一章是为其道“不生不化”之说作旁证。林希逸认为老子言外之意亦即是证明不生不化的道理，而并非专指修养。所以，他在解“有生不生，有化不化”一章时全用老子思想。如其引用老子“似万物之宗，象帝之先”的说法将道进一步神化，在“齐之国氏大富”章引老子对美恶的辨析证明《列子》不应有此议论。在林希逸看来，《列子》的“道论”与《老子》相同，也可以说《列子》秉承《老子》学说。但是，对于《列子》中涉及对于美恶的辩证分析时，　他又认为《列子》中不应有这等议论。在林希逸看来，《列子》同《庄子》一样充满愤世之言，而并非妥协，亦非如《老子》那样期望天下大治，人心净化，他们追求的是离世隐居的清净生活。所以，林希逸尽管引用老子的学说来解说《列子》，但他始终认为《列子》同《老子》本同而末异，这也为其广泛运用《庄子》解读《列子》并提倡庄列同源一体的观点做了铺垫。

“庄子”一词在《列子口义》中出现频率最高，充分说明林希逸对《庄子》这部书的重视。他在《列子口义》中屡屡庄列并称，如“庄列皆一宗之学”（《黄帝》“列子自以为未始学”章注），“庄列之字义不可与吾书比”（《仲尼》“子夏问孔子”章注），“庄列之论，大抵皆如此翻腾其说”（《仲尼》“无所由而常生者道也”章注），“庄列之书皆如是”（《汤问》“汤又问曰四海之外奚有”章后注），“庄列之书，本意愤世”（《杨朱》“子产相郑”章注），“此等议论，皆非庄列之学”（《说符》“列子学射”章注）。

由此定下了庄列同源同归的基调。

林希逸以《庄子》解《列子》，主要体现在对《列子》与《庄子》相同篇章的注语也大致相同，林希逸认为后人模仿《庄子》而附会《列子》。对于文中字句相异之处，他往往以《庄子》为标准予以订正。如《黄帝》“仲尼适楚”章注语：“琝，《庄子》作丸；疑，《庄子》作凝，从《庄子》为是。”而对于可引起语意转变的关键性词语，林希逸也并非完全遵从《庄子》，而是根据两书的实际语境断定其文意。如《黄帝》“子列子之齐”一章中“无多余之赢”，《庄子·列御寇》章作“多余之赢粮”，少一“无”字。林希逸说：“此句比《庄子》添一无字，则意异矣。”又如，《黄帝》“宋有狙公”章注语：“此段与《庄子·齐物论》篇同而文稍异。……圣人以智笼群愚，谓其化导使之不自知也。《庄子》则以此为无是无非之喻，却与此意异矣。”同一个故事用在不同语境中便有不同含义。由此看来，林希逸并非完全以《庄子》为准则，而是根据文意对文本做客观评价。此外，林希逸还直接用《庄子》语句来对比说明《列子》句意。如《汤问》“荆之南有冥灵者”章注：“夷坚，亦犹《庄子》之齐谐也。”“江浦之间生麽虫”章注：“此即《庄子》‘听之以耳，不若听之听之以气；听之以气，不若听之以心’之论。”《力命》“力谓命曰”章注：“此即《庄子》所谓‘吾所待，又有待而然者也。’”如此等等。总之，林希逸解《列子》以儒家为基础，从道家出发，参证佛家理论，形成融合三教、参同老庄的解《列》方式，从理论高度审视各家学说，取长补短、为我所用。

《三子口义》中《列子口义》最后完稿，也是其评说最为简略的一部，但却融合了《老子口义》与《庄子口义》的思想，并综合运用《老子》与《庄子》以及儒家和佛家思想来相互参证，用平白的语言解说艰涩的文本，确实为我们读《列子》提供了方便。

但是，其解说过于简练，多为逐句逐词点评，并未如《老子口义》和《庄子口义》那样展开论说，这是其不足之处。

第五节　高守元辑录《列子注》

高守元，生平事迹不可详考。《金史》卷一三一《马贵中传》载：“马贵中，天德中，为司天提点。与校书郎高守元奏天象灾异忤旨，海陵皆杖之，黜贵中为大同府判官。”可知，高守元曾任校书郎，因与马贵中言灾异而受杖责。马贵中被贬官，《金史》中未言高守元是否遭贬官或罢官。毛麾序称高守元为逸民，逸民其意有二：一指才高志大而终身不得志之读书人，二指为当权者迫害而遭遗弃之人。以此核之，《金史》所记当属第二种情况。而毛麾序中所言逸民究指何意，则无从查证。据《冲虚至德真经四解》（以下简称《四解》）前毛麾[1]所作序可知，其为平阳（今山西临汾）人，字善长，号和光散人，大致生活于金世宗大定时期。毛麾在序中评价高守元集《列子》四家注说：“平阳逸民高守元善长收得二解（按：指宋徽宗、范致虚《列子注》），并张、卢二家合为一书，诚增益于后学者，因之得以叩玄关、操圣阈，致广大而尽精微。”毛麾所言确为事实。《列子》注本甚少且难得，高守元不辞劳苦而辑成《冲虚至德真经四解》二十卷，功不可没。《四解》世无传本，唯明正统《道藏》收录，分二十卷，集张湛、卢重玄、宋徽宗、范致虚四人《列子注》，高守元对四人注及《列子》原文均有校勘。

1毛麾，字牧达，平阳人。大定十六年举学行，赐进士出身，授校书郎，入教宫掖，历太常博士，终于同沁州军州事、云骑尉，以赐绯鱼袋致仕，有《平水集》。（康熙）《山西通志》卷一三六《人物志一》有传。

一　《四解》的编纂体例

《四解》以时间先后顺序排列，分别为张湛、卢重玄、宋徽宗、范致虚。书前先列序言，依次为列子小传、毛麾序、刘向校上序、张湛序、卢重玄序、宋徽宗序、吴师中范致虚解序，后正文均依次分列四家注，将《列子》分为二十卷，依次为：《天瑞》三卷、《黄帝》三卷、《周穆王》二卷、《仲尼》三卷、《汤问》三卷、《力命》二卷、《杨朱》二卷、《说符》二卷。正文篇题先列各家解题，后将注文依次列出，于张湛注不做标示，卢重玄注标“卢曰”，宋徽宗注标“政和曰”，范致虚注标“范曰”而加以区别，凡是注文，均较正文低一字，读者自可一目了然。

作者并非一味照搬，而是根据需要做出相应调整。如张湛注文，《四解》中《列子》原文间有双行小字，初读者或认为是高守元注，与今本《列子》相校，可知为张湛注文。如“居郑圃”下有“郑有圃田”，“国不足”下有“年饥”，“化之不能违所宜”下有“顺之则通也”，与张湛注合，但因其注文不多，且类似于解释词义，因此高守元以小字注出，并未分行作注。而对于一句话中有数句注文之处，高守元也做适当调整。如“为其妻爨，食豨如食人，于事无亲”三个分句下均有张湛注，其他三家无注，高守元并未将这三句分开，而是将前两个分句注文分别列于句末，最后一句“于事无亲”句下注“向秀曰：无适也，无莫也”列于全句之后。而“份然而封戎，壹以是终”两分句下也均有张湛注文，均是以小字形式缀于各分句下。由此看来，高守元对于张湛注文的处理是根据其全书的总体需要而做出相应处理。对于词的解释，他也做相应调整。如“其言曰：有生不生，有化不化”句下张湛注曰：“今块然之形也，生物而不自生者也；今存亡变改，化物而不自化也。”

张湛原注亦分四句，但分别缀于“有生”、“不生”、“有化”、“不化”四词之下，字句稍有出入，分别为“今块然之形也”，“生物而不自生者也”，“今存亡变改也”，“化物而不自化者也”。高守元将张湛原注合并成两句话，而张湛原注分别解释“有生”、“不生”、“有化”、“不化”四个词。这种处理方式于文意理解出现困难。高守元还将张湛注中个别音义改为小字，不随注文一起标明，使人误以为是高守元所作音注。如“罪乎不誫不止”句下张湛注曰“罪字或作萌。向秀曰：萌然不动，亦不自止，与枯木同其著也。”而高守元将“罪字或作萌”以小字缀于原文之下，后“向秀曰”注文低一字列于原文之后；“明日又与之见壶子，出而谓列子曰：子之先生坐不齐”句后张湛注曰：“或无坐字。向秀曰：无往不平，混然一之。以管窥天者，莫知其崖，故不以斋也。”高守元将“或无坐字”一语缀于原文之下，后注文亦只列“向秀曰”一语；“因以为茅靡，因以为波流，故逃也”句张湛注曰：“茅靡当为颓靡。向秀曰：变化颓靡，世事波流……”，其处理方式与上例相同。

二　对文本的校勘

高守元在编纂《列子注》的过程中，还对文本有所校勘。以四部丛刊所收铁琴铜剑楼所藏北宋本《列子》与《四解》本相校，个别字句仍有不合之处。如，“试以告汝”，“汝”字宋本作“女”；“化而为鸟，其名曰乾余骨”，宋本“余”作“徐”；“天地即复委结中之最大者也”，宋本“委”作“姿”；“今行处食息皆强阳之所运动”，宋本“阳”之后有“气”字等等。虽然高守元所据本与宋本存在差异，但大体相差无几。并且，高守元本还纠正宋本谬误。如上所举“委结”一词，宋本作“姿”，显系错误。

不仅《列子》原文，张湛注文也存在许多不合之处。如，“子列子学也”句下张湛注曰：“上章云列子学乘风之道”，宋本“乘”作“寒”；“人之游也观其所见，我之游也观其所变”句下张湛注曰：“人谓凡人，小人也，惟睹荣悴，殊观以为休戚，未觉与化俱往，势不暂停”，宋本“睹荣悴殊”四字作“观荣神珠”。虽不能确知高守元所据《列子》与北宋本是否同一底本，但至少可以说明高守元本在《列子》校勘上的文献价值。另外，历来认为张湛原注音义很少，但以宋本与高守元木相校，又得出音注数条：“乃夫没人则未尝见舟而谡操之也”，句下有注“谡，所六切”；本句张湛注文“谡，起也。向秀曰：能惊没之人也”句下有注：“惊，音木”；“仲尼曰：譩！吾与若玩其文也久矣而未达其实，而固且道与？”句下有注：“譩，音衣”；“反两㯓鱼而笑”句“㯓”字下有注“吐合切”。以上数条音注宋本均无，究竟是张湛注文所却，还是高守元所注已无从查对。有一处可以确定高守元明显做过改动，“孔子观于吕梁”一章中，原文“塘下”，宋本作“棠行”，张湛有注曰：“棠当作塘，行当作下”。殷敬顺《列子释文》亦作“棠行”，注曰：“音塘，下同”。“向吾见子蹈之”，宋本“蹈”作“道”，张湛注曰：“道当为蹈”，殷敬顺《释文》亦作“道”，注曰：“音导，下道之同”。陈景元整理殷敬顺《列子释文》，所据本为北宋刊国子监本，可证宋本《列子》与鉴本相同，高守元根据注解将“棠行”改为“塘下”，“道”改为“蹈”。对于音注，也有改动之处。“邓析谓伯丰子曰：汝知养养之义乎？”张湛注　“养养”曰：“上去声，下上声”，宋本作“上余亮切，下余赏切”，高守元省去了反切注音，只是标明声调。另，“公仪伯至，观形，懦夫也”句下张湛注曰：“懦者，弱也”，宋本还有音义一条：“音奴乱切”，则此条高守元所据本已缺。

此外，需要特别指出的是，“执政者乃吾之所使，子奚矜焉。邓析无以应，目其徒而退”后有一段注文，“夫任群才以为理，因众物以为用，使鸡犬牛马咸得其宜，士农工商各安其位者，唯有道者能之耳，岂汝曹自致耶？汝徒见其末而不识其本，欲以螳螂之臂而拒车辙者，是不知量也。邓析理析而耻见其徒，故目之而去也。”这段文字前并未标明“卢曰”、“政和曰”、“范曰”等字样，当为张湛注文，但现存《列子》传本中张湛注并无此一段，知其为佚文。这样看来，高守元所据张湛注本《列子》似较包括后出的宋本在内的所有传世本完整、准确。

对卢重玄、宋徽宗、范致虚三家注，高守元也经过校勘整理。卢重玄《列子注》世无传本，嘉庆间秦恩复得《道藏》本而辑录卢重玄《列子注》，补正其错误之处并辨析《列子》文句异同，于嘉庆十八年刊刻于石砚斋，这是目前所能见到的存世本当中唯一一个单行本，后世也无人再对其整理刊刻。以秦刻本与《四解》中所收卢注相校，除避讳外，文句全同。秦刻本《杨朱》篇自“卫端木叔者”起至篇末无注，高守元《四解》本亦无，不知是已经散佚还是卢重玄原本即无。宋徽宗《冲虚至德真经义解》，《宋史》著录八卷，可知其有单刻本传世，今未见。《道藏》收《义解》单本为六卷，至“关尹喜曰在己无居……虽无为而非理也”一章结束，后皆缺。分卷情况为：《天瑞》一卷，《黄帝》二卷，《周穆王》一卷，《仲尼》两卷，以后不得而知。《四解》中收有后面残缺部分。范致虚《列子注》，《宋史》以下公私书目均未见著录，不知其原书卷数如何。据吴师中序称：“爰因摹刻，以广其传”，可知此书原有流传，可惜未能流传下来。幸赖高守元《四解》收入，我们才得以见到范致虚这部《列子注》。

综上所述，高守元的《冲虚至德真经四解》融合四家《列子注》，最大限度地保存了相关文献资料，作者对原文及注文均做了初步校订。这些资料的搜集与整理，为研读《列子》的学者提供了方便。高守元的这部集注，是对《列子》相关研究著作的第一次辑录，在《列子》研究史上有重要意义。

第六节　苗善时的《冲虚真经公案》

苗善时，元代前期道士，字太素，号实菴。有《纯阳帝君神化妙道通纪》七卷，叙述吕洞宾成仙经过，王世贞对这部书很不以为然，认为是“傅会捏合而成，其灼然可信，不能十之五也”。[1]苗善时还有《玄教大公案》二卷，全书分为两大部分，一为“升堂明古”，“以列祖道统心法模范学人，采摭诸经枢妙，升堂入室，举其纲要”。[2]二为“入室三极”，共三则，叙述修炼要法。“升堂明古”编为其主要内容，共六十四则，前五十五则阐发《道德真经》、《文始真经》、《冲虚真经》、《南华真经》四书要旨，后九则述《周易》及吕洞宾、白玉蟾、王重阳等论道语。三十九至四十二则叙述《列子》内容，本文依方勇教授《庄子学史》中的处理方式，将其命名为《冲虚真经公案》。[3]

柯道冲在《玄教大公案序》中叙述了一个传道谱系：“自周汉以来，惟尹子嗣祖位，金阙帝君继道统，授东华帝君，帝君传正阳钟离仙君，钟传纯阳吕仙君，吕传海蟾刘仙君，刘南传张紫阳，五紫比传王重阳，七真道统，一脉自此而分为二。惟清菴李君，得玉蟾白真人弟子王金蟾真人授受，为玄门宗匠，道统正传……实菴苗太素师事之心要……”柯道冲认为，从周汉直至元代传承

1 王世贞《弇州山人四部稿・续稿》卷一五八，文渊阁《四库全书》本。
2 柯道冲《玄教大公案・序》，明正统《道藏》本。
3 方勇《庄子学史》第二册，人民出版社 2008 年版，第 220 页。

老君祖位的只有关令尹喜一人，承续老君道统的只有金阙帝君一人。据《上清后圣道君列纪》记载："上清金阙后圣帝君李讳弘元，一讳玄水，字子光，一字山渊，盖地皇之胄，玄帝时人，上和七年岁在丙子三月直合日，始育于北国天刚山下，李氏之家，母先梦玄云日月缠女形，乃感而怀焉。行年二十而有金姿玉彦，遂弃家离亲，超迹风尘，潜室长斋，浮游名山。爰有紫微上真天帝玉清君，遣八景琼舆，来迎圣君，以登上清宫。赐玉凤玺，神虎之符，飞行之羽、裙、带、冠、受书为上清金阙后圣帝君，上升上清，中游太极宫，下治十天，封掌兆民及诸天河海神仙，地原阴察郁绝洞台。到壬辰之年三月六日，圣君来下光临于兆民矣！"金阙帝君后传道于东华帝君，东华帝君传汉钟离，汉钟离传吕洞宾，吕洞宾传刘海蟾，刘海蟾传张紫阳，后王重阳得道统真传。白玉蟾又得道统，王金蟾师事白玉蟾，李道纯得道于白玉蟾，苗善时又得李道纯真传。从柯道冲所列的这个传道谱系来看，苗善时所传道法实际属全真派内丹道法。王重阳创立全真派，主张三教合一，借鉴佛家禅定功夫，逐渐将道家外丹道法转化为内丹道法。自王重阳始，道教内丹道法逐渐盛行起来，并慢慢取代了外丹道法而成为主要修炼方法。苗善时为李道纯入室弟子，自然也秉承了这种三教合一的修炼方法，正如柯道冲所说："言言明本，句句归宗，体用一真，圆混三教。"

一　解天地坏灭说

天地坏灭说出自《列子·天瑞》，苗善时引述列子的话说："彼一也，此一也，故生不知死，死不知生，来不知去，去不知来。坏与不坏，吾何容心哉？"又引"精神入其门、骨骸反其根。我尚何存？"说明世间万物皆为幻灭，只有大道才是真正不生不灭的。他解释道："大众：死生犹昼夜，去来若冬春，故圣人明达此妙。生死去来，心一太虚，都忘所知，自然而然，此身亦天地，故云彼此一也。乃知精神反本，幻化归空。一真同乎今日，超然巍独，何必更问我尚何存？诸公若各向此了得，只今便请如此，休待末后再去商量。"苗善时采用佛家讲经模式，以得道者的口气向众人宣讲大道。他认为，列子这些话是要告诉人们：生死如同昼夜交替、冬春更迭一样迅速，圣人看透了这个道理，将自身等同于自然，无欲无求，一心向道。凡人不解这个道理，担忧天地坏灭后自身安危，实在是愚昧至极。天地万物最终都会走向坏灭，世间万物都无恒常性可言，只有随顺这个自然定律才能参透彼此皆一的道理，直至明了大道，最终获得解脱。因此，不必再问天地毁灭的问题，只需从现在起认清本源即可。他最后以偈语总结说："幻化有形终有坏，真元五象故常存。只今一切了无碍，超然三界独称尊。"苗善时告诉人们，普通人眼中所看到的有形物体都是幻化所致，最终都会坏灭。而真元无形无相、不可测度，永恒存在，是人们所要努力追寻的终极目标。只要把一切都放下，便可超然独立于三界之外而了脱生死。由这首偈语我们可以看出，苗善时在遵循道教传统修炼说的基础上，又引进了佛教放下屠刀、立地成佛及三界的概念，认为只要通过一定方法的修炼，便可成佛成仙，脱离物的束缚。

二　解亢仓子得道

《列子·仲尼》载，亢仓子得道，能够六根互用，无所障碍，苗善时解释说："大众：忘我造玄虚，心体道则身心圆混，神炁妙融。是以：一性太虚，六根互用。大哉，真人圆证若此！惜乎！鲁君虽然敬爱之，被贵荣声色迷昧不能了悟。"在苗善时看来，亢仓子这种六根互用的能力，是他不断修炼真元的结果。所谓六根，也是借用佛教的说法。佛教将人身上的六种感知器官眼、耳、鼻、舌、身、意称为六根，其中，“意”指思维能力。这六种感知器官各司其职，各自为用，它们各自之间的功能是不能互用的。若通过修炼则能达到体用一如的境界，六种器官便可相互为用，不受限制。苗善时最后用偈语总结说：“三元冲妙归无极，一性圆辉体太空。诚会六根源一混，不圆通处亦圆通。”所谓“三元”，即将人身分为三段，称为上元、中元、下元，宋曾慥《道枢·三元篇》载：“上元者首以上属焉；中元者，首之下脐之上属焉；下元者，脐之下腰之上属焉”。道教内丹修炼注重三元合一而会归无极，这是得道的关键。只有达到三元合一的境界，才能证得性体圆融的解脱境界，从而打破物的局限，实现六根同混而达圆通。通过对亢仓子得道的解读，苗善时进一步解说性体修炼的重要性，认为只要达到三元归一的终极境界，从而体证大道。

三　解龙叔答文挚章

此章亦出《列子·仲尼》。常人看得道者均为异端之人，其所行所为都不被世俗所容。虽然此人已达圣人境界，但一性圆融尚未冲破，即使其自身亦感困惑，以为生病而求医。苗善时解释说：“大众：龙叔之病，荣辱得失，死生贫富，人我视之一笑，故为病也。所以证圣智圆通，六通无碍，自然而然矣。夫何故复云一孔不达？请诸公默默中参，如参得这一孔通达，则无漏矣。”苗善时认为，龙叔在行为上已经达到圣人的境界，但众人却以为他生病，主要原因是众人还停留在死生贫富、荣辱得失的低级层面。即使龙叔本人，由于还没有冲破最后一关，也尚未认识到其中的奥妙。他虽然已经达到了圣智的境界，但还没有证得圆通，意即还没有达到无漏的境界。所谓六通，也是佛教的说法。佛教认为，一般的修道者通过一定的方法可以获得五通，即：天眼通、天耳通、他心通、宿命通、神足通，获得这五通的人也就达到圣人的果位。即使是一般的妖仙，也可以获得五通。但六通的最后一通漏尽通则是解脱的根本，只有佛才能获得。换句话说，如果获得了漏尽通，就意味着脱离三界，免受生死轮回，进入终极的极乐境界。苗善时将佛教所讲的六通说借用过来，认为道教修炼的最高境界也是达到脱离轮回生死，而关键在于摆脱烦恼的束缚。言外之意，即使是获得五通的神仙也有烦恼，未能脱离六道轮回。只有参透最后关键一环才能达到漏尽境界，从而无拘无束。

四　解无道与用道说

亦出《列子·仲尼》，紧接亢仓子语之后。原文曰："无所由而常生者，道也。由生而生，虽终而不忘，常也。故无用而生谓之道，用道得终谓之常。无所用而死者谓之道，用道得死者谓之常。"苗善时解释说："大众：此一篇发明大道体常，无断灭相也。所谓无所由而常，乃无所从来，不知生为生，乃道也。生而无生，身虽死而本性不亡，乃常也。故无用而生谓之道，体道得终谓之常，以此明悟真常妙道，体乎自然，何必忧乎无常。"由此不难看出，苗善时实际上运用的是老子"无为而无不为"的观点。在他看来，只有做到无为，才能将不利转化为有利。而大道本身以无为本，也只有在无中才能体解大道，体会生命的无常。苗善时在这里提到了"本性不死"的问题。张湛注"虽终而不亡常也"引老子语说："老子曰：死而不亡者寿，通摄生之理，不失元吉之会。虽至于死，所以为生之道常存。"张湛并不认为可以转死为生，在他看来，老子所说的"死而不亡"，实际上是指"为生之道"，这是道家的观点。苗善时作为道教徒，对飞升成仙的说法深信不疑。他从道教角度出发，认为这种现象是存在的，但并不认为肉体长存不朽，而是演化出“本性”的概念。佛教中有阿赖耶识不死不亡之说，它是记录人生死善恶的永恒存在。只有参透生命种子的来龙去脉，才能达到解脱。苗善时以及之前的道教学者改造了这一说法，将其运用到道家内丹修炼上来。相比于外丹修炼，这种本性修炼更适合普通人。

老子注重从大的方面来阐述宇宙生命的真谛，而庄子则更侧重于自我逍遥生活的追求，列子处于二者中间，既取老子宇宙论作为基础，又将个人逍遥适当发挥。从这个层面上讲，《列子》中的某些观点更容易为普通民众所接受，而《列子》的实质精神也与道教徒所重视的道教修炼方法相契合。苗善时遵从全真教的基本教理，将三教融合的观念融入《列子》当中。由以上分析可知，虽然其基本理论基础并未脱离道家思想，但实质上已经引入了大量的佛教因素，这也是内丹道发展的必然结果。尽管从这四则解说中很难看出其中所蕴含的儒家思想，但苗善时也将孔子看作得道的真人。如他在第二则中说：“且道何故仲尼不答？参颂曰：三元冲妙归无极，一性圆辉体太空。诚会六根源一混，不圆通处亦圆通。”苗善时认为，这种技能在仲尼看来没有什么奇特之处。每个人只要会归三元于一性之中，始终保持本性不乱，自然可做到六根混用。因为六根的本质没有任何区别，明了了物的本质，也自然能超越物的束缚。很明显，苗善时这里将孔子提到与老子、佛同等的地位，把他也看作得道者。

第五章 明代《列子》学

第一节　研究背景及概况

朱元璋以儒立国，科举制在前代基础上进一步完善，形成了八股取士的固定模式。为了适应科举考试的需要，各种为考试而专门编纂的应试读本大量出现，体现在众多大型丛书的编纂。明代亦重道教，明代在前代编纂《道藏》的基础上，进一步补充完善，并于正统十年刊印完成，流传于世，这是迄今为止所见的唯一一部流传下来的道教经典总集。这部总集的编纂，使得广大学者有幸见到许多失传已久的著作。除道教典籍外，《道藏》收录最多的是先秦子书，这直接引起了明代子学研究的高潮。尽管朱元璋以儒立国，但儒、释、道三教融合的趋势已不可逆转，王阳明的心学思想，即是这种思潮的体现。明代的《列子》研究，即是在这几种力量的影响之下展开的。

儒家经典是科举考试的必读书，而儒家之外的道家及佛家典籍，也是必须知晓的课外知识。因此，以广闻博见为目的，大量的道家及佛家典籍进入儒生们的视野。《列子》作为一部传统的道家典籍，自然也不例外。尽管对于《列子》这部书的真伪问题仍有争议，但其实用价值显然已经超越了对其真伪的辨析。儒生们均借此来增强自己的写作能力，他们普遍认为，《列子》中的相关文字对他们的创作有很大帮助，因此也出现了许多《列子》选本。如归有光《列子汇函》、沈津《列子类纂》、穆文熙《列子儁语》、焦竑等《列子品汇释评》等，作者均从《列子》中节选在其看来对读书人有帮助的文字，并加以简单评论，多以文评为主。这些选本的出现，说明《列子》在明代为广大儒生所广泛接受。伴随着科举考试的需要，明代逐渐产生的资本主义萌芽推动了书籍的刊刻流布。广大书商为了谋取利益，纷纷刊刻时人所需书籍。但尽管明代《列子》传本较多，却因书商以牟利为目的，导致明万历之后刻本有价值者不多，这也为后人阅读带来了诸多困扰。

明代最有代表性的学术思潮是王阳明所创立的心学，它是宋代理学思潮的余绪，体现出三教融合的趋势。朱得之是王阳明的入室弟子，继承了王氏的思想。他有《三子通义》一书，以心学思想品评《老》、《列》、《庄》三部道家著作。表面看来，朱得之虽然极为尊奉孔子，但其论述中却以释道思想为主，这是心学思想的主要特点。朱得之糅合《老子》与《庄子》思想解读《列子》，在儒家思想的掩护下，糅合儒、释、道三家思想，以释、道补儒家之不足，注重对人内心的阐释。

佛教经过唐、宋两朝的融合发展，到明代已经形成了儒、释、道三足鼎立的局面，宋儒及明儒多精通佛理。张湛曾指出《列子》“所明往往与佛经相参”，朱熹虽然指出这一点，认为《列子》是佛教传入以后的产物，并非先秦子书，但他并未对其展开详细论述。明宋濂有《列子辩》，以大乘佛教观点解读《列子》，但他并不赞同朱熹的观点，认为《列子》中的某些观点与佛教相合纯属巧合，并非好事者有意为之。

第二节　宋濂的《列子辩》

宋濂为明朝文学大家，被朱元璋誉为“开国文臣之首”，无论在政治还是文学史上都享有很高的声誉，后人辑录他的著作成《宋学士全集》。《诸子辩》为其诸子研究著作，品评诸子特点，计四十子。由先秦至宋初，贯通古今，旁征博引，融汇三教，提出自己对诸子的看法。

宋濂在《诸子辩序》中总论诸子说：“《诸子辩》者何？辩诸子也。通谓之诸子何？周秦以来作者不一姓也。作者不一姓而其立言何？人人殊也。先王之世，道术咸出于一轨，此其人人殊何？各奋私知而或盭大道也。由或盭大道也，其书虽亡，世或有依仿而托之者也。然则子将奈何？辞而辩之也。曷为辩之？解惑也。”[1]由这篇序言可知宋濂对诸子有如下看法：首先，他认为诸子之所以称为“诸子”，是因为他们各自姓氏不同；其次，对于诸子的言论，他认为是因人而异，各人所持观点不同；再次，宋濂是儒者，奉行儒家思想。他认为后世所有思想均出于“先王”，而各人志向又不尽相同，以至于形成诸子思想纷呈的局面，但他们无一例外都在宣扬先王之道；最后，他指出后世子书的混乱情况，认为有些子书已经亡佚，而后人因其也是道统一脉，所以伪造许多托名的假书。对这些书需加以甄别，这便是他写作《诸子辩》的原因。

唐柳宗元最早辨析《列子》真伪，宋代也有学者不断对其提出质疑。但宋代道教勃兴，宋真宗加号列子为“冲虚至德真人”，其书为《冲虚至德真经》并亲自为其作注，范致虚及江遹响应宋

1 宋濂《诸子辩》，清同治间退补斋刊《金华丛书》本《宋学士全集》卷27。

徽宗号召也为《列子》作注，《列子》真伪已经不再是学者们关注的主要问题。明代建国，朱元璋儒家思想成为治国的重要工具，大批在元代遭迫害或守节不仕的文人，纷纷出山讲道。在这种形势下，怎样看待《列子》成为中心论题。纵观此后的《列子》著述，学者们或在序中，或在著述中，首先要涉及的问题便是对《列子》真伪的讨论。宋濂可以说是继柳宗元之后系统讨论《列子》真伪的又一位学者。其《列子辩》文字不多，为便于讨论，照录如下：

《列子》八卷，凡二十篇，郑人列御寇撰。刘向校定八篇，谓御寇与郑缪公同时。柳宗元云："郑缪公在孔子前几百载，御寇书言郑杀其相郑子阳，则郑𦈡公二十四年，当鲁缪公之十年，向盖因鲁缪公而误为郑尔。"其说要为有据。高氏以其书多寓言而并其人疑之："所谓御寇者有如鸿蒙列缺之属"，误矣。书本黄、老言，绝非御寇所自著，必后人荟萃而成者。中载孔穿、魏公子牟及"西方圣人"之事，皆出御寇后。《天瑞》、《黄帝》二篇虽多设辞，而其"离形去智，泊然虚无，飘然与大化游"，实道家之要言。至于《杨朱》、《力命》则"为我"之意多，疑即古杨朱书，其未亡者剿附于此。御寇先庄周，周著书多取其说，若书事简劲宏妙则胜于周。间尝熟读其书，又与浮屠言合。所谓"内外进矣，而后眼如耳，耳如鼻，鼻如口，无弗同也。心凝形释，骨肉都融，不觉形之所倚，足之所履"，非"大乘圆行说"乎？"鲵旋之潘（原书注：合作番）为渊，止水之潘为渊，流水之潘为渊，滥水之潘为渊，沃水之潘为渊，氿水之潘为渊，雍水之潘为渊，汧水之潘为渊，肥水之潘为渊"，非"修习教观说"乎？"有生之气，有形之状，尽幻也。造化之所始，阴阳之所变者，谓之生，谓之死。穷数达变，

> 因形移易者，谓之化，谓之幻。造物者，其巧妙，其功深，故难穷难终。因形者，其巧显，其功潜，故随起随灭。知幻化之不异生死也，始可以学幻”，非“幻化生灭说”乎？“厥昭生乎湿，醯鸡生乎酒，羊奚比乎不箰。久竹生青宁，青宁生程，程生马，马生人，人久入于机。万物皆出乎机，皆入于机”，非“轮回不息说”乎？“人胥知生之乐，未知生之苦。知死之恶，未知死之息”，非“寂灭为乐说”乎？“精神入其门，骨骸反其根，我尚何存？”非“圆觉四大说”乎？中国之与西竺，相去一二万里，而其说若合符节，何也？岂其得于心者亦有同然欤？近世大儒谓华梵译师皆窃《庄》、《列》之精微以文西域之卑陋者，恐未为至论也。

这段文字可分为三个层面，一是对列子其人的辨析，二是对《列子》成书的辨析，三是将《列子》中的某些观点与佛教观点相对比，并提出自己对《列子》与佛教关系的看法。通过这三个层面的分析，我们大致可以看出宋濂对《列子》这部书的态度如何。

一　对列子其人其书的辨析

《列子书录》称：“所校中书《列子》五篇，臣向谨与长社尉臣参校雠太常书三篇，太史书四篇，臣向书六篇，参书二篇，内外书凡二十篇，以校除复重，定著八篇。”由此看来，《列子》一书在刘向校定之前多以残篇传世，即使是国家书库所藏也非全帙。宋濂称“《列子》八卷，二十篇”，可能是根据刘向所说而来。但宋濂未加深究，刘向言集合各家所藏，校除重复而成八篇，他所搜集的二十篇当中存在重复情况。宋濂对刘向《列子书录》中所说列子与郑缪公同时的说法也产生疑问。他认为，列子与郑缪公同时，乃刘向将鲁缪公混记为郑缪公。对于高似孙因《列子》书中多寓言而认为列子其人为“鸿蒙云将之流”的观点持否定态度。

宋濂认为，《列子》中多黄老言，必定为后人荟萃而成，并非御寇自著。这里有两点需要说明：关于黄老的问题。所谓黄老，实际是以老子思想为主，因黄帝早于老子且为华夏始祖，故而列在老子之前。而后世所流传的署名黄帝的诸多著作实际并非黄帝所著，多为依托。黄老思想尽管归入道家，实际上是将道家与先秦刑名法术之学相结合的一种新思想。汉代前期特别重视黄老思想，主要采取其关于休养生息的理论，重在思想理论建设，辅之以法。汉武帝时，董仲舒改造儒学，形成罢黜百家而独尊儒术的局面。实际上，这时的儒学已非先秦儒家原貌。表面上仍尊崇孔子，提倡儒学，实际是一种外儒内法的严酷政治，这是儒道融合的一种新趋势。首先，黄帝与老子结合，正说明儒道融合的趋势；其次，近代出土被定名为《黄帝四经》的马王堆帛书，公认为是黄老学的典型代表。据陈鼓应先生统计，《黄帝四经》中引用《老子》的“词字、概念，多达一百七十余见”，[1]这说明以《黄帝四经》为代表的黄老学派，实际上就是以老子思想为主的道家学派的新发展，但又不同于老庄学派。黄老学派不仅吸收了道家的主体思想，而且还吸收法家思想，形成了道法结合的新思路。正如陈鼓应先生所说：“道家黄老派与老庄一系的最大不同，在于它的援道入法。”[2]在各种思想复杂交汇之下，经过汉初几代的休养生息，最终到汉武帝时形成了大一统的封建制度，为以后中国封建社会的

1 陈鼓应《先秦道家研究的新方向——从马王堆汉墓帛书〈黄帝四经〉说起》，《管子学刊》1995年第1期，第54—58页。

2 陈鼓应《先秦道家研究的新方向（续）——从马王堆汉墓帛书〈黄帝四经〉说起》，《管子学刊》1995年第2期，第64—68页。

运作提供了蓝本。可以说，封建统治的基础，表面上看是儒家为主，但实际上是各种思想的混杂交融，尤以法家思想为主。《列子》中专列《黄帝》一章，对孔子也崇敬有加，但其思想根基却是道家思想，这种情况说明了先秦各家思想是朝着融合的大趋势渐渐迈进的。为适应封建统治需要，也是历史大势所趋，先秦那种各自独立、一家之言的局面已经不再适应这种发展的需要。诸子思想若要发展，必须适应时代需要而随机应变，否则只能为历史所淘汰。《列子》恰恰体现这个变化过程。关于《列子》是否列御寇自著，因《列子》中所载的历史人物最早为黄帝，最晚为公孙龙。宋濂认为，《列子》书中涉及列御寇死后事，显系其弟子所记。而《列子》中凡涉及列子处其前多冠一“子”字，张湛注曰：“载子于姓上者，首章或是弟子之所记故也”。由此看来，《列子》并非列御寇所自著。至于战国时期是否存在一部古《列子》，目前无可靠资料予以证明。宋濂肯定《列子》的思想价值，认为《列子》一书非列御寇所自著。

二　对《列子》与佛教思想的辨析

张湛在《列子注》序中说：“所明往往与佛经相参，大归同于老庄。”张湛虽然指出《列子》与佛经有相暗合之处，但并未认定《列子》受佛学影响，他认为《列子》主体思想倾向于道家。宋代也有关于《列子》与佛教的论述，如林希逸《列子鬳斋口义》。他间或提及并引述佛经典故认为《列子》书中所说的“西方圣人”即是指佛而言，而宋代大儒朱熹在《观列子偶书》中则明确提出了《列子》抄袭佛经的观点。他举《列子》“精神入其门，骨骸反其根，我尚何存”一句，认为是由佛经“四大各离，今者妄身当在何处”的观点演化而来，他断言：“他若此类甚重，聊记一二于此，可见剽掠之端云”。[1]林希逸与朱熹均未深入论述《列子》与佛教的关系，宋濂则列举更多实例总结出《列子》与佛经相吻合的六个观点，分别为：大乘圆行说、修习教观说、幻化生灭说、轮回不息说、寂灭为乐说、圆觉四大说。

大乘圆行说。《大乘起信论》说：“云何熏习？起净法不断。所谓以有真如法，故能熏习无明。以熏习因缘力故，则令妄心，厌生死苦，乐求涅槃。以此妄心，有厌求因缘故，即熏习真如。自信己性，知心妄动，无前境界，修远离法。以如实知无前境界故，种种方便，起随顺行，不取不念，乃至久远熏习力故，无明则灭。以无明灭故，心无有起。以无起故，境界随灭。以因缘俱灭故，心相皆尽，名得涅槃，成自然业。”[2]这里具体说明了怎样才能见性成佛而达到终极涅槃的方法。佛教以因果论为基础，认为世界万物均在因果范围之内，受因果循环的支配。尽管人自降生之初便不得不遵从因果的安排，但也并非完全不可改变。只要通过净法的修习，不断培养自身的法性，可将恶业抵消。所有的业因在佛教中均被称为“无明”，这是障碍人达到涅槃的拦路虎。只有摆脱了无明的困扰，才能灭尽诸缘而得解脱。因此，大乘佛教倡导净法修习来消除无明以成就涅槃。成就涅槃的关键在于把握自我内心。《大乘起信论》说：“大乘之理，即是一心。小乘不信此理，沉滞化城；外道不信此理，终无实果；凡夫不信此理，永受轮回。盖不信者，实非不具而不信也。人人有心，本来等具，良由五阴所覆，二执所障，此理不得现前，迷而不信。故菩萨愍物沉迷，宗百部大乘，特造此论，普令众生发起信心。”[3]圆瑛大

1 朱熹《晦庵集》卷六十七，文渊阁《四库全书》本。
2 马鸣菩萨《大乘起信论》，《大正新修大藏经》第32册，第578页中。
3 圆瑛《大乘起信论讲义》卷上，上海圆明讲堂1992年版，第1—2页。

师解释说："无明灭，则根本无明尽也。心无有起者，以无明既灭，妄心亦尽也。境界随灭者，以妄心既尽，妄境亦空也。"[1]只有内心了悟，才能冲破无明的阻碍而证得涅槃，脱离生死轮回。而一旦达到解脱境界，人身六根可互用，也即宋濂所举《列子》"内外进矣，而后眼如耳，耳如鼻，鼻如口，无弗同也。心凝形释，骨肉都融，不觉形之所倚，足之所履"的状态。表面看来，两者确有相近之处。若从中国传统道家观点来看，却又不尽相同。张湛说："夫眼耳鼻口各有条司，令神凝形废，无待于外，则视听不资眼耳，臭味不赖鼻口。故六脏七孔，四肢百骸，块然尸居，同为一物，则形奚所倚？"道家主张"无为而无不为"，张湛没有提到心，而代之以"神"。实际上，"神"即是指精神，不完全等同于心。按照张湛的理解，只要达到"神凝"，便可脱离形体束缚。他认为，只要达到"无为而无不为"的境界，就能达到六根互用的境界。佛教主张修心，而道家主张"无为而无不为"。前者重在放下，而后者则重在放下后的拿起。《列子》的观点相当于佛教小乘修为，难怪庄子说"列子御风"是"犹有所待"，并未完全脱离物质层面，而达到最终的精神解脱。

修习教观说。教观说源自天台宗，天台宗的创始人是隋代的智𫖮大师，他常住天台山，故以山名宗。这一宗派以《法华经》为教义根据，他后来亲自注解的《法华玄义》、《摩诃止观》、《法华文句》被列为天台宗主要经书。天台宗最有代表性的观点是"一心三观"说。《摩诃止观》说："一心具十法界，一法界又具十法界、百法界。一界具三十种世间，百法界即具三千种世间。此三千在一念心，若无心而已。介尔有心，即具三千。亦不言一心

---

1 圆瑛《大乘起信论讲义》卷下，上海圆明讲堂 1992 年版，第 2 页。

在前，一切法在后；亦不言一切法在前，一心在后。”[1]所有世间法都是由心所造作而产生，若心不起念造作，则一切法便不存在。对于法界与法的关系，《摩诃止观》又提出了三谛的概念：“若法性、无明合，有一切法阴界入等，即是俗谛；一切界入是一法界，即是真谛；非一非一切，即是中道第一义谛。”[2]如果法性与无明相互作用，则产生了法界，这便是俗谛。如果所有的物质世界都融入到这个法界之中，便为真谛。不否定法界及物质世界的存在，也不肯定法界及物质世界的存在，这被称为中道第一义谛。俗谛是针对一切世间有为法所立，真谛是针对一切世间、出世间无为法而立，第一义谛是针对解脱涅槃法而立。这三谛层层推进，由物质层面到精神层面，最后脱离物质与精神的束缚而达到解脱。《摩诃止观》接着论述道：“若一法一切法，即是因缘所生法，是为假名假观也。若一切法即一法，我说即是空空观也。若非一非一切者，即是中道观。一空一切空，无假、中而不空，总空观也。一假一切假，无空、中而不假，总假观也。一中一切中，无空、假而不中，总中观也。即中论所说不可思议一心三观。”[3]由一切因缘所产生的法即为假观；一切世法总为一法，即为空观；不肯定一与一切，也不否定一与一切，这便是中道观。三观与三谛相对应，三谛是三观的理论总结，三观是三谛的实质。三观并非各自为用，而是互相交融在一起。只有以一心来透三观，才能最终达到解脱。所谓教观，也即是在明了这种理论的前提下，通过佛教固有的修习方式而最终把心观透。《教观纲宗》说得明白：“佛祖之要，教观而已矣。观非教不正，教非观不传，有教无观则罔，

---

1 智顗《摩诃止观》卷五上，《大正新修大藏经》第45册，第54页上。
2 智顗《摩诃止观》卷五上，《大正新修大藏经》第45册，第55页上。
3 智顗《摩诃止观》卷五上，《大正新修大藏经》第45册，第55页中。

有观无教则殆。”[1]在这种观念的指引下，通过观心而渐次达到解脱。宋濂所举《列子》“鲵旋之潘为渊，止水之潘为渊，流水之潘为渊，滥水之潘为渊，沃水之潘为渊，沈水之潘为渊，雍水之潘为渊，汧水之潘为渊，肥水之潘为渊”之说本出《尔雅》，实际指九条河流的名称。《列子》中壶子用此语来说明自身修为的层次高低，便带有了寓意。张湛注曰：“夫水一也，而随高下险夷有洄激流止之异，似至人之心，因外物难易，有动寂进退之容。”虽然名称各异，但其本质并无区别。水随地貌变化而有高低流止等不同形态，列子的心如同水一样，随外物变化而有种种反应。张湛又分别引述向秀与郭象的话解释说：“向秀曰：夫水流之与止，鲵旋之与龙跃常渊，然自君未始失其静默也。郭象曰：夫至人用之则行，舍之则止。虽波流九变，治乱纷纭，若居其极者，常澹然自得，泊乎无为也。”向秀与郭象的意思很明显，如果处在无为的高度来看待身边所发生的一切，那么便不会为外物所束缚。这里虽然没有明确提出心的概念，实际上却是在指心随境转这一现象。如果看住自己的心不随外物所转，也就不会产生种种反应。《列子》还是根源于“无为而无不为”的道家观点，要求人破除“有”的执着，只有抛弃“有”，才能更好地利用“有”，从而不为物所束缚。而佛教所讲的教观说，则是达到最后的涅槃，既抛弃“有”，也抛弃“无”，有无双遣。从表面上看，二者确实存在相同之处，如修习的方法都是约束自我的内心，但实际上二者所关注的最终目标不同。

幻化生灭说。《金刚经》说：“一切有为法，如梦幻泡影，当作如是观。”佛教认为，世间一切皆虚妄不实，没有恒常性，

1　智旭《教观总纲》，《大正新修大藏经》第1911册，第936页下。

随着因缘的聚合而不断变化。人应当明白这种幻象，不应该执着于物质的追求。如同做梦一样，虽然梦中可能出现很多美好的东西，现实中未能实现的愿望在梦中实现，而梦醒之时便是愿望破灭之时。《四十二章经》通过种种比喻，形象生动地说明了追求物质享受的坏处，而只有修持佛法，亲近正道，才能获得永恒的快乐，这种快乐是由正法熏习所致，绝非世间快乐所能比。《列子》也认为，世间万物均是虚幻不实的。生死因造化、阴阳的变化而循环不息，而探寻这种变化内在规律的种种行为，则被称为幻化。万物的创始规律很难穷究，而万物的生灭变化又仅仅是一种外在的形态转化，并不具有恒常性。道家对生死的探讨并不具体，他们只注重从宇宙本体论揭示人的存在。庄子逐渐由天而下降至人，开始探讨人自身的快乐问题，《列子》也是如此。由此看来，佛经与《列子》对幻化的阐释确有相同之处。所不同的是，佛教以因果为基础，《列子》则以阴阳生灭论为基础。

轮回不息说。佛教以因果论为基础，建立起六道轮回的转世理论。所谓六道，即天道、人道、阿修罗道、畜牲道、饿鬼道、地狱道。佛教认为，人与物虽然有别，但阿赖耶识却不生不灭、无有差别，它记录形体在世间的一切善恶好坏。形体生命终结便根据善恶情况而决定其下一世生入相应道中，佛教的转世理论打破了人与物的界限。《列子》中叙述了五十多种有生命、无生命物质相互转化的现象，与佛教所讲的轮回说也确有相似之处。这仅仅是现象上的吻合，实际上二者存在根本不同。佛教轮回说以因果为基础，只有在因果的基础上才适用。若脱离因果，则轮回说便不再起作用。而《列子》所说的种种变化，实际上仅仅是指自然界变化的种种现象。现象又通过“出机入机”而实现。所谓“机”，即万物变化的契机，也可以说是万物生灭变化的规律。《庄子·齐物论》说："方生方死，方死方生。方可方不可，方不可方可"，形象地说明万物处于永远的变化之中，没有绝对静止。《列子》也意在说明万物变化的不可捉摸。

寂灭为乐说。佛教认为，世间万物均虚幻不实，在物质基础上建立起来的欲乐都是戕害人身心的假象。虽然就现有的状态来讲自身感受到了快乐，但这种快乐是因欲望而产生。有欲望，便会有痛苦。人的欲望无穷无尽，当下有可能感到满足，但随着满足感的消失，又会寻找更高的快乐弥补精神的空虚。人一旦产生欲望，痛苦与烦恼也随之而来。因此，建立在欲望基础上的快乐并非真正的快乐。佛教反复讲解欲望的坏处，让人明了现实的虚幻，透过现象看到万物的本质，从而参透世法，达到解脱。只有解脱产生的快乐才是真正的、无牵无挂的快乐，佛教称为法喜。《列子》所谓"人胥知生之乐，未知生之苦。知死之恶，未知死之息"，全面否定了普通人对于苦乐的认识。一般人只知生的快乐而不知生的痛苦，只知死的险恶而不知死为休息。佛家的寂灭为乐重在使人了解世间的痛苦而以佛理达到解脱，而《列子》的"死为休息"则重在看透生死而无拘无束。前者体现出强烈的宗教意味，而后者则透露出"无为而无不为"的愿望。

圆觉四大说。佛教认为，世间一切都是由地、水、火、风四大元素构成。四种元素按照一定的规律结合到一起，便产生世间万物。若四种元素分离，则物体也随之消亡。这是古代朴素唯物主义的生灭观，具有积极意义。《列子》"精神入其门，骨骸返其真，我尚何存"，表达了与这种观点相类似的观点。人分为精神与肉体两部分，肉体之所以能生存，是因为精神的作用。而精神之所以能表现出来，则完全是因为依附于肉体，二者是相互依存、相互为用的。从性体聚合角度看，二者确实存在共同点。所不同的是，佛教的四大说只是针对形体而言，精神则与此毫不相干。而《列子》所讲的精神与肉体，则是相互依存、相互为用的关系。肉体消亡，精神也随之消亡。

宋濂将《列子》中个别文句与佛家义理对举，表面看来，《列子》中某些篇章与佛教思想非常类似，以至于许多学者都认为《列子》抄袭佛经，并以此认定《列子》是伪书。他们的一个共同点是以佛教观点套《列子》，这样无疑会形成《列子》抄佛经的偏见。若对《列子》与佛教思想做深入探讨，会发现二者相似之处也仅仅限于表层，实际上存在根本区别。所以，宋濂才发出“中国之与西竺，相去一二万里，而其说若合符节，何也？岂其得于心者亦有同然欤？”的感叹。

综上所论，宋濂《列子辩》文章虽短，但却包含了关于《列子》研究当中最为关键的几个信息，后世讨论《列子》的文章和著作均未超出这个范围。同时，他还客观审视了佛教与《列子》的关系，明确表达了两种思想仅仅是相似而非抄袭的观点，这在《列子》研究史上具有重要价值。

第三节 朱得之的《列子通义》

朱得之，字本思，号近斋，自号参元子，王阳明晚年客居靖江时的入室弟子。关于朱得之的生平，主要见于他所修的《靖江县志》中。书中记载了朱氏家族的兴衰，并保存了许多正史中所不见的珍贵资料。根据《靖江县志》中的记载，朱得之也算是仕宦之家，因祖父遭陷害而家道衰落，父亲也因为此事而死，并客葬他乡。朱得之凭借王阳明的声望，将其父亲尸骨迁葬回乡。由于这段坎坷的经历，使他饱尝了人间的辛酸。因此，在被王阳明收为弟子之后，甚是好学。据黄宗羲《明儒学案》载："南中之名王氏学者，阳明在时，王心齐、黄五岳、朱得之、戚南玄、周道通、冯江南，其著也。"[1]朱得之著作甚丰，《明史·艺文志》著录有《老子通义》三卷，《庄子通义》十卷，《列子通义》八卷，及《印古诗集》一卷。《靖江县志》还记载他有《四书诗经忠告》、《正蒙通义》、《杜律阐义》、《心经注》、《炼宵匣参元三语》等五种。

一　全书体例及对《列子》辨伪

《列子通义》将《列子》全书分为一百三十章，凡论及列子与庄子相同的章节，均一一标示出来。书前有《列子通义自序》，后为刘向及张湛序，再后为《读列评》及《刻列子后序》，后为总目。每卷首题"参元朱得之旁注并通义"，每章后作总评，字句中间有旁注。《列子通义自序》说："愚今所通之义，率所见也，非有所授受也。深造者观之，未必无得失。……凡未领会者，虚之以候他日或见《列子》者而请决也。考索名物，多仍其旧。而释诂字句，时赘乎自得，求夫理通而自慊耳。"《读列评》又说："此籍间有差悮，如'哉'作'戎'，'若'作'者'，'然'作'无'，'拙'作'拱'之类。今得意者则为之明注，不然，亦惟随文生解耳。读者亮之。"

朱得之认为先秦时期确有列子其人，而《列子》一书则是列子后学记录其言行辑录而成，他在《列子通义自序》中说：

史迁亦谓列子无书，故不立传。或谓：昔人但谓此书非出一手，而今云然，得无有所据乎？曰：此书篇章略经撺次，

1 黄宗羲《明儒学案》，中华书局1985年版，第578页。

定于刘向。既而郭子玄、张处度、殷敬顺、林尧叟辈，注释多门，存疑非一。以今考之，其为章也，百有三十。载列子言行者，仅二十二条，皆称子列子，其非御寇自为可知矣。如《汤问》、《力命》、《杨朱》三篇，断然别传之书，而类聚于此无疑也。其间如樵鹿之梦，黄帝、孔丘能辨觉梦，今无黄帝、孔丘，孰辨之哉！庄子称"鲁国之儒一人"，是与孔子同时矣。列在庄前，故庄内篇多引其事。即曰世无孔丘，则其世之相后远矣。书不出于御寇，此之一证。然非尝闻其言论、得其心之仿佛者，又不能为此述也。夫御寇者，圣者之徒也。据籍所载，义有未纯，故愚谓非列子自为也。

朱得之认为《列子》是经刘向之手稍加改定而成，他从篇章布局说明《列子》并非出于列子本人之手。《列子》原不分章，朱得之将其厘定为一百三十章，且书中提到列子之处均称"子列子"，张湛注曰："载子于姓上者，首章或是弟子之所记故也。"朱得之认同这一观点，并解释说："列子上加'子'者，尊敬之义。前无此称。书法：六义、象形、会意，其为字有生生不穷之义，故以为丈夫之通称。今亦取其道之所宗，有继往开来之义也。晦菴称子思子，子程子，盖仿此。"朱得之从文字训诂上对"子"字加以解释，后世取其义而加于名之前称"子某某"是对长者的尊称。朱得之还据《列子》书中所载黄帝、孔丘辨梦事，认为列子与孔子同时而出其后。《庄子》书中称"鲁国之儒一人"，朱得之据此认为庄子与孔子同时。而《庄子》内篇中载列子事，列子在庄子之前，则列子与孔子、庄子同时而早于庄子。《列子》言"世无孔丘"，则《列子》书成于孔子死后。据此，朱得之断言《列子》一书不出于列子之手。又据《列子》上下文义，文字当中似尚未得道。

他还辨析《列子》文句真伪，如卷八“孔子自卫反鲁遇一丈人悬水”章注说：“此与黄帝观于吕梁一章同。但后半篇增出先以忠言等语，文气不纯，词非忘意也。识者必知其非列也。”又如“白公问孔子章”注说：“此章全见《淮南·道应》篇。若此书在景帝时已出，则《淮南子》必不录其文于此，尤见非列子之所为也。”诸如此类。

综上所论，朱得之对列子其人的存在深信不疑。对《列子》一书，他认为在战国时确有此书，后因战乱而残缺不全，经刘向校订后流传于世。文中夹杂着许多后人增窜内容，而列子本人的言论，或其弟子记录老师的言论所剩无几，大部分是辑合别书而成。

《列子通义》与《老子通义》、《庄子通义》合为《三子通义》，清人周中孚在《郑堂读书记》中说：“参元先著《老子通义》二卷、《庄子通义》十卷，《庄子通义》今《四库全书》存目。后乃复注是书，于每节后总为之注，而本文又有旁注，颇多发明，不似《庄子通义》之多评文格。”[1] 周中孚认为《列子通义》高于《庄子通义》之处在于不仅有文评，还有总评及旁注，其学术价值自不待言。

二　儒为体释道为用的心学思想

心学是儒家发展到宋代所表现出来的一种学术思想，虽然仍标榜儒学，尊崇儒家，但其混合儒、释、道三家思想，更侧重于

1 周中孚《郑堂读书记》卷三十，中华书局 2006 年版，《宋元明清书目题跋丛刊》第十五册，第 53 页。四库馆臣评价朱得之《庄子通义》说：“得之所解，议论陈因，殊无可采。至于评论文格，动至连篇累牍，尤冗蔓无谓矣。”这种见解未免过于偏激。方勇在《庄子学史》中评价朱得之《庄子通义》说：“朱得之在《庄子》文本探究方面虽然不免带有一定的片面性，但也确实提出了不少真知灼见，具有较高的学术价值。……朱得之对于《庄子》文本的探究，是《庄子》文本研究史上的一个重要环节。”（见《庄子学史》第二册，第 383—382 页。）方勇从历代《庄子》研究的总体角度为朱得之的评庄风格准确定位，较为符合实际。

对宇宙人生的思辨。王阳明是心学思想的集大成者，他在思孟学派“心性天命学说”及陆九渊“心即理”等思想基础上完善了心学体系。心学已经超出了传统意义上的儒家范围，在理论建设方面更多吸收释道对宇宙人生方面的讨论，注重孔子所未谈及到的天道。朱得之是王阳明的入室弟子，他秉承了王阳明的心学思想。据《明儒学案》载："朱得之……从学于王阳明，所著有《参玄三语》，其学颇近于老氏。盖学焉而得其性之所近者也。其语尤西川云：‘格物之见，虽多自得，未免尚未见闻所梏。虽说闻见于童习，尚滞闻见于闻学之后，此笃信先师之故也。不若尽涤旧闻，空洞其中，听其有触而觉，如此得者尤为真实。子夏笃信圣人，曾子反求诸己，途径堂堂，万世昭然。’即此可以观其自得矣。”[1]黄宗羲指出了朱得之尊老的倾向，这也说明他的思想倾向其实已经开始转向对宇宙人生的理论思辨上来。方勇在《庄子学史》中进一步指出："朱得之继承并发展了司马迁《史记·老子韩非列传》中所倡导的庄子‘要本归于老子之言’的基本观点，认为庄子‘学继老、列’，《庄子》中的许多章节就是对老子思想的直接发挥。……在朱得之看来，不但庄子学继老子，而且孔子也遵信老子，与老子有着‘受授’关系。”[2]朱得之《列子通义》以《老子》为尊，统摄《庄子》与《列子》，并将儒学也纳入到老子的羽翼之下。对于佛家理论，他也拿来为其思想服务，并提出“三教无异”的观点。尽管如此，作为儒生他又必须以儒家为尊。因此，尽管朱得之实际上以道家及佛家思想为主，但表面仍标榜儒家。他谈读书说：

1 黄宗羲《明儒学案》，第 585 页。
2 方勇《庄子学史》第二卷，第 370 页。

其立言初意，然不然，不论也。学者诚有得于言意之表，而法其为己知几之功，则世之先后，与其言之所泛出，自不屑多辩。而逐块之技，庶几其脱然也。虽然，得于辞而后可以通其意。斯籍也，其文则纪事者也，而因事以明道也。道不容言也，惟解缚而道自存……故凡起心、起意、起知者，皆人也，非天也。学也者，学于无朕无言之地，而有名有形者皆缚也。

朱得之认为，读书人不应以最初思想正确与否为中心，应通过言辞体会文字的内在含义。文字用来纪事，学者求道也需由文字而得。尽管如此，学者不能完全为文字所束缚。在朱得之看来，所有有形体之物均是一种束缚，但他又不得不承认“得于辞而后可以通其意”，大有庄子言意之辨、孟子不得不言的意味在内。在他看来，一切文学言辞都是为了明道而服务。道不可言说，只能在解脱束缚之后才能见道。一切知识言辞都是承载道的工具，得道之后均可抛弃。朱得之这是在用老子思想修正儒家思想的弊端。他在《说符》中进一步指出：“善者，吾性之本体。惟知识起而功利迷，假善以眩人，便利归诸己，此虽善而不善矣。子居曰：必慎为善。率其性无所为而为，一毫便利之私不萌焉。斯则慎为善之旨也。”朱得之认为人性本善，只是因后天习染而迷于世情，本性中善的因子被世俗欲望所迷惑。由于有人欲存在，虽然是行善却不能称为善。只有达到老子“无为而无不为”的境界，心中不存一点私欲才是真正的善，也才能与道相感应。他在《列子评》中将融合思想表露无疑：

或曰：老、列、庄三子之书可无也。曰：何也？举业不命题也。曰：嘻！文以阐道，明天心也。故曰：不关世教，虽工无益。西汉以来，汗牛充栋，曾有三子之见乎？曾涉三子之津梁否乎？一籍中虽或有一二语相似，不过剽掠夸张，要非自得。今之举业尊孔也，孔之学尊王贱伯，三子之言于此义背否？荀杨以后，为言为行，有涉斯义否？不涉斯义，而后可无也。

在朱得之看来，无论儒家还是道家，作文立意，均是为了“阐明天心”，重在自身修养。文中采用了主客问答的形式，批驳了那种纯粹以是否被列于科举而衡量其他学问是否有用的言论，从中也可体会到作者对于科举的一丝批判之情。黄宗羲说他“其学颇近于老氏。盖学焉而得其性之所近者也”，也只是看到了一面。尽管如此，为了标明圣人的独尊地位，他仍然把孔子及儒家放在了各家之前，他在《刻列子后序》中说：“余原此书之著，必在梦奠两楹之后，删书之泽渐湮，天德王道不明于天下也。故寄情游戏，以发五经之微意。”所谓“梦奠两楹”，据《礼记·檀弓》卷七载：“孔子蚤作，负手曳杖消摇于门。歌曰：泰山其颓乎？梁木其坏乎？哲人其萎乎？既歌而入，当户而坐。子贡闻之，曰：泰山其颓，则吾将安仰？梁木其坏、哲人其萎，则吾将安放？夫子殆将病也。遂趋而入。夫子曰：赐！尔来何迟也？夏后氏殡于东阶之上，则犹在阼也。殷人殡于两楹之间，则与宾主夹之也。周人殡于西阶之上，则犹宾之也。而丘也，殷人也。予畴昔之夜梦坐奠于两楹之间，夫明王不兴而天下其孰能宗予？予殆将死也。盖寝疾七日而没。”朱得之认为《列子》一书是孔子没后，诗书教化的功用渐渐堙没，作者有感于天德王道不明于天下，遂著书立说，以启发后人。因此，《列子》的本义也是发明儒家经典的微言大义。由此看来，作者不管怎样引用其他各家思想，总是推尊儒家。但对儒家理论他也并非一味盲从，以是否有益于人心教化为取舍标准。他在“列子适卫食于道”章解释后稷诞生传说时说：

后稷之事，姜嫄从高辛之后，郊媒以求子。其身敏于事，心乐于事。介止而无乱，震肃而不慢，所谓大而疾也。介止承歆，震肃承敏，只是和敬。所谓克禋克祀，所以弥月生子，毋无折辟。如羊初生，皆上帝之显其灵也。及以初生不难，疑而弃之，上帝益显灵异，岂谓履巨迹、无人道而生子乎？且周公尊祖配天，但当颂其德之格天，岂应以歆歆然如有人道之感为言、自坐淫慝无忌惮者乎？后世子孙乃状其情，何不知羞恶乃如此！即为此说者，吾知其必获罪于天也。此书信传言而不考，史迁信此说而不疑，遂致后学因仍舛谬，陷圣母、圣子于怪异，深可惜哉！

后稷之事见于《诗经》，后人因其为孔子所删定而深信不疑，奉为经典。朱得之则大胆否定，认为这种说法是无稽之谈，怎么可能“无人道而生子”呢？后世应当颂扬后稷的德行，不应当出此不羁之语。在朱得之看来，圣人之所以伟大，并不是因为他们有超乎常人的神力，而是因为他们德行高尚，遵从天道，朱得之借“天道”将儒道统一起来。天道为人而存在，也正因为有人的存在才使得天道显现其不同寻常的作用，天与人互为作用：

术一而效殊，公私也；心一而境殊，天人也。知天者，人亦天，天亦人也。……盖天地者，万物之总称。万物者，天地之别名。虽各私其身，其本根原不相离。物物皆出于天地，天地不离乎万物。苟各认之以为自有，非惑而何？此所谓天地委形，非我有也。彼饰爱色貌，矜伐智能，固为惑矣。……生即天地之一气，身即天地之一物。事无公私，情无爱吝，自然而已。

儒家以经世致用为本旨，孔子对宇宙天理问题从未明言。王阳明心学在“心即理”的前提下，将人与天沟通，他在《谨斋说》中说：“君子之学，心学也，心，性也；性，天也。圣人之心纯乎天理，故无事于学。”王阳明将心与天联系起来，认为人性即是天理。朱得之进一步阐发了这种观点。公私本是人心的差别，天是人，人也是天，天地是万物的总称，万物是天地的别名，名虽不同，而质实一。万物与天地互相为用，天地没有公私之分。朱得之将老子自然无为及庄子齐物论思想糅合到儒家理论之中，对宇宙天理展开论述。他在《周穆王》“老成子学幻”章注中说：“生死幻化，一而非二。神化之机，非达天德者其孰能知之？穆王之遇化人，老成子之学幻，殆中庸君子所不语者与？”生死与幻化是一而非二。周穆王遇化人、老成子学幻术，都与生死没有差别，只有“达天德”之人才能明了其中的至理。如何才能“达天德”？惟有心得解脱。虽然文字有助于心的解脱，关键还在于通过自身意志的磨炼而产生定力，进一步加强自心修养，以期顿悟而得道。王阳明对修定功夫非常重视，他说：“初学时心猿意马，拴缚不定，其所思虑多是人欲一边，固且教之静坐、息思虑。”“定者心之本体，天理也，动静所遇之时也。”王阳明认为，初学者心不能安定下来，必须借助静的功夫从定中获得安宁。他将定看作心的本体，是天理，是动静结合的切入点。修定是佛教专门的一种修炼方式。佛家认为，人的智慧由定而生发，定修习到一定程度，智慧便自然生起。心是一切造作的根本，人心被世间的欲望所束缚而不能反观本心。修习禅定，能够使人的身心达到统一，从而激发心中智慧，断除邪见，证得六通，最终成佛。所以，佛教十分注重心的修为，《坛经》说："性中万法皆见，一切法自在性"。《金刚经》也说："一切有为法，如梦幻泡影，如露亦如电，当作如是观。"朱得之在《周穆王》"梦有征"章注中引大慧杲禅师写给向伯恭论梦与非梦的书信即鲜明地表达了这种思想：

> 至人无梦，非有无之无。谓梦与非梦，一而已。佛梦金鼓，高宗梦得说，孔子梦奠两楹，不可作梦与非梦解。回观世间，犹如梦中事，惟梦乃全妄想也。而众生颠倒，以日用目前境界为实，殊不知全体是梦，而于其中复生虚妄分别，以想心系念、神识纷飞为实梦。殊不知正是梦中说梦、颠倒中又颠倒。故佛大慈悲，悉能遍入一切法界诸安立海所有微尘，于一一尘中以梦自在法门开示：世界海微尘数众生住邪定者悟入正定聚。此亦普示颠倒众生以目前实有境界为安立海，令悟梦与非梦，悉皆是幻。则全梦是实，全实是梦，不可取，不可舍。至人无梦之义，如是而已。

大慧杲是南宋禅师，禅宗教其他佛教宗派更注重心的修为。有形有相谓之有，无形无相谓之无，这是常人眼中的有与无。而在修道者眼中，有与无均是虚幻不实的假象，都应当破除。梦与非梦的关系与此相同。在常人看来，夜间睡眠之时所产生的种种景象为梦，白昼眼前的种种景象则非梦。它们二者的区别在于前者为虚幻之象，后者为实有之象。而在修道者眼中，梦与非梦都是虚幻不实的。大慧杲认为，人之所以产生如此的幻象，根源在于没能把握住自己的心。佛法教人禅定，目的就是定心。只有心安定了，妄想才不会生起，也才能渐渐明白梦与非梦的道理，从而懂得取舍，进而参透世法，了脱三界之苦。心学即吸收了佛教的这种观点，初学者应当先休息静坐以稳定心绪。通过静坐稳定心绪之后，就要开始真正的修学。与之前儒家注重读经不同，心学如佛教禅宗一样，注重实证，并不提倡皓首穷经，关键在于明白宇宙产生的道理。朱得之又引入老子的道论，他在《天瑞》中解释“道”说：

> 造化者，有为之名。自无而有曰造，自有而无曰化。……盖万象皆从一无为之主。何晏《道论》曰：“有之为有，待无以生；事之为事，由无以成。”夫道之而无迹，语之而无名，视之而无形，听之而无声，是道之全焉。然而，昭音响而出气物，包形神而彰光景，玄以之黑，素以之白，矩以之方，规以之圆。圆方得形而此无形，白黑得名而此无名者是也。

朱得之将万物的生灭变化称为“造化”。他认为，万物从无到有为“造”，从有到无为“化”。“无”是万物生化的基础，因此他引何晏《道论》中对“有”与“无”关系的论辩来证明自己的观点。“有”与“无”的这种变化产生了时间万物，它们皆遵循一定的规律而生生不息。这种规律无声无息，不可捉摸，这便是“道”。“道”存在于万事万物之中，虽然无形无相，但处处皆道，只要用心参究，最终会有所得。

朱得之在《庄子通义》前所附《读庄评》中说："或谓二氏（按：指《列子》、《庄子》）之书不当以儒者之学为训。窃惟道在天地间一而已矣，初无三教之异，犹夫方言异而意不殊，针砭异而还元同也"在朱得之看来，儒、释、道三家所共同追寻的"道"没有区别。好比各地方言虽然发音不同，但意思是一样的。由此看来，朱得之将儒、释、道三家思想统一起来，以"道"为统帅，这就为借鉴释、道思想奠定了理论基础。

三　对《列子》文本的阐释

《列子》文字杂陈，思想不一，刘向也认为《列子》书"不似一家之言"，唐柳宗元也对其提出异议，此后历代学者对此书真伪都有所辨析。如何解决《列子》真伪问题，便是朱得之在文本探究方面所要解决的首要问题。

朱得之在《列子通义》自序中说："如《汤问》、《力命》、《杨朱》三篇，断然别传之书而类聚于此无疑也。"这同刘向观点一致。尽管如此，他还是能够将这三篇连贯起来统摄于他的基本思想之下。朱得之在《汤问》"殷汤问夏革"章中说："此下六章，皆纪古绩以传信也。……故此书阐无内之至言，以坦心智之所因；恢无外之宏唱，以开视听之所阂。使希风者不觉矜伐之自释，束教者不知桎梏之自解。"《力命》卷末总评："此篇论力命，力亦命也。下篇许肆情，求天真也。天真、自然非命乎？此概借群圣成功之阶，以解后学守迹之缚，非为肆情不学者言也，为最上根器为学术所杀者回生也。"《杨朱》解题总论杨朱说："此篇言率其自然之性，则天真不凿，桎梏脱于无为，而圣哲忘于知识也。……孟子曰：能言距杨墨者，圣人之徒也。予今之通义，若不距者，正以原其心而距其流也，使读是书者不至无君而已也。”尽管他也承认《汤问》、《力命》、《杨朱》并非《列子》原书，但在注解中仅依文而论，将这三篇放到整部《列子》的大框架下来阐释。他在《汤问》首章注中一再申明这些寓言故事是“相传之说，以见天人有相为损益之理”。对于《杨朱》，他严格遵从圣人教导，但并不盲从。朱得之之所以对《杨朱》如此重视，是因为他体会到文中所表达的言外之意，从而能循流溯源。他的用意是以此作为反面材料，使读到这部书的人不至于无君。对于文中的寓言传说，他均只取其意而不去深究其是否属实，这种处理方式符合先秦子书的特点。这些都体现出作者对于文本的务实态度。

朱得之还根据文意来判断《列子》文本的真实性。对于《仲尼》中孔子与商太宰的谈话，后世均以为是魏晋时人伪作，朱得之深信不疑，并据此认为佛教在战国时期已传入中国，而直至汉明帝时才有典籍流入中原：“即此观之，佛氏之学，当时已传闻于中国。至汉明帝时而始得其书也。不然，三皇之上又曰西方之人，非佛而谁？”他进一步解释说：

> 推其故，帝皇之世，率性而无性之名，遵道而无道之学。至三代之季，功利毒人，故高洁之士仰慕虚无而传其言耳。至东汉，世道昏乱之极，尧舜以来相传之心法泯绝无遗，淳朴之风销烁殊尽，故西方之说得以入中国。孔子曰“：心之精神谓之圣”，周茂叔曰：“圣诚而已矣”，阳明先生曰：“心之良知谓之圣”。讽此三言，自反自忘，真若不可知也。人知为西方之学，而不知为吾固有之性，帝皇之所善任者胥此也。

朱得之认为，上古之时人心向善，所谓“率性而无性之名，遵道而无道之学”，真正达到了老子“无为而无不为”的境界。而到“三代之季”，人心不古，利欲充塞，尧舜以来所传承的“心法”已消失殆尽，所以西方之说才有隙可乘。在他看来，圣人便是孔子所说的精神，周敦颐所说的诚实，王阳明所说的良知。这些都是人自身所固有，不需外求。尽管他认为《列子》中有些记载为后人杂入，但并未完全否定其价值。如他在《说符》“关尹谓列子”章总评说：“是以君子持身必由乎大道。此章义与孔孟同。前此诸篇恢诡阖捭，绝不相类。其非一家之言信矣。记者序此于末篇，将以洗夫以自恣为自然、认嗜欲为真性者之不察。使其考古圣，循天则，而不失人道之常也。”朱得之认同刘向的观点，认为《列子》非一家之言，但他并不认为《说符》篇是好事者随意而为。《列子》作者有意将这一段放在最后，是让世人明白天道的存在。

综上所论，朱得之《列子通义》体现出作者鲜明的心学思想。在三教融合的背景之下，朱得之以“道”统领三教，认为在最高的层面上三家所阐述的道理是相同的。尽管现实中儒、释、道三家思想互相攻讦且有诸多不合之处，却都以求“道”为最终目的。他虽然对于《列子》中的一些记载也有疑问，但在“道”的统率下，将《列子》全书贯穿起来，这是朱得之《列子通义》可贵之处。

第四节　归有光、焦竑的《列子》汇评

《列子汇函》与《列子品汇释评》分别是归有光《诸子汇函》与焦竑、翁正春、朱之蕃同选《二十九子品汇释评》中一种，前者为选本，后者为全本。两者均汇集《列子》评述文字，以文评为主，文中注为张湛注节选，分别依行文而略有删节。然而综合

考察历代《列子》相关注本，并未发现如此众多的学者对《列子》相关文字做过评述。通过对其所引诸家注语一一比对，发现并非实有其注，多为依托。

一　归有光的《列子汇函》

《诸子汇函》，汇集先秦至秦汉时期各种子书，为选本。《列子》分别选《天瑞》、《汤问》、《力命》、《杨朱》四篇中相关文字加以汇集整理，文中仍用张湛注，天头标明选取林希逸、宗方诚、杨慎、郑善夫、陶兰亭、何椒丘、陆贞山、田汝成、杨循吉、王世贞、汤显祖、杨兰亭、王阳明、楼昉、方希告、刘伯温、钱福、焦竑、陈与郊、林对山、王畿、杨遂庵、赵时春、林茂贞、张东沙、宋濂、陈子渊、解缙、廖明何、殷海岱、蔡伯石、徐即登、邓以赞、胡栢泉、屠隆、陈琏、林尚默、师楚泽、高叔嗣三十九家注语。

今本《诸子汇函》前有姚希孟序一篇，姚氏晚于归有光，其所作序言中亦未谈及归有光辑此书。考归有光文集，未见有其注《列子》的相关记载。此书中所引署名诸家注语者，均采自林希逸《列子鬳斋口义》，当为依托无疑。其所节选的文字，标准不一，多已失林希逸原注之义。值得注意的是，作者亦有数处标明林希逸，且文字变化，并非全文截取。如《天瑞》篇引林鬳斋语曰“时利，此陶朱公之术也。禾稼等皆天所生在外者。一身之阴阳亦岂我有？此亦天地为之也。”林希逸原注为：“时利，天时地利也。滂润，浸润也。禾稼、土木、禽兽、鱼鳖，皆天所生在外者也。一身之阴阳亦岂我有？此亦天地为之也。”如此窜改，已失林注原意。又有简化林说之处，如《天瑞》篇托名田豫阳：“职，主也。如此下得来又自奇特。”林希逸原注为：“有生、有形、有声、有色、有味，指天地间万物而言也。生生、形形、声声、色色、味味，造化也，职主也。无为，造化也。不生者，生其所生；无形者，形其所形。以至色其所色，声其所声，味其所味，皆造化之所职。如此下得来又自奇特。”林希逸原注所论的中心即为“职，主也”，作者抓住这一中心，简化林说。还有托名林希逸者，如《力命》篇：“仲子此时乃舍鲍叔而薄之，岂忘向日之荐耶？抑叔果可薄耶？”一句，林注原文并无此语，抑或为作者所撰。

文中取张湛《列子注》，且对个别不如意之处则取张湛原注之义重新表述。如“是谓玄牝”一句，张湛注引王弼《老子注》语，而此书则自作解释：“谷，虚也，虚中之神，常存不死，玄虚无极也。牝，虚而无实也”，重新解释《列子》原文且不失原意；再如“太素者，质之始也”句张湛注曰：“质，性也。既为物矣，则方圆刚柔，静躁沉浮，各有其性”，此书注曰：“始者，阴阳未判，浑纶是也。阴阳既判，则品物流行也。质，性也。刚柔静躁，各有其性。”将张湛注融入自己注语之中。

值得注意的是，在《天瑞》、《汤问》、《力命》、《杨朱》各章之后又有几段总评，对全章作出解释。《天瑞》托名杨循吉，先将《天瑞》分为九章，然后依次总括各章大意，最后总结道：“笔力，庄子也；奇幻，庄子也；识见，亦庄子也。与业家不可不读，不可不熟。”其将《列子·天瑞》与《庄子》相比照，指出《天瑞》的可贵之处并给予《天瑞》极高评价，尽管为依托之作，大抵符合本篇主旨。《汤问》托名王世贞及汤显祖两条评语，前者出自林希逸《列子鬳斋口义》，后者则暂未考出出处。《力命》托名引杨循吉，将全章分为八段，每段亦给出总评，组后总论全章大意：“总之八段，俱以命为主，议论尤卓绝痛快。”作者对此篇文字评价也极高。

附表《诸子汇函》中《列子》所引诸家注解与原文对照

篇名	诸家评语	原　文	备　注
天瑞	宗方诚曰：一篇先顿一个“壶子何言哉”，在前既说一段了，又载说一段，“何言哉”三字自有深意。	林希逸《列子鬳斋口义》：此一篇先顿一个“壶子何言哉”，在前既说一段了，于此又再说一段，“何言哉”三字自有深意。	
天瑞	杨升庵曰：此造化生化之妙，以中虚为主。	焦竑《诸子折衷汇锦》：此言造化生化之妙，以中虚为主者也。	《列子》各种批校本中唯焦竑此书有此评语，暂缀于焦竑名下。
天瑞	郑少谷曰：下两“尔”字乃是实前面不生不化之说。	林希逸《列子鬳斋口义》：下两“尔”字乃是实前面不生不化之说。	
天瑞	杨升庵曰：此《老子》全章之文，而曰《黄帝书》，则知老子之学亦有所传。“谷神”二字只是形容一个“虚”字。	林希逸《列子鬳斋口义》：此《老子》全章之文，而曰《黄帝书》，则知老子之学亦有所传。但其书不得尽见。《老子》第六章中“精则实，神则虚。谷者，虚也；谷神者，虚中之神也。”言人之神自虚中而	

续表

篇名	诸家评语	原 文	备 注
天瑞		出，故常存而不死，玄远而无极者也，牝虚而不实者也。此二字只形容一个虚字。	
天瑞	杨升庵曰：不曰无定名、无实迹，只下一“谓”字自是奇特。	林希逸《列子鬳斋口义》：不曰无定名、无实迹，只下一“谓”字自是奇特。	
天瑞	陶兰亭曰：又分作四个“名”字，其言自妙。	林希逸《列子鬳斋口义》：《庄子》曰：有始也者，有未始有始也者，有未始有夫未始有始也者。其言自妙，此书又分作四个“名”字，亦只是庄子之意形总言也。	
天瑞	郑少谷曰：此就气上添一层，此“易”字莫作儒书“易”字看。	林希逸《列子鬳斋口义》：此又就气上添一层，此“易”字莫作儒书“易”字看。	
天瑞	杨升庵曰：上面先说四个“太”字，此又把形气质总之，此不特言理之妙，亦是化文机轴，文章无此机轴则不见斡旋。	林希逸《列子鬳斋口义》：上面既说四个“太”字，就此又把形气质总之，此不特言理之妙，亦是作文机轴，文章无此机轴则不见斡旋之妙。	

续表

篇名	诸家评语	原 文	备 注
天瑞	何椒丘曰：以“一”字起，又以“一”字挽后，最有机括。		《列子》各注本未见，待查。
天瑞	杨升庵曰：此一段十分正当之论，《易·大传》分作天、地、人说，此又分天地、圣人、万物说，大是有理。	林希逸《列子鬳斋口义》：此一段十分正当之论，其大意只谓虽天地亦不能尽造化之用，而况人物乎？天能生物能覆物，地能成形能载物，各有所能，是无全功矣。圣居天地之间而职教化之事，随万物之所宜而各职其职。圣有所否，物有所通。言圣人或有所不能而物能之者，教化不能违所宜。如忠质文之随时，九德之随其性，皆是不能违所宜，各有一定。如曲者不可以为直，小者不可以为大，咸者不可以为酸，凉者不可以为热，是不出其所位也。阴阳、刚柔、仁义，《易·大传》分作天、地、人说，此又分天地、圣人、万物说，亦自有理。	

续表

篇名	诸家评语	原文	备注
天瑞	陆贞山曰：进，天地而造化；又进，而造化之所以然。		《列子》各注本未见，待查。
天瑞	王凤洲曰：此下得又自奇特。	林希逸《列子鬳斋口义》：有生、有形、有声、有色、有味，指天地间万物而言也。生生、形形、声声、色色、味味，造化也，职主也。无为，造化也。不生者，生其所生；无形者，形其所形。以至色其所色，声其所声，味其所味，皆造化之所职。如此下得来又自奇特。	
天瑞	田豫阳曰：职，主也。如此下得来又自奇特。	林希逸《列子鬳斋口义》：有生、有形、有声、有色、有味，指天地间万物而言也。生生、形形、声声、色色、味味，造化也，职主也。无为，造化也。不生者，生其所生；无形者，形其所形。以至色其所色，声其所声，味其所味，皆造化之所职。如此下得来又自奇特。	

续表

篇名	诸家评语	原 文	备 注
天瑞	陆贞山曰：二十四个“能”字，只是“造物”两字，此段又好。	林希逸《列子鬳斋口义》：二十四个“能”字，只是“造物”两字。造化之妙，虽若无知无能，而无所不知，无所不能，此段又好。	
天瑞	杨升庵曰：不整齐中整齐，整齐中不整齐，如看飞云断雁，如看孤峰截阪，愈读愈妙。	林希逸《列子鬳斋口义》：不整齐中整齐，整齐中不整齐，如看飞云断雁，如看孤峰截坂，愈读愈好。	
天瑞	林鬳斋曰：“胥”，一解胡蝶之别名，添此一句尤奇，此下又说化生者。	林希逸《列子鬳斋口义》：“胥”，胡蝶之别名也，就胡蝶下添此一句尤奇，此下又说化生者。	断章取义，截取林说。
天瑞	宗方诚曰：连用数“也”字，文势历落。	林希逸《列子鬳斋口义》：此数行乃《庄子》所无，中间又有数“也”字，文势不类。	
天瑞	郑少谷曰：即《庄子》所谓“雄鸣上风，雌鸣下风，相视而风化”者也。	林希逸《列子鬳斋口义》：鹍，即《庄子》所谓“雄鸣上风，雌鸣下风，相视而风化”者也。	
天瑞	何椒丘曰：此四句又就人中变化者言之。	林希逸《列子鬳斋口义》：此四句又就人中变化者言之。	

续表

篇名	诸家评语	原文	备注
天瑞	杨南丰曰：此两句就食物中易见者言之，以下却与《庄》同意。上面一截说了，却把个至怪的结杀，此是其立意惊世骇俗处，人人参也。	林希逸《列子鬳斋口义》：此两句就食物中易见者言之。自此以下却与《庄子》同。若就《庄子》观之，上面一截说了，却把个至怪底结杀，此是其立意惊世骇俗处，非实话也。	
天瑞	王凤洲曰：此段正言死生之理，十分明白。	林希逸《列子鬳斋口义》：此段正言死生之理，说的自是分晓。	
天瑞	杨升庵曰：朱文公谓释氏剽窃其说，不知天地间自有一种议论原壤，即此类人物。佛出世于西方，岂应于此剽窃？	林希逸《列子鬳斋口义》：朱文公于此谓释氏剽窃其说，恐亦不然。从古以来，不知天地间自有一种议论，如此原壤即此类人物。佛出世于西方，岂应于此剽窃？诋之太过则不公矣。	
天瑞	郑少谷曰：血气未定，方刚既衰，圣人分作三截，今此分作四段。	林希逸《列子鬳斋口义》：血气未定，方刚既衰，圣人分作三截，今此分作四段。	

续表

篇名	诸家评语	原文	备注
天瑞	陶兰亭曰：此段诲人以贫富死生之理，故如此。杜诗云：江上小堂巢翡翠，陇边高冢卧麒麟。细推物理须行乐，何用浮名绊此身？便是此章之旨。	林希逸《列子鬳斋口义》：此段诲人以贫富死生之理，故如此寓言。能自宽者，以其非见道而能推物理以自宽也。杜诗云：江上小堂巢翡翠，陇边高冢卧麒麟。细推物理须行乐，何用浮名绊此身？便是此章之意。	
天瑞	王凤洲曰：三乐之说近人情之论也。	林希逸《列子鬳斋口义》：三乐之说近人情之论也。	
天瑞	屠赤水曰：列子之书皆尊敬孔子，故其寓言之中多借孔子以为说。	林希逸《列子鬳斋－口义》：列子之书皆尊敬孔子，故其寓言之中多借孔子以为说。	
天瑞	王凤洲曰：林类明于所乐，文意欣畅。		《列子》各注本未见，待查。
天瑞	田豫阳曰：死之与生，一往一反。言自生而死，犹往之必返死于是	林希逸《列子鬳斋口义》：死之与生，一往一返。言自生而死，犹往之必返于是者，安知必生于彼？此便是佛家	

续表

篇名	诸家评语	原 文	备 注
天瑞	者，安知必生于彼？此便是佛家今生来生、前身后身之说也。	今生来生、前身后身之说也。	
天瑞	何椒丘曰：此列子皆圣贤之名，因进止之说，而明死生之理也。	林希逸《列子鬳斋口义》：此列子皆圣贤之名，因进止之说，而明死生之理也。	
天瑞	宗方诚曰：据此一段虽为贪生恶死者设，然禅家有死心之论，有夭死人却活之语，此中又有深意。	林希逸《列子鬳斋口义》：据此一段虽为贪生恶死者设，然禅家有死心之论，有大死人却活之语，此中又有深意，非徒曰生死而已。	
天瑞	杨升庵曰：德必至死而后定，即反真归根之意。故举死生之大，以明失家，即弱丧之论。	林希逸《列子鬳斋口义》：德必至死而后定也，即反真归根之意。故举死生之大，以明失家，即弱丧之论。	
天瑞	陆贞山曰：此段即川阅水以成川，水滔滔而日度。	林希逸《列子鬳斋口义》：见川阅水以成川，水滔滔而日度。世阅人以成世，人冉	

续表

篇名	诸家评语	原 文	备 注
天瑞	世阅人以成世，人冉冉以行暮人何世而不新，世何人而能故？正是此意。	冉以行；暮人何世而不新，世何人而能故？正是此意。	
天瑞	王凤洲曰：《易》云：乾坤毁则无以见道，圣人亦有此意，但不言耳。	林希逸《列子鬳斋口义》：《易》云：乾坤毁则无以见道，圣人亦有此意，但不言耳。	
天瑞	杨升庵曰：太虚之中，无形无极。天地之在其间，亦细物耳。但以人之所见有物者而观之，则为有中之最巨。	林希逸《列子鬳斋口义》：太虚之中，无形无极。天地之在其间，亦细物耳。但以人之所见有物者而观之，则为有中之最巨。	
天瑞	王凤洲曰：末后一转，却曰来不知去、去不知来，盖学道之人不当营心于有无去来也，禅家却出于此，后面一转舜问。	林希逸《列子鬳斋口义》：末后一转，却曰来不知去、去不知来，盖学道之人不当容心于有无去来也，今之禅家却出于此，后面一转舜问。	

续表

篇名	诸家评语	原 文	备 注
天瑞	陶兰亭曰:《圆觉》所谓“今者妄身在何处”，便是此意。	林希逸《列子鬳斋口义》:《圆觉》所谓“今者妄身当在何处”，便是此意。	
天瑞	陆贞山曰：今天下之如向氏误听国氏者岂少哉?		《列子》各注本未见，待查。
天瑞	林鬳斋曰：时利，此陶朱公之术也。禾稼等皆天所生在外者。一身之阴阳亦岂我有?此亦天地为之也。	林希逸《列子鬳斋口义》:时利，天时地利也。滂润，浸润也。禾稼、土木、禽兽、鱼鳖，皆天所生在外者也。一身之阴阳亦岂我有?此亦天地为之也。	此处窜改林希逸说。
天瑞	郑少谷曰：此段意言人在天地之间皆盗窃天地之所有以为生，故如此形容所以为异端。	林希逸《列子鬳斋口义》：此章之意，盖言人在天地之间皆盗窃天地之所有以为其生，故如此形容所以为异端之学。	
天瑞	屠赤水曰：圣人曰：用天之道，分地之利。列子却如此鼓舞其言。柳子厚《天说》	林希逸《列子鬳斋口义》：圣人则曰：用天之道，分地之利，列子却如此鼓舞其言。柳子厚《天说》之喻亦原于此。末后一转，亦与前段同。	

续表

篇名	诸家评语	原　文	备　注
天瑞	之喻亦属于此。末一转与前同意。		
天瑞	王阳明曰：庄子六合之外存而不论。	林希逸《列子鬳斋口义》：庄子所谓“六合之外存而不论”也。	
天瑞	杨升庵曰：数语与《庄子》“有始也者，有未始也者”一样语脉。	林希逸《列子鬳斋口义》：数语与《庄子》“有始也者，有未始有始也者，有未始有夫未始有始也者”一样语脉也。	
天瑞	方希古曰：大小相含。含，容也。譬如瓦在椽上，椽在桁上，桁在梁上，梁在柱上，柱又在地上，小大相乘载，物物皆然，不可穷诘也。	林希逸《列子鬳斋口义》：大小相含，譬如瓦在椽上，椽在桁上，桁在梁上，梁在柱上，柱又在地上，小大相乘载，物物皆然，不可穷诘。	
天瑞	刘伯温曰：折天柱，绝地维，此皆务为骇世之言。天倾西北，此造化至微妙处，若	林希逸《列子鬳斋口义》：女娲之补天，共工折天柱、绝地维，此皆务为骇世之言，不可以为实论。天之倾西北，此造化至妙处，若无倚盖之	

续表

篇名	诸家评语	原 文	备 注
天瑞	无倚盖，则星辰日月何以见盈缩？何以为昼夜？地有上下四游之说，天如鸡子，则安得有柱有维？	势，则星辰之运，日月之行，何以见其盈缩？何以为昼为夜？此湏识天文者方知之。知地有上下四游之说，天如鸡子，则安得有柱有维乎？	
天瑞	钱鹤滩曰：山河名物各举其极，以形容化工之巧，不徒驾空之语也。		《列子》各注本未见，待查。
天瑞	杨升庵曰：五山之仙圣，十五鳌之三番，龙伯之钓鳌，帝之怒龙伯，皆寓言也。今佛经多有此，如三十三天香积国、西方净土之类是也。	林希逸《列子鬳斋口义》：五山之仙圣，十五鳌之三番，龙伯之钓鳌，帝之怒龙伯，皆寓言也。今佛经多有此，如三十三天香积国、西方净土之类是也。	
天瑞	焦弱侯曰：龙伯，僬侥，修短之极。		《列子》各注本未见，待查。

续表

篇名	诸家评语	原 文	备注
汤问	杨升庵曰：龙伯之减小犹长数千，又僬侥之尺五，诤人之九尺，长者极长，短者极短，但言天地之间变化不常，不可以耳目所见者为定也。	林希逸《列子鬳斋口义》：龙伯之减小犹长数千丈，僬侥之尺五，诤人之九寸，长者极长，短者极短，但言天地之间变化不常，不可以耳目所见者为定也。	
汤问	陈广野曰：冥灵、大椿、菌芝、蠓蚋寿，天之极言。世人所见者小，岂知天地间有如此广大之所乎？皆由寓言，却又以禹、益、坚三人实之。	林希逸《列子鬳斋口义》：冥灵，木名也。终发，即穷发也。北之又北，愈远之地也。称，去声，其长与其大相称也。翼大如此身，亦称之则其大可知矣。世人所见者小，岂知天地间更有如此广大之所乎？皆寓言却又以禹、益、坚三人实之。	
汤问	林对山曰：鲲鹏、䗫虫，大小之极。是因诤人之论又生䗫虫之说，小之而又小者也。䚢俞，	林希逸《列子鬳斋口义》：因诤人之论又生䗫虫之说，小之而又小者也。䚢俞，古之能听者，此即《庄子》“听之以耳不若听之以气，听之以气不若听之以心”	

续表

篇名	诸家评语	原 文	备 注
汤问	古知音，即《庄子》"听之以耳不若听之以气，听之以气不若听之以心"也。	之论。	
汤问	方希古曰：此《考工记》之说。盖言形气之不定，所以见造化也。随物而观，则其性皆均，物各一性，不得而相易。物物各全其生，物物各全其分。巨细修短皆造物之理，孰为异？孰为同？此数语却自端正。	林希逸《列子鬳斋口义》：此数语《考工记》之说。盖言形气之不定，所以见造化也。随物而观，则其性皆均。物各一性，不得而相易。物物各全其生，物物各足其分。巨者，细者，修者，短者，皆造物之理，孰为异？孰为同？此数语却自端正，已语终之辞。	
汤问	王龙谿曰：此章言似迂闲，然形若不已之意，却甚有味。释氏言普陀大士初修行时，穷若无所见。	林希逸《列子鬳斋口义》：此章其言似迂阔，	

续表

篇名	诸家评语	原 文	备 注
汤问	将下山，遇人于水边磨一铁尺，问之曰：磨此何用？曰：将以为针。大士笑曰：铁尺可为针乎？其人曰：今生磨不成后生亦磨不成？大士大悟，再归普陀而成道。此言尝以为有益于学者。若人皆存此心，何事不可为？何学不可成？	然以形若不已之意，却甚有味。释氏言补陀大士初修行时，穷若无所见。将下山，遇人于水边磨一铁尺，问之曰：磨此何用？曰：将以为针。大士笑之曰：汝岂愚邪？铁尺可为针乎？其人曰：今生磨不成后生亦磨不成？大士大悟，再归补陀而成道。似此之言甚迂，某尝以为有味，有益于学者。若人皆存此心，何事不可为？何学不可成也？	
汤问	杨升庵曰：东坡云：徐徐而为之，十年之后何事不立？但恐此意不坚，行之不力耳。东坡语甚浅近，若研究得来，尧之兢兢，舜之业	林希逸《列子鬳斋口义》：东坡曰：徐徐而为之，十年之后何事不立？但恐此意不坚，行之不力耳。东坡此语似甚浅近，若研究得来，尧之兢兢、舜之业业、汤之又日新、文之纯亦不已，即此一念也。	

续表

篇名	诸家评语	原文	备注
汤问	业，汤之又日新，文之纯，亦不已，即此一念也。		
汤问	陈广野曰：举一念之诚，天帝亦不移其志也。盖寓言足以箴世。		《列子》各注本未见，待查。
汤问	杨邃菴曰：夸父亦龙伯之类，此必古来相传有此怪异之说，故清虚之徒并取以入其书，以为大言之资耳。	林希逸《列子鬳斋口义》：夸父亦龙伯之类尔，此必古来相传有此怪异之说，故清虚之徒并取以入其书，以为大言之资耳。	
汤问	赵浚容曰：夏革既与汤问答，此又与禹问答，两夏革耶？一夏革耶？上章以神灵结语，下章以神灵起语，可见文势。	林希逸《列子鬳斋口义》：夏革既与汤问答，此又与禹问答，两夏革耶？一夏革则当有千百岁之寿矣。神灵所生，即日月、阴阳、太岁是也。上章以神灵结语，下章以神灵起语，可见文势。	
汤问	林茂贞曰：此章自经旬乃歇，言禹之所见也。	林希逸《列子鬳斋口义》：此章自经旬乃歇，以上言禹之所见也。	

续表

篇名	诸家评语	原 文	备 注
汤问	陈琴川曰：因穆王八骏之说，又于此添作一证。	林希逸《列子鬳斋口义》：因穆王八骏之说，又于此添作一证。	
汤问	林鬳斋曰：此又因齐国遵海而南放于琅邪之事添此一段说话。几克举者，言几乎克日而可行也。此等言意，亦不过谓天地之外更有胜于人之耳目所见者也。	林希逸《列子鬳斋口义》：又因齐国遵海而南傲于琅琊之事添此一段说话。几克举者，言几乎克日而欲举行也。肆咤者，肆意而叱咤也。视撝者，言随目所视而指麾之也。彼国之不可升者，言但恐求至而不可得也。此等言意，亦不过谓天地之外更有胜于人之耳目所见者而已。	此处删节林希逸说。
汤问	张东沙曰：此语吾辈中亦有之，言此欲广人之见耳。	林希逸《列子鬳斋口义》：此语吾书中亦有之，盖中国之外，质性不同，衣食或异，随其生而乐之。此无他，皆欲广人之所见耳。	
汤问	方初菴曰：列子之意不过曰：天地之内，国土不同，风俗亦异，岂必皆如中国而	林希逸《列子鬳斋口义》：列子之意不过曰：天地之内，国土不同，风俗亦异，岂必皆如中国而后为美，我之所好，安知非彼之所恶哉？	

续表

篇名	诸家评语	原　文	备　注
汤问	后为美，我之所好，安知非彼之所恶哉？		
汤问	宗方诚曰：此与晋太子言日与长安近远之说相类。此章之意，盖言远近是非不可以一理定也。	林希逸《列子鬳斋口义》：两小儿之论，与晋太子言日与长安近远之说相类。此章之意，盖言远近是非不可以一理定也。	
汤问	方希古曰：提起一均字，言“均，天下之至理”。凡物之有形者亦然。“其绝也莫绝”句，即公孙龙发引千钧之论。	林希逸《列子鬳斋口义》：此章提起一均字，言“均，天下之至理”。凡物之有形者亦然。连，犹凡也。形物，有形之物也。亦然者，理如是而物亦如是也。悬与发均，则虽发而可以悬。故曰均发均悬。若物与发有轻有重，则发必断绝。其所以断绝者，不均也。故曰轻重而发绝不均也。若轻重均平，则虽欲绝而不绝，故曰均也。“其绝也莫绝”，此一句自妙。“均也”是一句，“其绝也莫绝”是一句，此即公孙龙发引千钧之论。	

续表

篇名	诸家评语	原　文	备　注
汤问	宋潜溪曰：此与蒲且子之弋、痀偻丈人之承蜩旨意相类。	林希逸《列子鬳斋口义》：詹何之钓、清且子之弋与痀偻丈人之承蜩旨意相类。	
汤问	陈子渊曰：言治国、治天下若平其心则弱可制强，轻可制重，即老子柔能胜刚之论。	林希逸《列子鬳斋口义》：盖言治国、治天下若平其心，无强、无弱、无轻、无重，则弱可以制强，轻可以制重，此即老子柔能胜刚之论也。	
汤问	何椒丘曰：此章形容心禀于气，人有不得而自由者。其言亦有深味，虽似迂阔而不迂阔。若明道曰一百四病皆由他心，须由我始得，此语又高。然列子之喻，气质之性、之心也；明道之言，理性也。必以理性化气质之性，而后心可自由。	林希逸《列子鬳斋口义》：此章形容心禀于气，人有不得而自由者。其言亦有深味，虽似迂阔而不迂阔。若明道曰一百四病皆由他心，须由我始得，此语又高。然列子之喻，气质之性、之心也；明道之言，理性也。必以理性化气质之性，而后心可自由。	

续表

篇名	诸家评语	原 文	备 注
汤问	解大绅曰：一时无缘，更变四时，盖举一以验之也。		《列子》各注本未见，待查。
汤问	宗方诚曰：此言音声之妙可以通造化而已。师文之见师襄，其言似在一日之间，安得通四时而并叩、并应乎？以此而观，可知其为寓言也。	林希逸《列子鬳斋口义》：此意盖言音声之妙可以通造化而已。师文之见师襄，其言似在一日之间，安得通四时而并叩、并应乎？以此而观，可知其为寓言也。	
汤问	廖明河曰：鬻歌假食，卖歌以求食也。因上师文鼓琴之说，又及讴者之事而并记之，皆言工技之神妙也。技能如此，则学道者岂不有至神、至妙之事乎？此又其言外意也。	林希逸《列子鬳斋口义》：鬻歌假食，卖歌以求食也。发之谢，而送之也。此语亦有见之《孟子》者。因师文鼓琴之说，又及讴者之事而并记之，皆言工技之神妙也如此。技能如此，则学道者岂不有至神、至妙之事乎？此又其言外意也。	

续表

篇名	诸家评语	原　文	备　注
汤问	王龙谿曰：此言天下之事无释无粗，皆有造于神妙者。	林希逸《列子鬳斋口义》：盖言天下之事无精无粗，皆有造于神妙者。	
汤问	殷海岱曰：偃师所造木偶也，趋走俯仰如人，歌合律，舞应节，如人瞬。招左右侍妾如人。木偶而能行能舞犹可，声从何出？此言人之一身亦是假合而成，何尝由我？释氏四大之说类此。	林希逸《列子鬳斋口义》：趋步俯仰，皆实如人。然，信实也。巧夫，叹其工能之巧也。镇，㩟也，㩟其口而使之歌，则皆合律。捧其手而使之舞，则舞应节。始者以为实似人，既久则宛如实人也。盛姬，群多之姬也。则舞应节。始者以为实似人，既久则宛如实人也。盛姬，群多之姬也。招，戏之也。谛，审也。料，点检之也。合，会复如初。既剖散而复合，其歌舞又如初见也。木人而能行能舞，犹可也，声从何出？此意盖言人之一身亦是假合而成，目应于肝，足应于肾，口应于心，何尝由我？释氏四大之说类此。	

续表

篇名	诸家评语	原 文	备 注
汤问	蔡白石曰：此言人之巧乃能夺造化，况造化之巧乎？	林希逸《列子鬳斋口义》：此人之巧乃能夺造化，况造化之巧乎？	
汤问	徐匡岳曰：云梯飞鸢与雪峰木毬相类，轮翟自谓极巧，比之偃师又不足言伎能矣。	林希逸《列子鬳斋口义》：云梯，攻城之具也，飞鸢亦木为之也。此与雪峰木毬相类，自谓能之极者。言般输、墨翟自谓极巧，比之偃师又不足言技能矣。	
汤问	解大绅曰：视虱如轮，即如扁鹊学医，隔墙而见人，尤异矣。此亦世间所有之事，然不精于学者不可与议也。	林希逸《列子鬳斋口义》：视虱如轮而后可射，此精艺者，必然如如扁鹊学医，隔墙而见人，尤异矣。此世间所有之事，不精于学者不可与议也。	
汤问	方希古曰：余曾游淮，识轩路分者，年七十，春秋大阅第一筹，年年得之。渠云：初收王辛，遇于六合山，辛欲射	林希逸《列子鬳斋口义》：向游淮，识轩路分者，其年已近七十矣，春秋大阅第一筹，年年得之。渠尝云：初收王辛时，相遇于六安山间，王辛执弓欲射之，轩之手中只有一条短木枪，呼辛而谓	

续表

篇名	诸家评语	原　文	备　注
汤问	之轩，手执短木枪曰：汝发三矢射我，不中即降我。辛发三矢为击落地，辛遂拜之。纪昌、飞卫岂诬乎？	之曰：我在此许汝发三矢，若射我不中汝即降我。我同汝见赵制，置管取做官人。辛发三矢皆为木枪所击而落地，辛遂拜之。王辛后为光州武定都统。及某至安丰，有王辛旧将亦言此事，与轩语一同，轩忘其名矣。然则纪昌、飞卫之相射，岂得谓诬乎？	
汤问	廖明河曰：此说似迂。第今人缘竿履绳而蹑履者，则知世间自有，列子言此，不过以为人间之技且有此神妙，况学道乎？	林希逸《列子鬳斋口义》：履木而待，其说似迂。观今人缘竿履绳，以为人间之技且有此神妙，况学道乎？	
汤问	邵定宇曰：描写神妙极处。		《列子》各注本未见，待查。

续表

篇名	诸家评语	原文	备注
汤问	殷海岱曰：此言厌圣之术自有神异，而况学道乎？以此说而入其书，皆有意存焉，非徒夸诞人言也。	林希逸《列子鬳斋口义》：盖言厌圣之术自有神异，而况学道乎？以此说而入其书，皆有意存焉，非徒夸诞大言也。	
汤问	赵浚容曰：形容三剑之状如在目前。		《列子》各注本未见，待查。
汤问	杨邃菴曰：下者，言第三剑宵练也。	林希逸《列子鬳斋口义》：下者，求其第三剑也。	文意已变，非林希逸原意。
汤问	何椒丘曰：三剑果不能杀人耳。如杀人，则孔周之自取毙也。然此幻术近世亦有之。		《列子》各注本未见，待查。
汤问	陈子渊曰：世间自有此事，而以传者为妄，是诬	林希逸《列子鬳斋口义》：世间自有此事。果于自信者，言皇子但信其耳目所及而不	

续表

篇名	诸家评语	原文	备注
汤问	理也。从前铺设，至此方结以两句，盖谓人各以其浅近之见而疑此广大之言，非知理者也。	知天下由此神异之事，遂以传者为妄，是诬理也。从前铺说，至此方结以两句，盖谓人各以其浅近之见而疑此广大之言，非知理者也。	
汤问	王凤洲曰：此篇凡二十七段，其议论大抵是排斥小见自私之人不知世界之广大，故为此虚旷之论。虽似荒唐，亦自有味。此首章以下诸段皆然，若要逐章求义理则不可也。读庄列之书，当别具一只眼。	林希逸《列子鬳斋口义》：此等议论皆是排斥小见自私之人不知世界之广大，故为此虚旷之论。虽似荒唐，亦自有味。此章以下诸段皆然，若要逐章求义理则不可也。读庄列之书别具一只眼可也。	此处取自林希逸评"故小大相含，无穷极也"一段。
汤问	汤义仍曰：篇中句语每与《庄》同，出于《列子》又是一机轴矣。		《列子》各注本未见，待查。

续表

篇名	诸家评语	原 文	备 注
力命	杨升庵曰：此意谓寿夭、穷达、富贵、贫贱若出于人为，而非天命制之。	林希逸《列子鬳斋口义》：力，人力也；命，天命也。此意盖谓寿夭、穷达、富贵、贫贱若出于人为而无非天命而制之。	
力命	王凤洲曰：直而推之，曲而任之，是曲直皆出于自然，我但推而任之矣。识之言，非命所能制，又有自然者制之。	林希逸《列子鬳斋口义》：直而推之，曲而任之，是曲直皆出于自然，我但推而任之矣。朕岂能识者，言亦非命所能制，又有自然而言者制之。	
力命	陆贞山曰：前路以人之顺境为美慕。		《列子》各注本未见，待查。
力命	屠赤水曰：此亦北宫子之顺境形已之逆境。		《列子》各注本未见，待查。
力命	陆贞山曰：造事，言所作为之事。	林希逸《列子鬳斋口义》：造事，言所作为之事也。	

续表

篇名	诸家评语	原　文	备　注
力命	胡栢泉曰：二子以穷达分彼此，固未为，是乃东郭遽以德命当之，北宫之寤有之。		《列子》各注本未见，待查。
力命	杨升庵曰：厚于德、薄于命，能多而不遇也。厚于命、薄于德，遭时而非所能也。此德字与能字同意，非道德之德。	林希逸《列子鬳斋口义》：厚于德、薄于命，能多而不遇也。厚于命、薄于德，遭时而非所能也。此德字与能字同意，非道德之德也。	
力命	何椒丘曰：一宫，北宫也，未闻西门子之言则为贫累，既闻西门子之言则为贫，安贫固不足以累人也。		《列子》各注本未见，待查。
力命	王凤洲曰：叙齐国父子、君臣、兄弟，与《管子·大臣》篇而暗合笔力自异。		《列子》各注本未见，待查。

续表

篇名	诸家评语	原 文	备 注
力命	田豫阳曰：鲍叔知我贫、知我时不利、知我有老母数语甚佳，善用能，善交人事也。不得不举、不得不用，天命也。	林希逸《列子鬳斋口义》：鲍叔知我贫、知我时不利、知我有老母，此数语甚佳。善用能，善交人事也。不得不举、不得不用，天命也。	
力命	郑少谷曰：朋友之情、君臣之谊，笃于此见之。		《列子》各注本未见，待查。
力命	林鬳斋曰：仲子此时乃舍鲍叔而薄之，岂忘向日之荐耶？抑叔果可薄耶？		林希逸原文无此批语，应为杜撰。
力命	王凤洲曰：此见责已甚周，待人甚恕，不自有其德，有心于服人，卑己而尊人，不用其聪明皆得之矣。	林希逸《列子鬳斋口义》：愧不若黄帝，责己甚周也；哀不己若，待人甚恕也。以德分人，不自有其德也；以贤临人，有心于服人也。以贤下人，卑己而尊人也。于国有不闻、于家有不见者，不用其聪明也。	

续表

篇名	诸家评语	原 文	备 注
力命	陆贞山曰：管鲍之交，如彼而垂没之言似薄鲍叔而厚隰朋，然厚薄之语非实论也，借此以形容力命之说耳。	林希逸《列子鬳斋口义》：管鲍之交，如彼而垂没之言似薄鲍叔而厚隰朋，虽曰为国择相，实亦有命焉，非夷吾所自由也。厚薄之语非实论也，借此以形容力命之说也。	
力命	杨南丰曰：竹刑之制子产始而用之，既而诛之，好恶反覆而祸福生，皆命也，非力也，子产亦不自由耳。	林希逸《列子鬳斋口义》：竹刑，邓析所制，子产始而用之，而邓析乃以此被诛。好恶反覆而祸福生焉，皆出于命之自然，非人力也，子产亦不自由耳。	
力命	何椒丘曰：《庄子》：适来，夫子时也；适去，夫子顺也。安时处顺，哀乐不能入也。亦此意。	林希逸《列子鬳斋口义》：《庄子》曰：适来，夫子时也；适去，夫子顺也。安时处顺，哀乐不能入也。亦是此意。	
力命	杨升庵曰：矫氏以人事致病，俞氏以禀受干大，卢氏以制之者不	林希逸《列子鬳斋口义》：矫氏之言，谓其以人事致病也，故以为众人而屏去之；俞氏之言，谓其以禀受之病	

续表

篇名	诸家评语	原 文	备 注
力命	可知，无论天人。季梁以人事致者，为众人以出于禀受者为良以制之者，不可知为伸。俄而，病自瘳，医药无预，尽属揣摩之见，而命通者谓之神耳。	也，禀受出于天，非人事所致，故以为良医而与之食，谓其言稍近于理也。卢氏之言制之者不可知，知之者亦不可知，此虽天亦不知之，固以为神医而厚馈之，以其所见高妙也。俄而自瘳，此一句又谓自然而然、医药无预。	
力命	王凤洲曰：贵贱、厚薄无与于寿夭，此语似若反常而非反常，言其似若逆理而非逆理。	林希逸《列子鬳斋口义》：贵贱、厚薄无与于寿夭，此语似若反常而非反常，言其似若违理而非违理。	
力命	陆贞山曰：此段即《庄子》所谓“天之君子，人之小人；人之君子，天之小人”之意。	林希逸《列子鬳斋口义》：此章即《庄子》“天之君子，人之小人；人之君子，天之小人”之意。	
力命	屠赤水曰：若若，动而不止。《汉书》云：绶，若若也。欲为而不为，欲不为而又为之，	林希逸《列子鬳斋口义》：若若，动而不止。《汉书》有“绶，若若是也”。欲为而不得为，欲不为而又为之，命之所制，孰知其故？	

续表

篇名	诸家评语	原 文	备 注
力命	命之所制，孰知其故？		
力命	王凤洲曰：即《庄子》“形如槁木、心如死灰”是也。	林希逸《列子鬳斋口义》：居若死，即《庄子》尸居之意。形如槁木、心如死灰是也。	
力命	胡栢泉曰：四者之人同游于世，各如其志也。而其情彼此虽穷年之久，皆不相知，此其用智之深也。下五段撰出此等名字，以形容人情世态。	林希逸《列子鬳斋口义》：四者之人同游于世，各如其志也。而其情彼此虽穷年之久，皆不相知，此其用智之深也。此下五段撰出此等名字，以形容人情世态。	
力命	王凤洲曰：此又四等矜才之人。	林希逸《列子鬳斋口义》：此又四等矜才之人。	
力命	何椒丘曰：此又四等异行之人。	林希逸《列子鬳斋口义》：此又四等异行之人。	
力命	杨南丰曰：众态者，以上五项之人也。道，自然也。人情世态，种种不同，亦皆其命为之。	林希逸《列子鬳斋口义》：众态者，以上五项之人也。道，自然也，咸之于道之往也，言皆出于自然也。其情貌态度虽不一，皆不得自由也。命所归者，皆归诸命也。此	

续表

篇名	诸家评语	原 文	备 注
力命		意盖谓人情世态，种种不同，亦皆其命为之。	
力命	杨升庵曰：知命之在天而无所容心，则亦不危。此等言句便与“知命者不立岩墙之下”者不同，圣贤之言，所以异于异端也。	林希逸《列子鬳斋口义》：然知其命之在天而无所容心，则亦不危。此等言句便与孟子“知命者不立岩墙之下”者不同，圣贤之言，所以异于异端也。	
力命	何椒丘曰：上句本是全而无丧，却结以自全、自亡、自丧，鼓舞之文也。	林希逸《列子鬳斋口义》：上句本是全而无丧，却结以自全、自亡、自丧，鼓舞之文也。	
力命	陆贞山曰：意本《晏子》，来一番便奇。		《列子》各注本未见，待查。
力命	郑少谷曰：此段言人之痴者不知死生去来，而但贪恋目前之乐。	林希逸《列子鬳斋口义》：此章盖言人之痴者不知死生去来，而但贪恋目前之乐也。	

续表

篇名	诸家评语	原文	备注
力命	何椒丘曰：此段乃得之本有、失之本无之论。	林希逸《列子鬳斋口义》：此章乃得之本有、失之本无之论。	
力命	何椒丘曰：上言势使然者，谓既为农商工仕矣，其势有不得不然也。世故之所使，不容自已也。	林希逸《列子鬳斋口义》：上言势使然者，谓既为农矣，为商矣，为工矣，为仕矣，其势有不得不然也。世故之所使，不容自已也。	
杨朱	陈琴轩曰：此言均之为人只为生足矣，何用名？	林希逸《列子鬳斋口义》：人而已矣，言均只为人，只为生足矣，何用名乎？	
杨朱	林尚默曰：此是一转也。	林希逸《列子鬳斋口义》：此处合有“曰”字，盖此是一转也。	
杨朱	林尚默曰：此又一转，却论名之实伪。	林希逸《列子鬳斋口义》：此又一转，却论名之实伪。	
杨朱	陈琴轩曰：此等文字亦太露筋骨，似非所以垂训之意，《庄子》则不然。	林希逸《列子鬳斋口义》：此等文字亦太露筋骨，似非所以垂训之意，《庄子》不然。	

续表

篇名	诸家评语	原 文	备 注
杨朱	陈琴轩曰：此谓不自甘于刑祸而取之，言其不杀身以求名也。	林希逸《列子鬳斋口义》：死后之名亦固人之所好，亦不自甘于刑祸而取之，言其不杀身以求名也。	
杨朱	师楚泽曰：上言清真之名能误为善之人，此言贫则不乐、富则自劳，皆非养生之道。	林希逸《列子鬳斋口义》：然则清真之名能误为善之人，如此故曰清真之误、善之在此。	
杨朱	林鬳斋曰：古人死则弃捐之，所谓不封不树、丧期无数是也。不含珠玉，所以讥厚葬之人。杨王孙、皇甫谧裸葬之说原于此。	林希逸《列子鬳斋口义》：古人死则弃之，《易》所谓不封不树、丧期无数是也。不含珠玉等语，所以讥当时厚葬之人。杨王孙、皇甫谧裸葬之说似原于此。	删改林希逸原文，文意大变。
杨朱	陶兰亭曰：阏，遏抑而自制之意。	林希逸《列子鬳斋口义》：阏，抑遏而自制之意。	
杨朱	林鬳斋曰：言纵乐其身心一日比他人一月，一年	林希逸《列子鬳斋口义》：纵乐其身心一日比他人一月，一年比他人十年。若不然，	删节林希逸原文

续表

篇名	诸家评语	原 文	备 注
杨朱	比他人十年，不然寿亦何益？非养生之道。	则虽有百年，千年、万年之寿亦何益？非吾所谓养者言，非养生之道也。	
杨朱	郑少谷曰：死欲速朽为石椁者，而言此亦矫世之论。	林希逸《列子鬳斋口义》：死欲速朽为石椁者，而言此亦矫世之论。	
杨朱	林鬳斋曰：娄、婧、娥、娇俱言美女。	林希逸《列子鬳斋口义》：娄、婧，美女也；娥、娇，亦美女也。	
杨朱	郑少谷曰：邓析以为乱真者，言其达养生之理也。	林希逸《列子鬳斋口义》：邓析以为真乱者，言其达养生之理也。	
杨朱	高苏门曰：多少滋味，多少理义，多少受用不尽处。	林希逸《列子鬳斋口义》：多少滋味，多少理义，多少受用不尽处。	
杨朱	李见罗曰：叙次参差错落。		《列子》各注本未见，待查。
杨朱	郑少谷曰：言不问十年、百年所见所闻与所更历不过如此，更千万年亦然也。	林希逸《列子鬳斋口义》：言千年、万年只是此等事也。更者，更历也。我之生也，不问十年、百年所见所闻与所更历不过如此，更千年、万年亦然也。	

续表

篇名	诸家评语	原　文	备　注
杨朱	师楚泽曰：此一转又好。	林希逸《列子鬳斋口义》：此一转却好。	
杨朱	陈琴轩曰：以我一毫而利天下，吾亦不与之。尽天下之物而以奉我，吾亦不取之。此所谓为我之学。	林希逸《列子鬳斋口义》：以我一毫而利天下，吾亦不与之。尽天下之物而以奉我，吾亦不取之。此所谓为我之学。	
杨朱	林鬳斋曰：孟孙阳者，杨朱弟也。	林希逸《列子鬳斋口义》：孟孙阳者，杨朱弟子也。	窜改林说。
杨朱	林鬳斋曰：才动一毛，便是我身中之物。意谓有一分务外之心则非自养之道。	林希逸《列子鬳斋口义》：才动一毛，便是我身中之物。岂可以其微而轻忽之？此意盖谓有一分务外之心则非自养之道。	删改林说。
杨朱	陶兰亭曰：此谓大禹、墨翟我师所不为，而汝知此比，并言之可乎？	林希逸《列子鬳斋口义》：盖谓大禹、墨翟我师所不为，而汝知此比，并言之可乎？	
杨朱	陈琴轩曰：天人者，言天下之人也。	林希逸《列子鬳斋口义》：天人者，言天下之人也。	

续表

篇名	诸家评语	原　文	备　注
杨朱	陈琴轩曰：在天下之人之中，最为穷独、最为忧苦、最为危惧、最为遑遽者也。	林希逸《列子鬳斋口义》：天人者，言天下之人也。在此天下之人之中，最为穷独、最为忧苦、最为危惧、最为遑遽者也。	
杨朱	郑少谷曰：尧舜之牧羊，不如五尺童子之数语极佳，谓能大者不能小者。支派，小流也。《庄子·秋水》篇亦有此意。	林希逸《列子鬳斋口义》：尧舜之牧羊，不如五尺童子此数语极佳，谓能大者不能小者。枝流者，支派，小流也。《庄子·秋水》篇亦有此意。	
杨朱	林鬳斋曰：言若存若亡、若梦若觉、或隐或显，大意盖谓事之愈久则愈不可知。知者一时之名誉亦徒自苦耳。	林希逸《列子鬳斋口义》：若存若亡、若梦若觉、或隐或显，大意盖谓事之愈久则愈不可知。虽有一时之名誉，数百年之后无不消灭，为善者亦徒自苦耳。	删节林希逸原文。
杨朱	郑少谷曰：养性者，养生也。任智而不恃力，智存于我，力角乎	林希逸《列子鬳斋口义》：养性者，养生也。任智而不恃力，智存于我，力角乎物也。存我者为贵，侵物者为贱。	

续表

篇名	诸家评语	原 文	备 注
杨朱	物也。存我者为贵，侵物者为贱。侵物者与之相靡也，相刃也。	侵物者与之相靡也，相刃也。	
杨朱	郑少谷曰：此言遁天背理之人。	林希逸《列子鬳斋口义》：遁人者，遁天背理之人也。	
杨朱	师楚泽曰：以负暄之乐而欲献以求宽，此形容其见小不见大之意。	林希逸《列子鬳斋口义》：以负暄之乐而欲献以求赏，此形容其见小不见大之意。	
杨朱	高苏门曰：此亦讥忠义立名之人。	林希逸《列子鬳斋口义》：此章亦讥忠义立名之人。	
杨朱	林鬳斋曰：世人既以有名为尊荣，以此为快乐，以无名为卑辱，以此为忧苦，所以趋求不已也。	林希逸《列子鬳斋口义》：世之人既以有名为尊荣，以此为快乐，以无名为卑辱，以此为忧苦，以忧苦为犯其性，以快乐为顺其性，所以趋求之而不已也。	删节林希逸原文。

二　焦竑的《列子品汇释评》

《二十九子品汇释评》全名《新锲翰林三状元二十九子品汇释评》，分别汇选先秦至秦汉时期二十九种著作，署名焦竑校正、翁正春参阅、朱之蕃圈点，据书前所附李廷机序言称："从吾焦君、青阳翁君、兰嵎朱君，皆积学浩瀚，博综今古，尝于公署之暇，援二十九子之文，择其言堪为世贤者，为之注释品评，或纪其实，或节其文，或断其事，或考其言之真赝，或断章取义，或解字诠言，俾好古之士一展卷间若日丽中天，毫无翳蔽，藉读者能掇其玄精，嚅其芳腴，则吐咳嗽尽珠玑，下笔若泉涌矣。他日登文坛、建旗鼓、称大将者，非此二十九子为之先驱耶？"据此而论，此书不单单是对各家评论的汇集，还有个人的评论及考证。但今存《李文节集》并无此篇序言，或为依托而作。

《列子品汇释评》并非选本，文中取张湛注，各家评论刻于天头之上，共集合余有丁、刘纯仁、茅瓒、焦竑、吴鼎、汪道坤、王世贞、苏濬、陆西星、唐顺之、李廷机、丘葵山、洪迈、林希逸、姚宽、胡时化、支道林、许应元、陈碧虚、袁了凡、王鏊、邵宝、真德秀、吴默、杨维祯、黄震、汤宾尹、骆日升、穆文熙、凌约、丘濬、倪思、瞿景淳、吴高、朱之蕃、钱福、陶望龄、施仁、沧鱼隐、郭子玄、林疑独、吕吉甫、陈祥道、顾清、孙大授、吕祖谦、程楷、焦竑等四十九家《列子》评语，比《诸子汇函》所列还要多十几位学者。然而细细比对可发现，除文中注外，天头所引各家评语，多取自张湛《列子注》与林希逸《列子鬳斋口义》，还有殷敬顺《列子释文》的内容，抑或是作者所据底本为张湛注与殷敬顺《列子释文》混排本，由此而选入。

与《诸子汇函》相类，其所截取的注解，有删节篡改者，有随意合取者。如《天瑞》托名苏濬曰："此段与易理化生不甚背，且文气鼓舞。职，主也。无为，造化也。此下口物又自奇特得来。"这段注解出自林希逸《列子鬳斋口义》，林氏原文为："职，主也。无为，造化也。不生者生其所生，无形者形其所形，以至色其所色、声其所声、味其所味，皆造化之所职。如此下得来又自奇特。"作者删改林说，且加入"此段与易理化生不甚背，且文气鼓舞"这句话，从义理及文脉上加以品评，亦可见作者用心之处。再如，《仲尼》托名陈碧虚注曰："佞给而不言，才辨而不合理，衍而无家，儒墨刑名乱行而无定家，好怪而妄言，爱奇异而虚诞其辞。"这段话取自张湛《列子注》，张氏原注分作三句话，本不在一处，即"虽才辩而不合理也"为一处，"儒墨刑名乱行而无定家"为一处，"爱奇异而虚诞其辞"为一处，作者将张湛这三句注合为一句。

文中注解则全用张湛注，但并非照搬，而是根据其需要做相应删节，只留其基本意思，亦有可取之处。如《天瑞》"是谓玄牝"一句后注曰："处卑而不可得名，故谓之玄牝也"，张湛原注曰："《老子》有此一章。王弼注曰：'无形无影，无逆无违。处卑不动，守静不衰。谷以之成而不见形，此至物也。处卑而不可得名，故谓之玄牝。'"删去张湛原句及所引王弼语，只留"处卑而不可得名，故谓之玄牝”一句。对原文的校勘，与宋本《列子》相校，多有不相同的地方，《黄帝》“尹士闻之”，宋本作“尹生闻之”，当以宋本为是。

此外，署名焦竑与翁正春的选本还有《二太史汇选注释九子全书评林》一书，卷十二选《列子》，八篇全选，所选注文为张湛注，采取眉批与夹注结合的方式，大段的阐释性话语以眉批形式出现，而对于字句的简短解释则放在文中，以小字双行的形式缀于字句下。其中也夹杂着非张湛注的批语，如《天瑞》“子列子适卫”句上批道：“此处便归到理上”，显然是从行文逻辑上品评全文。文中也有对字句的解释，如《天瑞》“介醯”（按：当为食醯）下注曰：“若酒上蠛蠓也，下同。”又如“腐蠸”下注曰：“音欢，谓瓜中黄甲虫也。”对于《列子》原文，作者也根据自己的理解做了修正，如“斯弥为食醯颐辂，食醯颐辂生乎食醯黄軦，食醯黄軦生乎九猷”一句话，焦竑等将“食”改为“介”，去掉了“食醯颐辂生乎食醯黄軦”一句。与上书相比，这部书是在张湛注基础上的发挥，并非各家注解的汇集。其中凡是张湛注中所没有的部分，或为作者的见解。张湛的注文，与上书相比也并非节录，而是尽量全部录出。

归有光与焦竑等人或许评选过《列子》，这两部书中的选文并无特别之处，而书中所托名的各家注解，则来自张湛及林希逸。归有光与焦竑等人可谓明代文坛大家，尚不至于荒谬如此。虽然两部著作有荒谬不可取之处，但作者在节选注文上也煞费苦心，且其所选《列子》原文亦可供学人诵读，并非一无是处。

附表 《二十九子品汇释评》中《列子》所引诸家注解与原文对照

篇名	诸家评语	原文	备注
天瑞	余有丁曰：总是阴阳化生之妙，文势鼓舞，亦不背道。		《列子》各注本未见，待查。
天瑞	刘纯仁曰：乃能生其生、化其化，此即造物是也。不能不生、不能不化者，万物是也。造化无化无生，故常生常化。无时者，即常字。	林希逸《列子鬳斋口义》：生其生、化其化，此即造化是也。不能不生、不能不化者，万物是也。造化无生无化，故常生常化。无时者，即常字也。	
天瑞	茅瓒曰：不曰无定名、无定迹，只下一谓字，自是奇特。	林希逸《列子鬳斋口义》：不曰无定名、无定迹，只下一谓字，自是奇特。	
天瑞	焦竑曰：《庄子》云：有始也者，有未始有始也者，有未始有夫未始也者。其言自始，此书又作做，四个名字亦只是《庄子》之意。	林希逸《列子鬳斋口义》：《庄子》曰：有始也者，有未始有始也者，有未始有夫未始也者。其言自始，此书又分作四个名字，亦只是《庄子》之意。	
天瑞	吴鼎曰：变而为一者气，变而后有太	林希逸《列子鬳斋口义》：变而为一者气，	

续表

篇名	诸家评语	原文	备注
天瑞	极也，有太极而后有阴阳五名，故曰一变而为上，阴阳二与五行共为七也。少阴、老阳之数八，与大少阴、老阴之数七与九，此所谓九者即乾数之极也。九者复变而为一，盖言物极则变也，与米儒不甚相远。	变而后有太极也，有太极而后有阴阳五行，故曰一变而为七，阴阳二与五行共为七也。少阴、老阳之数八与六，少阳、老阳之数七与九，此所谓九者即乾数之极也。或以七言少阳、老言老阳，则非此书之意。九者复变而为一，盖言物极则变也。有，必归于无也，无能生有，故曰一者形变之始究极也。	
天瑞	王世贞曰：有生、有形、有声、有色、有味指天地间万物言也，生生、形形、声声、色色、味味，造化也。	林希逸《列子鬳斋口义》：有生、有形、有声、有色、有味指天地间万物言也，生生、形形、声声、色色、味味，造化也。	
天瑞	汪道坤曰：此段大意只谓虽天地亦不能尽造化之用，而况人物乎？是十分正当之论。	林希逸《列子鬳斋口义》：此一段十分正当之论，其大意只谓虽天地亦不能尽造化之用，而况人物乎？	

续表

篇名	诸家评语	原文	备注
天瑞	苏濬曰：此段与易理化生不甚背，且文气鼓舞。职，主也。无为，造化也。此下口物又自奇特得来。	林希逸《列子鬳斋口义》：职，主也。无为，造化也。不生者生其所生，无形者形其所形，以至色其所色、声其所声、味其所味，皆造化之所职。如此下得来又自奇特。	
天瑞	陆西星曰：生之者未尝终形，形之者未尝有此独见之言，自非奇怪幻冥之说，理本如此。		《列子》各注本未见，待查。
天瑞	李九我曰：胥，皆也，言物皆化也，此以下皆言生生化化之意。	张湛《列子注》：胥，皆也，言物皆化也。	
天瑞	李廷机曰：有思幽之国，思士不妻，思女不夫，精气潜感，不假交接而生子也，此亦白鹢之类也。	张湛《列子注》：《大荒经》曰：有思幽之国，思士不妻，思女不夫，精气潜感，不假交接而生子也，此亦白鹢之类也。	
天瑞	陈碧虚云：此从终至于程皆生生之物，蛇蠹兽之类，言其变化	张湛《列子注》：自从终至于程，皆生生之物，蛇鸟虫兽之属，言其变	

续表

篇名	诸家评语	原文	备注
天瑞	无常，或以形而变，或无而更生，终始相生，无穷已也。	化无常，或以形而变，或死而更生，终始相因，无穷已也	
天瑞	丘葵山曰：进当为尽，此书尽字例多作进也。聚则成形，散则为终，此世之所谓终始也。然则聚者以形实为始，散者以虚漠为始，以形实为终始，而理实无终、无始者也。	张湛《列子注》：进当为尽，此书尽字例多作进也。聚则成形，散则为终，此世之所谓终始也。然则聚者以形实为始，以离散为终。散者以虚漠为始，以形实为终。故迭相与为终始，而理实无终、无始者也。	
天瑞	袁宗道曰：血气未定，方刚既衰，圣人分作三截，今此分作四截。《庄子》曰：大块载我以形，劳我以生，逸我以老，息我以死。亦分作四截。	林希逸《列子鬳斋口义》：血气未定，方刚既衰，圣人分作三截，今此分作四截。《庄子》曰：大块载我以形，劳我以生，逸我以老，息我以死。亦分作四截。	

续表

篇名	诸家评语	原文	备注
天瑞	洪迈曰：杜诗所谓“江上小堂巢翡翠，陇边高冢卧麒麟。细推物理须行乐，何用浮名绊此身？”便是此章之意。	林希逸《列子鬳斋口义》：此段诲人以贫富死生之理，故如此寓言。能自宽者，以其非见道而能推物理以自宽也。杜诗云：江上小堂巢翡翠，陇边高冢卧麒麟。细推物理须行乐，何用浮名绊此身？便是此章之意。	
天瑞	林希逸曰：不勤行则遗名誉，不兢时则无利欲。二者不存于胸中则百年之寿不期而自获也。	张湛《列子注》：不勤行则遗名誉，不兢时则无利欲。二者不存于胸中则百年之寿不祈而自获也。	
天瑞	李廷机曰：乐天知命，天然以待终，君子之所以息。思离忧苦，昧然而死，小人之所以伏。	张湛《列子注》：乐天知命，泰然以待终，君子之所以息。去离忧苦，昧然而死，小人之所以伏也。	
天瑞	林希逸曰：修身慎行，常怀兢惧，此仁者之所忧。贪欲纵肆常无厌足，此不仁者之所	张湛《列子注》：修身慎行，恒怀兢惧，此仁者之所忧。贪欲纵肆当无厌足，此不仁者之所	

续表

篇名	诸家评语	原文	备注
天瑞	苦，唯死而休息寝人之。	苦，唯死而休息寝伏之。	
天瑞	姚宽曰：物之有损有盈，有成有亏，亦密行于天地之间而人不觉。死生之往来，循环相接而不已，无间隙之可省。见川阅水以成川，水滔滔而日度。世阅人以成世，人冉冉以行；暮人何世而不新，世何人而能故？正是此意。	林希逸《列子鬳斋口义》：物之有损有盈，有成有亏，亦密行于天地之间而人不觉。死生之往来，循环相接而不已，无间隙之可省。见川阅水以成川，水滔滔而日度。世阅人以成世，人冉冉以行；暮人何世而不新，世何人而能故？正是此意。	
天瑞	胡时化曰：此二人一以必败为忧，一以必全为喜，此未知所以为忧喜也，而互慰喻使自解释，固未免于大惑也。	张湛《列子注》：此二人一以必破为忧，一以必全为喜，此未知所以为忧喜也，而互相慰喻使自解释，固未免于大虑也。	
黄帝	支道林曰：禀生之质谓之性，得性之极谓之和。夫应理处顺则所适常通，任情背道则遇物斯滞。	张湛《列子注》：禀生之质谓之性，得性之极谓之和。故应理处顺则所适常通，任情背道则遇物斯滞。	

续表

篇名	诸家评语	原文	备注
黄帝	许应元曰：亦不必便有此国，明至理之必如此耳。	张湛《列子注》：不必便有此国，明至理之必如此耳。	
黄帝	唐荆川曰：理无生死故无所乐恶，理无爱憎故无所亲疏，理无逆顺故无所利害也。	张湛《列子注》：理无生死故无所乐恶，理无爱憎故无所亲疏，理无逆顺故无所利害也。	
黄帝	陈碧虚曰：此皆未有此事，特设言耳。		《列子》各注本未见，待查。
黄帝	李九我曰：既不食五谷，岂复须吸风饮露哉？盖纳约之貌，不异于物耳。	张湛《列子注》：既不食谷矣，岂复须吸风饮露哉？盖吐纳之貌，不异于物耳。	
黄帝	支道林曰：大人合德，阴阳顺序，昏明有度，灾害不生。故道合二仪，契均四时，若子曰以道位天下者，其鬼不神。	张湛《列子注》：天人合德，阴阳顺序，昏明有度，灾害不生。故道合二仪，契均四时，老子曰：以道莅天下者，其鬼不神。	
黄帝	支道林曰：是非利害，世间之常理。在心之所念，任口之所言，而无矜吝于胸怀。内外如二，不犹喻于已	张湛《列子注》：是非利害，世间之常理。任心之所念，任口之所言，而无矜吝于胸怀。内外如一，不犹匿而不显	

续表

篇名	诸家评语	原文	备注
黄帝	而不显哉？欣其一故，聊寄笑焉。	哉？欣其一致，聊寄笑焉。	
黄帝	袁了凡曰：心既无念，口既无违，故能恣其所念、纵其所能。体道穹宗，为世津梁。终日念而非我念，终日言而非我言。若以无念为念、无言为言，未造于极也。所谓无为而无不为者如斯，则彼此之异于何而求师资之义，将何所施？故曰内外尽矣。	张湛《列子注》：心既无念，口既无违，故能恣其所念、纵其所言。体道穷宗，为世津梁。终日念而非我念，终日言而非我言。若以无念为念、无言为言，未造于极也。所谓无为而无不为者如斯，则彼此之异于何而求师资之义，将何所施？故曰内外尽矣。	
黄帝	王鏊曰：《庄子·达生》篇亦有此语，此是其一宗学问相传之语，却是一件大条贯。	林希逸《列子鬳斋口义》：《庄子·达生》篇亦有此语，此是其一宗学问相传之语，却是一件大条贯。	
黄帝	胡时化曰：不深度，谓只在面前至浅近而人不见也。无端，无始也。度，法纪统也。言此即目前之法而却	林希逸《列子鬳斋口义》：不深之度，谓只在面前至浅近而人不见也。无端，无始也。度，法也，纪统也，言此即	

续表

篇名	诸家评语	原文	备注
黄帝	不知所始也。藏，隐而不知也，如天之以我为隐也。万物之终始，物之所造皆造化也。	目前之法而却不知所始也。藏，隐而不知也，如夫子以我为隐也。万物之终始，物之所造皆造化也。	
黄帝	邵宝曰：此借粗以明至理之必然也。	张湛《列子注》：此借粗以明至理之必然也。	
黄帝	真德秀曰：神气不变者，盖德充于内则神满于内，故远近幽深，所在皆明。故审安危之机而澹然自得。	张湛《列子注》：郭象曰：挥斥，犹放纵也。夫德充于内则神满于外，无远近幽深，所在皆明。故审安危之机而泊然自得也。	
黄帝	支道林曰：至诚之人可以感物动天地，不止履危险、入水火，大是名言。		《列子》各注本未见，待查。
黄帝	吴默曰：见操舟之可学，则是玩其文未悟。没者之自能，则是未至其实，今且为汝说之。	张湛《列子注》：见操舟之可学，则是玩其文未悟。没者之自能，则是未至其实，今且为汝说之也。	

续表

篇名	诸家评语	原文	备注
黄帝	支道林曰：累三丸而不坠，用手之停当也。故承蜩所失者，不过锱铢之间耳。所失在锱铢，言所失之小心。	张湛《列子注》：向秀曰：累三丸而不坠，是用手之停审也。故承蜩而所失者，不过锱铢之间耳。	
黄帝	支道林曰：逢，犹大也。谓大腋之衣儒服，宽而长达。修，治也，言修汝所用仁义之术，反于自然之道，然后可载此言于身上也。心动于内，形动于外，禽兽犹觉人理，岂可诈也。	张湛《列子注》：修，治也，言修汝所用仁义之术，反于自然之道，然后可载此言于身上也。心动于内，形动于外，禽兽犹觉人理，岂可诈也。	“心动于内”是下章“海上之人好沤鸟”章注释。
黄帝	此都不觉有石火，何物而能阂之？	张湛《列子注》：此则都不觉有火，何物而能阂之？	这一条未假托作者，可能承接上条，也归于支道林名下。
黄帝	王世贞曰：此言因心以刳心，因智以去智，心智之累诚尽然所遣，心智之迹犹存明乎？	张湛《列子注》：夫因心以刳心，借智以去智，心智之累诚尽然所遣，心智之迹犹存明，	

续表

篇名	诸家评语	原文	备注
黄帝	至理非用心之所体，忘言之则有余暇者矣。	夫至理非用心之所体，忘言之则有余暇者矣。	
黄帝	杨维祯曰：此言实由文显、道以事彰，有道而无事犹有雌而无雄。今吾与汝虽深浅不同，然俱在实位，则无文相发矣。故未尽我道之实也。此言至人唱必有感而后和者也。	张湛《列子注》：向秀曰：夫实由文显，道以事彰。有道而无事犹有雌而无雄耳。今吾与汝虽深浅不同，然俱在实位，则无文相发矣，故未尽我道之实也。此言至人唱必有感而后和者也。	
黄帝	黄震曰：要识谓之至人，其动也天，其静也地，其行也水流，其湛也渊嘿。	张湛《列子注》：夫至人其动也天，其静也地，其行也水流，其湛也渊嘿。	
黄帝	王道坤曰：此九水名至人用之则行，舍之则离，波流九变，治也纷纭。若居其极者，常澹然自得，泊乎无之也。	张湛《列子注》：郭象曰：夫至人用之则行，舍之则止，虽波流九变，治也纷纭。若居其极者，常澹然自得，泊乎无为也。	

续表

篇名	诸家评语	原文	备注
黄帝	汤宾尹曰：权轻利薄，可无以求于人，而皆敬已，是高下大小无所失者。	张湛《列子注》：郭象曰：权轻利薄，可无求于人，而皆敬已，是高下大小无所失者。	
黄帝	骆日升曰：废，置也，曾无善言以当药石乎？	张湛《列子注》：废，置也，曾无善言以当药石也。	
黄帝	李廷机曰：老子之叹，叹其不可告。弟子之言，谓其与之物者游而无所执，一各一样机轴。		《列子》各注本未见，待查。
黄帝	吴默曰：柔可常胜强则不胜，此老子之论。	林希逸《列子鬳斋口义》：柔可常胜强则不胜，此老子之论。	
黄帝	穆文熙曰：自古以来夸其强者，视彼不已，若之人则必以我先之为快，告以此为强，则又存强于我者，又与我子，我又不胜则危殆矣，故曰先不己若者。至于若己，则殆矣。以柔为尚者，视世之人皆出于已之	林希逸《列子鬳斋口义》：以柔自守则常刚，以柔自保则常强。常弱、常柔则为福，不能柔、不能弱则为祸，故曰观其所积知祸福之乡。积常，久也。以强为胜，不若己者，忽其若己者出。以其刚而与我敌，我则不胜矣。故曰强盛	

续表

篇名	诸家评语	原文	备注
黄帝	先，而我常居其后。在我者，常弱常无较，则何所危殆乎？故曰先出于己者无所殆矣。	不若己，至于若己者。刚也以柔自守，而视世之人皆出于己上。我无所争，则在我者常胜，故曰柔胜出于己者，其力不可量。	
黄帝	陈碧虚曰：此一段言黄虞以前之人在德而不在相。		《列子》各注本未见，待查。
黄帝	又曰：此一段言黄虞以后之人在相而不在德。		《列子》各注本未见，待查。
黄帝	凌约曰：此言笼终之术不可以（后缺）		《列子》各注本未见，待查。
黄帝	苏濬曰：此假说有此人。		《列子》各注本未见，待查。
周穆王	黄震曰：娥媌，妖好也。靡曼，柔弱也。	张湛《列子注》：娥媌，妖好也。靡曼，柔弱也。	

续表

篇名	诸家评语	原文	备注
周穆王	凌约曰：清都、紫微，天帝之所居也。传记云：秦穆公疾不知人，既寤，曰：我之帝所甚乐，与百神游。《钧天》、《广乐》，九奏、万舞，不类三代之乐。	张湛《列子注》曰：清都、紫微，天帝之所居也。传记云：秦穆公疾不知人，既寤，曰：我之帝所甚乐，与百神游。《钧天》、《广乐》，九奏、万舞，不类三代之乐。其声动心。一说云赵简子亦然也。	
周穆王	支道林曰：假说目不能听，耳不能闻，意述精丧，以起下神游。		《列子》各注本未见，待查。
周穆王	胡时化曰：应上所居所游。		《列子》各注本未见，待查。
周穆王	焦竑曰：变化不可穷极，徐疾理亦无间，欲以智寻象模未可测。	张湛《列子注》曰：变化不可穷极，徐疾理亦无间，欲以智寻象模未可测。	
周穆王	李廷机曰：此感至君之言，故遨游八极，有放浪形骸之外意。	张湛《列子注》曰：感至言故遗世事之治乱，忘君臣之尊卑也。	化用张湛语。
周穆王	支道林曰：造物者非有心自然之妙耳。	张湛《列子注》曰：造物者岂有心哉？自然似妙耳。	

续表

篇名	诸家评语	原文	备注
周穆王	王世贞曰：假物而为变革者，与成形而推移，故暂生暂没。	张湛《列子注》：假物而为变革者，与成形而推移，故暂生暂没。	
周穆王	夫人深思一时犹得道，况不思而自得者乎？夫生必由理，形必由生，未有有生而无理、有形而无生。生之与形、形之与理，虽精粗不同，而迭为宾主。往复流迁，未始暂停。是以变动不居，或聚或散，抚之又伦则功潜而事著。修之失变，则迹显而变彰。今四时之令或乖，则三辰错序、雷水反用。器物蒸烁，则飞鍊云沙以成水。推此类也，阴阳之妙数，极万物之情。状则陶铸群有，与造化同功矣。若夫偏达数术以气质相引，俛仰	张湛《列子注》：深思一时，犹得其道，况不思而自得者乎？夫生必由理，形必由生，未有有生而无理、有形而无生。生之与形、形之与理，虽精粗不同，而迭为宾主。往复流迁，未始暂停。是以变动不居，或聚或散，抚之有伦则功潜而事著。修之失度，则迹显而变彰。今四时之令或乖，则三辰错序、雷冰反用。器物蒸烁，则飞鍊云沙以成水。顷得之于常，众所不疑。推此类也，尽阴阳之妙数、极万物之情者，则陶铸群有与造化同功矣。若夫偏达数术以气质相引，俛仰则一出一	

续表

篇名	诸家评语	原文	备注
周穆王	则一出一没，顾眄则飞走易形，盖之末者也。	没，顾眄则飞走易形，盖之末者也。	
周穆王	胡时化曰：此以上皆明梦或因事致感，或因情起念，理自然也。以下言真人无梦。	张湛《列子注》：此皆明梦或因事致感，或造极相反。	
周穆王	王世贞曰：此亦明觉梦不异，苦乐各适一方，则役天勤于昼而逸于夜，尹氏荣于昼而辱于夜，理苟不兼，未足相夸也。	张湛《列子注》：此章亦明觉梦不异，苦乐各适一方，则役夫勤于昼而逸于夜，尹氏荣于昼而辱于夜，理苟不兼，未足相夸也。	
周穆王	倪思曰：按此理亦当是赐之所逮，而顾纪颜回者，欲寄玄妙于大贤耳。	张湛《列子注》：此理亦当是赐之所逮，所以抑之者者，欲寄妙赏于大贤耳。	
周穆王	丘濬曰：文气颠倒，似非常品。		《列子》各注本未见，待查。
周穆王	茅坤曰：鲁之君子盛于仁义，明言是非，故曰迷之郵者也。	张湛《列子注》：鲁之君子盛称仁义，明言是非，故曰迷之郵者也。	

续表

篇名	诸家评语	原文	备注
仲尼	瞿景淳曰：所以不敢问者，将发明至理推起余于大贤，然后微言乃宣耳。	张湛《列子注》：所以不敢问者，将发明至理，唯起余于大贤，然后微言乃宣耳。	
仲尼	王世贞曰：回不言欲宣问，故弦歌以激发夫子之言也。	张湛《列子注》：回不言欲宣问，故弦歌以激发夫子之言也。	
仲尼	王鏊曰：《诗》、《书》、《礼》、《乐》，治世之具，圣人因而用之以救一时之弊耳，失其道则无益于理也。	张湛《列子注》：《诗》、《书》、《礼》、《乐》，治世之具，圣人因而用之以救一时之弊，用失其道则无益于理也。	
仲尼	吴高曰：此以为忧者，将谓下义张本，故先有此言耳。	张湛《列子注》：礼乐故不可弃，故曰未知所以革之之方，而引此以为忧者，将为下义张本，故先有此言耳。	
仲尼	茅坤曰：都无所乐、都无所知，则能乐天下之乐、知天下之知，而我无心者也。	张湛《列子注》：都无所乐、都无所知，则能乐天下之乐、知天下之知，而我无心者也。	
仲尼	苏濬曰：此颜回之辞。夫圣人既无所废亦无所用废，用之称亦因事而	张湛《列子注》：此颜回之辞。夫圣人既无所废亦无所用废，废用之	

续表

篇名	诸家评语	原文	备注
仲尼	事而生耳。故俯仰万机、应接世务皆形迹之事耳，冥绝而厌寂者，固泊然而不勤耳。	称亦因事而生耳。故俯仰万机、对接应世务皆形迹之事耳，冥绝而厌寂者，固泊然而不勤耳。	
仲尼	又曰：世之所谓圣者，据其迹耳，岂知所以圣、所以不圣者哉？	张湛《列子注》：世之所谓圣者，据其迹耳，岂知所以圣、所以不圣者哉？	
仲尼	唐荆川曰：孔丘之博学、汤武之干戈、尧舜之揖让、羲农之简朴，此皆圣人因事应物之粗。	张湛《列子注》：孔丘之博学、汤武之干戈、尧舜之揖让、羲农之简朴，此皆圣人因事应物之粗迹，非所以为圣者。	
仲尼	许应元曰：此非常识所及，故以为欺罔也。	张湛《列子注》：此非常识所及，故以为欺罔也。	
仲尼	陈碧虚曰：辨而不能讷必亏志，信之实勇而不能怯必伤仁，恕之道庄而不能同，有违和光之义，此皆滞于一方也。	张湛《列子注》：辨而不能讷必亏忠信之实，勇而不能怯必伤仁恕之道，庄而不能同有违和光之义，此皆滞于一方也。	
仲尼	李九我曰：此行也互复间优略，计长短数有四十，故直而许之。	张湛《列子注》：此行也岂复简优劣、计长短数有四十，故直而记之。	

续表

篇名	诸家评语	原文	备注
仲尼	朱之蕃曰：此见其尸居则自同土木，见其接物则若有是非，所以惊。	张湛《列子注》曰：此见其尸居则自同土木，见其接物则若有是非，所以惊。	
仲尼	胡时化曰：大抵无言者，有言之宗也；无知者，有知之主也。至人之心豁然动去，即物而言而非我言，即物而知而非我知。故终日不言而无玄默之称，终日用知而无役虑之名，故得无所不言、无所不知也。	张湛《列子注》：大抵无言者，有言之宗也；无知者，有知之主也。至人之心豁然洞虚，应物而言而非我言，即物而知而非我知。故终日不言而无玄默之称，终日用知而无役虑之名，故得无所不言、无所不知也。	
仲尼	李九我曰：晒笑并坐，似若褒贬升降之情。夫圣人之心应事而感，以外物少多为度，岂定于一方哉？	张湛《列子注》：晒笑并坐，似若褒贬升降之情。夫圣人之心应事而感，以外物少多为度，岂定于一方哉？	
仲尼	钱福曰：人虽七人之形，而天地之理备矣。故首员是方，取像二仪；鼻隆口窊，比像山谷。肉连于乘盃，脉属于川渎，	张湛《列子注》：人虽七人之形，而天地之理备矣。故首圆是方，取象二仪；鼻隆口窊，比象山谷。肉连于土壤，	

续表

篇名	诸家评语	原文	备注
仲尼	温蒸同于炎火，气息不异风雨。内视诸色，靡有一物不备。岂虽仰视俯察、复于朝野，然后备所见。	血脉属于川渎，温蒸同乎炎火，气息不异风云。内观诸色，靡有一物不备，岂须仰观俯察、履凌朝野然后备所见？	
仲尼	唐荆川曰：夫人所以受制于物者，以志有美恶。	张湛《列子注》：夫人所以受制于物者，以心有美恶。	
仲尼	陶望龄曰：志有美恶、有利害，苟能以万殊为一贯，其视万物岂觉有无之异？故天子所不得臣，诸侯不得友，妻子不能得亲，仆隶不能得伸也。	张湛《列子注》：心有美恶，体有利害。苟能以万殊为一贯，其视万物岂觉有无之异？故天子所不能得臣，诸侯不能得友，妻子不能得亲，仆隶不能得狎也。	
仲尼	支道林曰：忘怀任遇，通亦通，穷亦穷，其无死也，此圣人之道者也。	张湛《列子注》：忘怀任遇，通亦通，穷亦通，其无死地，此圣人之道者也。	
仲尼	陈碧虚曰：役智求全，贵身贱物，违害就利，务内役外，虽之于死，盖由生不幸也。	张湛《列子注》：役智求全，贵身贱物，违害就利，务内役外，虽之于死，盖由生不幸也。	

续表

篇名	诸家评语	原文	备注
仲尼	唐荆川曰：以至柔之道衔物，匕无字对，故其功不显。	张湛《列子注》：以至柔之道御物，物无与对，故其功不显。	此为“公仪伯以力闻诸侯”章注，应在后面，这里位置颠倒。
仲尼	施仁曰：古人有言曰：善观察秋毫，善听闻雷霆，亦此之谓也。		《列子》各注本未见，待查。
仲尼	吴默曰：公子牟，文候子，作书四篇，号曰道家。下伐得中山，以邑子牟，因曰中山公子牟也。	张湛《列子注》：公子牟，文候子，作书四篇，号曰道家。魏伐得中山以邑子牟，因曰中山公子牟也。	
仲尼	陈碧虚曰：佞给而不言，才辨而不合理，衍而无家，儒墨刑名乱行而无定家，好怪而妄言，爱奇异而虚诞其辞。	张湛《列子注》：虽才辩而不合理也；儒墨刑名乱行而无定家；爱奇异而虚诞其辞。	窜改张湛注文，将本不在一起的三句注文合成一句
仲尼	支道林曰：箭行势极，虽著而不觉，所谓强弩之末势不穿鲁缟者也。	张湛《列子注》：箭行势极，虽著而不觉，所谓强弩之末势不穿鲁缟者也。	

续表

篇名	诸家评语	原文	备注
仲尼	陆西星曰：夫物之所以断绝者，必有不均之处，上皆均则不可断。故发蜷曲而得秤重物，势至均故也。	张湛《列子注》：夫物之所以断绝者，必有不均之处，处处皆均则不可断。故发虽细而得秤重眥者，势至均故也。	
仲尼	沧渔隐曰：此申前段之意。		《列子》各注本未见，待查。
仲尼	陆西星云：大抵道治于物者，则治名灭矣。治名既灭，则尧不觉在物上，物不觉在尧下。	张湛《列子注》：夫道洽于物者，则治名灭矣。治名既灭，则尧不觉在物上，物不觉在尧下。	
仲尼	李廷机曰：蒸，众也。夫能使万物咸得其极者，不犯其自然之性也。若以识知制物之性，岂顺天之道哉？	张湛《列子注》：蒸，众也。夫能使万物咸得其极者，不犯其自然之性也。若以识知制物之性，岂顺天之道哉？	
汤问	陈碧虚曰：后世必复以今世为古世，则古今如循环矣。设令后人谓今亦无物则不可矣。	张湛《列子注》：后世必复以今世为古世，则古今如循环矣。设令后人谓今亦无物则不可矣。	

续表

篇名	诸家评语	原文	备注
汤问	林疑独曰：既谓之无，何得有外？既谓之尽，何得有中？所谓无无极、无无尽乃真极真尽矣。	张湛《列子注》：既谓之无，何得有外？既谓之虚，何得有中？所谓无无极、无无尽乃真极真尽矣。	
汤问	都子玄曰：阴阳失度，三辰盈缩，是使天地之阙，不必形体亏残也。女娲，神人，故能练五色之精以和阴阳，使昝度顺序，不必以器质相补也。	张湛《列子注》：阴阳失度，三辰盈缩，是使天地之阙，不必形体亏残也。女娲，神人，故能练五常之精以调和阴阳，使昝度顺序，不必以器质相补也。	
汤问	林独曰：《史记》云：方丈、瀛洲、蓬莱，此三神山在渤海中，盖常有至者，诸仙人及不死之药皆在焉。未至望之如云，欲到即引而去，终莫能至。		《列子》各注本未见，待查。
汤问	支道林曰：奇见异闻，众之所疑。禹益坚岂真空言谲怪以骇一世？盖明必有此物以遣执守者之固陋，除视听者之盲	张湛《列子注》：夫奇见异闻，众之所疑。禹益坚岂真空言谲怪以骇一世？盖明必有此物以遣执守者之固陋，除视	

续表

篇名	诸家评语	原文	备注
汤问	聋耳。夷坚，未闻，亦古博物者也。	听者之盲聋耳。夷坚，未闻，亦古博物者也。	
汤问	陈碧虚曰：以有形滞于神明之境，嵩山未足喻其巨。以有声涉于空寂之域，雷霆之音未足以喻其大。	张湛《列子注》：以有形滞于神明之境，嵩山未足喻其巨；以有声涉于空寂之域，雷霆之音未足以喻其大也。	
汤问	林疑独曰：应上汤问巨细修短之说。		《列子》各注本未见，待查。
汤问	唐荆川曰：大抵人期功于旦夕者，闻岁暮而致叹；取美于当年者，在身后而长悲。此故俗世之近心，一世之常情也。至于大人以天地为一朝、亿代为旷息，忘怀以造事，无心而为功。在我之与在彼，在身之与在人，弗觉其殊别，莫知其先后。故北山之愚与嫠妻之孤，足以哂河曲之智、嗤一世之惑，	张湛《列子注》：夫期功于旦夕者，闻岁暮而致叹；取美于当年者，在身后而长悲。此故俗士之近心，一世之常情也。至于大人以天地为一朝、亿代为旷息，忘怀以造事，无心而为功。在我之与在彼，在身之与在人，弗觉其殊别，莫知其先后。故北山之愚与嫠妻之孤，足以哂河曲之智、嗤一世之惑，	

续表

篇名	诸家评语	原文	备注
汤问	悠悠之徒不可察哉？	悠悠之徒不可察與？	
汤问	管一德曰：隰朋之知，极于齐国，岂知彼国之巨伟？故管仲骇之也。	张湛《列子注》：朋之知极于齐国，岂知彼国之巨伟？故管仲骇之也。	
汤问	苏濬曰：夫方士所资，自然而能。故吴越之用舟、燕朔之乘马，得之于水陆之宜，不假学于贤智。慎到曰：治水者次防绝塞，虽在夷貊，相似如一。学之于水，不学之于禹也。	张湛《列子注》：夫方士所资，自然而能。故吴越之用舟、燕朔之乘马，得之于水陆之宜，不假学于贤智。慎到曰：治水者次防绝塞，虽在夷貊，相似如一。学之于水，不学之于禹也。	
汤问	林希逸曰：发甚微脆，而至不绝者，至约故也。今所以觉者，犹轻重相顷，有不均处也。	张湛《列子注》：发甚微脆，而至不绝者，至约故也。今所以觉者，犹轻重相顷，有不均处也。	
汤问	焦竑曰：二子易心，秉其本识，故各异耳，各归于同耳。	张湛《列子注》：二子易心，秉其本识，故各反其家，各非故形，故妻子不识也。	

续表

篇名	诸家评语	原文	备注
汤问	茅瓒曰：师旷为晋平公奏清角，一奏之有白云从西北起，再奏之大风至而雨随之，三奏之裂帷幕、破俎豆、飞廊瓦，左右皆奔走。平公恐，晋国大旱，赤地三年。	张湛《列子注》：师旷为晋平公奏清角，一奏之有白云从西北起，再奏之大风至而雨随之，三奏之裂帷暮、破俎豆、飞廊瓦，左右皆奔走。平公恐伏，晋国大旱，赤地三年。	
汤问	陆西星曰：六国时有雍门子名周善，今又善哭，以曼哭于孟尝君。	张湛《列子注》：六国时有雍门子名周，善琴又善哭，以哭干孟尝君。	
汤问	陈详道曰：生皆以机关相使，去其机关之主，则不能相制。术亦如人有五脏，有病皆外应七孔与四肢也。	张湛《列子注》：此皆以机关相使，去其机关之主，则不能相制御，亦如人五脏有病，皆外应七孔与四肢也。	
汤问	李九我曰：班输作云梯，可以凌虚仰攻，墨子作木鸢，飞三日不集。	张湛《列子注》：班输作云梯，可以凌虚仰攻，墨子作木鸢，飞三日不集。	
汤问	许应元曰：力字颇精，叙亦皆同。与下章皆寓言，然是魏晋晚近之交也。		《列子》各注本未见，待查。

续表

篇名	诸家评语	原文	备注
汤问	姚宽曰：视虱如轮，则余物称此而大焉。	张湛《列子注》：视虱如轮，则余物称此而大焉。	
汤问	杨维祯曰：箕裘皆须柔屈，三接而后成器。为弓治者，调金角和金铁亦然。故学者必先发其所易，然后能成其所难也。	张湛《列子注》：箕裘皆须柔屈补接而后成器。为弓治者，调筋角和金铁亦然。故学者必先攻其所易，然后能成其所难也，所以为谕也。	
汤问	瞿景淳曰：此言造父善术，得车具之齐整，在于辔衔之际，喻人君得民心则安矣。	殷敬顺《列子释文》：此言造父善御，得车舆之齐整，在于辔衔之际，喻人君得民心则国安矣。	
汤问	王世贞曰：夫行之所践，容足而已。足外无余而人不敢践者，此心不夷。体闲即进止有常数，迟疾有常度，苟尽其妙，非但施之于身，乃可行之于物。虽六辔之类、马足之甲，调之有道，	张湛《列子注》：夫行之所践，容足而已。足外无余而人不敢践者，此心不夷、体不闲故也。心夷体闲即进止有常数、迟疾有常度，苟尽其妙，非但施之于身，乃可行之于物。虽六辔之烦、马足之众，调之	

续表

篇名	诸家评语	原文	备注
力命	不患其乱。故轮外不恃无用之辙，蹄外不赖无用之地，可不谓然也。	有道，不患其乱。故轮外不恃无用之辙，蹄外不赖无用之地，可不谓然也。	
汤问	支道林曰：以其可执可见，故曰言其下者。	张湛《列子注》：以其可执可见，故曰言其下者。	
力命	焦竑曰：命者，必然之期、素定之分也。虽此事未验，而此理则已然。	张湛《列子注》：命者，必然之期、素定之分也。虽此事未验，而此理则已然。	
力命	陈碧虚曰：此言万物皆有命，则智力无施。	张湛《列子注》：此篇明万物皆有命，则智力无施。	
力命	吕吉甫曰：穷达之异，皆自然而然，非人事巧拙也。	张湛《列子注》：此自然而然，非由人事巧拙也。	
力命	齐告鲁曰：子纠，兄弟，勿忍加诛，请杀之。召忽、管仲，雠也，请得而甘心醢之。不然，将灭鲁。鲁患之，遂杀子纠，召忽自杀，管仲请囚也。	张湛《列子注》：齐告鲁曰：子纠，兄弟，勿忍加诛，请杀之。召忽、管仲，雠也，请得而甘心醢之。不然，将灭鲁。鲁患之，遂杀子纠，召忽自杀，管仲请囚也。	

续表

篇名	诸家评语	原文	备注
力命	胡时化曰：言之甚不可伏，讳而不言也。	张湛《列子注》：言病之甚，不可复讳而言也。	
力命	林希逸曰：愧其道之不及圣，矜其民之不逮己，故能无弃人也。	张湛《列子注》：惭其道之不及圣，矜其民之不逮己，故能无弃人也。	
力命	郭子玄曰：析，音锡。邓析著书二十篇，郑人也。与子产并时。列子及孙卿并云子产杀邓析，据《左传》，昭二十年子产卒。定公九年，驷颛杀邓析而用竹刑，则非子产所杀也。	殷敬顺《列子释文》：音锡。邓析著书二十篇，郑人也。与子产并时。列子及孙卿并云子产杀邓析，据《左传》，昭二十年子产卒。定公九年，驷颛杀邓析而用其竹刑，则非子产所杀也。	
力命	汪道坤曰：自然生耳，自然泰耳，未必由人德与智力，故曰天福。自然死耳，自然穷耳，未必由凶虐与愚弱，故亦曰天福也。	张湛《列子注》：自然生耳，自然泰耳，未必由仁德与智力。然交履信顺之行，得骋一己之志，终年而无忧虞，非天福如之何也？自然死耳，自然穷耳然肆凶虐之心、居不赖生之地而威之于死，是之死得死者，故曰天福也。	“自然生”与“自然死”两注原不在一处。

续表

篇名	诸家评语	原文	备注
力命	施仁曰：死生之分、修短之期，咸定于无为，天理之所制矣。但愚昧者之所惑，玄达者之所悟也。	张湛《列子注》：夫死生之分、修短之期，咸定于无为，天理之所制矣。但愚昧者之所惑，玄达者之所悟也。	
力命	许应元曰：夫顺天理而无心者，则鬼神不能犯、人事不能干。若迎天意、料倚伏，处顺以去逆，就利而违害，此方与逆害为巨对，用智力精巧者耳。未能使吉凶不生、祸福兼尽也。	张湛《列子注》：夫顺天理而无心者，则鬼神不能犯、人事不能干。若迎天意、料倚伏，处顺以去逆，就利而违害，此方与逆害为巨对，用智力精巧者耳。未能使吉凶不生、祸福兼尽也。	
力命	施仁曰：物往亦往，物来亦来，任物出入，故莫有碍。	张湛《列子注》：物往亦往，物来亦来，任物出入，故莫有碍。	
力命	凌约曰：此下五段撰出此等名字，以形容人情世态，亦《庄子》所谓姚佚启态之类。	林希逸《列子鬳斋口义》：此下五段撰出此等名字，以形容人情世态，亦《庄子》所谓繇役启态之类。	
力命	苏濬曰：世有几得几失之言，而理实无几也。	张湛《列子注》：世有几得几失之言，而理实无几也。	

续表

篇名	诸家评语	原文	备注
力命	又曰：祸福岂有内外，皆理之玄定者也。见其卒起，因谓外至；见其渐著，因谓内成。	张湛《列子注》：祸福岂有内外，皆理之玄定者也。见其卒起，因谓外至；见其渐著，因谓内成。	
力命	吕吉甫曰：自全者，非用心之所能；自败者，非行失之所致也。	张湛《列子注》：自全者，非用心之所能；自败者，非行失之所致也。	
力命	又曰：棱，当作栈。《晏子春秋》及诸书皆作栈车，谓编木为之栈。士限切。	殷敬顺《列子释文》：棱，当作栈。《晏子春秋》及诸书皆作栈车，谓编木为之栈。栈，士限切。	
杨朱	李九我曰：夫士为无已，故情无已也。	张湛《列子注》：夫事为无已，故情无厌足。	
杨朱	王世贞曰：夫名者因伪以求真，假虚以招实。矫性而行之，有为而为之者，岂得无勤爱之弊耶？	张湛《列子注》：夫名者因伪以求真，假虚以招实。矫性而行之，有为而为之者，岂得无勤忧之弊邪？	
杨朱	又曰：为善不以为名。名自生者，实名也。为名以招利而世莫知者，为名也。为名则得利者也。	张湛《列子注》：为善不以为名。名自生者，实名也。为名以招利而世莫知者，伪名也。伪名则得利者也。	

续表

篇名	诸家评语	原文	备注
杨朱	张湛《列子注》：为善不以为名。名自生者，实名也。为名以招利而世莫知者，伪名也。伪名则得利者也。	张湛《列子注》：生实暂来，死实长往，是世俗当谈而云死复暂往。卒然览之，有似字误。然此书大旨自以为存亡往复、形气转续，生死变化未始绝灭也。	
杨朱	顾清曰：此等文字太露筋骨，似非所以垂训之意。	林希逸《列子鬳斋口义》：此等文字太露筋骨，似非所以垂训之意。	
杨朱	王世贞曰：此诬伯夷、展计之言，然欲有所以折扬，不得不寄责于高胜者耳。	张湛《列子注》：此诬贤负实之言，然欲有所以抑扬，不得不寄责于高胜者耳。	
杨朱	钱福曰：任情极性、穷欢尽娱，虽近期促年，且得尽养生之乐也。	张湛《列子注》：任情极性、穷欢尽娱，虽近期促年，且得尽当生之乐也。	
杨朱	胡时化曰：借名拘礼，内怀于矜惧。忧苦以至死者，长年还期，非所贵也。	张湛《列子注》：惜名拘礼，内怀于矜惧，忧苦以至死者，长年遐期，非所贵也。	

续表

篇名	诸家评语	原文	备注
杨朱	王鏊曰：晏婴，墨者也。自以勤省治身，动遵法度，非达生死之分。所以举此而资以明治身者，唯取其奢俭之异也。	张湛《列子注》：晏婴，墨者也。自以俭省治身，动遵法度，非达生死之分。所以举此二贤以明治身者，唯取其奢俭之异與？	
杨朱	姚宽曰：不知真人则不能治身，治国者偶耳。此一篇辞又大迳挺，抑抗不似君子之音气。然其音欲去自拘束者之累，故有过逸之言耳。	张湛《列子注》：不知真人则不能治国，治国者偶尔。此一篇辞太迳挺，抑抗不似君子之音气。然其旨欲去自拘束者之累，故有过逸之言者耳。	
杨朱	孙大授曰：达于理者知万物之无常，财货之暂聚之非我之功也。且进奉券之宜，弊之非我之弥也。且明物不常聚，若斯人者，岂名誉所劝、礼法所拘者？	张湛《列子注》：达于理者知万物之无常，财货之暂聚，聚之非我之功也。且进奉养之宜，散之非我之施也。且明物不常聚，若斯人者，岂名誉所劝、礼法所拘哉？	
杨朱	郭子玄曰：一生之经历如此而已，或好或恶，或安或危，知循环之无穷，若以为乐耶？则重来之物无所复欣，若以	张湛《列子注》：夫一生之经历如此而已，或好或恶，或安或危，知循环之无穷，若以为乐耶？则重来之物无所复欣，若以为	

续表

篇名	诸家评语	原文	备注
杨朱	为者耶？则切己之患不可再经，故生弥久而爱弥积也。	苦耶？则切己之患不可再经，故生弥久而忧弥积也。	
杨朱	施仁曰：疑杨子贵身太过，故发此问。	张湛《列子注》：疑杨子贵身太过，故发此问。	
杨朱	茅坤曰：符，验也。言事故无方，倚伏相推，言而验之者，摄乎变通之会。	张湛《列子注》：夫事故无方，倚伏相推，言而验之者，摄乎变通之会。	
杨朱	胡时化曰：物莫能与争故常语处先。此语似壶子答而不终显。列子一得持后之义，因而自释之。壶子又以为解，故不复答列子也。	张湛《列子注》：物莫能与争故常语处先。此语似壶子答而不终显。列子一得持后之义，因而自释之。壶子又以为解，故不复答列子也。	
杨朱	黄震曰：见言出则向入，形往则影来。明报应之理不异于此也，而物所未悟，故曰先知之耳也。	张湛《列子注》：见言出则向入，形往则影来，明报应之理不异于此也。而物所未悟，故曰先知之耳。	
杨朱	郭子玄曰：《韩诗外传》云：靡，共也。《吕氏春秋》云：角试，力也。此言人重利而轻道，唯	张湛《列子注》：《韩诗外传》云：靡，共也。《吕氏春秋》云：角试，力也。此言人重利而轻道，唯食	

续表

篇名	诸家评语	原文	备注
杨朱	食而已尔。犹禽兽饱食而相共角力以来胜也。	而已尔。亦犹禽兽饱食而相共角力以来胜也。	
杨朱	汪道坤曰：射虽中而不知所以中，则非中之道。身虽存不知所以存，则非存之理。故夫射者能拙，俱民而知所以中者，异矣。愚俱存而知所以存者，殊也。	张湛《列子注》：射虽中而不知所以中，则非中之道。身虽存不知所以存，则有之理。故夫射者能拙，俱中而知所以中者，异贤愚俱存而知所以存者，殊也。	
杨朱	林希逸曰：自贤者，即上所谓孤而无辅，知贤则智者为之谋、能者为之使，物无弃才则国易治也。	张湛《列子注》：自贤者，即上所谓孤而无辅，知贤则智者为之谋、能者为之使，物无弃才则国易治也。	
杨朱	又曰：此明用巧能不足以瞻物，因道而化则无不周。	张湛《列子注》：此明用巧能不足以瞻物，因道而化则无不周。	
杨朱	支道林曰：应机则是，失会则非。虽有仁义礼法之术而智不适时，则动而次会者矣。	张湛《列子注》：应机则是，失会则非。虽有仁义礼法之术而智不适时，则动而次会者矣。	“应机”句与“虽有”句不在一处。

续表

篇名	诸家评语	原文	备注
杨朱	苏濬曰：二子之所以穷，不以其博与术，以其不得随时之宜。	张湛《列子注》：二子之所以穷，不以其博与术，以其不得随时之宜。	
杨朱	焦竑曰：白公，楚平公之孙，太子建之子也。其父为费无极所潜出奔郑。郑人杀之，胜欲令尹子西、司马子期伐郑，许而未行。晋伐郑子西，子期方救。郑胜怒曰：郑人在此，雠不远矣。故杀子西、子期，故问孔子，孔子知之故不应。微言，犹密谋也。	张湛《列子注》：白公，楚平公之孙，太子建之子也。其父建为费无极所譖出奔郑。郑人杀之，胜欲令尹子西、司马子期伐郑，许而未行。晋伐我郑，子西、子期将救郑，胜怒曰：郑人在此，雠不远矣。欲杀子西、子期，故问孔子，孔子知之故不应。微言，犹密谋也。	
杨朱	茅坤曰：劲，力也。拓，举也。孔子力能举门关而力名不闻。	张湛《列子注》：劲，力也。拓，举也。孔子能举门关而力名不闻者，不用其力也。	
杨朱	胡时化曰：公输班善为功器，墨子设守能却之，为般所服，而不称知命者，不有其能也。	张湛《列子注》：公输班善为功器，墨子设守能却之，为般所服，而不称知命者，不有其能也。	

续表

篇名	诸家评语	原文	备注
杨朱	穆文熙曰：天下之绝伦者，不于形骨毛色中求，故仿佛恍惚，若存若亡，难得知也。	张湛《列子注》：天下之绝伦者，不于形骨毛色中求，故仿佛恍惚，若存若亡，难得知也。	
杨朱	黄震曰：言其相马之妙乃如此，是以胜臣十万而不可量。	张湛《列子注》：言其相马之妙乃如此，是以胜臣千万而不可量。	
杨朱	真德秀曰：精内谓天机，粗外谓牝牡。毛色所见者，惟天机也。所不见者，毛色牝牡也。视所观，视者不忘其所视。	张湛《列子注》：精内谓天机，粗外谓牝牡。所见者，唯天机也。所不见者，毛色牝牡也。视所宜视者，不忘其所视。	四句本不在一处。
杨朱	焦竑曰：与之至今不决。汉萧何亦云：子孙无令势家所夺。即此类也。	张湛《列子注》：汉萧何亦云：子孙无令势家所夺。即此类也。	
杨朱	黄震曰：击，打也。如今双陆棋也。韦昭、傅奕论云：设木而击之是也。	张湛《列子注》：击，打也。如今双陆棋也。韦昭、傅奕论云：设木而击之是也。	
杨朱	瞿景淳曰：骄奢之致败，不以一塗。虞氏无心于陵物而家破者，亦由谦退之行不素著故也。	张湛《列子注》：骄奢之致祸败，不以一塗。虞氏无心于陵物而家破者，亦由谦退之行不素著故也。	

续表

篇名	诸家评语	原文	备注
杨朱	焦竑曰：此章辗转譬喻以为问答，今禅家答话亦有此风。	林希逸《列子鬳斋口义》：此章辗转譬喻以为问答，今禅家答话亦有此风。	
杨朱	真德秀曰：此一论甚近人情，今世蹈此世者甚众，如孤出湖中之故。鱼鳖有一日而卖数次者。	林希逸《列子鬳斋口义》：此一喻甚近人情，今世蹈此失者甚众，如孤山湖中之放鱼鳖，有一日而卖数次者。	
杨朱	丘濬曰：此章犹谚言疑心生暗鬼也，其得世情之微。	林希逸《列子鬳斋口义》：此章犹谚言疑心生暗鬼也，心有所疑，其人虽不窃鈇而我以疑心视之，则其件件皆可疑，此喻甚得世情之微。	
杨朱	瞿景淳曰：心有所著，颐伤而不知，亦人情也。即大学心不在焉、视不见、听不闻之意。	林希逸《列子鬳斋口义》：心有所著，颐伤而不知，亦人情也。倒杖策者，以其杖倒转而自策也。錣杖，末之锐也。株，木也。埳，陷也。意有所属者，则于其行也。虽抵触而不自知，即大学心不在焉、视不见、听不闻之意。	
杨朱	胡时化曰：此篇议论皆正，皆与儒书合。末后数件设喻俱佳，文字亦异于他篇。	林希逸《列子鬳斋口义》：此篇议论皆正，皆与儒书合。末后数件设喻俱佳，文字亦异于他篇。	

第五节 陈深等的《列子》节选与注释

明代《列子》选本较多，大都集中在各类子部丛刻书之内，如归有光《诸子汇函》、焦竑《二十九子品汇释评》等。但此类丛书或为无注选本，或为汇评本，编者评语很少。陈深《诸子品节》及桂天祥选、王良材注《注释六子要语》两书，其所选《列子》章节，基本上代表了明代对《列子》一书的总体认识。王良材注释《列子要语》，则以儒家为本位解读《列子》。

一 陈深的《列子品节》

陈深，字子渊，号潜斋，浙江长兴人，生卒年不详。明嘉靖二十八年举人，官至雷州推官。陈深性嗜古，年八十余犹笔耕不辍，主要著作有《周易然疑》、《春秋然疑》、《周礼训隽》、《十三经解诂》、《诸史品节》、《诸子品节》等。详见同治《长兴县志》卷二十三、卷二十九。

《诸子品节》共五十卷，为陈深晚年杂抄诸子而成。全书分为“内品”、“外品”、“杂品”三部分，他在凡例中说：“书分内品、外品、杂品，仿依《庄子》之内篇、外篇、杂篇而品名之，以便于学者按名求珍，无甚优劣，虽庄氏三篇，概其辞旨，亦未有优劣其间，学者观于内品，而知蕴藉之精深，外品知雄名之独禅，杂品知珠连玉屑之足矜也。”由此看来，陈深以《庄子》自喻，期望其书能如《庄子》一样流传千古。他的采录原则是：“不佞所采掇者，乃晚周以后，西京以前，为其世代近古，文辞奥雅，故取其诸子众家，及《史》、《汉》记载，无问真赝，杂陈于前，而摘其尤杰异者而辑录之，为之品骘，为之节文，以便作者临池器使……然亦有全书，出一人之手，成一家之言，一句一字皆其精神融结，而不容取舍者，摘之则非全璧矣。故不佞于《老子》、《庄子》、屈宋骚辞及《孙子兵法》，一句一义者，皆全录之，不遗一字，所以见畸人玮士，构思落笔，学问之所自来，不如是，不足探其底。”[1]据此可知，陈深注重对诸子行文逻辑的考察，努力展现前人文章的风采，以期学人能有所裨益。对于诸子的真伪问题，他则不做专门探讨，“无问真赝，杂陈于前”，这也体现出陈深兼容并包的思想。

陈深选《列子》二十一节，分别为：《天瑞》三节，《周穆王》一节，《仲尼》四节，《汤问》六节，《力命》三节，《杨朱》二节，《说符》二节。文中注截取林希逸《列子鬳斋口义》，以文评为主。与其他学者评论问题不同，陈深从辨伪角度品评所选《列子》文句。如他评“郑之圃泽多贤”一节说：“治运旅、治宗庙出，论而书为后人所撰明矣。土木、金革、声乐、书数等语，皆后言，知其非列氏也。”陈深认为，这一节中所谈论的治军旅、治宗庙、土木、金革、声乐、书数等均为后世语，非列子时所应有，他断言此处绝非《列子》原书所有，必定是后人所伪撰。他评瓠巴鼓琴一节又说：“詹何、瓠巴、韩娥三段，俱自庄周来，意虽仿依，文自单薄。”“文似韩娥，自谓悠扬，未见清远，愧其绕梁。”陈深认为这三个故事均取自于《庄子》，而文句单薄，如韩娥一样，悠扬而非清远。而他品评飞卫学射及杨朱游鲁则直接指出是魏晋人所为：“句字颇精叙，亦简妙，然是魏晋晚近之文也。”“此段构思却精，非晋人不能为此。”“四节共为一章，专论名之一字，凡转结在未伪字上，终是晋人口气。”陈氏认为这两节文字虽然

1 陈深《诸子品节》凡例，明万历间刊本。

精到，但口气却似晋人，并非《列子》原文。由此看来，陈深所选《列子》章节是有针对性的截取，并非只重文评。

陈深所选《列子》侧重于说理性文字，注文采林希逸说，只在天头处表明自己的观点，以辨伪为主。他认为《列子》中后人伪撰处是魏晋人所作。由此也可看出陈深对魏晋人著作的推崇。尽管陈深评论甚少，但却综合了文评及辨伪两个方面，基本上代表了明代对《列子》的总体认识。

二　王良材《注释列子要语》

《六子要语》为明人桂天祥所选，计有《老子》、《庄子》、《荀子》、《扬子》、《文中子》、《列子》六种。桂天祥在《刻六子要语叙》中说："有问曰：六子世多疵之，奚取其要乎？曰：取适用，不适于用，虽善无取也。且诸士之所诵读者，非六经乎？返六经以折衷诸子，咀其所同，吐其所异，即老氏之宁一可以怡神，庄列之跌宕冲澹可以明志，荀杨王子之明礼乐、述王道，由《法言》、《中说》以窥孔孟之藩篱，亦可以羽翼六经，而道在是矣。"这段话可以看作是桂天祥节选《六子要语》的总纲领，有两层意思：一是是否适用，二是羽翼六经。王良材在《六子要语后序》中说："我明兴以科目取士，主之以六经，而诸子百家乃所以羽翼六经以资见闻者也。"由此看来，所谓的"适用"以及"羽翼六经"，其最终目的都是为科举而服务。正如王良材所说："皆各是其所是，不于圣门学业有助耶？譬如黄钟具备，缺瓦缶不足以言全乐。吾儒六经贯彻而六子之论不解，又岂得为通儒哉？"明末的科举考试已经逐渐向为科举而科举转化，儒生只埋头于儒家经典，完全为政治所左右，失去学术自由，先秦子书也成为儒家经学附庸。值得庆幸的是，桂天祥、王良材等人虽身为儒生，但并未把诸子看作异端之学弃之不论，而是从中吸取有益的成分以增长见闻，这也是明末书院讲学的可取之处。

桂天祥，字子兴，临川（今江西抚州临川区）人，嘉靖间进士，授祁门知县，后擢御史出按山西，卒于任上。桂天祥还是明代著名的唐诗评点家，有《批点唐诗正声》流传于世。王良材为其同郡人，自称“逸人”，他为桂天祥《六子要语》作注，大致以儒家正统思想为纲，严格恪守“六经羽翼”的原则。

《列子要语》分别节选《天瑞》子列子论生化、孔子游泰山、杞人忧天、齐之国氏四章，《黄帝》黄帝梦游华胥、列子师老商、列子问关尹、列御寇为伯昏无人射、周宣王之牧正颜回问仲尼、孔子观于吕梁、仲尼适楚、海上人好沤、杨朱南之沛、杨朱过宋、宋有狙公、纪渻子为周宣王养斗鸡十二章，《周穆王》周穆王游昆仑、老成子学幻、觉有八征、阳里华子、秦人逢氏五章，《仲尼》老聃弟子亢仓子、商太宰问孔子、子夏问孔子、列子好游、季梁之死、公仪伯以力闻、乐正子舆、尧治天下八章，《汤问》汤问四海之外奚有、汤又问物有巨细、愚公移山、夸父逐日、大禹论道、南国之人、两小儿辩日、均天下之至理、瓠巴鼓琴、薛谭学讴、伯牙鼓琴、周穆王西巡狩、飞卫学射、造父学御十四章，《力命》力谓命、北宫子谓西门子、鲍叔牙为桓公、齐景公游牛山四章，《杨朱》百年寿之大齐、卫端木叔、孟孙阳问杨子、杨朱见梁王、宋国有田夫、杨朱曰丰屋美食六章，《说符》子列子学于壶丘子林、子列子穷、鲁施氏有二子、晋文公出会、晋国苦盗、孔子息驾河梁、白公问孔子、赵襄子使新稺穆子攻翟、秦穆公问伯乐、狐丘丈人、杨子之邻人亡羊、杨朱之弟杨布、杨朱曰行善、不死之道、正旦放鸠齐田氏祖于庭、人有枯梧树、人有亡鈇者、齐人欲金十八章。其中，《黄帝》篇孔子观于吕梁与《说符》篇孔子息驾河梁内容相同，《列子要语》均予以选入。或许作者认为这两篇虽内容相同但分列两篇之中，必定有特定含义，故而均予选录。《杨朱》篇取六章，回避杨朱思想主旨，只节选与儒家思想相合之处。桂天祥所选《列子》总共六十章，《黄帝》、《周穆王》、《仲尼》、《汤问》、《说符》所选较多。黄帝、周穆王、孔子、商汤都是儒家所推尊的圣人，且这四篇中所谈均借圣人之口而阐发要理，“跌宕冲澹，可以明志”。总体来看，桂天祥所选《列子》，基本可以代表《列子》全书的精华思想，作者虽然以儒家思想作为取舍标准，但其持论还是比较公允的。

王良材《列子要语》注释，采用评点的方式，分段注释。虽然不成体系，但还是可以看出作者的思想取向。作为儒生，他严格遵守“羽翼六经”的标准，从儒家的根本思想出发来阐释《列子》。

圣本位思想。《天瑞》是《列子》全书的总纲，体现了列子的宇宙观，这是儒家所不曾涉及的领域。王良材以阴阳气化理论来阐释《列子》中万物生化的思想：“阳气轻清而上为天，阴气浊重而下为地。阴阳之气和合为人。……天地之生物，亦是合阴阳之精而后化化生生也。”阴阳分化，阴气与阳气被分配地与天。阴阳二气和合交感，产生世间万物，而以人为最贵。天、地、人是万物中有灵性者，而圣人在人之中又具有特殊作用：“天能生物、能覆物，地能成物、能载物。……圣居天地之间而职教化之事。”圣人代表天道，肩负着教化众生的职责，所以圣人高出众人，成为沟通天地与万物之间的桥梁。只有遵从圣人的教化，才能明白宇宙变化的奥妙。

无心理念。儒家思想在宋代被周敦颐等人改造成了理学，尤其是明代王守仁的心学思想，强调主体的作用，在明代影响很大。王良材也受其影响提出了“内外俱进”的观点：

所念所言，皆听其自然而无容心于是非利害之间，是心与理一，无复抉择也。横，纵也，纵心所念，不涉思维也。纵口所言，横说直说皆可也。放纵自由，不复知有是非利害，则心与理化而忘之也。此四节正学道工夫次第也。任内既与理化，则动容周旋之间，亦与俱化，故曰内外俱进矣。

思想与语言都随顺自然，不受任何拘束，这样心才能与理相合，也就不会产生是非利害的想法，从而可以达到无所容心的境界。所谓“内外俱进”，也即是心口合一，随顺理而行，但并不为理所束缚。王良才在海上人好沤鸟章进一步解释说：

盖谓此心稍萌，则其机已露，岂能与物我相忘哉？以此喻无言之言、无为之为、不知之知意极亲切。盖无为、无言、无知，皆无容心而已。至言则言矣，故曰至言去言。至为则无为矣，故曰至为无为。人不知其所不可知，而皆以其所可知者为知，其所见浅矣。故曰其知之所知。

王良才认为，只要达到事事无心境界，便能无违事理。孔子并不论及“心”，这里所体现的是宋明理学思想。

综上所述，无论是桂天祥所选，还是王良材注释，都体现出强烈的儒家用世精神。从“适用”的角度出发，将学理与现实结合起来，以完成儒家的理想人格。

第六章 清代《列子》学

第一节 研究背景及概况

明末政治黑暗，统治者虽有强国之心，但刚愎自用，未能实现强国之梦。远在关外的满族政权日渐强盛，步步进逼中原，最终取代明朝而建立满清王朝。满清为游牧民族，入主中原之后，慢慢为汉文化所同化，积极学习汉族的传统文化，开博学鸿词科招揽汉族学者入仕，先后编纂如《古今图书集成》、《四库全书》等大型图书，汇集各种研究资料，有力推动了清代学术的发展。尽管如此，满族统治者对汉人仍存疑虑，康、乾时期大兴文字狱，在言行上采取高压控制政策，以加强封建统治。清初由明入清的一批学者，大多怀有亡国之恨，对于满清统治并不臣服，他们拒绝入仕，而是选择了专心学术研究，而自明末兴起的考据学，成为他们最好的选择，由此奠定了清代考据学的基础。清代的《列子》研究，即是以此为开端。卢文弨《列子张湛注校正》、任大椿《列子释文考异》、俞樾《列子平议》等著作，均以考订《列子》及相关著作词句为特点。

受考据学影响，出现了一批以校勘为主的文献学家。他们在搜集古本的基础上，对传世本《列子》进行校勘，留下了许多珍贵的批语。黄丕烈于乾隆末发现一部宋本《列子》，通过校勘发现与此本相比通行本有诸多不足之处，顾广圻、管礼耕、江德量、陆云士、章钰等也纷纷用宋本校勘通行本《列子》，由此也引发了《列子》刊刻的高潮，许多名人校勘本纷纷被印刷流通，如汪继培校湖海楼本即为其代表。

张湛在《列子注》序中提出《列子》“与佛经相参”，这是《列子》与佛教相关的最早记载。此后，朱熹、林希逸、宋濂等人均以佛教思想对比《列子》。清杨文会的《冲虚经发隐》，则是第一部系统运用佛教思想解读《列子》的著作。梁启超也曾运用佛教思想批点《列子》。

第二节 乾嘉学派的《列子》研究

乾嘉学术代表了清代学术研究的最高成就，他们反对宋学的空谈，继承了明末杨慎等人的治学风格，逐渐将字句考证发扬光大，成为清代乾嘉学的主导风向，由此也产生了一大批以考证校勘为主要治学风格的考证、校勘学家。如戴震、毕沅、钱大昕、王念孙、王引之等，他们均注重对文章字句的考证。随着明末子学研究的兴起，乾嘉学者们也逐渐对诸子发生兴趣，子书的特点恰与他们的考据主张相合。因此，对子书的考订与校勘成为一时风气，大有与经学研究比肩的趋势，卢文弨、任大椿、俞樾三人是其代表。卢文弨有《群书拾补》，分别考证各书中字句异同，《列子张湛注校正》为其中一种；任大椿有《列子释文考异》一卷，考证殷敬顺《列子释文》不正确之处；俞樾有《诸子平议》，《列子平议》为其中一种，考证《列子》原文字句差异，提出自己的见解。

一 卢文弨的《列子张湛注校正》

卢文弨(1717—1796)，字绍弓，号抱经，仁和(今浙江杭州)人，与戴震、段玉裁友善，以校勘古籍闻名于世，其藏书楼名为抱经堂，有《抱经堂丛书》传世。《群书拾补》是他对四部书字句的考证，均以坚实的字句考订见称于世。与后期乾嘉学者不同的是，卢文弨更侧重于文本内部的考察。

《列子张湛注校正》是其《群书拾补》之一种，他在解题中首先概括诸子传世本的特点："世所传诸子多是世德堂本，有不标堂名者，后来刊去耳。"世德堂本所刻诸书，确为各种传世本《列子》里较为精审的刻本。世德堂本《列子》是纠合了张湛注、殷敬顺释文、陈景元释文补遗三者合一的校刻本，文本校勘上也优于他本。因此，在黄丕烈发现宋本《列子》之前，世德堂本《列子》基本成了标准刊本。在此之前的研究者，很少对其权威性提出质疑。进入乾嘉时期，随着考证之学的逐渐兴起，在对《列子》字句的考证过程中，发现世德堂本也存在诸多错误，于是开始逐渐对其进行校勘。尤其是北宋本《列子》出现后，这种校勘风气愈演愈烈，掀起了《列子》考据研究的高潮。

由于世德堂本将《列子释文》混入张湛注中，虽然用圈以示区别，但在没有任何说明的情况之下，一般读者很少会去注意这个问题，多数都会将《释文》内容认作张湛注文。比如音释，以今存最早的北宋本《列子》与世德堂本相校，发现世德堂本中诸多音释是北宋本所无。也就是说，张湛的原注中很少出现音注，这就破坏了张湛原注的基本面貌，造成认知误区。基于这种情况，任大椿以世德堂本为底本，参校《道藏》本《列子释文》，将《列子》原文及张湛注文有错误的地方一一注出，对相吻合无误之处，则不再出注。从《列子》文本研究的意义上看，卢文弨的这种校勘是必要的，对以后《列子》校勘起到了导风气之先的作用，也开创了《列子》研究的新篇章。

虽然是考证著作，但卢文弨重在校勘，文中对于字句的考订并不突出。归纳起来，主要有以下几个特点：一是理清张湛注与殷敬顺《释文》，这一点是卢文弨《列子张湛注校正》的基本观点，无需过多讨论；二是根据上下文义初步校订《列子》，如《天瑞》“不化者往复”一句后卢文弨注曰：“下句当叠往复二字。”《列子》原文“不生者疑独，不化者往复。其际不可终，疑独，其道不可穷。”世德堂本与北宋本均同。卢文弨认为“其际不可终”一句前应有“往复”二字，根据上下文可知世德堂本与北宋本此处均误，应有“往复”二字。与乾嘉学派后期诸人侧重旁征博引的考订相比，卢文弨更重视从文本自身内部寻找证据，注重上下文义的考察，而且他的推断也非常合乎逻辑。如《周穆王》“别日升昆仑之上”一句，卢文弨在“升”字下注曰：“下有于字”，世德堂本无，而北宋本恰有“于”字。

综上所述，卢文弨《列子张湛注校正》是乾嘉前期著作，还未陷入纯粹的考证风气之中。秉承着宋明以来的朴实学风，注重对于文本内部的探寻。他的《列子张湛注校正》，可以说是《列子》研究当中开风气之先的著作。利用现有的文献资料，从文献考订角度来校订谬误。与之后乾嘉诸学者旁征博引的字词考订相比，卢文弨的这种研究方法更为科学有效。

二　任大椿的《列子释文考异》

任大椿（1738—1789），字幼植，一字子田，江苏兴化人。乾隆三十四年进士，一生治学以小学成就最为突出，曾任职四库馆，这为他的研究提供了很大方便。任大椿所生活的时期已经进入乾嘉考据学的兴盛期，与卢文弨相比，任大椿更注重以旁征博引来考订字音字义，在大量实例的说明下证成自己的观点。

《列子释文考异》是任大椿考订《列子释文》的一部研究著作，收入其所编的《燕禧堂五种》中。据其序称，任大椿于归途中偶得《道藏》本《列子释文》二卷，发现书中有很多珍贵资料都是现在所看不到的佚书，而且对于《列子》的校正也出于今本之上。因此，他也用《道藏》本来校正传世本《列子》。序中未曾提到卢文弨的《列子张湛注校正》，似还未曾见到卢著。

任大椿《列子释文考异》突出的特点是对于字音字义的考订。对于一个字的音义，他旁征博引，用大量实例证明自己的观点。如释《黄帝》篇“常钧”之“钧”字说：“音均。案：今本‘风雨常均’，钧作均。考《诗·大雅》‘四鍭既钧’，《书·泰誓厥罪维钧》，《左传·昭公二十六年》‘年钧以德，德钧以卜’，《国语·周语》‘细钧有钟，无镈大钧，有镈无钟’，《战国策·秦策》‘钧吾悔也’注钧即均，则钧、均相通。”又如释“田叟”曰：“今本‘宿于田更’，叟作更。考《文王世子》‘三老五更’注更当为叟，《文王世子》释文更，共衡反，注同蔡，作叟，音素口反。田更之作田叟，与五更之作五叟同。”实际来看，这种研究方式虽然值得肯定，但却陷入了纯粹字词考订的误区，是小学的内容，而不是《列子》研究的内容。古人对于字词的注释，是基于对文本的理解而来。为了解决学人阅读的困难，逐渐对文本中的难字难词做出解释，为后人提供阅读的方便。而专注于文字的考订，则失去了古人作注的本意。所以，与卢文弨相比，任大椿的这种研究已经脱离了文本研究的层面。在小学研究上或许成果巨大，但就《列子》研究而言，则是一个误区。因为即使是小学研究，各家有各家的观点，对于字词的理解，前代文献汗牛充栋，存在诸多不确定因素，不能仅仅以自己所见到的著作为蓝本而骤下结论。或许其他学者又看到不同的文献资料，从而提出与之相异的观点。

综上所述，任大椿的《列子释文考异》是以传世本《列子》

校订《列子释文》的谬误，书中过多地对字句的考订，未免陷入了小学的误区。但是，对于文本的考订来说，这种小学的论证又是必需的，只是存在一个度的问题，不能滥用。

三　俞樾的《列子平议》

俞樾（1821—1907）字荫甫，号曲园，浙江德清人。清末著名学者、文学家、经学家、古文字学家、书法家。清道光三十年进士，曾任翰林院编修。治学以经学为主，旁及诸子学、史学等。有《春在堂全书》，《诸子平议》是其中一种。

《诸子平议》是俞樾的子学研究著作，秉承着乾嘉学术的风气，仍以考证为主。但是，他的考证与卢文弨、任大椿不同。卢文弨侧重文本的内在考察，任大椿侧重以旁征博引方式对字词的考订，俞樾兼两者而有之，受其治经学的影响，更多地加入了主观臆断，这就未免给他的子学研究带来了许多负面影响。《列子平议》为其中一种，主观臆断成分很大。如《天瑞》“食醯颐辂，食醯颐辂生乎食醯黄軦，食醯黄軦生乎九猷”一句注曰：“颐辂食醯黄軦食醯八字皆衍。《庄子·至乐》止作‘颐辂生乎食醯，黄軦生乎九猷’，无此八字。”俞樾对这句话的理解有几点错误，首先他所截取的《列子》原文还少“斯弥为”三字，取句不完整；其次，他忽略《列子》本文的原意，以《庄子》来纠正《列子》；最后，个人臆断成分很大，并未考虑上下文义。王叔岷《列子补正》指出：“此文以‘斯弥为食醯颐辂’为句，‘食醯颐辂生乎食醯黄軦’为句，‘食醯黄軦生乎九猷’为句”，他还引《太平御览》引《庄子》“黄軦生乎九猷”上尚有“黄軦食醯”四字证明“当据《列子》补《庄子》，不当据《庄子》删《列子》”。若不考虑王叔岷所引《太平御览》引《庄子》文字，单纯从《列子》文本考虑，也当证明俞樾的观点错误。再者，同任大椿多引用先秦及秦汉子书不同，俞樾多用儒家著述来证明自己的观点，这也与其治经学关系甚大。如释“夫得是而穷之者焉得为正焉”曰：“为正当作而止，字之误也。止与正字形相似，为古文作而，与而相似。襄十四年《左传》‘射为礼乎’，《太平御览·工艺部》引作‘射而礼乎’。《孟子·滕文公》‘方礼而井’，《论语·颜渊》正义引作‘方礼为井’，并其证也。”经学著作虽然历史悠久，但门派森严，各家有各家的观点，不同的宗派观点各不相同，很难统一。俞樾用经学著作来论证小学研究的观点，存在诸多缺陷。而他又是以经学而旁及其他领域，未免带有臆测成分。

俞樾生活于清朝末期，乾嘉学术的辉煌时期已经过去，众多学者也开始总结这种考据学的利弊。同时，时代的忧患意识也使得众多有识之士把目光转向国家存亡。在与清王朝共同辉煌之后，乾嘉学术也随着清王朝的衰亡而逐渐向新学术转化。俞樾的研究正处在承上启下的阶段，这也难免会出现许多误差。但不管怎样，作为一代大师，俞樾的研究成果自有其可取之处。

四　《列子》校勘的盛行

随着乾嘉学风的盛行，出现了一批专门以校勘古籍而著名的学者，如黄丕烈、汪继培、江德量、顾广圻、管礼耕等，他们或以藏书为好，或以校书抄书为好，但均无一例外地对校勘整理古籍情有独钟。

乾隆六十年冬，黄丕烈偶遇书商兜售宋本《列子》，不惜重金将其买下。与世德堂本《列子》相校，发现世德堂本虽号称善本，仍有许多谬误之处，并手跋于书后，叙述其购书经过及此本《列子》之价值。对于这个本子，他给予了相当高的评价，认为其价值远在世德堂本之上，是《列子》中的上善之本。随后，围绕着宋本《列子》，顾广圻、陆云士、管礼耕、章钰等纷纷对明本《列子》进行校勘，为《列子》研究增添了新的内容。

黄丕烈是江淮间有名的藏书家，这也为他校书提供了方便。他不惜重金搜求古本，用以校勘传世本各类典籍，留下了大量的手跋校语，为后世的研究提供了很多宝贵的第一手资料。黄丕烈是第一个将宋本《列子》运用于校勘的学者，他以明世德堂本为底本，与宋本相校，除将殷敬顺释文与张湛注进一步分离之外，还发现世德堂本的许多错误之处，这为《列子》研究提供了更为有力的原始资料。

顾广圻是黄丕烈的好友，黄氏发现宋本后，请他代为仔细校勘，他发现书中有很多音注，怀疑是殷敬顺《列子释文》中的内容，仔细校勘发现是作注者留下的旧音，由此可知张湛注原本即有音注。顾氏手校本《列子》以世德堂本为底本，将宋本中所无之处一一勾勒，又将与宋本有异之处一一改正。

管礼耕《手校宋本列子》，校订甚为详细。从行款到字句，一一标示清楚。据《清史稿·文苑传》载："管礼耕，字申季。岁贡生。父庆祺，从陈奂游。礼耕笃守家学，尤长训诂。尝言唐以正义立学官，汉、魏、六朝遗说积久，泰半阙不完。凡所考见，独存释文，而今本踳驳非其旧，思综稽群籍为校证，未及半而卒。"管礼耕的父亲管庆祺"从陈奂游"，陈奂为清末著名学者，先后师事江沅、段玉裁，又曾问学高邮王念孙、王引之，专攻经学，于《毛诗》用力最勤。因此，管礼耕的家学应该倾向于小学训诂。管礼耕秉承家学，立志整理图书，可惜天不假年，半道而殂。又据许庚飏《冯桂芬祭文》可知，管曾肄业于冯的门下，并成为其得意门生："秦风权舆，汉学根柢，唯公创始，乐观厥成。非公斯席，孰发其英？唐弓夏服，各受榜檠。柳（商贤）管（礼耕）袁（宝璜）叶（昌炽），久且益精。”[1]

冯桂芬是清末著名的教育家，曾在多所书院讲学。管礼耕即其在正谊书院所收的弟子。冯桂芬对他非常器重，曾让他助校《说文段注考证》及《苏州府志》。管礼耕与当时一些著名学者及藏书家都有往来，其中最为著名者是瞿氏铁琴铜剑楼。第三代主人瞿秉渊、瞿秉清兄弟二人延请同郡管礼耕、王颂蔚、叶昌炽至家中重校《铁琴铜剑楼书日》。据张瑛《濬瞿君家传》载："秉清乃于光绪三年八月初旬，偕（张）瑛同赴郡中，面邀诸友来乡萃业。留滞两日，聚晤极欢。……重编书目，临殁不忘，功不可没，志尤可悯，君不特为一家保守遗书，实为东南文献留一线之传。"《手校宋本列子》后有识语亦载此事："光绪丙子四年中旬，偕王芾卿、叶菊裳为虞山之游。下榻于菰里村瞿氏，假其所藏宋本对校一过，凡七日而毕。礼耕识。"由此可知，管礼耕在当时文坛也首屈一指。《清史稿·艺文志》著录其《操镉斋遗书》四卷。

《手校宋本列子》以明嘉靖间覆刊世德堂本《列子》为底本，前为张湛《列子序》，下缀"张湛字处度"，后为序文。序文后题"冲虚真经目录"，后有列子小传，再后一行下缀"唐当涂县丞殷敬顺释文"，后列篇目，再后为刘向校上序。卷首题"冲虚至德真经卷第一"，后一行题"列子"，下缀"张湛处度注"，卷末仍题"冲虚至德真经卷第一"，以后各卷均依此体例。管礼耕取铁琴铜剑楼藏宋本《列子》与此对校，凡不同之处均一一标示出来。又参校清聚文堂汇刻《十子全书》，以及卢重玄注本《列子注》。宋本校语均用朱笔标出，《十子全书》及卢注本《列子》异文均

1 冯桂芬《显志堂存稿》卷首，《续修四库全书》第1535册。

用墨笔标出。书后有管礼耕校语，再后为其手录黄丕烈跋语二则，均用朱笔录上。综合来看，管礼耕主要从行款、异文两个方面校对。首先看行款。世德堂本《列子》行款排列较为随意。管礼耕据宋本《列子》一一标注。卷端世德堂本《列子》题“冲虚至德真经卷某某”，与宋本合，顶格书写。后一行题作者及注者，上为列子，下为张湛处度注。世德堂本均空两格，宋本则空五格。后一行为篇名，世德堂本空一格，宋本空两格。卷末世德堂本题“冲虚至德真经卷某某”，与后正文所空行数随文而不等。而宋本《列子》卷末均题“列子冲虚至德真经卷某某”，卷一紧随正文而不空行，其后各卷均空一行。由此看来，宋本《列子》在刊刻行款上也较为讲究，非常注重版式的整体美。

其次看行文字句。世德堂本《列子》半叶八行，行十七字，注随文不等。宋本《列子》，每半叶十四行，大字二十五、二十六不等，小字三十三、三十一不等。世德堂本《列子》“无”均作“無”，宋本则作“无”。张湛注文，世德堂本与宋本比较，舛错甚多。若删去宋本没有的内容，可知张湛注文甚为简略，音注很少。世德堂本《列子》在后世流传各本中，无论从刊刻以及校订上，均为较佳版本，而与宋本相较，则又差一层。黄丕烈在宋本《列子》跋语中说：

> 《列子》行世本，以世德堂六子本为最。余旧藏景宋钞本，抱冲曾取与世德堂本较之，多所歧异，几自矜为善本矣。近得此本，佳处更多，钞本遂逊而居乙。抱冲从弟涧苹为余校是书，见其中所坿音，始犹疑为殷敬顺《释文》后。细审之，乃知非《释文》，盖作注者之旧音也。且为余言殷敬顺乃宋人而托名唐人者，如此本字句，《释文》所云“一本作某某”，

皆与此本合，则此本之在《释文》未行以前。可知《列子》善本绝少得，此足正群讹书。前跋毕，并纪数语以传信于后。

由黄丕烈所记以及管礼耕所校，可知宋本《列子》确是为稀有佳本。管礼耕校语均为手写笔录，逐字逐句一一参阅，由此可看出作者用功之甚。

清末，章钰、翁廉、梁启超、方惟一也曾校勘过《列子》，前三人所据本为光绪二年浙江书局刊《二十二子全书》本，方惟一所据为覆刊世德堂本。《二十二子全书》本《列子》系依世德堂本校刻，覆刻本也是据世德堂本校刻。所不同的是，他们所校《列子》不再以纯粹的文本相比勘，而是侧重于对《列子》文句的解析，重在文本探索。

由卢文弨到章钰等人的《列子》校勘，可以大致看出乾嘉时期由初期到后期学风的转变。当然，这其中个人因素的影响也不可忽略，但大致倾向体现为初期文本与考证共同运用，中期重考据而轻文本，后期重在文献比勘，近代则转向文本探索。《列子》研究随着学术风格转变而上下沉浮。通过不断地研究与探索，对《列子》文本从不同侧面进行完善，使得其学术价值不断提升。《列子》是否伪书已经不是学界讨论的主要问题，重要的是这部文献本身所体现出的研究价值。从这个层面上讲，乾嘉时期的《列子》研究可以说在整个《列子》研究史上起到了承前启后的作用。既为民国时期《列子》考证学奠定了基础，也开启了《列子》文本研究的大门。

第三节　杨文会以佛学解《列子》

张湛在《列子注》序中指出《列子》“所明往往与佛经相参”，此后的《列子》研究者们都在有意无意地运用佛教思想解读《列子》。尽管注目者甚多，但从未有人将佛教与《列子》做系统考察。杨文会即运用佛教思想，系统解读《列子》。

《冲虚经发隐》并非解读《列子》全书，而是选取《列子》中能够与佛理相互发明的篇章。纵观全书，与其说是用佛理来解读《列子》，不如说是作者借《列子》来阐释佛理。杨文会是清末著名佛学家，他创办金陵刻经处，亲自校订重刻《大藏经》，积极宣传佛教思想。他身体力行，是佛教实践家，这也为他的学术研究划定了范围。除《冲虚经发隐》外，他还有《道德经发隐》、《南华经发隐》、《阴符经发隐》、《论语发隐》、《孟子发隐》等，均以阐释佛理为主。他并不拘束于义理阐发，而是将义理与实践联系起来。杨文会共选取《列子》四十二章，《杨朱》未选。作者认为，《杨朱》“恣情放逸，非《列子》之书，不足取也”。[1]其他各篇均以是否有助于阐发佛教义理为入选标准。他在《冲虚经发隐叙》中说：“……取《列子》书读之，妙义显发，多出于张、卢二家之外。如开宝藏，如涌醴泉，实与佛经相表里。信笔直书，得四十二章，约计全书三分之一，因名之为《冲虚经发隐》云。”杨文会所谓的“妙义显发，多出于张、卢二家之外”者，便是他由《列子》所阐发出的佛教思想。他说自己“信笔直书，得四十二章”，不无自比佛家《四十二章经》而抬高其《冲虚经发隐》的意味在内。

杨文会选取《列子》共四十二章，《杨朱》不选，其大致情

1 杨文会《冲虚经发隐》，清光绪十三年金陵刻经处刊《杨仁山居士遗书》本。

况如下：《天瑞》五章，《黄帝》六章，《周穆王》六章，《仲尼》九章，《汤问》九章，《力命》二章，《说符》五章。每一章都用一个标题表明其中心，有的是以故事名章，如“列子居郑圃”、“列子乘风”、“愚公移山”等；有的是以文义名章，如“我尚何存”、“持后处先”、“不死之道”等。总体来看，杨文会所选的这四十二处文字，基本上代表了《列子》的主要特点。无论对于阐发义理的文字，还是对于寓言故事，他都能从佛家思想出发来解读。杨文会阐释的义理以实用、通俗为主要特点，并不谈高深的佛教教理。通过对《列子》文句的逐层解释，一步步引到佛理上来。《冲虚经发隐》主要体现了破执与实修两种思想，重点落在实修上。

一　破执

在佛家看来，世间的一切均虚幻不实，世人被这虚幻的假象所迷惑，永远在六道轮回的旋涡中挣扎而不能得到解脱。究其根源，就是阿赖耶识作用的结果。阿赖耶识是佛教八识之一，它是生死流转的根本。从轮回的角度来讲，阿赖耶识如同电脑存储器一样，存储着形体的一切信息。形体虽然有生灭，而阿赖耶识则不生不灭。它在生死海中随波流转，永不停息。万物在一期生死结束之后，下一期生死的流向，便取决于阿赖耶识的作用。换句话说，也就是取决于当生善恶的行为取向。杨文会在“列子适卫”章中说：“种子在赖耶识中，或多或少，随时发现，则成生类。”在解读《列子》中所列举的五十三种变化相因的现象时，他便用这种理论来解释，最后归结到破执上来。

杨文会将五十三种变化分为八类，分别为：动物、植物相生，血肉变化，禽兽介虫，动植各变，不交而生，湿生，相依而生，异类相生。他解释“万物皆出于机，皆入于机”说：“机者，玄牝之门也，即是阿赖耶识，具生灭、不生灭二义。万物皆从此出，名之曰生。复从此入，名之曰死。出入不离此机，生死皆假名耳。”[1]他在《道德经发隐》中解释“玄牝”说：“玄者，隐微义。牝者，出生义。佛家名为阿赖耶。此二句与释典佛说如来藏以谓阿赖耶同意。从阿赖耶变现根身器界，或谓之门，或谓之根，奚不可者。”所谓“玄牝”，也就是佛家所讲的阿赖耶识。万物都是由阿赖耶识而产生，死后又都归于阿赖耶识。阿赖耶识是生死的根本，参透了阿赖耶识，也就等于参透了生死，从而达到解脱。杨文会说：“同类相生，人所共见。异类相生，人所难知。自道眼观之，同一生也。虽变化万端，莫不出于机而入于机也。知异生之不异同生也，始可与言生矣。知生者即知死，既知生死即知无生死。”人们通常所见到的都是同类相生，对于没有亲眼见到的异类相生则不置可否，这是由于被愚痴所迷惑。而以道眼来看，无论是异类相生，还是同类相生，都无差别，因为他们最终都会归结入阿赖耶。所以，杨文会说：“文中叙述共五十三种，类而计之：人五、禽七、兽六、鳞二、介一、虫十五、草十一、血肉之属六。以上皆言其变，不言其常。常、变本无二致，欲人知生死皆如幻化，不至囿于见执为实法，长时汩没于三有之海也。”既然生死虚幻不实，那么由阿赖耶识所生出的根身也是虚幻不实。若想参透生的根本，就必须时常观想根身的虚幻不实。他在《天瑞》所选第二章“我尚何存”中进一步解释说：“此章归宿在我尚何存一语。世人与道相违者，我执害之也。今就生灭内反复研究，以显无我。”他认为，世人之所以不能与道相合，就是因为有我执的存在，从而障碍了对生死根本的参究。

---

1 杨文会《道德经发隐》，清光绪十三年金陵刻经处刊《杨仁山居士遗书》本。

世间万物都是虚幻不实的，我也是虚幻不实的。因此，世间根本就没有我的存在。那怎么能说是我障碍了智慧的生发呢？他在所选《黄帝》第四章“赵襄子狩中山”中又引出“心”的概念：“四大本无障碍，障碍生于自心。心若不生，四大俱融。是之谓和者大同于物。物与自身，性合真空。不闻此空阂于彼空，以空无彼此也。”佛教认为，世界万物都是由地、水、火、风这四种元素构成，它们被称为四大。四大聚合，而成万物；四大分离，万物灭亡。这里所说的心，实际上是指大脑的思维活动。古人不明现代医理，将人的思维活动归于心的作用。实际上，心只是维持人生理所需的动力之源，并非思维之源。在佛教看来，思维是产生幻想的根源，只要避免对万物产生思维，就可以达到空无所有的境界，最后连这个空的想法也去掉，从而参透万物一体同源的道理，明了生死的根本，最终达到解脱。因此，觉悟的根本在于破除我执，而我执产生的原因是由于思维对万物的念想。思维是因根身而存在，如果没有根身的存在，也便没有思维的存在。

二　实修

杨文会是著名佛教学者，也是佛教思想实践家。他不仅致力于宣传佛教思想，更注重佛教的修为。所以，在破我执的基础上，继续勇猛精进地实修佛法，便成为他最终的落脚点。佛教是一个主张修证的宗教，他的主要特色并不在于对义理的阐释，而在于实修实证。通过修证，佛所讲的道理便自然明了于胸。因为万物同源同体，虽然形体有所不同，但生死的道理没有区别。他在《汤问》篇第五章“愚公移山”中将大形、王屋两山分别比作我相与人相，参透我相与人相的关键在于真诚。杨文会将天帝比作真诚，夸娥氏比作摩诃衍，夸娥氏二子分别比作止与观。若要消除我相与人相，就需要用真诚勤修止观。止，指禅定，观，指观想。禅定是得到智慧的源泉，但这并不意味着努力修习禅定就会得到智慧。相反，越是努力禅定，烦恼反而会越来越多，从而影响智慧的获得。所以，这就需要以智慧来协调禅定。通过观想自身虚幻的本性，从而联想到万事万物，以此参透万法本不存在，世间一切都虚幻不实。所以，杨文会说："此章策励世人精勤修道不存退志也。人我二见，为害甚巨，令修行者不得自由，故须除之。然以思惟心除之甚难，必由真智为主，以止观力而移去之。中间许多周折，形容初步艰难。至止观双行，而一道齐平矣。"破除我执，进而破除人相，最终达到解脱，这是修道的次第，而止观则是达到最后解脱的关键。若不能运用止观来参透人我二相，也便不能达到最终的解脱。他在"夸父追日"一章中解释道：

> 此章人皆不识其意之所指，合上章而观之，则晓然矣。愚公身老力衰，以子孙无尽之传，不限时代，而建业移山，竟得成功。夸父恃其身强力大，追及日影，遂致渴死。世之学道者，当以是为鉴。起恒常心，经久不懈，绵密用功，必能遂意。若以急躁心求其速成，虽有大乘根器，亦不免于中途而废也。何则？克期太促，用力太猛，或遭邪魔，或觏疾病，以至退失初心，与渴死何异哉？

愚公之所以能够移山成功，就是因为破除了人我的分别。夸父追日不成，最终渴死，关键在于有人我的存在。但是，修道也讲求方法方式，并非一味用功便能达到解脱。若用力太过便会适得其反。杨文会在《黄帝》"商丘开信伪"章中说："此章能作念佛往生之实证。……弥陀大愿，接引众生，是彼诚。众生念佛，求生净土，是我诚。彼我皆诚，安有不生净土者乎？”愚公移山与商丘开无所不能如同念佛往生一样，都是因为诚心所致。所以，修道的根本在于诚心。若有诚心，再加上实修，终有一天会如愚公那样移除两座大山，获得解脱。

综上所述，杨文会借《列子》来阐释破执与实修这两种佛教思想。破执是为实修做准备，而实修又是为破执积累资本。二者相互为用、密不可分。

对《列子》真伪问题，杨文会并未做专门讨论。但从其行文中，还是可以看出他对《列子》的基本态度。他不怀疑《列子》一书的真实性，但不承认《杨朱》也属列子思想，所以本书并未选取《杨朱》中的内容。他认为《列子》是传承黄帝的思想，他说：“两引黄帝书以为证据，可谓探原之论矣。黄帝之教有两派：一者度世，二者经世。经世之道，学之者众；度世之道，传之者寡，至秦时而尽失矣。其存于简篇者，经世则有六经四子之书，度世唯有《阴符经》及老、列、庄三家而已。三家之书，度世、经世错杂而出，非具择法眼者不能拣别。”《列子》书中多引黄帝之言，杨文会据此以为列子是传承黄帝之说。他将黄帝之说分为两派：度世与经世。所谓度世，即是修炼度人之学。所谓经世，即是经世致用之学。他认为老、列、庄三子是经世与度世思想共存的。

佛教思想在魏晋时兴起，经过数千年的融汇交流，逐渐与汉文化相融合，形成了独具特色的中国佛教思想。因此，佛教思想不可避免地与中国传统思想有相同之处。虽然中国与印度文化不同，但同属东方，在思维上也存在相合之处。这样来看，《列子》中的思想可以与佛教思想相合也就不足为奇了。张湛首先指明这一点，杨文会则运用佛教思想系统解读《列子》。总之，杨文会的《冲虚经发隐》是第一部系统运用佛教思想解读《列子》的著作。

他并非如其他学者一样以佛教思想攻击《列子》，而是以《列子》来解说佛教思想。解说的重点并非义理阐释，而重在实修。他的这部著作在《列子》研究史上具有重要地位。

第四节　梁启超对《列子》的批点

梁启超不仅在历史、文学等方面建树很高，在子学研究方面也有突出的成就。他在《中国历史研究法》及《古书真伪及其年代》中指出《列子》是伪书，但北京大学图书馆藏罗复堪以光绪二十二年浙江书局刊《列子》为底本过录梁启超批语持论则较为谨慎。他对《列子》的思想内容及成书情况做了审慎判断，认为《列子》并非全伪。对于《列子》思想的分析，梁氏则以佛学思想解读《列子》，认为《列子》思想与佛学有相通之处。他还对杨朱做了较为全面的分析，肯定了杨朱思想的可贵之处，认为《列子·杨朱》并非一无是处。

一　对《列子》真伪的观点

梁启超对于《列子》的真伪问题，后世学者均以为他持否定观点。如唐钺在《国故新探》中讨论列御寇是否存在时，就引述梁启超《中国历史研究法》中的一段话而展开论述："梁启超《中国历史研究法》（第一四九页）论鉴别伪事之方法云：'据《德充符》而信历史上确有兀者王骀曾与仲尼中分鲁国，人咸笑之；据《人间世》（按《庄子·人间世》不提列子，梁氏是偶失检；他大约是误《应帝王》为《人间世》）而信历史上确有列御寇其人则比比然，而列子八篇传诵且与老庄埒也。'若我没有误会梁氏的意思，他这里的话是以为历史上没有列子这个人，所以我们可以断定《列子》这部书是伪作。但我的浅见，以为现行《列子》是伪书有别的许多证据，是另外一个问题；至于历史上到底有列禦寇（“禦”亦作“御”，“御”是本字）这个人没有的问题，决不如梁氏所设想的那样简单。”[1] 梁启超原文确将这几个例子放在其关于辨伪的十事第七事“纯属文学的著述”这一项内，认为这是文学家虚构的手法。唐钺即以此为契机而展开对列御寇有无问题的讨论。从整体上看，梁启超也并未仅仅通过这几句话就将问题坐实，他是想通过这几个例子来说明辨伪的方法。因此，我们也不能如唐钺所说的那样来理解梁启超这段话，应当从整体上加以考察。另外，梁启超先后在《汉书艺文志诸子略考释》、《汉书诸子略各书存佚真伪表》、《古书真伪及其年代》等著作中说明《列子》是伪书。在《汉书艺文志诸子略考释》中，梁启超首先通过《吕氏春秋》及《尸子》中的记载，肯定列子其人的存在。对于传世《列子》的问题，他认为：“汉志八篇是否御寇自著，抑战国秦汉间人所依托，今无从悬断，唯今存之张湛注本，决非汉志之旧。”[2] 梁启超将《汉书·艺文志》中所载《列子》八篇与传世本《列子》区别对待，他似乎并不否认《汉书·艺文志》的记载，但也并未就此而骤下结论。对于传世本《列子》，他认为并非《汉书·艺文志》所载八篇之旧。罗复堪所过录梁启超批语即与此观点相合，对《列子》八篇均有所论及。

首先，梁启超承认先秦时期确有列御寇其人，也确有一部古《列子》流传于世。他以史家谨慎的眼光对刘向《列子书录》中的观点进行分析。他赞同刘向“《力命》、《杨朱》二篇，二义乖背，

1 唐钺《国故新探》，商务印书馆 1926 年版，第 239—240 页。

2 梁启超《汉书艺文志诸子略考释》，《饮冰室专集》第 84 册，中华书局 1926 年版，第 23—24 页。

不似一家之书”的说法，但对于后人所提出的列御寇为“副墨之子、洛诵之孙”的观点也并未完全肯定。对于《尸子》及《吕氏春秋》中所提到的“列子贵虚”之说，他也很是赞同，并用以反驳否定列御寇存在之说。他指出：“虽然列御寇之成籍及其并时君相斑斑可考，必然寓言家所托名盖无待辩。《尸子》及《吕览》皆有‘列子贵虚’之说，与当时诸家并举，则其为一学派之巨子亦可见。特其书果为自著，抑习其学者所辑述，则不敢断耳。若以《庄》《列》互见之文疑其相蹈袭，则太拘墟。战国时多派之学者俱有口说为治，此学者所共同诵习，共同称引，故诸家之书文多互见。儒家、法家、道家皆然，不能指谁为蹈袭也。”尽管梁启超用非常谨慎的话一再申明不能断然肯定列御寇的存在，但从其对诸家学说的分析可以看出，他对列御寇其人的存在持肯定态度。尤其是对《庄》《列》互见之文的观点，他并不赞同《列子》抄《庄子》这种观点。结合史事，他认为战国时期以口说而流传，各家均有互见之语，不能骤然断定谁抄谁，因此也不能以此为论据来断定列御寇的存在以及《列子》书的存在。

其次，对传世八卷本《列子》的情况，他以刘向《列子书录》中所载校书经过做出自己的判断。他认为《列子》前五篇为中秘所藏，后三篇为校他书补入。他又从文义上对全书做进一步分析：“前五篇宗旨略一贯，文瑰而义丰，盖为原书。《力命》多肤廓语，《杨朱》专述杨氏学说，实为道家别派，与列子臭味不能无差池。《说符》精论虽多，然半属儒家言，亦有近纵横家言者，校全书弗类也。此三篇疑非《列子》之旧。”梁启超认为传世本《列子》前五篇为古《列子》原书。对于后三篇，他在分别总括了这三篇的主旨之后，认为与前五篇旨趣不合，但他也并未就此断定这三篇非《列子》原书，用了一个“疑”字，可见其对古籍辨伪的谨慎态度。

《力命》、《杨朱》、《说符》三篇因何混入《列子》书中，梁氏并不认为是后人伪作："此三篇疑非《列子》之旧，太常、太史及民间书错见之者，亦非为有意嫁名依托。古时书传写收藏皆极艰拙，或书出他书而传者错误耳。"春秋战国时期，讲学多为口耳相传。各子多不著述，因当时纸张尚未发明，简牍制作繁琐，不能满足大量著述需要。虽有帛可用，但价格昂贵，不适合大量著述。因此，书籍传播极易出现错乱混杂的现象，这在先秦古籍中比比皆是。针对刘向《列子书录》中所提到的"章乱布在诸篇中"这一情况，他推断刘向校书时各篇确有错乱混杂的现象，以至于造成了文中多混杂之语，由于刘向校芟未尽以至于各篇内容互杂。

综上所述，梁启超并不否认列御寇的存在，也不否认《列子》一书的存在。对于张湛伪作的问题，他也推翻了其在《汉书艺文志诸子略考释》中的观点，反而认为张湛注释有精到之处。还有一点需要指出的是，梁启超认为刘向《列子书录》并非伪作。他对于《列子》全书的分析，都是依据《列子》书前所附的《叙录》，并未对其提出任何疑问，且对《列子书录》中所提到的校书经过也是认可的。

二　以佛学解《列子》

梁启超批点《列子》最显著的特点，还是其中所体现出来的佛学思想。他认为，"《列子》一书，所以能与《老》《庄》参而自有其价值者，以其中所发明多与佛理暗合也。"梁启超以佛学解读《列子》主要集中在前五篇，《力命》、《杨朱》、《说符》三篇批语则很少涉及。其大体思想可综合为以下几点：

首先，以佛教之生化理论解《列子·天瑞》之生化理论。梁启超将《天瑞》中所讲的生化之理分为三个层面解读：一是对于不生不化的理解。他认为，《天瑞》中所讲的不生不化，即是佛教所讲的不生不化。《天瑞》原文讲："有生不生，有化不化。"张湛注"有生"曰："今块然之形也"，注"不生"曰："生物而不自生者也"，注"有化"曰："今存亡变改也"，注"不化"曰："化物而不自化者也"。张湛以老子的"有无相生"观念解《列子》生化论。"有生"代表有形的物体，"有化"代表物体生灭的变化，"不生"、"不化"则说明虽然"无"产生了万物，但其自身不受影响。佛家讲不生不化，以度化众生为目的。《金刚三昧经》中说："善男子！若化众生，无生于化，不生不化，其化大焉。"这是佛应解脱菩萨之请而为大众讲解化度众生的道理。若想化度众生，既不能没有度化众生的想法，也不能有不度化众生的想法，这样的度化才是大度化。意即不即不离的中道状态。这种心理状态等同于《列子》中所讲的生化论，都是以"无"的心态来处理事物，心中不存任何想念，随顺自然，为其所为。梁启超将佛教的这种生化理论与《列子》中的生化理论相等同，看到了二者所共同阐述的生灭变化之理。二是对于无能生有的理解。《天瑞》篇中说："不生者能生生，不化者能化化。"张湛注"不生"曰："不生者固生物之宗"，注"不化"曰："不化者固化物之主"。在他看来，所谓的"不生"与"不化"，也就是老子所说的"无"。梁启超认为："'不生者能生生，不化者能化化'，此真如门所以能函生灭门也。"《金刚三昧经》云："一切心我，本来空寂。若得空心，心不幻化。无幻无化，即得无生。无生之心，在于无化。"如果有一颗空寂的心，那么心就不会随着事物的变化而变化，人也不会产生种种妄想，从而不会有变化。没有了幻想与变化，就会超离三界而得无生法忍。这样，"有"即被"无"所涵盖，也即老子所说的"有名，万物之始，无名，万物之母"。所谓"真如门"、"生灭门"，《大乘起信论》认为，人心有二种门，即“真如门”与“生灭门”，“此二种门各摄一切法，以此展转不相离故”。由此看来，“真如门”，“即是一法界大总相法门体。以心本性不生不灭相，一切诸法皆由妄念而有差别，若离妄念，则无境界差别之相”。也即是说，佛法是没有根本差别的，只是由于人心的妄想才产生了种种差别。如果没有了妄想，也就无所谓任何差别了。“生灭门”，“谓依如来藏有生灭心转，不生灭与生灭和合，非一非异，名阿赖耶识”。生灭变化是因妄想而产生阿赖耶识，若能摆脱阿赖耶识的困扰，也便能脱离生死变化，进而参透生灭的根本。无论是佛教所讲的“真如”与“生灭”，还是《列子》中所讲的生化，都是以“无”为基础的。对于自然的变化而言，是无心的行为产生了世间万物；对于人而言，是无心使得人摆脱了世俗的束缚。三是生化无心的自然理论。《天瑞》篇说：“生者不能不生，化者不能不化。”张湛注曰：“生者非能生而生，化者非能化而化也。直自不得不生，不得不化也。”生化是一种自然现象，不是任何意志所能决定的，所以梁启超认为：“‘生者不能不生，化者不能不化’，此道家之根本义，而自然主义派之学说也。此与佛说《楞严经》同，阿难谓‘一切皆因缘，一切皆自然相也。’”《楞严经》中佛对阿难反复申说自然因缘的道理，但与道家所讲的自然仍有区别。道家的自然是指事物随顺变化，自有其内在的规律所驱使，是虚指，并非实指。而《楞严经》所讲的自然，则指世间存在的一切有形物体，是实指，并非虚言。

其次，以阿赖耶识解玄牝义。梁启超说：“玄牝，当佛说之阿赖耶识。玄含隐微义，牝含出生义。”所谓阿赖耶识，是佛所说八识之一。据《大乘义章》云：“八识之义，出《楞伽经》。故彼经中，大慧白佛：‘世尊不立八种识耶？’佛言：‘建立。’

所言识者，乃是神知之别名也。随义分别，识乃无量。今据一门且论八种，八名是何？一者眼识，二者耳识，三者鼻识，四者舌识，五者身识，六者意识，七者阿陀那识，八阿梨耶识。八中前六，随根受名。后之二种，就体立称。根谓眼耳鼻舌身意，从斯别识，故有六种。体含真伪故，复分二。”前六识分别对应眼、耳、鼻、舌、身、意，如经中所说，是“随根受名”。第七识“阿陀那识”，又名“末那识”，是保存根识所产生感受的地方，亦即记忆的储存之处。第八识“阿梨耶识”，又称“阿赖耶识”、“含藏识”，是一切感受造作的最终归宿，是根本所在之处。换句话说，第七识所产生的善恶分别即形成了业因，这些业因都储存在第八识中，并随着生死的转化而不断增加，成为来生受报的种子。所以，八识之中“阿梨耶识”最为重要，也是超出三界而成佛的关键。道家所讲的玄牝，语出《老子》第六章：“谷神不死，是谓玄牝。玄牝之门，是谓天地根。绵绵若存，用之不勤。”“玄”意谓幽远微妙，“牝”指女性之生殖功能，含有化生之义。“玄牝”，意谓“道”化育万物的神妙之处。梁启超说：“‘玄’含隐微意，‘牝’含出生义。”梁氏的说法正合道家思想本旨。既然玄牝是产生万物的根本，阿赖耶识也是使万物生生不息的决定性因素，那么二者之间就有了共同性，这也是梁启超认为佛教所讲的阿赖耶识与道家所讲的玄牝相同的原因所在。

再次，以佛家轮回之说解《列子》生灭转化之理。梁启超在“子列子适卫”一章：“此一段皆说生灭因缘相。《易·系辞传》曰：‘在天成象，在地成形，变化具矣。’又曰：‘天地细缊，万物化醇；男女构精，万物化生。’此文胪举诸奇异之象，以明生灭相之不可思议，与佛说六道轮回之理相发明。其结语云：‘万物皆出于机，皆入于机’正轮回之义也。”《大智度论》卷三十提出了六道的观点：

“复次分别善恶，故有六道。善有上中下故，有三善道：天、人、阿修罗。恶有上中下故：地狱、畜生、饿鬼道。”六道即为一切有生命之物所生生不息、轮回流转的所在，若不能参透生死的束缚，即使是生为天人，待天福享尽，也还是会继续轮转。《天瑞》中罗列了五十多种生灭变化的现象，最后以“万物皆出于机，皆入于机”而结束。梁启超认为这里所说的“机”，即佛教中所说的“阿赖耶识”。正是由于阿赖耶识的存在，才使得万物生死轮回、流转不已。从万物生灭变化的现象上讲，这种对解是有其道理的。但道家所讲的生灭变化，意在说明万物变化的不可捉摸。而佛家所讲的六道轮回，意在说明因果循环的道理。所以，二者还是存在根本区别的。

最后，以佛教之修炼理论解说《列子》。《天瑞》是全书的总纲，全面阐述了《列子》的宇宙变化论，自《黄帝》至《汤问》，着重阐述如何明了宇宙真理而获得大道。梁启超也是依据这种思路，将佛教的基本思想及修炼理论分开阐述。佛教自称八万四千法门，最后归于一道，即出离三界而达到觉悟。要想觉悟，首先要明了世间万物生灭变化的根本原因，这就是修炼的问题。佛教认为，一切有生命的存在物都有心，亦即 “意识”。“意识”是生物对世间存在的种种色相产生的众多看法与幻想。所以，他在解释《黄帝》“华胥氏之国”章中“无夭殇”说“有夭殇，由于乐生恶死；有爱憎，由于亲己疏物。此三界唯心之旨。”所谓“三界唯心”，亦即世间万物都是由心所造，心才是修炼的根本。在《周穆王》说“燕人生于燕”一节引佛教的唯心观说：“此言人之情感由境界生，而境界实唯心所造也。”心在于诚，若能诚心，则无所不至。梁启超将净宗念佛法门与《黄帝》中商丘开之事相比照：“此可证明念佛往生之理，苟笃信则往生必不谬。一致疑，则立即无效。”

念佛法门起于东晋时的慧远大师，提倡一心称念“南无阿弥陀佛”名号，念至无人无我之境界时，必能与佛之愿力相应，命终之后被阿弥陀佛接引而于莲花中化生于西方极乐世界，脱离六道轮回，证得无上法忍，永不退转。念佛法门所讲的即是一个诚字，若不诚心，即使碰头出血也无济于事。

总体来看，梁启超以佛解《列》大体上涉及以上四个方面。需要指出的是，梁启超只是以佛理来与《列子》中的相关理论相比照，并未说《列子》是受佛教影响所作。这一点是与其对《列子》的基本看法相一致的。他解《仲尼》“商太宰问孔子”西方之人说：“或谓西方之人即释迦，此附会也。此亦如前文‘西极之国有化人’、‘西极之南隅’、‘西极之北隅’等借以寓言耳。凡读《庄》、《列》而参以一豪考据，皆痴也。”梁启超在这里明确表示《列子》书中的西极只是比喻，并将《庄子》与其并提。可见，他也认为《庄子》与《列子》的风格一致。这也从一个侧面再次表明了其对《列子》的基本观点。

三　对于杨朱的态度

杨朱思想历来为人所诟病，梁启超则突破常见，很有一些为杨朱翻案的意味在内。他在《杨朱》中解释说：“孟子言‘杨朱、墨翟之言盈天下，天下不归杨则归墨’，则杨朱学说披靡一世可知。既无专书，而他书征引复少，唯此篇传其崖略，至可宝也。不能以猖狂而废之。”梁启超认为先秦时期有杨朱一派，并且与墨家齐名，以至于使自居正统的儒家也黯然失色。可惜的是，杨朱并没有专书流传下来。《列子·杨朱》恰恰保存了许多杨朱的资料，梁启超认为其非常宝贵，不能因为一时偏见而置之不理。对于孟子的观点，梁启超也并非完全赞同。他说：“杨朱纯教人以平其兽欲，据其所云云，禽兽皆明道者矣。孟子斥杨墨为禽兽，斥墨甚深，斥杨则不实也。”梁启超认为，杨朱所宣扬的恰恰是要人平息兽欲，并不是如孟子所指斥的那样。所以，杨朱的思想虽然有反动之处，但其出发点是正确的。

对于杨朱学说的来源，梁启超认为是“道家之别派，其论亦别有精到之处”。虽然杨朱学说有过激之处，但梁氏还是看到了其内在的精到之处，并且将其归入道家。后人对杨朱驳斥最甚者莫过于杨朱对名的批判。梁启超指出杨朱此说具有超前性：“名为儒家教旨之一，故《论语》曰‘疾没世而名不称’。另《传》曰：‘不易乎世，不成乎名。’《孝经》曰：‘扬名于万世，以显父母。’盖以此为维系社会之要端焉。今西人视名举往往过于生命，亦用此义。杨朱首抉此藩，所以无忌惮也。”儒家历来被视为正统，其所宣扬的“名”实为其最可宝贵之处。孔子曾说：“名不正则言不顺”，所以做事之前首要的任务是先正名。杨朱逆潮流而动，公开宣扬“名”的虚伪，难怪被孟子等目为反动而一直为人所诟病。关于为后人批评最激烈的“拔一毛利天下而不为”的观点，梁启超认为这是全篇最为精到之处：“人人不损一毛，即所谓损一毛利，天下不为也。人人不利天下，即所谓悉天下、在一身不取也。此是全篇最精要之语。人人不损一毛，以为天下固已。又必人人无利天下之公物，然后能不损他人之一毛。杨朱之本意盖为此。此诚不失为一种哲学思想，近世欧洲之桥利主义、快乐主义，盖颇近之。凡一学说之成立，能传播，必在哲理上有所根据。杨朱之言能盈天下，盖以此。若仅如前文所说，专讲兽，何能与儒并行于当世耶？”梁氏此说已经非常明了，他不赞同后人借“拔一毛不利天下”这种偏见来攻击杨朱思想为异端邪说，反而认为这种思想是杨朱思想最精到之处，并从学术史的角度肯定了杨朱思想的产生及流传有其根据及道理。但杨朱未如其他哲学家一样继续完善其思想，而是走向了极端。梁启超批驳这种倾向说：“此言各适其所适之义。我所谓适，非必人所谓适也。故各适而可以不相侵夺，故人人不损一毛，人人不利天下，而天下治。此杨朱之恶也。”杨朱认为，每个人如果都各适其所适，那么社会也就不存在争夺了，人们也就不必再为天下做出任何牺牲，天下也就大治了。梁启超认为这是杨朱可恶之处。实际来看，杨朱的思想实为老子返归淳朴思想的异化。所不同的是，老子主张无欲，回到原始社会的淳朴状态。杨朱主张适欲，充分满足人的欲望。当人满足了所有的欲望，也就无所求了，天下也就会大治。在梁启超看来，这种思想是极端不可取的。

对于杨朱思想，梁启超认为是一种怀疑派之哲学。他指出：“对于人生观，但有烦惫厌弃，既不能自明安心立命之方，而于当时种种学说又不以为然。故唯取现世快乐主义以自肆恣，谓之有托而逃者也。然其结果欲逃烦惫，只益烦惫。故理想之不彻底，莫杨朱若也。”梁启超认为，杨朱哲学是一种不彻底的哲学思想，他对于世俗的种种学说都嗤之以鼻，而自己却又找不到一条能够走出困境的道路，所以只有局限在现有理解状态中不能自拔。

综上所论，梁启超认为《列子》并非全伪，他以刘向《列子书录》为根据，分析了《列子》各篇的真伪情况，认为前五篇为原本《列子》，后三篇为后人传抄时所混入。他以佛理来比照《列子》中的观点，并非生搬硬套，而是从两者内在的逻辑思想来阐释其共同之处。对于历来为人诟病的杨朱思想，他也并非完全否定，而是从文本的内在含义出发，深刻揭示了杨朱思想的宝贵之处。梁启超也非常重视文本之间的内在联系，他并非将文本割裂分而论之，而是将全书看作一个整体，用佛理贯穿起来。梁启超批点《列子》所体现出来的各种思想以及所运用的种种方法，对于我们研究《列子》有很大启发。

第七章 民国《列子》学

第一节 研究背景及概况

清末，内忧外患不断加剧。伴随着侵略者的铁蹄，西方文化也逐渐传入中国，打破了传统的封建文化模式，中西方文化在碰撞中逐渐融合。民国时期的学者大都经历了这种文化革命，他们适应这种文化变革，不断吸收西方先进文化，力图在文化上实现强国之梦。全盘西化、中西互补、融化新知等，各种新的观点层出不穷。尽管见识各异，但均以文化变革为目的。体现在《列子》研究上，首先是对清代考据学的继承与发展。

清代盛行的考据学以文字考订为主，随着时代的发展，这种纯粹的考证功夫已不再适应学术发展的需要。由于学术方法的限制，其自身的生命力也已走到尽头。章学诚首开其端，提出义理、考据、辞章并重的观点，传统的以文字考订为主的考据学开始慢慢改变。陶鸿庆、王重民、王叔岷等学者在《列子》考据学方面的研究即体现出这种倾向。陶鸿庆有《读列子札记》，义理、辞章兼顾，补前人研究之不足，虽有不妥之处，但也不乏真知灼见。王重民《列子校释》与王叔岷《列子补正》，则广泛征引《列子》引文，用以校勘通行本《列子》，所引文献之广，实属罕见。陶鸿庆等人的《列子》考据研究，综合了前人研究的长处，不再被枯燥的文字考订所束缚。尤其是王重民、王叔珉二人的《列子》考释，字、词、义三者兼顾，且征引了大量的文献资料，拓宽了《列子》研究的视野。

民国学者还开始重视《列子》思想的挖掘。张怀民《列子天瑞篇新义》，以佛学解《列子·天瑞》，是继杨文会之后，又一位运用佛教思想系统解读《列子》的学者。朱文叔的《列子童话》，则以讲故事的形式将《列子》中的神话传说叙述出来，更适合普通人阅读。

民国诸多诸子选录著作如李宝泠《诸子文粹》、刘永济《周秦诸子选粹》、张文治《诸子治要》、张之纯《评注诸子菁华录》、金其源《读书管见》、张默生《先秦诸子文选》等均选入《列子》，摆脱传统注疏形式，采用更为简便易懂的通俗注释法，更加注重普及性，有助于《列子》在普通民众中的传播。周伯年《新式标点列子》，则运用新式标点符号断句，使得阅读更为方便。

综合来看，民国时期的《列子》研究，在继承前代研究成果的基础上，吸收新的学术方法，形成了独特的研究形式，对于新时代的《列子》研究，具有重要意义。

第二节　民国时期《列子》考据学

《列子》文本考证可以上溯到刘向之时，第一部专门的考证著作是殷敬顺的《列子释文》。除做音注外，还对文本作了校勘。宋代之后，版刻大发展，《列子》被不断刊刻印刷。为了提高书籍的质量，在付版之前多请文人或专门校勘家对其进行文字校勘。直到乾嘉时期，考据学大兴，洪颐煊、卢文弨、俞樾等著名乾嘉学者纷纷对古书做文字考订工作，他们由治经而兼及诸子。《列子》虽涉及辨伪问题，但对于考据家来说对伪书的关注则变为次要因素。他们多从文本出发，通过对比字词在不同著作中的用法，以小学为工具，形成枯燥繁琐的考据风气。《列子》在这一时期也被许多考据家所注意。他们很少谈及《列子》的真伪问题，只关注其本身的考据价值。民国时期，陶鸿庆等人沿袭乾嘉考据学风，但并非繁琐的文字考据，而是将义理也融入考据当中，且不断搜集古书中所征引的《列子》文句，充分利用古文献资料，这是考据学由单一走向多元的一大变革。尤其是到王叔岷，《列子》考据达到一个高峰。

一　陶鸿庆《读列子札记》

陶鸿庆（1859—1918），字瘦石，号艮斋，江苏盐城人。光绪五年举人，后屡试不第，曾任本县教育会、自治会会长。著作有《读礼质疑》、《左传别疏》、《读通鉴札记》、《读诸子札记》等。

《读诸子札记》二十五卷，是陶鸿庆考释《老子》、《庄子》、《列子》、《淮南子》等十七部子书的札记总汇，卷三为《列子》，据浙江书局校刻明世德堂本《列子》所作的考释文字，共四十八条，多为校订《列子》文本，主要可归纳为以下几个方面：

校《列子》文本谬误。乾嘉学术进入民国时期，已经开始改变那种枯燥乏味的纯粹考据风气，学者大多将义理、考据、辞章三者综合运用，陶鸿庆就是这方面的代表。他校订《列子》文本，除运用基本的文字考订手段外，还通过对上下文义及注文的考察，并结合其他古籍中所引来证成己说。如《天瑞》篇“不生者疑独”句后注曰：“疑者，止也。《尔雅·释言》：疑，戾也。郭注云：戾，止也。疑者亦止。《诗·柔桑》：靡所止疑。孙卿《解蔽》篇：而无所疑止之。皆与止连文，是疑与止同义。此云疑独，亦谓止于独。《道德经》所谓‘天得一以清，地得一以宁’也。张注‘独立而不改’，正得其旨。乃释疑为疑惑，望文生训，失之。又案：卢氏《群书拾补》云：往复二字当叠，是也。张注云：代谢无间，形气转续，正释往复之义。是其所见本未误。”陶氏首先罗列《尔雅》、《荀子》、《诗经》等书中“疑”字的用法，又参照张湛注解，最后证成“疑”作“止”解，并非“疑惑”之义。他又通过张湛注，证明卢文弨“往复当叠”说正确，今本有误。又如《仲尼》篇“子列子亦微焉”句后注曰：“微谓精微。孙卿子《议兵》篇：诸侯有能微妙之以节。杨注：微妙，精尽也。此言列子道术精微，故弟子虽多，亦能朝朝与辨，而闻于远近也。本篇下文‘龙叔谓文挚曰：子之术微矣。吾有疾，子能已乎？’《汤问》篇：‘师襄乃抚心高蹈曰：微矣！子之弹也。’皆谓艺术精致，可证此文之义。列子亦自不知其术，俞氏从张注解微为味，失之。”陶氏首先引用《荀子》中“微”字用法，并引杨倞注解，说明二者用法相同。又征引《仲尼》及《汤问》“微”字用法，证明张湛之说误。俞樾未做详查，仍然沿用张说，错上加错。

纠正张湛注文错误之处。陶氏不仅纠正《列子》文本错误之处，还纠正张湛注有误之处。如《黄帝》“吾与若玩其文也久矣”句后注曰：“张注云：见操舟之可学，则是玩其文。未悟殁者之自能，则是未至其实。今且为汝说之也。此说殊谬。仲尼之意，言吾与汝但玩习道理之文，而未尝取验于事实，固不足以知道也。下文‘壶子曰：吾与汝无俞氏以无为毋字之误，毋即贯习字。其文。未既其实，而故得道与？’注引向秀曰：‘夫实由文显，道以事彰’云云，正得其旨。疑此文且亦当作得，古文㝵字坏其下半，遂误为且矣。”张湛认为孔子“吾与若玩其文”的意思是对这句话本身的解析，陶鸿庆通过引下文壶子“吾与汝无其文”张湛注引向秀语解释为文字只是将事实表达出来，而道却要通过事来彰显。也就是说，要通过日常琐事来悟道，不能只关注语言文字，舍本逐末，越追越远。陶氏认为这种观点切中了壶子真意。此处用法与上仲尼所说相同，没有道理前面解错而后面解释正确。由此，陶氏怀疑“且”当作“得”，传写致误。这是通过对比解读《列子》，也有直接对张湛注做出判断之处，如《黄帝》“人将保汝”句下注曰：“保者，任也，言人将信任之，即列子所谓‘彼将任我以事，而效我以功也’。张注解为‘所在见保’，义殊未安。”

对于《列子》上下文文义的探究。陶鸿庆不仅纠正《列子》文本及张湛注文谬误，还对《列子》上下文做进一步探究，以期得出确切理解。如《仲尼》“无所由而常生者”至“用道而得死者亦谓之常”句分析道：“‘有所由而常死者，亦道也’，张注云：行必死之理，而之必死之地，此事实相应，亦自然之道也。若然，则与下所谓‘由死而死’者毫无区别。而与上所谓‘无所由而常生谓之道’者，义尤不伦矣。‘无用而生，有所用而死。’用亦由也，自‘无用而生’以下四句，语意与上文无区别。而既云‘用道得终谓之常’，又云‘用道而得死者亦谓之常’，终与死义又不殊。本书不如是之复沓也。盖此节词繁而义隐，传写易致讹谬。复经浅人窜改，遂成今本之误。今考本书之旨，辄正其文如下，以存疑焉：无所由而常生者，道也。由生而生，故虽终而不亡，常也。由生而亡，不幸也。无所由而常死者，道也。由死而死，故虽未终而自亡者，常也。由死而生，幸也。由所用而生者亦谓之道，用道而得生亦谓之常。由所用而死者亦谓之道，用道而得死者亦谓之常。”陶氏认为今本《列子》“有所由而常生”与“用道得终谓之常”句有误，应分别改为“无所由而常生”与“用道而得生者亦谓之常”，这样才符合《列子》原意。他进一步解释道：“‘无所由而常生，无所由而常死’者，《天瑞》云：不生者能生生，不化者能化化。所谓自生自化也。有所用而生，有所用而死者，《天瑞》篇云：生者不能不生，化者不能不化。所谓阴阳尔、四时尔也。

由生而生者，贤哲是也。由死而死者，桀跖是也。用道而得生，用道而得死者，谓随化推移，即下文所谓隶人之生、隶人之死也。无所由而生死，与由所用而生死，皆以天道言，故谓之道。由生而生，由死而死，与用道而生死，皆以人事言，故谓之常也。”通过对上下文义的梳理，陶氏对《列子》文本所阐释的生死关系做出了自己的判断。

尽管陶氏综合运用各种方法来研究《列子》文本与张湛注文的谬误之处，仍有判断错误之处。如《周穆王》“日月献玉衣，旦旦荐玉食”句下注曰：“日月，疑当作日日”。王重民在《列子校释》中指出：“衣食之进荐，为时久暂，当有差次。日日、旦旦义同，若果逐日进荐，则云‘旦旦献玉衣，荐玉食’足矣，不烦错综为文。北宋本、吉府本并作‘月月’。”王说正确，陶氏失察。

陶鸿庆《读列子札记》虽为作者读书笔记，由其论证过程可见出作者深厚的学识素养。陶氏综合运用各种考证方法，将张学成提倡的义理、考据、辞章三种方法综合到一起，奠定了民国时期《列子》考证学的基础。此后，王重民、蔡元培、王叔岷等人均综合运用各种方法校订《列子》文句，这是对乾嘉考据学的改造。

二　蔡元培校《列子》

蔡元培手校《列子》，以清覆刊世德堂本为底本，主要沿着乾嘉考证学的遗风而注重文字考订。由于蔡元培所生活的时代正处在中西文化交融的变革时期，传统的考据学风开始慢慢改变。与乾嘉时期的传统考据学风相比，蔡元培还注重从字句来推断文意，在考据之中又加入了有血有肉的论述。对于《列子》的真伪问题，蔡元培认为《列子》并非全伪，也不是张湛所伪造。他在卷首跋语中说："《列子》文辞之美，仅亚南华。其书事简劲弘妙，自唐柳子厚以来多称之。……予谓此书多经后人删改，真伪掺杂则诚有之，若认定张湛一手作伪则过矣。"蔡元培也很欣赏《列子》的文辞，认为其"简劲弘妙"，不亚于《庄子》。从这个角度，蔡元培认为《列子》是经过后人删改的，其中真伪互杂，并非张湛所伪造。在《仲尼》"中山公子牟"一节上他注释说："后人疑《列子》为张湛伪书，然如此条，陈义精卓，盖得之古籍，或即四篇之遗。"这里有三点要注意：一是蔡元培认为《列子》中这一节"陈义精卓"，并非伪作；二是蔡元培不认为张湛能够伪造出这样精卓的语句；三是他怀疑这一节是古书残卷。这就为其定下了评价全书的基调。蔡元培校《列子》主要有以下几个特点：

通过对比各种本子的征引情况，从而对所校底本做出判断。在黄丕烈发现宋本《列子》之前，世德堂本《列子》一直被奉为善本，后人校订及刊刻书籍，也多以其为底本或参校本。自宋本《列子》出，以黄丕烈为首的一代学人，纷纷以宋本《列子》来校订世德堂本或其他传世本，曾掀起过校订《列子》的高潮，出现了一批名家的手校本，如管礼耕、顾广圻、陆云士等，他们多是以世德堂本为底本，校以宋本，同时参校别本，将《列子》校勘推向了高潮。尤其是陈春辑《湖海楼丛书》，请汪继培校订《列子》，汪氏即以北宋本为底本，详加校勘。蔡元培将宋本、道藏本、林希逸本、秦恩复本、汪继培本与世德堂本对校，集合众本所长而对其所异发表自己的看法。如《天瑞》"易无形埒"句上蔡元培分析道："'形埒'，宋本作'形畇'。殷氏《释文》云：《淮南子》作形埒，谓朕兆也，《乾凿度》作形畇，任大椿曰：《淮南子·本经训》'合气合物以成埒类'，高诱注：埒，形也。《要略》注：形埒之兆。《穆称训》'道之有篇章形埒者'，《兵略训》'夫有形埒者，天下公见之’，凡‘形埒’字皆作‘埒’。”这是典型的互证法。除了征引较为常见的《吕氏春秋》、《淮南子》、《汉书》等书外，并对洪颐煊、俞樾、王念孙等乾嘉大家的观点也非常重视外，他还从《北堂书钞》、《太平御览》、《记纂渊海》、《事文类聚》、《合璧事类》等书中辑录征引《列子》的条目作为例证，如《黄帝》“徹钟悬”上注曰：“‘徹’，借为‘𢿵’。《说文》：𢿵，发也。引申有除去义。《北堂书钞》十二、《太平御览》七九引‘徹’并作‘撤’，‘撤’即‘𢿵’之俗。”再如《力命》篇“东门吴者”句上注曰：“《太平御览》五一六、《记纂渊海》四八、《事文类聚》后集七、《合璧事类》前集三二引有‘东门吴者’，‘者’下并有 ‘年四十三’字，‘其子死而不忧’并作‘有一子丧之而不忧’。”这就将《列子》考证引向了更为广阔的空间。

通过上下文义做出自己的判断。如《黄帝》“都无所爱惜”句上注曰：“‘都无所爱惜’，按‘惜’当作‘憎’字之误也。上文云‘不知亲己，不知疏物，故无爱憎’，此正承以为说，若作‘惜’则非其义矣。”又如“子华善养私名”上注曰：“‘私名’之‘名’，疑为‘客’之坏字。张注：游侠之徒也，原文作客明矣。又下文‘子华使其侠客’正承此而言。”通过上下文义来判断字词的差异，这是文义互证法。

对《列子》文意的分析。蔡元培不仅分析字词，而且对于书中个别字句所含的意义也提出自己的看法。如《黄帝》“古者谓死人为归人”一节，他引老子的话注释道：“老子曰：归根曰静，静曰复命，复命曰常。知常曰明，不知常妄作，凶。神之有形，一期之报。迷本执有，劳神苦心，疲亦极矣。唯死也乃归乎真，犹脱桎梏而舍负担也。”这可能是蔡元培有感而发。他从列子的生死观出发，将精神与形体分开，认为死就是精神离开身体。人们只注重生而轻视甚至惧怕死，殊不知世间只有死才是真正的快乐。又如《汤问》“女娲炼石补天”一节上注曰：“张注以五色石为寓言，五常是以巧为之词。战国诸子，多与小说相出入，不可尽诘。即以列子而论，龙伯钓鳌之事、化人擎裾之谈，又譬何事？”这是对《列子》中奇谈怪论的看法。蔡元培认为，战国诸子大多跟厚实的小说差不多，寓理于事。书中所谈多为怪诞不经之言，很多并非实际所有，只能据上下文而揣度其意，不能过于深究。这击中了《列子》的要害，对于我们研究《列子》，乃至先秦诸子都有很大的启发性。

大体看来，蔡元培校勘《列子》主要有以上三个特点。虽然其着力点在于字句考订，但由于受到时代因素的影响，使得他又不可能完全遵循传统的考据学。他凭借深厚的古文功底，旁征博引许多前人很少涉及的典籍，并将其运用到《列子》考证中来，从多个角度对其形成了互证，拓展了讨论空间。他还将上下文义的讨论融入考据之中，两者相互为用，显示出新时代《列子》考据学的特点。

三　王重民《列子校释》

《列子校释》是王重民先生在 1929 年完成的，起初以连载的形式发表在当年 6—8 月的《北平图书馆月刊》第 2 卷第 6 期、第三卷第 1、2 期上，后与孙楷第《刘子新论校释》辑成《西苑丛书》，于 1930 年出版。

王重民《列子校释》秉承乾嘉遗风，以考订为主，书中所引以卢文弨、俞樾的观点为多，并辅以《太平御览》、《艺文类聚》等书所引《列子》文句，相互参校而提出自己的观点，对前人观点多有纠正。主要有以下几个特点：

以各种典籍的《列子》引文校《列子》衍文。王重民通过对《太平御览》等书中所收《列子》与今本对比，再参校别本及其他学者的观点来校订《列子》异文。如《天瑞》“孔子问曰：先生所以乐何”句后注曰：“案：《御览》四六八引‘以’作‘为’，《类聚》四十四引作‘先生为乐何也’，‘以’亦作‘为’。”再如“吾既行年九十矣”句后注曰：“案：《类聚》四十四引作‘吾年九十有五矣’，疑今本《列子》九十下夺‘有五’二字。《说苑·杂言》篇、《御览》五百零九引《圣贤高士传》并作‘九十有五’，《高士传》所据当为《列子》古本，则九十下本有‘有五’二字明矣。”《艺文类聚》为唐代所修，《太平御览》为宋代所修，两书所征引的材料均较为近古，对于古书中文字差异有一定的参考价值。王重民很注重《艺文类聚》、《初学记》、《太平御览》等书中所引《列子》，从文献资料的角度来看待其在校勘学中的价值。但王重民也并非一意循古，而是通过上下文或别书所引来对其做出判断。如《汤问》“太形、王屋二山方七百里高万仞”句后注曰：“案：《御览》引‘形’作‘行’，当为引者所改。下文“如太行王屋何”，吉府本亦作‘形’，尚存古本之旧。”王重民认为《太平御览》的征引者将“太形”改为“太行”，他又对比吉藩崇德书院刊本，说明应当作“太形”。北宋本《列子》亦作“太形”。《说文解字》释“形”曰：“象形也”，段玉裁注曰：“谓像似可见者也”。释“行”曰：“人之步趋也”，段玉裁注曰：“人之步趋也。步，行也。趋，走也。二者一徐一疾，皆谓之行，统言之也。”由此看来，王重民的推断非常切合实际。

纠正前人的错误观点。针对前人观点有误之处，王重民也一一指出并予以纠正。如《周穆王》“日月献玉衣，旦旦荐玉食”句下注曰：“陶鸿庆曰：‘日月’，疑当作‘日日’。案：陶说恐非。

衣食之进荐，为时久暂，当有差次。日日、旦旦义同，若果逐日进荐，则云‘旦旦献玉衣，荐玉食’足矣，不烦错综为文。北宋本、吉府本并作‘月月’。”又如《说符》“故不斑白语道失而况行之乎”句下注曰：“俞樾曰：上文云‘色胜者骄，力盛者奋，未可以语道也’。然则色力方胜之人不可以语道，必待斑白之人方可以语道，未有不失者矣，所谓不斑白语道失也。案：俞说殊为牵强，疑‘故不斑白’上有脱文失字。北宋本作‘矣’，‘故不斑白语道矣’与下句‘况行之乎’正相应，‘失’字为‘矣’之缺误。”通过对北宋本、吉府本以及上下文义的对比，王重民认为陶鸿庆与俞樾的说法是错误的，进而提出自己的观点。

纠正张湛注文的理解错误。如《力命》“仲父之病病矣可不讳云至于大病，则寡人恶乎属国而可”句后注曰：“张注曰：言病之甚不可复，讳而不言也。案据张注则正文‘可不’二字当倒乙。《管子》《戒》篇、《小称》篇并作‘不可讳’。又案：张氏以‘可不讳云’四字为句，因释云‘不可复讳而不言也’，亦非是。‘云’字当下属为句，云犹如也。‘云至于大病’犹如‘至于大病也’。说见《释词》。《治要》引无此四字者，以不达其意而削之也。”王重民认为“云”应当与下句成文，“云至于大病”就相当于“至于大病也”。再如“其为人也上忘而下不叛”句下注曰：“张注曰：居高而自忘则不忧下之离散。案：张说非也。《庄子》作‘上忘而下畔’，衍一‘不’字。‘畔’与‘叛’通。‘叛’谓叛谚也。叛谚为叠韵字，古时常语。《诗·大雅·皇矣》作‘畔援’，《汉书》叙传注引作‘畔换’，《文选·魏都赋》作‘叛换’。或单言‘谚’，《书·无逸》：乃逸乃谚，伪《孔传》‘叛谚不恭’，《论语·先进》篇‘由也喭’，郑注曰：子路之行，失于叛谚是也。或单言‘畔’，《论语·雍也》篇‘君子博学于文，约之以礼，亦可以弗畔矣夫。’此从俞曲园《群经平议》说及《列子》‘上忘而下叛’是也。《诗》郑笺云：‘畔援，跋扈也。’《韩诗》云：武强也。《魏都赋》刘渊林注云：叛换犹恣睢也。是‘上忘而下不叛’谓于上则忘其高，于下又不自亢也。故下文云‘以贤下人者未有不得人者也’。郭注云‘高而不亢’，得其旨矣。”

综上所论，王重民从古文献的角度出发，通过征引各书中的不同用法，找出其存在的共同点，进而提出自己的观点。总体来看，他的考证方法实际上是继承了乾嘉学派早期义证为主的方法，偶尔用到文字考证法，但并不沉溺于枯燥的文字考订，能够把义证与理证结合到一起，从中发现不同之处。这种建立在文献基础上的考证学，是对乾嘉考证学的修正，也是民国时期《列子》考证学的主要特点。

四　杨伯峻《列子集释》

杨伯峻以语言学而著称，兼及古籍整理与译注。他治学从语言学角度来看待古书中所涉及到的一系列问题。《列子》研究方面有《列子集释》一书，集合了前人研究《列子》的各种观点。对于《列子》真伪问题，他持《列子》伪书说，在1956年7月《新建设》上发表《从汉语史的角度来鉴定中国古籍写作年代的一个实例——〈列子〉著述年代考》一文，开创了从现代语言学角度探讨《列子》问题的先河。他的《列子集释》作于1929年至1932年间，1958年由上海龙门联合书局首次出版。出版前杨氏曾对书稿做了修订，因此我们能在书中看到如王叔岷等后于他的著作。

中华书局于1979年又重新出版，并收入《新编诸子集成》丛书。[1]

《列子集释》的显著特点是对《列子》文句的校订。杨氏写作此书的时代正处于民国学术的鼎盛时期，考证学方面，由于西方学说的不断传入，传统的考据学已经被加以改造。更重要的是，前辈学者在这方面做了很大的贡献。可以这样说，此时的考证学渐渐进入了查漏补缺的阶段。杨氏的《列子集释》这部著作便体现了这个特点。对于文句方面的订正，无疑仍属于考据学的范畴。杨氏之前诸家考证《列子》的著作多以文献订正为主，偶尔涉及小学方面的内容。杨伯峻继承了考据学的传统，首先是征引各家学说及文献资料校订《列子》文句。对于有疑义者，均以“伯峻案”而加以说明。如《天瑞》“往复，其际不可终”句下在对照了世德堂本、道藏本、北宋本后，征引卢文弨、陶鸿庆、王重民等各家说法，做出自己的判断：“伯峻案：王（案：指王重民）说是也。今从吉府本增（案：“其际不可终”前原无“往复”二字，杨氏据前人观点及各本文句而增补，故有此说。）。”[2]再如，《天瑞》“子贡曰：寿者人之情，死者人之恶”句下注曰：“伯峻案：《汉书·董仲舒传》云：请者人之欲。又云：人欲之谓情。《后汉书·张衡传》注云：情者，性之欲。古人多以欲恶对文，如《吕览·论威》篇：人情欲生而恶死。是也。则此情字当训欲。”[3]杨氏征引《汉书》、《后汉书》及《吕氏春秋》等书中对于“情”字的用法及解释，说明《列子》此处“情”字的用法及意义，这是传统考据学的方法。

杨伯峻不仅考订《列子》文句，对于其所征引的各种书籍中的观点也提出自己的看法，并不盲从。如《周穆王》“子华子中

---

1 杨伯峻《列子集释》出版于新中国成立之后，但其初稿创作于民国时期，本文亦将其归入民国著作讨论。

2 杨伯峻《列子集释》，中华书局1979年版，第3页。

3 杨伯峻《列子集释》，中华书局1979年版，第25页。

年病忘”一段，殷敬顺《列子释文》释“从之”之“从”曰：“从，音纵。”杨伯峻并不认同，他说：“‘从’当读如字，谓依之也。”[1]《说文解字》曰：“相听也，从二人。凡从之属皆从从。疾容切；随行也，从辵从，从亦声。慈用切。”据此，“从”字有两种解释，且随不同意义读音亦不同。依《列子》原意，应当取第二种解释，音为“慈用切”，正与杨说相合。“纵”，《说文解字》曰：“缓也，一曰舍也，从糸从声。足用切。”按照古书通假的用法，此处若依殷敬顺说读如“纵”，则“从”字也应当训为“纵”之意。而参照《列子》原文，“纵”意不通。因此，杨说是。又如，“而积年之疾一朝都除”句下卢重玄解中引老子语曰：“为学日损，为道日损。损之又损之，以至于无为”，汪莱《卢注不证》曰：“《解》‘损之又损之’句下‘之’字衍”，杨伯峻不同意汪莱这种说法。他指出：“根据范应元《道德经集注》、彭耜《道德经集注》、古本都有两‘之’字，与重玄所引同，则下‘之’字非衍文，汪说误。”[2]由此看来，汪莱并未深查，只是据文意妄加删改。

杨伯峻认为《列子》非先秦人著作，乃是后世荟萃而成，他在注解中也间或表达出他的这种观点。如在《天瑞》“将嫁于卫”句下注曰：“《四库全书总目提要·尔雅注疏》云：《释诂》云：嫁，往也，此取《列子》之文也。若如此，则《列子》在《尔雅》之前。其实未必然，或今本《列子》有所因袭，或《列子》袭《尔雅》也。”[3]《尔雅》的成书年代，据周祖谟先生《尔雅校笺》中所说，《尔雅》“大约是战国至西汉之间的学者累积编写而成”，属于集体性著作。[4]四库馆臣谓《尔雅》袭《列子》，杨伯峻不同意这种观点，

1 杨伯峻《列子集释》，中华书局 1979 年版，第 110 页
2 杨伯峻《列子集释》，中华书局 1979 年版，第 110 页。
3 杨伯峻《列子集释》，中华书局 1979 年版，第 2 页。
4 周祖谟《尔雅校笺》序，江苏教育出版社 1984 年版，第 1 页

他也并未贸然下结论，只是指出“或今本《列子》有所因袭，或《列子》袭《尔雅》也”这两种可能。当然，对于《列子》的成书问题，直到现在也没有定论，只能是各执己见。

《列子集释》是一部列子资料的集大成著作，书中征引各家观点并参校各种版本，从文献及考据学等角度多重考虑，书末还附有《列子》研究的相关资料，为研究者提供了极大方便。需要注意的是，杨氏对《列子》原文亦做增补，这是阅读本书需要特别注意的地方。

五　王叔岷《列子补正》

王叔岷也是民国时期一位国学大家，师从傅斯年、汤用彤先生，治学从文献入手，以《斠雠学》、《斠雠别录》而著称。在诸子研究方面，有《诸子斠证》、《先秦道法思想讲稿》，尤以研究《庄子》的三部著作《庄子校释》、《庄学管窥》、《庄子校诠》最见功力，由此也可见出他的治学之路。《列子校释》作于1947年，分四卷，以《四部丛刊》所收北宋本为底本，参校群书，共得一千一百四十六条。凭借校理《庄子》的便利条件，王叔岷征引各种书籍所引《列子》文句，不仅校《列子》原文，还兼及张湛注文。王叔岷在自序中首先辨别《列子》的真伪，他认为，虽然《列子》与《庄子》、《韩非子》、《吕氏春秋》等书中所记多有重合之处，后人亦以此来攻击《列子》为伪书，但“诸书亦未必不本于《列子》原书，考其各篇之文，实多出自先秦”。由此可见，王氏并不认同汉代或魏晋伪造之说，他认为《列子》书中所征引的各种材料多出自先秦时期，非为后人所伪。他还特别提出，《列子》与《庄子》的关系非常紧密，《庄子》中的许多逸文都散见在《列子》之中，这是他治《庄子》之余校理《列子》

的体会。

《列子补正》最突出的特点是综合各家说法及各种书籍的征引文字对文本的全面梳理。到王叔岷为止，《列子》考据已经逐渐走向成熟，前人的考据工作也有了一定的成绩，但在文献层面还有很大的拓展空间。王叔岷即利用其深厚的文献学功底，在前人的研究基础上，更为广泛地搜集古书中征引的《列子》文句。有常见的典籍，如《艺文类聚》、《初学记》、《太平御览》等；也有不常见的典籍，如《合璧事类》、《玉烛宝典》、《天中记》、《记纂渊海》等。这些文献中虽然只是引述《列子》的只言片语，但却保留了原文的某些信息，对于校勘有一定的参考价值。如卷一《黄帝》"不知斯齐国几千万里"句下注曰："案：《艺文类聚》十一、《天中记》二三引'斯'并作'距'，《御览》卷三九七引亦作'距'，'里'下有'也'字。"《艺文类聚》为唐代所修，《太平御览》为宋代官修，《天中记》为明代类书，三部书代表了三个时代，所引文字相同，说明《列子》文本有误。文字尽管能够说明一定问题，但有些地方却还需要各种不同版本及上下文义的相互参校。如卷一《天瑞》"故天地含精，万物化生"张湛注："则阴阳气偏交会而气和。"王叔岷注曰："案：《法苑珠林》七引'生'下有'也'字。《道藏》本、元本、世德堂本注'偏'并作'徧'，'偏'、'徧'古通。《黄帝》篇注：'刍狗万物，思无所偏'，《仲尼》篇注：'巧偏而智敌者则不能相君御者也。'元本并作'徧'，《说符》篇注'恕不偏行'，《道藏》本作'徧'，皆其比。"

《列子补正》的另一个特点是多以《庄子》文句校订《列子》。上文曾论及王叔岷不认为《列子》是汉魏晋时期人所伪造，他认为《列子》书中保留了许多先秦古书中的资料，他还认为《列子》与《庄子》之间存在密切联系。尽管王叔岷没有对这一问题做更深入探讨，但他对《列子》文本的肯定则是可以确定的。因此，他在《列子校释》中不断引用《庄子》及《庄子注》的资料。如卷一《黄帝》“因以为茅靡，因以为波流，故逃也”，张湛注：茅靡，当为颓靡。向秀曰：“变化颓靡也事波流，利化不因。”“然应出变而时动”。王叔岷注曰：“案：《庄子·应帝王》篇‘茅靡’作‘弟靡’，郭注亦云：‘变化颓靡’（《释文》：‘弟，徐，音颓’），茅即弟之误（此文《释文》引《庄子》亦作茅），弟又夷之误也。奚侗《庄子补注》云：‘弟当为夷。《文选》潘安仁《射雉赋》：崇坟夷靡’徐爰注：夷靡，颓驰也。其说是也。”又如“雕瑑复朴，块然独以其形立”，张湛注：“雕瑑之文”。王叔岷注曰：“《释文》：‘瑑’本作‘琢’。案：卢重元本、《道藏》各本并作‘琢’，《稗编》六五引同。《庄子·应帝王》篇亦作‘琢’，‘瑑’即‘琢’之误。《道藏》本注‘瑑’亦作‘琢’。”由此可见，王叔岷用力之甚。

《列子补正》是对前人《列子》文本校理的一次总结，是继杨伯峻《列子集释》之后的又一部《列子》考证著作，王叔岷在吸收众家所长的基础上，通过广泛地征引材料，从《列子》原文到张湛注文做了全面梳理，是对《列子》考证学的一次全面总结。不仅体现了传统考据学的治学风格，而且也体现出作者深厚的文献学功底。将观点建立在丰富的材料之上，考证与释义相结合，体现出民国时期考据学的主要成就。可以说，王叔岷的《列子补正》为民国时期《列子》考据学画上了一个圆满的句号。

民国处于新旧交替的关键时期，新学的涌进，为旧学注入了新鲜血液。旧学的发扬，又保存了本国的文化精髓。整个民国学术即体现出这种新旧交替、相互为用、相互融合的发展趋势。考据学起源甚早，明末由于异族入侵，有气节的文人学士义不仕清，将全部精力转向繁琐枯燥的考据学。清朝前期，文字狱大兴，文人学士为避祸，延续明末考据学的路子继续发展。到乾嘉时期，逐渐形成了足以代表一时风气的考据之学。清人考据学以治经为主，兼及先秦诸子。考据学以文字订正为主，内容枯燥，且需深厚的小学功底，非常人所能为。随着清王朝日益没落，学术领域也开始慢慢变革。考据学改革家首推章学诚，他提出义理、考据、辞章并重，但并未引起世人注意。清末，新学涌入。腐朽的封建文化已经不再适应时代潮流，章学诚的主张则适应了时代发展的要求。民国时期考据学则沿着这条路子继续发展，开始改造枯燥乏味的清代考据学风气。虽然旧学被改造，但基本的考据方法仍然沿用，与乾嘉考据学相比更为灵活。对《列子》的考据研究，正是遵循着这个规律进行的。从陶鸿庆开始，直至王叔岷，对此前《列子》文句考订成果做了系统梳理。王叔岷《列子补正》综合了前人的研究成果，是一部总结性著作。而杨伯峻《列子集释》在民国稿本的基础上进一步修订，搜集《列子》相关资料，校订《列子》文句，并以新式标点断句，更为适合现代人使用。这些研究成果，适应时代发展的需要，不仅发扬了传统文化的精髓，而且将新学融入中华文化之中，适应了时代发展的要求，在列子研究史上有承上启下之功。

第三节　张怀民以佛学解《天瑞》

张怀民，民国学者，安徽和县人。其著作主要有《公孙龙子斠释》、《列子天瑞篇新义》等。顾实为其题词："微志愿回无量劫，藐躬堪任大投艰"，佛教色彩非常浓厚，张怀民《列子天瑞篇新义》也主要是以佛理解析《列子·天瑞》。标明新义，其实并非新解。张怀民以佛家思想解读《天瑞》，间或引用道家及理学思想印证其观点，体现出三教融合的思想倾向。

一　对《天瑞》篇的总体把握

学界普遍认为《天瑞》是列子原著，反映了列子的主要思想，历代注家对这一章评价也很高。从张湛到范致虚，都将其作为提纲挈领之作：

> 夫巨细舛错，修短殊性，虽天地之大、群品之众，涉于有生之分，关于动用之域者，存亡变化，自然之符。夫唯寂然至虚、凝一而不变者，非阴阳之所终始、四时之所迁革。（张湛注）
>
> 夫群动之物，无不以生为主。徒爱其生，不知生生之理。生化者，有形也；生生者，无象也。有形谓之物，无象谓之神。迹可用也，类乎阴阳。论其真也，阴阳所不测。故易曰：阴阳不测之谓神。岂非天地之中大灵瑞也！故曰天瑞。（卢重元解）
>
> 物有生化，道无古今，惟体道者为能不化而常，今所以应物无容心焉。故天瑞始言生化，而终于国氏之为盗。（宋徽宗解）
>
> 此篇专言天理，以其可贵故曰瑞。（林希逸解）
>
> 天地虽大，万物虽多，一流于生死之境，一堕于出入之机。终始相循，变化相禅。死生寿夭、损益成亏，无非自然之符也。体道之人，超出物表，即万物流转之域，冥一性不退之宗，昼夜不能役使，阴阳不能陶铸，故能物物而不物于物。（范致虚解）

张湛等人均信奉道家学说，对宇宙人生的探讨自然也成为他们讨论的重点。虽然林希逸属儒家，但其所宗尚的理学思想则体现出三教融合的特点，更加注重对宇宙人生的探讨。“天理”在他们看来即是“道”，它是万物得以生生不息的源泉。天理是恒久不变的至真之理，只有明天理才能“物物而不物于物”，达到不生不化的境界。《列子》以“瑞”名篇，体现了作者对天理的重视。张怀民也认为这一篇列在卷首，是将天道作为根本来探寻天地造化的终始。由此看来，他们都将世间万事万物的运作生灭纳入“道”之下，“道”至高无上，不受任何约束。如果能明了“道”的妙用，那就等于洞悉了宇宙万事变化生灭的根本。他又认为，尽管《列子》以天理而起首，并有“清浊冲和之分”，也只是“从想像而言，犹未能探造化之原也”。在张怀民看来，只有佛家的法界缘起说才彻底洞悉了宇宙真相。

首先，宇宙中存在着一种物质，无形无相，不可捉摸，它是世界运转不息的原动力，老子称其为“道”，而释迦则称其为“法界”。张怀民认为，这种物质“混沦磅礴，弥纶万有，盖无乎不在也”。老子的“道”是世间万物产生及运行的普遍规律，存在于一切事物的日常运行之中。佛家的法界，与老子的“道”类似，是一切事物之所以成为其具体形态的规律。所谓“法”，含有“道”的意义，“界”为分界。由此看来，“道”与“法界”在概念上存在重合之处。

其次，道家注重“无”，强调“无为而无不为”。张怀民进一步指出：“指乎未落形气之中，则名之为如，状之为无。先天地生，为万物母。迨其与物质和合也，则名之为实、为心、为性，此中土无与有对待之义所由生。”在道家看来，“道”还没有落入物质形态之前称为“如”，其状称为“无”，先于天地而生，却又担当起创造天地的责任。一旦与物质相合，就被冠以实、心、性的概念。自“无”而论，虽然所见形体各异，但其根本无异，不能被其外在形态所蒙蔽。自“有”而论，既然已落入物的范畴，便应当遵从物的运作规律。佛家讲八识，即眼识、耳识、鼻识、舌识、身识、意识、末那识、阿赖耶识。前六识是外部的具体感受，而末那识与阿赖耶识才是产生这六识的根本。所谓末那识，是对于物质本身的知见，亦即我执，它依托于阿赖耶识而产生作用。阿赖耶识是一切事物的根本，如种子一样含藏在最深处，所以又称含藏识。这两种识见不生不灭，它们包含了一切物质的特性。依据佛教的轮回理论，阿赖耶识记录形体一切善恶，如同种子含藏形体的一切特性一般，在不断的轮回转化中生生不息。八种识见存在于形体中，根据各自的特性发挥作用。由于被形体所束缚，因此他们之间互不相通，各司其职。张怀民引《首楞严经》语：“如太虚空，参合群器，由器形异，名之异空。除器观空，说空为一。”正因有了形体的差异，才有了名词差异。当摒弃一切物质束缚，进入空的境界，所有名词及形体差异便不存在任何区别。佛家的“空”，类似于道家的“无”。他又引《首楞严经》一首偈语做进一步说明：“空有二俱非，迷晦即无明。发明便解脱，解脱因次第。六解一亦亡。”空和有都并非实际存在，若被这两个名词所惑，那便陷入无明之中。“无明”即烦恼，是支配我们对一切事物起分别知见的根本因素。因此，佛家修持首要任务是破除无明。只有破除无明，才能获得解脱。一旦进入解脱状态，才会明了万物都是虚幻不实的道理，才能做到“物物而不物于物”。这就是佛家所讲的中道，类似于道家的“无为而无不为”。所不同的是，道家停留于其中，认为只要达到“无为而无不为”便是得“道”。佛家则更进一步，对于这种状态也不执着，进入一种圆融无碍的境界，不存任何分别之心。张怀民认为这才是最究竟之义。

二　以佛解《天瑞》的具体思想

《天瑞》重点探讨万物生灭变化的宇宙生成论，与佛教缘起与生灭相对应。《天瑞》开篇即以问答的形式申明全书主旨，这也是列子思想理论的基础。由于国家饥荒，列子要到卫国去，他的弟子在其临行前向他请教，列子借此机会系统阐述了他的万物起源生灭论。

列子通过对万物生灭变化的描述，揭示了隐藏在这种现象背后的规律。列子说："有生不生，有化不化。不生者能生生，不化者能化化。生者不能不生，化者不能不化，故常生常化。常生常化者，无时不生，无时不化。"所谓"生化"，即是生死流转的现象。"有生"、"有化"，指生灭变化的规律，即老子所说的"道"。生与化是"道"的两面，虽然"道"使万物有了生化的表现，但其自身无任何变化。生化均以"道"为准则，应时而化，生生不息。列子说："生物者不生，化物者不化。自生自化，自形自色，自智自力，自消自息。谓之生化、形色、智力、消息者，非也。""道"是万物生灭变化的根本，万物因其变化而产生生灭现象，但其本身则不生不灭。若将"道"等同于物的变化，那便步入歧途。这与佛家的缘起生灭论有相同之处。《缘起经》说："云何名缘起初？谓依此有故彼有，此生故彼生。所谓无明缘行，行缘识，识缘名色，名色缘六处，六处缘触，触缘受，受缘爱，爱缘取，取缘有，有缘生，生缘老死，起愁叹苦忧恼，是名为纯大苦蕴集。如是名为缘起初义。"[1]世界初因欲望而产生，欲望又是无明产生的根源，无明驱使人有各种行动，从而产生种种认识，人生的一切痛苦与快乐均因此而生。张怀民引马鸣《大乘起信论》

1《缘起经》，《大正新修大藏经》第2册，第547页中。

及《楞严经》对其做进一步阐释：

> 心真如者，即是一法相大总法门体。所谓心性不生不灭，一切诸法唯依妄念而有差别。若离妄念，则无一切境界之相。又曰：心生灭者，依如来藏故有生灭心。所谓不生不灭，与生灭和合，非一非异，名为阿黎耶识。（《大乘起信论》）
>
> 若无所明，则无明觉。有所非觉，无所非明。无明又非觉湛明性，性觉必明。妄为明觉，觉非所明。因明立所，所既妄立，生汝妄能。无同异中，炽然成异。异彼所异，因异立同。同异发明，因此复立。无同无异，如是扰乱，相待生劳，劳久发尘，自相浑浊。由是引起尘劳烦恼，起为世界。（《楞严经》）

《大乘起信论》相传是被奉为禅宗第十二代祖师的中天竺国高僧马鸣所造。全书分为“因缘分”、“立义分”、“解释分”、“修行信心分”、“劝修利益分”五个层次，以“一心”、“二门”、“三大”、“四信”、“五行”为立论的思想基础。张怀民所引的两段分别说明了“一心”与“二门”的理论。“一心”即众生心，即大乘佛教所提倡的人人所具有的如来藏，它是成佛的种子。“二门”指心真如门和心生灭门。心是造作宇宙万物的根本，通过“真如门”与“生灭门”心的造作发生作用，世界也因此产生。所谓“阿黎耶识”，与“如来藏”同体，亦即世间一切万物产生的种子。[1]《楞严经》，全名《大佛顶如来密因修证了义诸菩萨万行首楞严经》，简称《楞

1潘桂明《中国佛教思想史稿•汉魏晋南北朝卷》下，江苏人民出版社 2009 年版，第 506 页。

严经》、《首楞严经》、《大佛顶经》、《大佛顶首楞严经》，由中印度僧人般剌密谛在唐中宗神龙元年传入中国。宋代僧人子璇集《首楞严义疏注经》，记载了本经的宗旨及流入中土的经过。据《首楞严义疏注经》所说："首楞者名一切事竟。严者名坚，即一切事究竟坚固也。得此三昧，观法如幻，于法自在，能破最后微细无明，能获二种殊胜之力，现身说法，无碍自在。"[1]《首楞严经》是破除一切三昧、明了第一义谛的总纲领。《首楞严经》认为，心性的迷茫是由于无明而生起。无明的生起，又是由于妄心的不断产生。妄心生起了无明，无明又生起了人生的种种烦恼，烦恼因而产生了世界。所谓"无明觉"即是明了世界生起的根源，是在彻悟了自我人性之后洞悉到的宇宙真相。若只注重妄的现象，觉便非真正的觉悟。"无明觉"与"明觉"与马鸣的真如生灭说一样，均说明世界的缘起，告诫人们不能只重表象，要深入万物的本质，努力洞悉宇宙的奥秘。据此，张怀民认为，列子所说的"不生不化"，就是佛教所讲的"真如"，也即是宇宙的奥秘。"生化"，即佛教所讲的"生灭"，即万物变化的现象。明白了缘起的理论，就要进一步探讨生灭的变化。

通过对于不生不化理论的解说，列子建立起了他的万物起源论。在明了万物起源的基础上，就要进一步深入到实际当中，看透生死的变幻，不要拘泥于形体的变迁。在与弟子百丰的对话当中，列子以路边的骷髅为契机，一连列举了五十多种生灭变化的现象，论证他对生死变化的观点。张怀民引《阿毗达磨杂集论》说："生与老死作缘者，由有此生彼，相续变坏，皆得有故。而老死二支，又与生为缘。展转因依，如轮旋转。"生与老、死不可分离，正

1 子璇《首楞严义疏注经》卷一，《大正新修大藏经》第39册，第826页中。

因为有了老、死，才有生。若无老、死，也就不存在生。老、死也因生而存在，有了生，就必定会走向老、死。这三种现象互为因缘，相依而有。在此基础上，张怀民引《庄子》进一步解释说："庄子亦谓以生为丧，以死为友，以无为首。以生为体，以死为尻，知有无死生之一守。以无为首，如来藏自性清净心也。以生为体，以死为尻，如来藏生灭心也。有无死生之一守，生灭与不生灭和合之谓也。"从"无"的角度来讲，生死都是不真实的。从"一"的角度来讲，生死没有分别。道家所讲的"无"、生死、"死生如一"，分别对应佛家的清净、生灭、"生死一如"。张怀民认为，这种思想正与《列子》相合。

佛教把世界万物变化的现象总括为十二类：卵生、胎生、湿生、化生、有色、无色、有想、无想、若非有色、若非无色、若非有想、若非无想。这十二种生死变化的方式，是宇宙万物生灭变化的总结，每一种都代表着不同的种类。列子所列五十多种生灭现象，也包括在这十二类之中。张怀民引杨文会《冲虚经发隐》中的观点，以"阿赖耶识"为一切变幻的缘起，与列子所说的"机"相应，成为生死流转的关键。

三　对理学思想的转化与运用

张怀民不仅运用佛家思想来解读《列子》，还引用宋明理学思想来与道家思想对证。理学家自认为是儒家正统，从严格意义上讲理学是宋代特殊环境下形成的一种以儒家思想为体，吸收道家及佛家关于天命转化思想的新学说，以纯粹的理性思辨为其显著特点。周敦颐是理学思想的奠基者，《太极图说》集中体现了其理学思想的最高范畴，是其对宇宙生成总体认识。首先他提出了一个无极的概念。所谓无极，就是天地万物生成之前的混沌状态，是生命孕育的基础，代表了最高的道，这种思想明显承袭于老子“无”的思想。[1]太极动而生阳，动极而生阴，阴生静，由此世间分出了阴阳。阴阳和合又生出万物。据此而推演出其宇宙生成论：无极→太极→阴、阳→水、火、木、金、土→万物。逆推则显示了万物的本性：无极←太极←阴、阳←水、火、木、金、土←万物。张怀民认为，周敦颐的这种思想，正与《天瑞》“圣人因阴阳以统天地”章的思想相符。他说：“此说盖出于易，与列子之义大略可以相傅。然濂溪此图或谓出于僧寿涯，其源亦为道家所传。今观列子之书，又出于乾凿度，是知易与道家固互有出入，向周子亦承其流耳。”《易》代表了中国本土对于宇宙生成认识的最高理论，周敦颐的宇宙生成思想就是源于《易》。老子思想集古人之大成，“道”是其理论的最高范畴。老子认为，万物都由无而生，在最初的混沌状态，“道”存在于 “无”之中。老子说：“道生一，一生二，二生三，三生万物。”这种思想，正与《易》及周敦颐的思想相合。张怀民认为：“道者无极也，一者太极也，二者两仪也，三者数之极也。盖古人举数，凡一二所不能尽者，则约之九以见其极多。则三也九也，皆不过举之以明数之多，其义一也。（原注：本汪荣父释三教说）乃复变而为一，一者形之始也者。言气形质具，则造化发育之具无不备矣。”周敦颐的思想是对这二家的继承与发展。佛教传入中国后，与儒道两家不断融合发展，它取儒、道之长而补足自身不足之处，进而对抗佛教，这种借鉴与反借鉴的过程本身即是一种思想大融合。由此可知，儒、释、道三家思想必定存在相吻合之处，以至于儒、释、道三

1 侯外庐《宋明理学史》上，人民出版社 1984 年版，第 60—61 页。

家思想互为补充、互为发展。至于理学思想，更明显带有这个特点。《天瑞》主旨在于探讨宇宙生成，无论是儒、释、道，还是理学，都认为宇宙万物的生成及变化都存在一个共同的“道”，这个“道”是万物产生的根本，只有明了其奥妙，才能不为万物所羁绊。

总体来看，虽然张怀民注重对佛教理论的深入探讨，但却体现出鲜明的三教融合思想。他以佛家思想为主体，参照儒、道，意在说明佛家思想与中国本土思想的交叉之处。通过对各种思想的相互比较，可发现人类思维的共同之处。正如他自己所说：“华梵异文，何从蹈袭？特以真人见解，异域所同，彼方所知，此方未必尽昧。”

第四节　陈和祥等的《列子》新注

由于西学的传入，运用新式标点整理《列子》的著作也不断出现。这些著作改变了以往点读的传统，开始使用新式标点符号断句，并且采用新式注释方法，为广大读者阅读研究提供了很大方便。陈和祥《评注列子读本》与唐敬杲《列子选注》即为其代表。两种著作虽为节选《列子》，但其采用新式标点点读并注解《列子》，更加适合于普通民众阅读。

一　陈和祥《评注列子读本》

陈和祥为民国学者，先后评注有《孔子家语》、《老子》、《列子》、《庄子》、《管子》、《韩非子》、《荀子》、《墨子》、《扬子》、《孙子》等，总称为《评注标点十子全书》，由秦同培编辑及校订。

《列子》为选本，作者在编辑大意中说：“《列子》行文不如《庄》之奇肆。然醇厚朴美，亦或过之。其气体仿佛《国语》，而时代稍后。

所有驳杂处，意或者古传，是册固已不全，而后人增附之欤？今孰为原本，孰为增附，已不能确定。且增附之中，亦容有颇可采者。”由此看来，作者认为今本《列子》并非全是后人伪作。他就文而论文，认为《列子》虽有驳杂之处，但其意乃传自古本，其怀疑乃是后人增附而成。尽管《列子》尚存在诸多问题，但并不影响后人对其文章的学习。因此，作者选取书中有启发性的段落，加以评述，“示学子以文艺之方”，以期有益于学人。本书注释有两个显著特点，一是综合张湛、林希逸两家注解，二是传统圈点断句及新式标点法互用。

作者在编辑大意中说：“《列子》唯张湛注本最通行。此外，林氏《口义》亦颇醒豁。今以张湛注为主，参之以林氏之说，并揭林氏义于眉评中以醒眉目。至若卢重玄注，江都秦氏称为‘颇有可采’。然观其注文甚多，亦不见详密，而大旨亦与张湛注相出入，故不复赘列。”陈和祥非常推崇张湛及林希逸注，认为这两家注均能体现《列子》本旨。卢重玄注文虽多，秦恩复也倍加推崇，但作者认为其大体追随张湛注而别无新义。张湛注以玄学为背景，着重揭示《列子》中所蕴含的哲学理论。而林希逸《列子口义》则重在品评文字，多以概括大意为主。陈和祥列林希逸注于眉评中，文中注则采张湛注。注释分为评与注两部分，评总括段落大意，注则解释句意。如《天瑞》节录一所选三段总评说：“总论生化之道，错综离合，变化万端，如走蛟龙，如挟风雨，是列子极意经营之作。”《天瑞》有关生化的论述文字，一直被后人认为是《列子》全书的总纲，各种选本均予以选录。陈和祥对这几段文字也给予了很高的评价，认为是“列子极意经营之作”。《力命》后人多认为是伪作，不符合《列子》书原意，且文字不类先秦手笔。陈和祥对此篇则很是推崇，他在《力命》节录一评语中说："随手写来，不事雕琢，不施藻饰，自能酣畅淋漓，眉飞色舞，毕竟是先秦手笔。"又如节录三评语说："以自然释命，最透达。前半笔意奥折，后数行洒脱不滞。豁人迷梦，识解均非周秦以后人所有。读此觉李萧远、刘孝标论命不免枝叶。文贵超逸，于斯得之。"陈和祥认为《力命》者极端文字言简意赅，有先秦文风，绝非后人所能为。刘向《列子书录》曾对《力命》、《杨朱》两篇提出疑问，认为两篇主旨相背。陈和祥不仅认为《力命》乃先秦文字，对《杨朱》篇也提出了自己的独特见解。他在《杨朱》节录一评语中说："可匹《庄子·达生》篇，而词意更透宗，读之趣味盎然。"陈氏认为这几段文字可与《庄子·达生》篇相媲美，甚至有过之而无不及。对于后人认为《杨朱》是杨朱著作的观点，他认为："杨氏为我，其原因在此，自亦人情之常。后人疑此为杨子书，又以为与《力命》篇意旨乖背，皆非也。周时著书，不必自撰。大都门人弟子所记。凡师所称述，皆录之。今观全书为庄周仿依者特多，盖亦当时传述古说如此。稍博通者皆知之，不必仿依也。且此与无为、顺命之旨又何妨哉？杨子述之，门弟子亦聊记之云尔。"陈和祥从先秦学者多不自著述的角度出发，认为先秦时期杨朱并没有著作传世。后人口耳相传，博通者多广闻博见，同一种传说见诸于不同点典籍之内是常有之事，并非抄袭而来。他还认为，杨朱的为我与道家的无为、《力命》的顺命思想并不违背。

《评注列子读本》采用旧式与新式标点方法互用的方式，以期为读者提供方便。传统古文断句法是以圈点来点明文章精要之处，重在文意。而新式标点符号法则采用多种符号，对文句加以标点，更符合时人的思维习惯，且较圈点法阅读更为方便，易于理解。不足之处是重在形式，古文精要之处不能体现出来。因此，作者“各采所长，互补所短”，希望全面展示所选文字的精要之处，为学者提供方便。本书《列子》原文采用标点符号法断句，所选注文均以圈点标示。这种处理方式，不仅为读者阅读原文提供方便，也使得读者能够准确把握注文意旨，达到全面理解原文的目的。

二　唐敬杲《列子选注》

唐敬杲（1898—1982），字旦初，漕河泾镇（今上海漕河泾镇）人。天资聪颖，幼年即熟读四书五经、诸子百家之书。民国四年（1915）考入商务印书馆任编译员，受到时任编译所主任沈雁冰的赞赏。1932 年进《申报》馆，担任《申报月刊》、《申报年鉴》编辑，主编《现代外国名人辞典》、《综合日汉大辞典》。在国难期间，先后任过教师及南京国史馆协修。解放后，在中国人民解放军军事医学科学院任翻译，后又参加编写《辞海》。

《列子选注》是唐敬杲参与编辑的《学生国学丛书》著作之一，全书按照统一的体例要求选取《列子》中《天瑞》、《仲尼》、《汤问》、《杨朱》、《说符》五篇重新整理注释。

唐敬杲在序言中讨论了列子其人及其书的真伪问题。他认为，列子实有其人，他的思想在先秦时期也确有流传。高似孙《子略》中所论司马迁在《史记》中论及畏累子、亢桑子而独不及列子，而列子独以寓言形式多见于《庄子》，从而断言列子并不是一个实际存在的历史人物的说法，并不能成为否认列子存在的证据。他以宋荣子为例进一步阐释说：“且《内篇·逍遥游》论宋荣子，遂及于列子。宋荣子即《天下》篇之宋钘，亦屡见于《荀子》、《韩非子》，其为实在人物可知；庄子既将列子与宋荣子相提并论，则所谓列子者，其非空言无事实之类，亦可知也。”唐敬杲认为，《庄子·天下》中论及宋荣子，而《荀子》、《韩非子》也屡次提及。

如果说《庄子》中多寓言而不可信的话，那么《荀子》、《韩非子》则较为可信。据此，他认为先秦时期确有宋荣子其人。而庄子将列子与宋荣子相提并论，那么也可知列子并非庄子所杜撰出来的虚拟人物。他又引《尸子·广泽》及《吕氏春秋·不二》有关“列子贵虚”的记载，认为先秦时期确有列子其人。并以刘向《列子书录》及《汉书·艺文志》所载，确定列子先于庄子，故而《庄子》书中经常提及列子。

唐敬杲还根据刘向《列子书录》，认为刘向整理本《列子》是否为景帝时所流传的《列子》及景帝时所流传的《列子》是否为《列子》原本均已无从查考。张湛在《列子注序》中述及自己整理《列子》的经过，“则湛之书，非复刘向辑录之旧”。他认为，《列子》一书经后人荟萃并无太大疑义，而是否全出魏晋人所伪托则尚有可商榷之处。他进一步指出：“我国古籍，大半有后人缀杂之迹，固不独《列子》为然，部分之疑伪终不能为否定全部之证据。且刘向校录，固明谓疑非一家之书耶？依我人之观察，列子在当时必有相当之学说，为后世传诵、称道；《列子》书中，至少有若干部分，为记述列子思想之零编碎简，经两汉以至魏晋，次第为人附会、增益，积渐以成现存之《列子》八篇。古籍中有此种长期演化之迹者，固数见不鲜也。”唐敬杲认为，古籍的缀杂历来已久，不独《列子》一书如此。他承认列子的存在，现存《列子》书中必定相关文字为先秦所残存。他不认为《列子》一书全是魏晋人伪作，而是经两汉及魏晋为人所次第附会、增益。由此看来，唐敬杲认为列子实有其人，他的思想在战国时期也有一定影响。战国时期存在过一本古《列子》，汉景帝时可能有一部《列子》流传。刘向校书时所整理的《列子》，与景帝时所流传的《列子》不能确定为同一传本。而张湛据以校注的《列子》，又非刘向整理之本。

据此，他认为今本《列子》乃经后人附会增益而成，其中仍留存有列子思想片段。

《列子选注》只选取《天瑞》、《仲尼》、《汤问》、《杨朱》、《说符》五篇内容，唐敬杲认为"《黄帝》、《周穆王》最多缀合之迹；《力命》一篇，则辞旨卑倍，不足为训"。因此，这三篇不在注释之内。他对所选文字做简单注释，以取文字大意为主。如解"昔者圣人，因阴阳以统天地。夫有形者，生于无形，则天地安从生"一句说："谓有形之物，皆随阴阳、四时之陶运而常生常化。"唐敬杲未对这句话做深入解释，他从整体出发概括其意，简单明了。对于关键字句的注解则选取句中主要字词进行解释，如《天瑞》注"生者、化者"、"不生、不化"："谓有形之万物，生生不已，变化不居者也。不生、不化者，即下文之所谓太易，无形而为万物之宗者。"注"彼一也，此一也"："彼一，谓不坏者也；此一，谓坏者。谓若其不坏者，则与人偕全；若其坏者，则与人偕亡，何谓欣戚于其间哉？"由此看来，唐敬杲的注语并不做太大发挥，只是随顺文义而做说明。正如他在凡例中所说："本书附注，仅求文义明了，力事简单；前人主观、繁重之解说，概从屏弃。"

唐敬杲概括了《列子》全书思想主要有四个方面：怀疑主义、转化论、定命观、修养论。他认为，"《列子》与《庄子》同，最富于怀疑之色彩，其根本观念，不认我人知识足以知事实之真相。"而"一切风俗、道德，并非有一定不易之真理。一定不易之真理，有否且未可必；即有之，亦非吾人知识之所能及。世界上事事物物，尽有我人所不可思议者，吾人正不必拘于成见，有所执着，此即《列子》怀疑主义之结论。"唐氏所论，基本上切中了《列子》原意，这是古代朴素唯物主义的精华之处。而宇宙间一切事物都在不断的转化之中，这就是《列子》的转化思想。

唐敬杲认为，这种思想“正与达尔文‘生存竞争，优胜劣汰’之说不谋而合。”但《列子》认为万物是在生生不息地转化，而并非进化。进化则是由低级到高级的不断进步，而转化则无高低贵贱之分，同类之间、异类之间均可相互转化，没有界限。唐敬杲认为，“《列子》书既主张转化，以为宇宙万物，各有定分，秩然流转而不能过”，是《列子》定命观的体现。在唐敬杲看来，转化论是与定命观密切关联的。宇宙万物转化不息，这是自然规律的体现，是不可更改的固定模式。而这一切，均是为其修养论而服务。唐氏认为，“至全书之根本旨趣，则在于休养法之倡导。其言转化，言定命，言‘群有至虚，万品终灭，’无非欲使人去我之执见，无心而合于自然之大道”。唐敬杲的这种观点可以说切中了《列子》要害。道家主旨即以修身养性为要，倡导“无为而无不为”，注重人与自然的和谐发展，以期不为世俗所困而来去自如。列子思想以“虚”为宗旨，正是道家思想的生动写照。

综上所述，唐敬杲的《列子选注》是运用新式标点方法而注解《列子》的一部普通读本。作者所选文字基本上能够反应出《列子》一书的思想主旨。他对《列子》思想的概括，切中了《列子》要害，对于准确把握《列子》全书大旨有很大帮助。

第五节　马叙伦的《列子伪书考》

马叙伦（1885—1970），字夷初、彝初，号石翁、寒香、石屋老人，浙江杭州人。在训诂、经史、韵文等方面建树颇多，曾任北京大学、清华大学教授，新中国第一任教育部长。主要子学著作有《庄子札记》十四卷、《庄子义证》五卷、《老子核诂》四卷，《读〈吕氏春秋〉记》等。另有《天马山房丛著》，收录子学著作四种，《列子伪书考》即为其中之一。

《列子》一书，众说纷纭，民国学者大多倾向于将其定为伪书。古人对其批判也间或有之。马叙伦在序言中罗列高似孙、黄震、姚际恒、钱大昕、钮树玉、何治运、俞正燮、汪继培、吴德旋、章炳麟共十家观点，说明其著作缘起。鉴于此，马氏提出二十事，证明《列子》是伪书。

一　马氏所举十家说

马叙伦所举十人，分处不同时代，且各家说法不同，基本上涵盖了《列子》伪书说的几种不同观点。下面即做详细说明：

高似孙说。高似孙在《子略》中说："刘向论《列子》书《穆王》、《汤问》之事迂诞恢诡，非君子之言。又观穆王与化人游，若'清都、紫微、钧天、广乐，帝之所居，'夏革所言'四海之内，天地之表，无极无尽，'传记所书，固有是事也。人见其荒唐幻异，固以为诞。然观太史公《史》殊不传列子，如庄周所载许由、务光之事，汉去古未远也，许由、务光往往可稽，迁犹疑之。所谓御寇之说，独见于寓言耳，迁于此讵得不致疑耶？周之末篇，叙墨翟、禽滑釐、慎到、田骈、关尹之徒，以及于周，而御寇独不在其列，岂御寇者其亦所谓鸿蒙列缺者欤？然则是书与《庄子》合者十七章，其间犹有浅近迂僻者，特出于后人会粹而成之耳。至于'西方之人有圣者焉，不言而自信，不化而自行'，此固有及于佛，而世犹疑之。夫天毒之国，纪于《山海》，竺乾之师，闻于柱史，此杨文公之文也。佛之为教，已见于是，何待于此时乎？然其可疑可怪者，不在此乎？"[1]高似孙认为《列子》是伪书有三个理由：其一，司马迁为庄子、墨翟、禽滑釐、慎到、田骈、

1 高似孙《子略》卷二，《四部备要》第55册。

关尹等人立传，唯独不及列子，高氏据此推断列御寇为“鸿蒙列缺者”；其二，《列子》与《庄子》相合达十七章之多，且多有“浅近迂僻”处，高氏据此断定《列子》出于后人荟萃；其三，对《列子》书中所言“西方圣人”，高氏认为是指佛而言。他认同杨亿“天毒之国，纪于《山海》，竺乾之师，闻于柱史”的观点，认为《列子》中所加载的这两事已分别见于《山海经》及史书中，而《列子》引用此说，实在可疑。高似孙首先否认列子为先秦人物，认为是子虚乌有之人，其后又通过与《庄子》相同篇章及“西方圣人”说，认为《列子》是伪书。高氏未明言《列子》由何人作伪及作于何时，从他的论述中我们可以知道，他倾向于将《列子》定为晋人伪作。因为有关佛教的明确记载最早见于《三国志》，《列子》中既然出现佛教的相关记载，必定出于陈寿之后。

黄震。黄震在《黄氏日抄》中说：“……列子郑人，班、马不以预列传。其书八篇，虽与刘向校雠之数合，实则典午渡江后方杂出于诸家。其皆列子之本真与否，殆未可知。今考辞旨所及，疑于佛氏者凡二章：其一谓周穆王时有化人来……其一谓商太宰问圣人于孔子……”[1]黄震认为《列子》是典午之祸后杂糅各家而成的一部伪书，他否定《列子》的理由是《周穆王》篇西域化人说及商太宰问孔子西方圣人说。

姚际恒。姚氏在《古今伪书考》中说：“称列御寇撰。刘向校定八篇，《汉志》因之。向云：‘郑人也，与郑缪公同时’。柳子厚曰：‘刘向古称博极群书，然其录《列子》独曰郑缪公时人，郑缪公在孔子前几百载，《列子》书言……郑杀其相郑子阳……，则郑繻公二十四年，当鲁缪公之十年。向盖因鲁缪公而误为郑尔。’

1 黄震《黄氏日抄》卷五十五，《文渊阁四库全书》本。

案：柳之驳向诚是，晋张湛已疑之。若其谓因鲁而误为郑，则非也。向明云郑人，故因言郑缪公，岂鲁缪公乎！高似孙曰：'太史公……不传列子。如庄周所载许由、务光……迁犹疑之。所谓列御寇之说，独见于寓言耳，迁于此讵得不致疑耶！庄周末篇，叙墨翟、禽滑釐、慎到、田骈、关尹之徒，以及于周，而御寇独不在其列，岂御寇者其亦所谓鸿蒙列缺者欤？然则是书与《庄子》合者十七章，其间犹有浅近迂僻者，特出于后人会粹而成之耳。'案，高氏此说最为有见。然意战国时本有其书，或庄子之徒依托为之者。但自无多，其余尽后人所附益也。以《庄》称列，则列在庄前，故多取庄书以入之。至其言'西方圣人'则直指佛氏，殆属明帝后人所附益无疑。佛氏无论战国未有，即刘向时又宁有耶！则向之序亦安知不为人所托而传乎？夫向博极群书，不应有郑缪公之谬，此亦可证其为向非也。后人不察，咸以《列子》中有《庄子》谓《庄子》用《列子》，不知实《列子》用《庄子》也。《庄子》之书，洸洋自恣，独有千古，岂蹈袭人作者！其为文，舒徐曼衍中仍寓拗折奇变，不可方物。《列子》则明媚近人，气脉降矣。又《庄子》之叙事，回环郁勃，不即了了，故为真古文。《列》之叙事，简净有法，是名作家耳！后人反言《列》愈于《庄》。柳子厚曰：'《列》较《庄》犹质厚。'洪景卢曰：'《列子》书事，简劲宏妙，多出《庄子》之右。'宋景濂曰：'《列子》书简劲宏妙，似胜于周。'王元美曰：'《列子》与《庄子》同叙事，而简劲有力。'如此之类，代代相仍，依声学舌。噫，以诸公号能文者而于文字尚不能尽知，况识别古书乎！又况其下者乎！"[1] 姚氏认同高似孙的观点，首先否定列子实有其人。其次，认为《列子》是庄子后

1 姚际恒《古今伪书考》，景山书社 1933 年版，第 54—56 页。

学依托而成。因为《庄子》中载列子事，故而将列子放在庄子之前。对《列子》中所言“西方圣人”，姚际恒认为是指佛而言，并认为是汉明帝以后人所附益。由此，他又对刘向《列子书录》提出质疑，认为有可能出于后人伪托。对于《列子》文辞，他认为“明媚近人，气脉降矣”，与《庄子》不可同日而语。柳宗元、洪迈、宋濂、王世贞均暂《列子》文辞古朴，姚际恒一概否定，认为他们“文字尚不能尽知，况识别古书”，大有舍我其谁之意。

钱大昕。钱大昕在《十驾斋养新录》“释氏轮回之说”条下说：“《列子·天瑞》篇‘林类曰：死之与生，一往一反。故死于是者，安知不生于彼？’释氏轮回之说盖出于此。《列子》书晋时始行，恐即晋人依托。”[1]钱氏断定《列子》是伪书理由有二：其一，认为“死之与生，一往一反。故死于是者，安知不生于彼”即为佛家轮回说；其二，《列子》到晋代才出现，很有可能是晋人伪托。

钮树玉。钮树玉在《列子跋》中说：“《列子》八篇，《汉·艺文志》同，刘向为之序，余读之而异焉。善乎！太史公叙庄而不叙列也，盖《列子》之书见于《庄子》者十有七条，泛称黄帝五条，《鬻子》四条，《邓析》、《关尹喜》、《亢仓》、《公孙龙》，或一二见，或三四见，而见于《吕览》者四条，其辞气不古，疑后人杂取他书而成其说。至《周穆王》篇、《汤问》篇所载语意怪诞，则他书所无。或言四方圣人，或言海外神仙，以启后人求仙佞佛之端，此书其滥觞矣。《孟子》辟杨墨，今墨书尚有，而杨朱之说仅见于此书，故博稽者不废览观。”[2]钮树玉认为司马迁《史记》为庄子立传而不及列子，《列子》书中所载多与《庄子》、《鬻子》、《邓析》等书相合，且词句不古，为杂取他书而成。

---

1 钱大昕《十驾斋养新录》卷十八，《四部备要》第64册。

2 钮树玉《匪石先生文集》卷下，《丛书集成续编》第132册。

对书中有关杨朱的记载，钮氏认为是可信的。

何治运。《书〈列子〉后》："余少读《列子》，见其言不能洪深，疑其伪而不敢质。后读《十驾斋养新录》，疑为魏晋人伪撰，而后叹有识者果不异人意也。《列子》称四海、四荒、四极，则其书出《尔雅》后矣。又称西极化人，'西方有圣人焉，不知其果圣欤？果不圣欤？'则其书出佛法入中国后矣。又称火浣布事，'皇子以为传之者妄，萧叔曰：皇子果于自信，果于诬理哉？'案：魏文博极群书，使得见此书，则《典论》中所云云者，早已刊削，是其书又出《典论》后矣。又后世清谭之流，于老庄佛之外，未尝及此书一字，此亦杜预注《春秋》不见晚出《尚书》之比。且《庄子》颇诋孔子，此自道家门户不同儒家之故。而此书以黄帝、孔子并称圣人，则又出于二汉圣学昌明之后，必非战国之书也。魏晋时多伪书，如《古文尚书》、《孔子家语》、《孔丛子》皆《列子》之类也。而三书之文作不得《列子》一脚指，则以清谈自是晋人胜场，难与争锋也。"[1] 何氏认为《列子》是伪书，理由有六：其一，四海、四荒、四极出于《尔雅》，《列子》中出现此类词语，则《列子》出于《尔雅》之后。其二，"西方圣人"指佛，《列子》又出现在佛法入中国之后。其三，"火浣布"说出于曹丕，则《列子》又后于《典论》。其四，后世著述未征引《列子》。其五，《庄子》诋毁孔子，《列子》既然为道家代表著作却黄帝、孔子并称，可证其出于汉代儒学昌盛之后。其六，魏晋时伪书甚多，《古文尚书》、《孔子家语》、《孔丛子》等都与《列子》同类，但均不及《列子》。由此，何氏认为《列子》是魏晋清谈家所为。由此看来，尽管何治运认为《列子》是伪书，对《列子》文辞还是持肯定态度。

1 何治运《何氏学》卷四，《北京师范大学图书馆藏稀见清人别集丛刊》第15册，广西师范大学出版社 2007 年版。

俞正燮。“火浣布说”条：“……《列子》，晋人王浮、葛洪以后书也。以《仲尼》篇言圣者、《汤问》篇言火浣布知之。”[1]俞氏首先征引各种典籍中有关“火浣布”的记载，最早为《汉书》，最晚为《抱朴子》，由此，他认为《列子》是王浮、葛洪之后才出现的著作。

汪继培。汪继培在校订《列子》序中说：“世所传《列子》八卷，与《汉书·艺文志》篇帙符合，其文或浅近卑弱，于《韩策》所称贵正，《尸了》、《吕氏春秋》所称贵虚之旨，持之不坚，故先儒多疑其伪。张湛序谓‘所明往往与佛经相参，大归同于老庄’，又云：‘《庄子》、慎到、韩非、《尸子》、《淮南》、《玄示》、《旨归》多称其言’。实则原书散佚，后人采诸子而稍附益之。其荟萃补缀之迹诸书见在者，可覆按也。”汪继培受陈春之邀，为其《湖海楼丛书》校订《列子》等书，他对《列子》持否定态度。汪氏认为，尽管今本《列子》从篇幅上刊与《汉书》所载相同，但文辞与《韩策》“贵正”说及《尸子》、《吕氏春秋》“贵虚”说“持之不坚”。根据张湛《列子注》序中有关《列子》主旨的概括，汪氏认为今本《列子》为后人补缀而成。他认为，上古确实存在一部《列子》，后来散佚，后人杂采诸子荟萃成书。

吴德旋。吴德旋在《初月楼文集续钞》“辨《列子》”一文中说：“《列子》书非列子所自著，殆后人剽剥老庄之旨而兼采杂家言傅合成之。中唯《周穆王》篇旨奥词奇，笔势迴出，固是能者为之，但未知果出列子否耳。……”[2]吴氏认为《列子》并非出自列子之手，是后人剽剥老庄并采诸家言缀合而成，他认为《周穆王》篇“旨奥词奇，笔势迴出”，与他篇不同。

---

1 俞正燮《癸巳存稿》卷十，《续修四库全书》第1160册。
2 吴德旋《初月楼文集续钞》卷一，清道光三年刊本。

章炳麟。章氏在《菿汉昌言》论及《列子》说："《列子》书汉人无引者，王、何、嵇、阮下及乐广，清谈玄义散在篇籍，亦无有引《列子》者，观张湛《序》，殆其所自造。湛谓'与佛经相参'，实则有取于佛经尔。《天瑞》篇引《鬻熊》一章，谓'损益成亏，随世随死，往来相接，间不可省。凡一气不顿进，一形不顿亏，亦不觉其成，亦不觉其亏，亦如人自世至老，貌色智态，亡日不异，皮肤爪发，随时随落，非婴孩时有停而不易也。'前此庄生有舟壑喻，有亡乎故吾语，有方生方死语，后此明道有言，'死之事即生是也'，义并同此，然不如《列子》了达明皙，此因闻佛家如河如焰等喻而作。"[1] 章氏直截了当认为《列子》是张湛伪造，他的根据即是张湛《列子注序》。并认为《列子》叙事之所以如此明白畅达，就是因为吸收了佛家思想。

马叙伦所举十家说法，均认为传世本《列子》是伪书，除高似孙外，都一致认为先秦时期确有列子其人，也确有一本古《列子》存世。后来散佚，好事之徒依托刘向、老庄、诸子百家之言，伪造《列子》。他们都认为《列子》是汉以后人所伪造。马叙伦基本上沿袭诸家所论，在此之外又举《列子》中可疑之处逐一批驳，最终形成自己的观点。

二　马氏二十事解析

《列子》辨伪，自古不绝，且各家观点不一。马叙伦所举十家观点，基本上涵盖了自宋至清数千年间《列子》辨伪的主要观点。他们无一例外都认为《列子》是伪书，对刘向《列子书录》及张湛《列子注序》一并提出疑问。马叙伦以这些观点为基础，提出二十个疑点，通过对其详细解析，认为《列子》是伪书。马氏辨析《列子》

1 章太炎《菿汉三言》，上海书店 2011 年版，第 111 页。

为伪书二十事，大体可分为三个方面：辨刘向《列子书录》伪（第一事、第二事），辨张湛《列子注序》伪（第三事），辨《列子》内容伪（第四事至第二十事）。

辨刘向《列子书录》伪。刘向校理群书，每部书成，均附书录一篇，叙述校书经过及全书主旨，惜多数已经亡佚。严可均《全上古三代秦汉六朝文》收录《战国策》、《晏子》、《孙卿》、《韩非子》、《列子》、《邓析》、《关尹子》、《子华子》八篇，学界对其真伪仍存争议。今本《列子》书前多附《列子书录》一篇，以明刊本居多，题刘向撰。叙述校定《列子》经过，简要介绍列子其人及著作大旨。马氏辨析这篇书录，主要集中在三点上：首先对书录中所说“列子，郑人，与郑缪公同时”的说法提出疑问。他认为，《汉书·艺文志》著录《列子》八篇，对于列子本人，只注明“名圄寇，先庄子，庄子称之”，并未明言为何时人，《吕氏春秋·观世》高诱注也未言何时人。而柳宗元据《史记》对刘向郑缪公说进行纠正，认为列子与郑子阳同时，是鲁穆公时人。叶大庆认为刘向误将繻字作缪字，当为郑繻公，郑子阳正是此时人。马叙伦也认为叶氏此说较为合理。《庄子·德充符》言申屠嘉与郑子产同为伯昏无人弟子，《田子方》又说列御寇为伯昏无人射，《吕氏春秋·下贤》又载子产见壶丘子，《庄子·应帝王》载列子见壶子，由此，列子又与子产同师。《庄子·达生》及《吕氏春秋》均言列子曾向关尹子问学，关尹子与老子同时，则列子与子产同时。前后相差数百年，马氏据此认为刘向绝不会错谬至此。其次，他又抓住书录中说“《穆王》、《汤问》二篇，迂诞恢诡，非君子之言也。至于《力命》篇一推分命，《杨子》之篇唯贵放逸。二义乖背，不似一家之言”的论断，认为与《尸子》、《吕氏春秋》、《庄子》等书中所言列子学术大旨不相称。最后，书录中还提到《列子》

在景帝时流传很广，后遗落民间，马氏认为不合常理。若景帝时《列子》一书流传广泛，则汉初人应当引《列子》，但事实上基本找不到相关文献资料。且若真有其书，则司马迁应当为其立传。据此，马叙伦认为这篇《列子书录》是托名而作，并非刘向手笔。

辨张湛《列子注序》伪。张湛在《列子注序》称《列子》出自其外家王氏，马叙伦认为这是最可怀疑之处。“老庄之书，家传户诵，列子贵虚，必在不遗。使其书未亡，流布必广。虽有播失，求之未难。”马叙伦认为，既然列子被归入道家一系，《老子》与《庄子》两书传诵极广，《列子》必定传播也极广，那么这部书应当很容易获得。张湛所说始终不离王氏，马氏对此提出质疑。马叙伦此事同何治运所列一事。

辨《列子》内容伪。第四事至第二十事为马氏辨析《列子》内容可疑之处，第八事叙西方圣人事及第十三事叙火浣布事同何治运所举二事，本文不再叙述。就其他十五事，马叙伦分别选取《天瑞》、《黄帝》、《周穆王》、《汤问》、《力命》、《杨朱》六篇中十五处疑点，从而证明《列子》为杂凑成书。第四及第四十事分别举《天瑞》太易、太素说及列姑射山传说，认为太易、太素说抄自《乾凿度》，列姑射山传说与《庄子》同，而郭璞注《山海经》称“《庄子》所谓藐姑射山也”，未提《列子》，马叙伦认为这两处伪造痕迹明显。第十五事选取《黄帝》所述九渊，马氏认为《列子》全袭《庄子》。且《列子》语意与佛家止观说同。据此，马叙伦认为这一处是伪作。《周穆王》选取三处：第五事叙周穆王驾八骏见西王母事，与《穆天子传》合。马叙伦认为，《穆天子传》到晋太康中才为人所知，《列子》全用此事，明显是伪作。第六事叙六梦，《周官》中有相同记载。马氏认为，《周官》到汉代才出现，《列子》中记载此事，明显是抄袭《周官》

而来。第七事叙儒生治子华之疾，马氏列举《史记》中相关记载，认为“儒生”至汉代才被广泛使用，先秦时尚未使用，明显是后人伪作。《汤问》马氏选取六处，马叙伦认为《汤问》所说多为《山海经》中事，而《山海经》晚出，可明证《列子》书抄袭《山海经》。第十事所举方壶、瀛洲、蓬莱说及第十四事伯牙、钟子期事均后于列子，可证《列子》为伪书。十二事辨析颜渊寿十八说，《史记》称颜渊二十九发白早死，阎若璩、毛奇龄、江永、左暄、金鹗均证明二十九为颜渊发白之年，四十二岁去世。而《淮南子·精神训》高诱注及《汉书·郎顗传》均称颜渊十八岁卒，马氏据此断言颜渊十八早卒说起自汉代。十七事记孔子见两小儿辩日事，相同记载也见于桓谭《新论》，而桓氏称“小时闻闾巷”。张华《博物志》也记载此事，称出自《列子》。马氏认为“张华所据为《新论》，疑‘亦出列子’四字为读者注语”。第十八事辩“朽壤之上有菌芝者，生于朝，死于晦”，马叙伦认为《列子》此说是“影射《庄子》之文”，实际上是用崔课“粪上芝，朝生暮死，晦者不及朔，朔者不及晦”说。高诱注《淮南子》认为是一种虫，而非菌类。马叙伦取高诱说，认为《列子》是伪书。《力命》选取三处：十一事辨大壑之谷说，《山海经》亦载，郭璞注引《诗·含神雾》而不引《列子》，显系抄袭。十六事子产用竹刑杀邓析，《左传》明载子产死后驷颛用竹刑杀邓析，张湛注也说邓析死于子产死后二十年，由此可证《列子》为伪书。第十九事辨彭祖寿八百说，马氏认为彭祖指古时大彭氏，是泛指，并非特指某人。大彭氏建彭国，八百年亡。作《列子》者不加考定，盲目袭用。

通过对以上二十事的解析，马叙伦认为，传世本《列子》并非《汉书·艺文志》所著录的八卷本《列子》。他认为“《列子》书晚出而亡早，故不甚称于作者。魏晋以来，好事之徒，聚敛《管子》、

《论语》、《山海经》、《墨子》、《庄子》、《吕氏春秋》、《韩诗外传》、《淮南》、《说苑》、《新序》、《新论》之言附益晚说，成此八篇”。[1]由此看来，马氏并不否认先秦时期存在一部古《列子》，他认为《列子》出现很晚，但又过早亡佚，好事之徒聚敛相关记载而成书。对现在流传下来的刘向《列子书录》，他也一并否定，认为是后人依托以见重。

《列子》真伪辨析由来已久。刘向在《列子书录》中首先对其内容产生疑问，但并未深究。柳宗元针对流传下来的这篇《列子书录》，对其中关于列子生平产生怀疑，并以史实予以辨析。可以说，柳宗元将《列子》问题真正提到学术研究轨道上来。此后，高似孙明确指出《列子》为伪书，对列子其人的真实性也产生怀疑。以后历代学者对这一问题都有不同意见。马叙伦的《列子伪书考》是对《列子》辨伪的总结，在《列子》研究史上具有重要地位。

1 马叙伦《列子伪书考》，第10—11叶。

余论

一　唐宋道教发展下的《列子》研究

前道教时期，《尸子》及《吕氏春秋》称列子“贵虚”，刘向及张湛均认为列子思想近道家。魏晋之后，道教逐渐发展壮大。唐、宋两朝统治者均崇奉道教，以《老子》为首的先秦道家典籍自然也成为时人经常阅读的重要书籍。先秦道家其他诸子被认为是羽翼老子，因此也被道教奉为神，他们的著作也被尊奉为道教经典。唐、宋两朝注重道教思想架构，推崇老子思想。受此影响，《列子》研究也因此罩上了浓厚的老学风气。

1. 唐宋道教的发展

以老子为代表的道家学者及其著作，在先秦时期成为影响极大的一个学术派别。他们均以道家无为思想为主，注重自身道德修养。战国末期，道家思想逐渐与法家思想相融合，又与黄帝结合而被称为黄老思想。黄老思想以道为表，以法为里，道法结合。[1]汉初采取休养生息的基本国策，黄老思想盛行，着重道而辅之以法。随着汉代政权逐步稳定，封建制度也逐渐完善，休养生息的道家思想不再适应发展的需要。董仲舒发挥儒家治国理政的长处，改造先秦儒家思想，逐步完善了中央集权制度，权利高度集中于皇

1 黄老思想是黄帝与老子的结合，卿希泰主编的《中国道教史》将其划分为三个派别：黄老与刑名法术相结合的道德法术家，黄老与阴阳五行相结合的阴阳术数家，黄老与养生之术相结合的神仙方技家。

帝一人手中，汉武帝采纳董仲舒的建议，采取“罢黜百家，独尊儒术”的政策。董仲舒虽然表面以儒学为幌子，实际上采取的是外儒而内法的政策，将权利集中于皇帝一人。这种思想有利于国家的发展，但也易于造成权力的滥用，并非所有皇帝都如汉武帝、唐太宗那样雄才大略。不管怎样，这种经过再造后的儒家思想成为了此后数千年各封建王朝的主体思想。而道家思想在这个时期则暂时退出了思想舞台，为神仙家、小说家等创造了发挥想象的空间。

随着汉王朝的衰弱，人们普遍感觉到生的艰难，广大有识之士无不对黑暗的政局感到失望，但又无计可施，只能通过驰骋于精神的天空而消解心中的苦闷。道家思想又重新为士人所注意，他们通过大谈玄理来获得精神的安宁。道家思想与神仙方术相结合而产生道教，则以其独特的姿态在动荡的社会中逐渐发展起来，慢慢成为中国本土的重要宗教之一。

一般认为，道教最早可追溯到张陵所创立的五斗米道，因入道者均需交纳五斗粟米而名为五斗米道。先秦道家是道教产生的主要原因之一，[1]形成了以后以老子为代表的道教系统。起初的道教主要在上层统治者间传播，以炼丹服食为主要特点，这与两晋时期的清谈玄风有关。但随着佛教传入并不断发展壮大，道教也必须谋求发展。道教先驱者们逐渐吸收佛教的相关因素，开始不

1 任继愈主编的《中国道教史》将道教的来源概括为五个方面：古代巫术和民间巫术，战国至秦汉的神仙传说与方士方术，先秦老庄哲学和秦汉道家学说，儒学与阴阳五行思想，古代医学与体育卫生知识。卿希泰主编的《中国道教史》则将其概括为四个方面：秦汉社会对宗教的需要，鬼神信仰，先秦神仙思想，崇尚黄老的社会思潮。由此看来，道教是综合了各种思想而逐渐发展起来的宗教系统。《道藏》中所收录的不仅仅是道教典籍，还有许多古代著述，可见其思想体系之博大。

断完善道教神系及经典系统，繁复的道教神系及大量的道教经典被创造出来，逐渐形成了“三洞”、“四辅”、“十二类”的道教经典系统。经过魏晋南北朝数百年的发展，道教逐渐完善。尤其在唐、宋两代，道教得到充分发展。

宗教的发展离不开统治力量的大力扶植，而统治者扶植宗教的目的主要是出于政治需要与帝王个人需求。政治的需求，主要是利用宗教制造舆论；帝王个人的需要，主要是信仰。[1]唐初崇道具有鲜明的政治倾向。唐代开国皇帝李渊曾为隋朝臣子，他在太原起兵而夺取了隋朝的天下。为了夺取政权，极尽所能来为自己制造君权神授的社会舆论，“杨氏将灭，李氏将兴”、“天道将改、将有老君子孙治世”的谶言在社会上广泛流传。李氏父子充分利用这些谶语，为夺取政权做准备。而道士也希望借此机会谋得发展，因此极力迎合李渊。据《混元圣纪》载：“隋大业七年辛未，炀帝亲驾征辽，楼观道士歧晖谓门弟子曰：‘天道将改，吾犹及见之，不过数岁矣。’或问曰：‘不知来者若何？’曰：‘当有老君子孙治世，此后吾教大兴，但恐微躯不能自保耳。’后数年，隋果乱。……及帝至蒲津关，晖喜曰：‘此真君来也，必平定四方矣。’乃改名为平定以应之，仍发道士八十余人向关迎接。”[2]楼观道尊老子为真人，供奉老子、关尹子等，以《道德经》为主要诵读经典。道士歧晖为迎合李渊，不仅制造谶语，还亲自派道士迎接李渊入关，最终获得李渊的封赏，楼观道也得以迅速发展。需要指出的是，“唐高祖和唐太宗虽然抬高道教，但并不崇信道教，他们只是巧妙地利用道教来为唐皇朝服务。”[3]唐高宗则不然，他非常崇奉道教，

1 任继愈《中国道教史》，上海人民出版社 1990 年版，第 266 页。
2 谢守灏《混元圣纪》卷八，明正统《道藏》本。
3 任继愈《中国道教史》，上海人民出版社 1990 年版，第 270 页。

曾亲至亳州拜谒老子庙，封老子为“太上玄元皇帝”，老子母为“先天太后”，命臣子皆习《老子》，大量修建宫观，从而使道教得以全面发展。至唐玄宗时期，道教全面发展。[1]唐玄宗的崇道以开元末为界可分为两个时期，从即位至开元末为前期，主要利用道教来巩固自己的统治；开元末至天宝间为后期，主要是祈求个人长生不老。唐玄宗非常推崇《老子》思想，“希望把《老子》的理论运用到治国理身的实践中去”。[2]在他的影响下，大臣们纷纷以《老子》思想来解读《庄子》、《列子》等道家典籍。在道教神系中，老子是无可争辩的始祖神。而在现实中，老子思想也成为当仁不让的指导思想。先秦道家其他著作，均被看作是以阐释老子思想为主，逐渐形成了以老子思想解读众多道家著作的风气。

宋代道教在唐代之后继续发展。北宋道教基本沿袭唐代崇道风气，自宋太祖赵匡胤起，一直崇奉道教。赵匡胤陈桥兵变后夺取后周政权，并逐渐统一北方。赵匡胤利用道教大肆宣传君权神授的政治舆论，为其统治的合理性寻求庇护。宋太宗即位后，奉行黄老思想，宋太宗尝读《道德经》而感叹曰：“清净政治，黄老之深旨也。夫万务自有为以至于无为，无为之道，朕当力行之。”[3]宋真宗亦继承宋太宗的政策，积极推行黄老之治。尽管两人均崇奉“清静无为”的黄老政策，但略有区别。“宋太宗效法汉初黄老之治，把黄老思想作为政治思想来运用，其中宗教色彩较少。宋真宗主要效法唐代，特别是效法唐玄宗时的无为之治，既把黄老思想作为政治思想，又作为宗教思想，带有较多的宗教色彩。”[4]

1 任继愈《中国道教史》，上海人民出版社 1990 年版，第 275 页。
2 任继愈《中国道教史》，上海人民出版社 1990 年版，第 278 页。
3 谢守灏《混元圣纪》卷九，明正统《道藏》本。
4 任继愈《中国道教史》，上海人民出版社 1990 年版，第 467 页。

也可以说，在宋王朝日益受到少数民族政权威胁的境况之下，宋太宗的继任者均实行忍辱求和的卖国政策，以财物求得暂时安宁。他们寄希望于宗教，希望通过道教清静无为的思想来稳定边境，也祈求神明保佑宋王朝强盛不衰。至宋徽宗时，这种思想更为凸现。宋徽宗的崇道可谓是空前绝后，他不仅信奉道教，亲自为道教典籍作注，还从政治等各个方面促进道教的发展。他不断搜求道经，编成《政和万寿道藏》，并全部雕印，这无疑对道教的发展有很大的推动作用。

唐、宋两代崇奉道教，基本上遵循以老子为尊的思想，将先秦其他诸子均纳入老子思想之下来考察，从而形成了以老子思想解读诸子的思想风气。

2. 唐宋道教与《列子》研究

在前道教时期，《列子》主要被纳入道家体系之内。先秦道家是道教产生的来源之一。以老子为代表的先秦道家学派，提倡清静无为，以“无为而无不为”的思想理念来处理社会关系，认为只要自身达到一定的修为，便能感化身边万事万物，从而实现上古时期的大治，实现无为而治的美好愿望。随着社会的不断发展，这种保守的隐士思想已经不再适应日益壮大起来的封建势力的需要，而每个王朝建国之初都需要休养生息以恢复国力，因此又不能完全抛弃老子的思想。秦王朝实行严刑峻法的法家思想来治理国家，建国之初非但不给民众以休养生息，反而实行残酷的国策，广大民众深受其苦。汉王朝建立之初，吸取秦王朝灭亡的教训，为缓和阶级矛盾，从高祖至景帝的一二百年间，采取休养生息的基本国策，十分推崇黄老思想。黄老是黄帝与老子的统称，后世十分推崇黄帝的统治，认为黄帝是历代君主的楷模，应当效法黄帝而给人民以安乐，实际上这是统治者对其统治的自我美化。也可以说，是在未形成完整宗教信仰之前而在意识形态领域采取的一种麻痹人民的统治政策。而老子清静无为的治国思想，恰恰适应了建国之初增强国力的需要，两者结合便产生了一种独特的思想形态。由于黄帝被尊为后世君主的楷模，因此将黄帝放在老子之前而称为黄老。刘向在《列子书录》中说："孝景皇帝时，贵黄老术，此书颇行于世。及后遗落，散在民间，未有得者。"尽管后世对这个记载多有疑义，但其所说孝景皇帝时贵黄老术当属事实。《列子》在刘向校书前的流传情况已无从考证，但从《吕氏春秋》、《淮南子》等书中的征引情况来看，他们都将其归入道家，且认为其以"虚"为思想主旨，列子也成为道家之一派。

在道教产生的初期，老子，列子、庄子等道家人物尚未被列入道教经典系统之内，他们的著作仍被看作先秦道家著作。经过魏晋时期的整合与发展，道教在隋唐初期已经初具规模，道教神系及经书都已成型，且衍生出一套固定的信仰模式。尤其是经由唐代统治者的大力扶植，道教开始全面发展。北宋统治者大体延续唐代的道教思想，道教至宋徽宗时达到顶峰。宗教的发展无论何时都与政治紧密相连。宗教需要得到统治者的大力扶植，而统治者也需要宗教来麻痹被统治者的思想，从而巩固其封建统治。基于此，宗教与政治体现出相互为用、共同发展的态势。

唐宋崇道均以老子为核心，崇道活动均围绕崇老活动而展开。[1]因此，老子思想便成为衡量其他道家典籍的准绳，其他各子均成为老子的附庸。唐高宗时，老子被尊为"玄元皇帝"。唐玄宗开元二十九年，命两京置玄元皇帝庙，并崇玄学，置生徒，令习《老子》、

1 任继愈《中国道教史》，上海人民出版社 1990 年版，第 283 页。

《庄子》、《列子》、《文中子》，每年准明经例考试。以国家政令的形式将《老子》等先秦道家典籍列入科举考试的范围之内。唐玄宗天宝元年，追赠庄子为“南华真人”，所著书为《南华真经》。“《文子》、《列子》、《庚桑子》宜令门下更讨论奏闻。”天宝元年三月二十九日，诏号文子为通玄真人，列子为冲虚真人，庚桑子为洞灵真人，《文子》、《列子》、《庚桑子》亦随号称。并置博士、助教各一员，学生一百人。这是文子、列子、庄子等先秦道家人物成为道教神开始。宋真宗景德四年，又加号列子为“冲虚至德真人”，其书改称《冲虚至德真经》。大中祥符四年，宋真宗幸列子庙。宋徽宗重和元年，诏太学辟雍置内经、《道德经》、《庄子》、《列子》博士二员。政和间，以《黄帝内经》、《道德经》为大经，《庄子》、《列子》为小经。由唐、宋两朝者一系列的政令可以看出，《列子》始终被置于老子思想之下。由此看来，列子等先秦道家人物尽管被奉为真人，成为道教神之一，但仍然在老子掩盖之下。

唐玄宗本人信奉道教，并十分推崇老子思想，希望借助于老子思想实现天下大治。同时，也希望借由老子的神力而长生不老。他亲自组织精通道家思想的学者注解《道德经》，为此后道教典籍研究树立典范。尽管唐玄宗本人并未注解《列子》，但他以国家政令的形式封列子为真人，这无疑对《列子》的传播起到了推动作用。在其影响下，他的臣子们也注解道教典籍以期获得皇帝的青睐。卢重玄的《列子注》，就是在这种情况下产生的。他在《列子注·叙论》中指出：“我开元圣文神武皇帝，知道为生本，至德非言，广招四方，傍询万宇，冀有达其玄理，将欲济于含生。小臣无知，偶慕斯道，再乘圣旨，重考微言。谨寻列子之书辄诠注其宗要。”

宋代的《列子》研究更是如此。宋徽宗的好道与唐玄宗相比，有过之而无不及。他甚至自封为道君皇帝。他的思想更加鲜明地体现出推崇老子思想的倾向。宋徽宗在《冲虚至德真经义解》序中首先以老子道论开篇："道行于万物，物囿于一曲。世之人见物不见道，圣人则见物之无非道者。"他认为列子著书的目的是"明妙物之神，独往独来于范围之外。而常胜之道，持后、守柔与不争之地。……朕万机之余，既阅五千言为之训解，又尝注《庄子·内篇》，而子列子之书不可以无述也。"宋徽宗认为《列子》仍然在阐释老子思想，只不过他的修为不如老子、庄子彻底，因此庄子才有"犹有所待"的评价。尽管宋徽宗认为列子的修为尚未达到老子、庄子的境界，但他并不因此而否定《列子》的价值。宋徽宗认为，"不疾而速，不行而至"是"天下之至神，老氏之实体"。列子虽然尚未达到这种修为，但他的思想确有助于普通人修学，这也丝毫不影响其成为道教真人的事实。鉴于此，宋徽宗亦为《列子》作注。范致虚受其影响，也为《列子》作注。吴师中在为范致虚《列子注》所作序中说："伏见政和训解，知其解于万世之后，恢崇道教，将欲引天下之人反其性命之情，而还太古、赐至渥也。乃命廱泮之儒，兼习道经，而《老》、《庄》之书，一经大手，焕若日星，观而化者，得所法象，不复可置议论矣。"吴师中对宋徽宗注解的《老子》、《庄子》、《列子》等推崇备至，他认为宋徽宗推崇道教的目的是"欲引天下之人反其性命之情，而还太古、赐至渥也"。范致虚以宋徽宗的解《列》思想为基础，仍然推崇老子思想。但作为臣子，且是儒生出身，他不可能如宋徽宗那样以道教信奉者的姿态来解读《列子》。他表面虽然推尊老子思想，实际上则体现出明显的儒道融合趋势。而此后江遹的《冲虚至德真经解》更加明显地体现出这种倾向。他在《列子·说符》篇解中说："列子之教，一出焉而为《天瑞》，一入焉而为《说符》，是乃得黄帝、尧、舜、禹、汤、文、武、周、孔之道，而所谓古之博大真人者也。其自名为子列子，盖以其为子矣，与孔子同，而异乎诸子之子也。后之不达其书之况者，因谓不与帝王同道，而以其经并于诸子，是直用管窥天，其见者小耳。"黄帝、尧、舜、禹、汤、文、武、周、孔为儒家所推尊的圣王，他们的思想是后世封建统治的基石。江遹认为后人将列子与其他诸子等同看待是错误的。列子同孔子一样，他的思想也"与帝王同道"。在江遹看来，儒家与道家都是为帝王提供统治依据。宋徽宗在《冲虚至德真经义解》中也明显体现出这种思想。面对日益没落的宋王朝，他并不是励精图治以使得国力大振，而是寄希望于虚无缥缈的神灵，认为只要自身达到老子的修为程度，便可"无为而无不为"，使得四夷臣服，国家安定。与范致虚不同，江遹是太学生，主要研读儒家经典，尽管宋徽宗命儒生习读道经，也仅仅是作为课外读物。以儒家思想出身的太学生，不可能抛弃孔子而别寻出路。伴随着儒道思想的融合趋势，他们抓住这一点大肆渲染，糅合儒道思想，这也是对自我信仰与统治者喜好的折中处理。

唐宋道教虽然亦衍生出许多不同派别，但统治者皆以老子为尊，并用老子思想来解读被列入道教经典的其他先秦诸子著作，唐宋两代的《列子》研究即鲜明地体现出这个特点。唐代立国之初便确立了老子的崇高地位，李唐王朝后人均以老子为祖先，以达到美化统治的目的。唐玄宗出于政治及自我喜好两方面的需要，更加推崇老子及其思想。宋代亦沿袭唐代的推崇老子的传统，尤其是宋徽宗时期，达到无以复加的地步，道家也因此而得到充分发展。总体来看，唐宋道教注重道教理论的探讨。魏晋时，道教主要讲求炼丹服食，主张借助于药力而达到长生不老、白日飞升而成仙的目的，此时的道教建设也是围绕炼丹展开。唐代道教发展则注重理论，重在道教思想的建构，这是受佛教冲击的结果，也是道教自身发展的大势所趋。唐、宋两朝君主都重视老子思想，以老子来统领其他道家人物。对先秦道家其他典籍的解读，也以老子思想为准的。唐玄宗沿袭《老子》，并为他的臣子们树立了榜样。宋徽宗将老子思想扩大，以“道”论统领学界，并糅合儒家思想，这是学术发展的自然趋势。

在道教产生的前期，列子被归入道家一派。隋唐时期，道教得到充分发展。受此影响，文子等先秦道家人物也被封为真人。列子晋封为“冲虚真人”，其书改名为《冲虚真经》。宋真宗加号列子为“冲虚至德真人”，其书改名为《冲虚至德真经》，并命崇文院重新校订《列子》，成为国家颁布的定本。宋徽宗以帝王之尊，亲自训解《列子》，徽宗时编纂的《政和万寿道藏》也极有可能收入《列子》及其相关研究著作。由此看来，《列子》在唐宋时期与道教发展息息相关。帝王本人崇奉道教，列子也被奉为道教神之一，使得《列子》研究带有鲜明的宗教色彩。唐、宋时期的《列子》研究尽管带有浓厚的道教色彩，但仍然体现出儒道融合的发展趋势，这也是学术发展的大势所趋。

二　对《列子》版本流变的整体考察

《列子》最早的传本可追溯到刘向校书之时，晋人张湛在典午乱后重新整理《列子》，并为其作注，使得这部备受争议的著作伴随着种种猜测而流传于世。无论其际遇如何，我们必须承认，这部书在数千年的学术变迁中确曾为世人所注意。它本身的存在价值，已经超越了真伪的界限。现在所能见到的《列子》最早的传本为敦煌写卷，分张湛注本与选录本两种。唐代崇奉道教，列子等先秦道家人物被看作老子附庸，唐玄宗封列子为冲虚真人，书改名为《冲虚真经》，《列子》也因此而被广为传布。到了宋代，由于雕版印刷术大发展，书籍的流传不仅仅局限于手录，其传播变得更为迅速便捷。据文献资料记载，《列子》最早的刻本为宋景德中印本，带有国家教科书的性质。到目前为止，已知的《列子》传本就有二十卷本、八卷本、三卷本、二卷本、不分卷本等多种形式。无论其分为几卷，均以八篇为基准。针对《列子》产生发展的特点，本文从历时角度将《列子》流传过程分为成书期、发展期、成熟期三个阶段，结合各个时期《列子》研究特点，对其版本流变做整体考察。

1. 成书期——战国至魏晋

先秦时期不注重著述，主要靠言传来教授弟子。所以，绝大多数先秦诸子著述均存在其门人弟子增窜的成分。这些弟子们为了使他们老师的思想广为流传，如同佛教一样，不断举行著述活动，形成现在众多的诸子著作。先秦学者大多不自己著述，他们的思想多由门人弟子的纂辑而流传下来。这种风气有着时代的因素，也有统治者的需要。战国末期，大一统的局势逐渐形成，战国策士便慢慢失去了活动空间。他们唯一可做的就是将其所传承的某一学派的思想记录下来，通过文字流传后世，并希望得到统治者的重视。到秦王嬴政统治时期，各种著述已相当可观。但秦始皇建国后，采用李斯的建议，实行“焚书坑儒”的政策，使大量珍贵的民间典籍罹于火患。后又经秦末楚汉之争，项羽入咸阳大毁秦宫，使得许多珍贵的典籍化为灰烬。汉代建国，刘邦采用张良等人的建议，开始修正秦朝的暴政，并逐渐重视文化的发展。

后经文、景二朝的休养，至汉武帝时国力始全面恢复。《汉书·艺文志》载：

昔仲尼没而微言绝，七十子丧而大义乖。故《春秋》分为五，《诗》分为四，《易》有数家之传。战国从衡，真伪分争。诸子之言纷然殽乱。至秦患之，乃燔灭文章，以愚黔首。汉兴，改秦之败，大收篇籍，广开献言之路。迄孝武世，书缺简脱，礼坏乐崩，圣上喟然而称曰："朕甚闵焉！"于是建藏书之策，置写书之官，下及诸子传说，皆充秘府。

汉武帝时正式建立了专门的国家藏书机构，并设置写书官员。汉成帝时，又命刘向等校理群书。据《汉书·成帝纪》载，河平三年"秋八月乙卯晦，日有蚀之。光禄大夫刘向校中秘书。谒者陈农使，使求遗书于天下"。同书卷三十六《楚元王传》后所附《刘向传》载："……而上方精于诗书，观古文，诏向领校中五经秘书。"刘向子刘歆，继承父业，并作《七略》，从而确定了以后图书编纂的体例。这样，大量毁于战火中的图书典籍在国家的提倡下，通过各种途径又重新被整理出来。《汉书·艺文志》记载刘向校书的情况时说：

至成帝时，以书颇散亡，使谒者陈农求遗书于天下。诏光禄大夫刘向校经传诸子诗赋，步兵校尉任宏校兵书，太史令尹咸校术数，侍医李柱国校方技。每一书已，向辄条其篇目，撮其指意，录而奏之。会向卒，哀帝复使向子侍中奉车都尉歆卒父业。歆于是总群书而奏其《七略》，故有《辑略》，有《六艺略》，有《诸子略》，有《诗赋略》，有《兵书略》，有《术数略》，有《方技略》。今删其要，以备篇籍。

刘向校书时，每部书校毕，均有一篇校记附上。刘歆接替父业，总论各书，将全部典籍分为七类，直接影响了后世的图书分类。《汉书·艺文志》著录《列子》八卷，由于班固《汉书》是承袭刘向、刘歆父子而来，因此在班固这里无多大创见。至于班固是否真正见过《列子》一书，则无从稽考。今所传《列子》，书前附有刘向的一篇校书序言，叙述了成书经过，并论述了《列子》书的大致情况：

谨按：汉护左都水使者、光禄大夫臣向言：所校中书《列子》五篇，臣向谨与长社尉臣参校雠太常书三篇，太史书四篇，臣向书六篇，臣参书二篇，内外书凡二十篇，以校除复重十二篇，定著八篇。中书多，外书少，章乱布在诸篇中。或字误以尽为进，以贤为形，如此者众。及在新书，有栈校雠，从中书已定。皆以杀简，书可缮写。

据刘向所言，《列子》八篇取中书五篇、太常书三篇、太史书四篇、刘向书六篇、富参书二篇，共二十篇，“校除复重十二篇，定著八篇”。从刘向所叙述的这种情况来看，至少在他整理的时候《列子》还不是一部完整的著述。刘向根据搜集到的各家藏书，去除重复，才确定了八篇的体例。这篇《列子书录》的出现年代已不可确考，但至迟不晚于唐柳宗元时期。据这篇序可知，在刘向之前，《列子》已经有相关资料流传于世。《列子书录》中亦指出了《列子》篇章中所存在的诸多问题，倘若此篇《书录》确系出于刘向之手，则刘向所整理之八卷本《列子》的篇章安排必有所据。班固因袭刘向之说，将《列子》著录于《汉书·艺文志》内，并归入道家典籍，成为准确无误的史料记载。而到东晋末年，张湛为《列子》作注，他在《列子注序》中说：

> 湛闻之先父曰：吾先君与刘正舆、傅颖根皆王氏之甥也，并少游外家舅始周。始周从兄正宗、辅嗣，皆好集文籍。先并得仲宣家书，几将万卷。傅氏亦世为学门，三君总角，竞录其书。及长，遭永嘉之乱，与颖根同避难南行。车重，各称力并有所载。而寇虏弥盛，前途尚远，张谓傅曰："今将不能尽全所载，且共料简世所希有者，各各保录，令无遗弃。"颖根于是唯赍其祖玄父咸子，集先君所录书中有《列子》八篇。及至江南，仅有存者，《列子》唯余《杨朱》、《说符》目录三卷。比乱，正舆为扬州刺史，先来过江，复在其家得四卷。寻从辅嗣女婿赵季子家得六卷，参校有无，始得全备。

据张湛所称，他的父亲与刘正舆、傅颖根均为王始周的外甥。王氏为世家大族，藏书甚丰。张湛的父亲得王弼藏书将近万卷，后遭战乱，书籍损失大半。所得《列子》八篇，仅余《杨朱》、《说符》及目录三卷。张湛出于为《列子》作注的需要，四处搜寻，后在刘正舆处得四卷、赵季子家得六卷，参校有无，最终定为八篇。因《列子注序》所叙述的《列子》流传过程近乎传奇，且《列子》中掺杂了魏晋思想，后世学者亦提出许多疑问，认为《列子》是张湛所伪作。不管真实情况如何，总之此后所流传的《列子》多伴随张湛注。今敦煌文献中有《杨朱》残卷，王重民曾作校记，确认大致为六朝时写本，正文下为张湛注，文字与今本《列子》稍有出入。由此也可说明，《列子》书在六朝时确实流传很广。

综上，在战国时确有列子其人，他的学说也如同其他诸子一样流传于世。根据其他各子的成书情况来推断，列子当时可能只是口述，并无著作流传于世。

据《吕氏春秋》、《淮南子》等书的征引情况推断，刘向校书之前，确有《列子》相关资料传世，或仅为相关篇章，抑或在刘向之前即已有人对其加以整理。班固沿用刘向父子的观点，将其著录于《汉书·艺文志》中。在刘向之后及张湛之前的这段时期内，刘向所校订的八卷本《列子》，成为通行版本。抑或是刘向校书之后《列子》便被深锁宫中，抑或是列子思想不如老庄流行而不被重视，在这段时期内，并无更多资料提及《列子》，也无著作征引其相关文句。直至东晋末年，张湛为《列子》作注，在《列子注》序中，他叙述了一个近乎传奇的《列子》传承过程，这也引起了后世学者的不断争论，出现了王弼伪造说、张湛伪造说等不同观点，认为《列子》为伪书。王弼为蔡邕女婿，蔡邕曾借助于能够出入宫廷的身份，广为搜集图书，因此也得到许多世人无从亲睹的珍贵典籍。而王弼藏书得自蔡邕，则宫廷中所藏之《列子》也极有可能被蔡邕传抄出来而传给王弼。张湛父亲所传抄之《列子》，当即为此。结合当时书籍传抄困难的实际情况，这种推测也有了诸多可能。不管怎样，自张湛作《列子注》之后，《列子》便与张湛注一同流传下来，敦煌残卷的发现，更加说明了这一点。此后数千年所流传的《列子》，即为张湛校订本。

2. 发展期——隋唐至宋元

隋唐至宋元时期，是《列子》的一个发展期。经唐、宋两朝帝王的大力扶植，《列子》由一部普通的子书而成为道教经典，唐、宋两代不断有人为其作注，更加促进了《列子》的流传。

《隋书·经籍志》著录《列子》八卷，注曰：郑之隐人列御寇撰，东晋光禄勋张湛注；《旧唐书·经籍志》著录《列子》八卷，列御寇撰，张湛注；《新唐书·艺文志》著录张湛注《列子》八卷。《宋史·艺文志》除著录张湛《列子注》八卷外，还著录有张湛《列子音义》一卷，这是前代史书中所没有的。清人丁国钧及董逢元分别著《补〈晋书·艺文志〉》，均著录张湛《列子音义》一卷。丁国钧著、子辰注《补〈晋书·艺文志〉》曰："见《宋志》，张湛注。按：今本《列子》多以殷敬顺《释文》羼入，《宋志》所录，疑即殷书，姑录其目，以资考订。"当元人修《宋史》时，或许尚有一单独音注流传于世。因陈景元《释文补遗》出，而混入世传张湛注本中，遂疑为张湛音义。黄丕烈跋宋本《列子》书后云："《列子》行世本，以世德堂六子本为最。余旧藏景宋钞本，抱冲曾取与世德堂本较之，多所歧异，几自矜为善本矣。近得此本，佳处更多，抄本遂逊而居乙。抱冲从弟涧苹为余校是书，见其中所附音，始犹疑为殷敬顺《释文》后。细审之，乃知非《释文》，盖作注者之旧音也。且为余言殷敬顺乃宋人而托名唐人者，如此本字句，《释文》所云'一本作某某'，皆与此本合，则此本之在《释文》未行以前。"由此可知，张湛注本中音义绝少，殷敬顺《释文》出，后又经陈景元补遗，始与张湛本并行于世。因殷敬顺《释文》流传甚少，黄丕烈遂误以为是宋人假托而作。

唐玄宗时期，《列子》被抬高到了道教经典的位置。据《新唐书·玄宗本纪》载："（按：指开元）二十九年……五月庚戌，求明《道德经》及《庄》、《列》、《文子》者。"并下诏尊列子为冲虚真人，其书为《冲虚真经》，设立专门的博士并招收学生：

> 庄子、文子、列子、庚桑子，列在真仙，体兹虚白，师

玄元之圣教，洪大道于人寰，观其微言，究极精义，比夫诸子，谅绝等夷。其庄子依号为南华真人，文子号曰通元真人，列子号曰冲虚真人，庚桑子号曰洞灵真人。其四子所著，改为真经。崇玄学置博士、助教各一员，学生一百人。[1]

唐玄宗将列子等抬高奉为真人，因其“师玄元之圣教，洪大道于人寰，观其微言，究极精义，比夫诸子，谅绝等夷”，并下诏将《老》、《庄》、《文》、《列》四书列为科举考试必读书目。在唐玄宗时期，《列子》由一部普通的古代典籍，一跃而成为道教经典，并被列入考试的必读书目，这就更加有利于《列子》传播。唐玄宗时所修撰的《开元道藏》，对《列子》的传播也不无裨益。唐代虽已有雕版印刷，但造价昂贵，且费时甚巨，故唐时书籍流传的主要方式还是抄写。二十世纪末敦煌藏经洞的发现，更证明了这一点。敦煌文书中残存两种《列子》，一为《列子·天瑞》残卷，且体例与今本《列子》不同，[2]注文亦与今本张湛注有异。一为与《庄子》合卷，为《杨朱》篇内容，与今本张湛注无异。由此可知，《列子》流传范围之广。

宋代时，雕版印刷术趋于成熟。据叶德辉《书林清话》载，我国雕版印刷在五代时就已盛行。宋代由于印刷术进一步发展，雕版印刷从用纸、用墨、字体的刊刻等各方面都在前代基础上进一步完善，且国家有专门的机构刊印书籍。宋版书不仅刊刻精美，而且校勘精审，且宋版书接近古本。因此，宋版书无论在审美还是校勘方面都是无可比拟的善本。宋代各官署根据本衙需要，均

1 李泌《唐大诏令集补编》卷三十，上海古籍出版社2003年版，第1370页。

2 杨思范在《敦煌本〈列子注〉考》（《文献》，2002年第3期）一文中认为，今所存敦煌本《列子注》残卷是以张湛注为参照的另外一种新的《列子》注本，可参看。

能刊印书籍，尤以国子监刻本为最佳，今称监本，为国家官刻本。宋代君主都非常重视道教，尤其是宋真宗与宋徽宗，《列子》在他们手中身价倍增，且刊印流行甚广。宋真宗景德四年（1007），“加号列子”，下诏曰：“冲虚真人列子，凝神颢素，毓质希夷，隐机忘怀，著书见志。盖所谓轶世之达士，上古之至人。瞻言乡旧，实有遗庙。式旌茂躅，俾荐强名，宜追号冲虚至德真人。”[1]自此以后，列子便被称为冲虚至德真人，书被称为《冲虚至德真经》。据《玉海》载：“祥符四年三月，校《列子》。五年四月，上新印《列子》。”[2]《宋会要》对此事有详细记载：

大中祥符四年三月，校勘《列子冲虚真经》仍如“至德”之号。时真宗祀汾阴朝陵，回至中牟县，幸列子观，因访所著书，命直史馆路振、崔遵度、直集贤院石中立校勘。至五年校毕，镂板颁行。[3]

由此看来，真宗时即校勘并刊印《列子》，由集贤院主持校勘雕印。这可能是宋代最早雕印的《列子》。民国时张元济辑《四部丛刊》收铁琴铜剑楼藏宋本《列子》，书后附黄丕烈手跋，叙述其得书校书经过。黄丕烈认为此宋本《列子》是宋代初期时所刻，与世德堂本相校，亦多有不合。世德堂本《列子》在传世《列子》中校刊精审，刻工甚佳。然与宋本《列子》相校，犹有许多舛错之处。黄丕烈认为宋本《列子》是稀有的善本。《四部丛刊》影印宋本《列子》

1《宋大诏令集》卷一三五，中华书局 1962 年版，第 473 页。

2 王应麟撰《玉海》卷四三，清光绪九年刊本。

3 程俱《麟台故事》卷二修纂条载校正《列子》书在景德中，误，当为大中祥符四年，应从《玉海》所记。

前据明本补刘向《列子叙录》及张湛序，卷端顶格题“冲虚至德真经卷一”，后一行上空五格题“列子”，下空三格题“张湛处度注”。第三行上空两格题“天瑞第一”。卷末题“列子冲虚至德真经卷第一”，随文有空一行题者，有不空行题者。版心题“列子”，下缀页数，每卷重新排列。细黑口，双鱼尾，半叶十四行，行二十六字，注文小字双行，字数随文不等。“恒”字皆缺笔，为避真宗讳。又据卷端所题“至德”二字，可知为景德四年加号“列子”之后所刻。自黄丕烈发现这个本子之后，清代许多藏书家都以宋本校勘各本，他们一致认为宋本是众多《列子》传本中的善本。

除集贤院刻本外，还有国子监刻本。由于国子监集合了全国的顶尖人才，所以国子监刻本是宋代最佳的刻本。国子监历来是国家最高学府，宋沿五代后周制度设国子监，招收七品以上官员子弟为学生。端拱二年（989）改国子监为国子学，淳化五年（994）依旧为监。庆历四年（1044）建太学前，国子监系宋朝最高学府。《宋史·选举三》载：“初，国子监因周旧制，颇增学舍，以应荫子孙隶受学业。开宝八年，国子监上言：‘生徒旧数七十人，奉诏分习五经，然系籍者或久不至，而在京进士、诸科，常赴讲习，请以补监生之缺。’诏从之。”由于官宦子弟不为衣食生计所困，且多为纨绔子弟，不学无术，造成监生数量不足。进京应试的举子多为下层贫寒之士，他们常入国子监旁听。为补充监生生员，起初只为贵族开放的国家最高学府，开始接纳下层贫寒之士。至仁宗朝，出现了“士之服儒术者不可胜数”的局面。国子监是国家最高学府，财力雄厚，生员招收范围的扩大，使得下层一批饱学之士能够有机会进一步深造，从一个侧面也充实了国子监的实力。国子监还充当着国家最高出版社的职责，一般国子监刊印的书籍多为国家通行的教科书。宋真宗天禧元年（1017），下诏曰：

“橐以群书，镂于方版。冀传函夏，用广师儒。期于向方，固靡言利。将使庠序之下，日集于青衿；区域之中，咸勤于素业。敦本抑末，不其盛欤？其国子监经书更不增价。”[1] 由此可知，国子监也刻印书籍出售，并且不以牟利为目的，这就有利于书籍的传播。可能当时国子监也曾刊印过《列子》，今则无从查考。王国维《五代两宋监本考》引《续资治通鉴长编纪事本末》说：“（按：宋徽宗）宣和五年十一月癸亥，诏国子监刊印《御注冲虚至德真经》颁之学者，从祭酒蒋存诚等请之。”徽宗时国子监所刻印的《列子》是由宋徽宗亲自作注。《宋史·艺文志》著录徽宗《列子解》八卷，今存明正统《道藏》本徽宗解《列子》为六卷，只到《仲尼》篇为止。金高守元《冲虚至德真经四解》内收录后半部分，但已失原书体例。

宋真宗及宋徽宗两朝先后修订的《道藏》，保存了许多散佚的书籍。据《续资治通鉴长编》载：“大中祥符九年（1016），王钦若上新校《道藏经》，赐名曰《宝文统录》。上制序，赐钦若及校勘官器币有差。”《宝文统录》是宋代在唐代《开元道藏》基础上进一步修订的道经集成，据《续资治通鉴长编》：“明年（大中祥符三年），于崇文院集官详校，钦若总领……旧藏三千七百三十七卷，太宗尝命散骑侍郎徐铉、知制诰王禹偁、太常少卿孔承恭校正写本，送大宫观。钦若增六百二十二卷。”宋代皇家所藏道经三千七百三十七卷为写本，应为唐玄宗修订后的传本。唐玄宗时所修《开元道藏》应收入《列子》，宋代在唐代《开元道藏》的基础上，从太宗时起就开始整理《道藏》，至真宗大中祥符九年接近尾声。但由于王钦若转官，而由张君房接替，继续修撰。《续资治通鉴》载此事曰：“钦若自以深达教法，多所

1《宋大诏令集》卷一五〇，第556页。

建白，时职方员外郎曹谷亦称练习。钦若奏：校藏经未几，出为淮南转运使，奏还卒业，诠整部类，升降品第，多所为也，会著作佐郎张君房，就杭州监写本。”至天禧三年（1019），修藏完成，真宗重修赐名《天宫宝藏》。由以上记载可知，当时道藏仍未刻板，依然是手写。宋徽宗政和年间，又在真宗两次修撰的基础上，搜集整理道经。据《宋大诏令集》载，徽宗曾下诏搜集道经：“道教仙经，不以多寡，许官吏道俗士庶缴申所属，附急递投进，仍委监司郡守广行搜访……”据宋梁克家《淳熙三山志·寺观四》记载：“《政和万寿道藏》：政和四年，黄尚书裳奏请建‘飞天法藏’，藏天下道书，总五百四十函，赐今名，以镂板进于京。”由此可知，至徽宗政和间，历经唐宋几次修撰的《道藏》，至此才被雕刻印刷。唐宋两朝先后修订《道藏》，主持修撰的皇帝都崇信道教，并且《列子》是在他们手中被抬高到了与《老》、《庄》同列的地位，成为道教典籍。

宋代另外一个刻本系统就是坊刻本。坊刻本中最有名的当属《纂图互注列子冲虚至德真经》八卷。据叶德辉《书林清话》载：“宋刻经、子，有纂图互注重言重意标题者，大都出于坊刻，以供士人帖括之用。”[1]“自《老子》以下，巾箱本六子，皆南宋坊间所刻。据《法言》序后木印，纂图互注监本，大字只有四子。后改巾箱本，又添入重言重意暨《列子》、《中说》，共为六子。”由此可知，纂图互注本初只有《老子》、《庄子》、《荀子》、《扬子法言》四种，且为大字监本，后加入《列子》、《文中子》而为六子。《四库全书总目提要》子部杂家存目类有《五子纂图互注》一条，云：“《五子纂图互注》四十二卷（浙江巡抚采进本），宋龚士卨编。

1 叶德辉《书林清话》卷七，复旦大学出版社 2008 年版，第 131 页。

士卨爵里无考。前有自序，题景定改元，盖理宗时人。又有三私印，一曰龚氏，一曰子质，一曰石庐子，盖其字与号也。是书于《老子》用河上公注，凡二卷。于《庄子》用郭象注，附以陆德明《音义》，凡十卷。于《荀子》用杨倞注，凡十卷。于扬子《法言》用李轨、柳宗元、宋咸、吴秘、司马光五家注，凡十卷。于《文中子》、《中说》用阮逸注，凡十卷。每种前各有图，而于原注之中增以互注，多引五经四书及诸子习见之语，未能有所发明。其于《文中子》则并无互注，体例殊未画一。至《老子》之首列三图，一曰混元三宝，一曰初真内观静令，一曰金丹；《庄子》之首唯列周子《太极图》；《荀子》之首列三图，一曰欹器，一曰天子大路，一曰龙旂九游；扬子之首列二图，一曰浑仪，一曰五声十二律；《文中子》之首列二图，一曰世系，一曰年表；无一足资考证者。而《庄子》因《大宗师》篇有太极二字，遂附会以周子之图，尤为无理。核其纸色版式，乃宋末建阳麻沙本，盖无知书贾苟且射利者所为。因其宋人旧刻，姑存其目，以备考耳。”四库馆臣对于《五子纂图互注》评价并不高，因其是宋人旧刻而列入存目之中而备考。因此，叶德辉说这是“当时坊估重刻之杂凑”。五子中并无《列子》，清孙星衍在《平津馆鉴藏书籍记》中说：“《六子全书》：《老子道德经》二卷，《南华真经》十卷，《冲虚至德真经》八卷，《荀子》二十卷，《新纂门目五臣音注扬子法言》十卷，《中说》十卷。标题序文俱同宋刻巾箱本。宋本四子注中有重言、重意、互注等目，又卷首有图说，为南宋人所撰者，此本俱删。唯前有景定改元龚士卨序，统论五子而不及《列子》，当从别本移入。”四库馆臣注重书籍的实际内容，虽为宋代旧刻本，但因其无所发挥而列入存目。但从版本上讲，无疑珍贵之极。至少可以说明《列子》在士人中已经非常受欢迎，否则书商不会刊刻。

元代刻书在宋代基础上又有进一步发展，国子监、兴文署、各路儒学、郡学、郡庠、府学、儒司、书院等均雕刻书籍。从现存书目所著录的《列子》情况来看，元代刊刻《列子》不如宋代。陆心源《皕宋楼藏书志》载元刻本《冲虚至德真经》八卷；清丁丙《善本书室藏书志》载元刊本《冲虚至德真经》八卷，并疑其为元末麻沙本；傅增湘订补清莫友芝撰《郘亭知见传本书目》载元刊宋江遹撰《冲虚至德真经解》八卷，明正统《道藏》本为二十卷。又载宋林希逸撰《列子鬳斋口义》二卷，傅藏宋末建本，九行十八字，注双行同，细黑口，左右双阑。版心上记字数，下记刊工人名，宋讳缺笔。有景定壬戌王庚后序，前刘向进书序，序后低一格有鬳斋考记，元刊本则刘序后即接本文，与此迥异。又，元刊本，十行二十一字，黑口，左右双阑；清缪荃孙《艺风藏书记》载元刊《冲虚至德真经》八卷，每半叶十一行，每行二十二字。字体清朗，元椠之至精者。国家图书馆藏元初刻本《列子鬳斋口义》，行款与傅增湘所记宋本完全相同，应为其所藏原本。《续修四库全书》收元刻本《列子鬳斋口义》，同傅氏所记元人刊刻情况，应为元人刻本。另外，中国社会科学院文学研究所也藏有元刻张湛注本，山东省博物馆藏有王献唐跋元刻张湛注本残卷。

元代最著名的刻书机构是西湖书院。西湖书院原为宋代名将岳飞故宅，后为南宋国子监，是南宋的国家书库。至元二十八年（1291），江浙行省长官徐琰将其改为书院，至三十一年（1294）始得完备。其创建开始就以整理宋学旧籍而从事刻书为主要目的。之后，书院规模不断扩大，逐渐成为元代国家刻书机构。而其整理的《西湖书院重整书目》，也成为我国书院历史上第一个刻书书目。[1]书目子部著录《列子》。由于西湖书院是承袭南宋而来，

1 邓洪波《中国书院史》，东方出版中心2006年版，第234—246页。

且院中所藏旧板多为南宋监板，因此叶德清在《书林清话》中说："宋本以下，元本次之。然元本源出于宋，故有宋刻善本已亡，而幸元本犹存。"[1]

综上，《列子》经刘向、张湛等人整理之后，在隋至宋元这段时期内，各种版本不断出现。唐人殷敬顺、卢重玄、宋人江遹、林希逸、宋徽宗赵佶、范致虚等纷纷为其作注，《列子》研究也兴盛起来。尤为可贵的是，金人高守元辑张湛、卢重玄、宋徽宗、范致虚四人的注而成《冲虚至德真经》四解，保存了卢重玄注、范致虚注以及宋徽宗《义解》的缺失部分，具有很高的学术价值。由于宋元版刻的大发展，《列子》流传也更为广泛。这一时期的《列子》版本流传仍是以张湛注本为底本，唐人乃至宋人，以及《道藏》中所收录的各种本子，都是由张湛本演变而来。所不同的是，又出现了《道藏》一系。实际上，虽然《道藏》也是一个版本源流，但其仍是由张湛注本演变而来。

3. 成熟期——明清

明、清时期子学大兴，大量的先秦典籍被整理刊印出来。尤其是明代编纂刊刻的《道藏》，是至今唯一一部留存下来的道教经典总集，保存了社会各个方面的大量文献资料，许多先秦诸子的典籍也是因其收入而保存下来。《永乐大典》的编纂，更是汇集了各种书籍。清代在明代编纂图书的基础上，先后由国家及个人编纂了《四库全书》、《古今图书集成》、《宛委别藏》等一系列大型综合性图书，使得文献资料更加完备，同时也掀起了对先秦典籍研读的热潮。尤其是明、清两代文人评书、刻书的大发展，许多社会名流纷纷刊刻丛书，也出现了许多不同版本。

1 叶德辉《书林清话》卷七，复旦大学出版社 2008 年版，第 150 页。

明代《列子》首先要提到的是正统《道藏》本，今国家图书馆藏《道藏》为北京白云观旧藏，每部书前都有插图，每半叶五行，行二十七字，经摺装。民国时期，上海涵芬楼借明正统《道藏》影印，一改原书风貌，两摺合一页，为十行，字数不变，全部缩印，封面标明所属部次及书名，内封亦分列书名及卷次，正文凡单页左上列书名，双页右上列卷数及页数。正统《道藏》先后收《列子》著作七部，分列洞神部本文类及洞神部玉诀类中，分别为：白文本《冲虚至德真经》三卷，宋林希逸撰《冲虚至德真经鬳斋口义》八卷，宋江遹撰《冲虚至德真经解》二十卷，宋徽宗赵佶撰《冲虚至德真经义解》六卷，金高守元编《冲虚至德真经四解》二十卷，唐殷敬顺撰、宋陈景元补遗《冲虚至德真经释文》二卷。其中，宋徽宗《冲虚至德真经义解》《宋史》著录八卷，《道藏》所收为六卷，残缺。而高守元《冲虚至德真经四解》所收为全本，惜体例已变，无法得知赵佶原书分卷体例。除此外，《四解》还收有宋范致虚的《列子解》及卢重玄的《列子注》，这两种著作《道藏》均未选入，赖《四解》而保存下来。值得注意的是，《道藏》中收入了白文本《列子》三卷。《道藏》采用的是三洞、四辅、十二类的编纂体例，经文分本文、注本及杂论三大类，唐玄宗将《列子》升到与《道德经》同等地位，使其成为道教经典。宋沿唐例，在唐代修纂基础上继续完善。元代也纂修有《道藏》，仍未脱离不了唐代所开创的体例，且经书在原有基础上有增无减，明代亦是如此。由于《道藏》为道教经典总集，所以在书籍的校勘上就存在很多不足之处，如《冲虚至德真经释文》，将其与原文及《湖海楼丛书》本相校，可发现其有多处颠倒错乱。尽管如此，《道藏》本《列子》还是明代《列子》版本中较好的本子，因此后世刊刻也多以《道藏》本作为底本或参校本。

明代各藩王也刻书成风，比较著名的有蜀府、肃府、宁藩、吉府等。据叶德清《书林清话》载，吉府曾刻《列子冲虚真经》二卷，今有吉府万历六年刻谢汝韶《二十家子书》二十九卷，其所收《列子》为二卷白文本，前为《列子序》，后为正文，无注释，有眉批。每半叶十一行，行二十二字。不知叶德清所说是否指此，抑或另有单行本刊行。

明代私人刻书很是兴盛，《列子》最有名的是顾春世德堂刊本，堪称善本。其他如芸窗书院、樊川别业分别都刻有许宗鲁《六子书》本《列子》，也是校订较为精审的《列子》传本。另外，私人订正刊刻《列子》的有朱得之浩然斋刻《列子通义》，吴勉学校刻《列子》，黄之寀校刻《列子》，崇雅堂刻孙钅广评点《列子》，虞九章、王震亨订正《列子》，闵齐伋朱墨套印本《列子》等，都是《列子》传本中校勘较为精审的佳作。

清代由于考据学的兴起，《列子》校刊主要转向了字句的考订。清代陈梦雷、蒋廷锡所修订的《古今图书集成》，荟萃了许多与《列子》有关的文献资料。子部道家类《列子》分汇考、纪事、杂录三部分，汇考类收录历代《列子》的辨伪文字，纪事专录史书中所记但已经失传的《列子》著作，杂录选取历代笔记杂录中有关《列子》的议论文字，这是对于《列子》研究资料的一次总汇。此后，对于《列子》的研究主要集中在对前代注本及议论文字的修订上，也就是考证学的兴盛。首先是卢文弨的《列子张湛注校正》，今易得者为《续修四库全书》第1140册所收清抱经堂刊《群书拾补》本，卢氏专校张湛注文，注明其与殷陈《释文》易混淆者。任大椿紧跟卢文弨之后，对殷敬顺撰、陈景元补遗之《列子释文》作《考异》一卷，专门对《释文》做逐一梳理。今易得者，为清乾隆间刊燕禧堂五种本。另，上海图书馆还收有清抄本《列子释文考异》

一卷，书后分别有清人戈宙襄、顾广圻跋，小笔正书抄写。

清代的《列子》校刊本并不多，比较著名的是秦恩复石砚斋校刊唐卢重玄《列子注》，以及陈春湖海楼刊汪继培参订本《列子》。秦恩复刊本今易得者为《续修四库全书》第958册所收嘉庆八年江都秦氏石砚斋刊本，前为秦恩复序，后为卢重玄《叙论》，后为正文，分八卷。每半叶十行，正文大字二十一字，注文小字双行同。秦恩复所作补正杂入文内，专补卢重玄注不明了处，或难于理解的未注之处，书末还附有江莱所作《列子卢注考证》数条，指出卢重玄注中的错误之处。秦恩复校刻本，以《道藏》本为底本，参校其他各本，校勘精审，可与世德堂本比肩。

湖海楼本《列子》，为陈春请汪继培详加校勘，校订精审，也是不可多得的善本。湖海楼本《列子》，前为八卷本张湛注《列子》，后为殷敬顺撰、陈景元补遗二卷本《冲虚至德真经释文》。据钱泰吉《曝书杂记》云："萧山汪氏继培，从钱塘何梦华元锡，得影宋钞本《列子》张湛注，又录《释文》专本于吴山《道藏》，刻于湖海楼。注及《释文》，各自为卷。"由此可见汪氏校勘之精审。总体来讲，清代《列子》刊刻善本不多，黄丕烈购得宋本《列子》之后，与多种版本校勘，尤其是与世德堂本校后，认为世德堂本虽为《列子》中的善本，仍有不尽如人意之处。上海图书馆存清人管礼耕《手校宋本列子》，其书以明顾春世德堂本《列子》为底本，以宋本《列子》与之校勘，从行款、字句等一一注明不同之处，是这方面的代表。

综上，明清两代可以说是《列子》校刊的成熟期。明代在前人整理的基础上，以宋本校传世《列子》，出现了像世德堂本这样的善本。《道藏》本《列子》的刊刻流行，也丰富了《列子》的版本系统。清代注重校勘，宋本《列子》出现之前，所行之本多以《道藏》本校勘其他版本，如秦恩复所刻《卢注列子》。自宋本现世之后，多以宋本校勘各本，如湖海楼本《列子》即是。明清两代对于《列子》的整理工作，正好可以互补。从整个流传过程来讲，明清时期是《列子》版本流传的成熟期。由于明清两代书籍的刊刻已经相当普遍，无论在校勘还是板式风格上，各家有各自的特点。但总起来看，一致公认的还是世德堂《六子书》本《列子》，但由于后来宋本《列子》的问世，尤其经过清代大藏书家黄丕烈的认可之后，更加宝贵。清人大多都以宋本来校勘世德堂本《列子》，除管礼耕外，还有顾之逵、顾广圻、丁绍基、赵宗建、沈大成、顾观光、江德量等。清人其他单行本及各家子书集成本，也大多以这两个本子为底本而进行刊刻。

《列子》流传大致经历了以上三个时期。从成书至发展、成熟，经历代校勘家、刊刻家、学者不断整理，不仅出现了一些校刊甚精的善本，也丰富了学术的发展。不管其自身真伪如何，作为一部流传下来的古代典籍，《列子》无论是在学术史上，还是在版刻史上，都占有一席之地。

附录一 敦煌《列子》残卷整理

1. S6134（《列子·黄帝》篇）：

（上阙）弇之西、古州之北。乘空如履实，寝虚（阙）床。云雾不硋其视，雷霆不乱（阙）饮露不食五谷。姑射山在河州中，上有（阙）醉者坠车，虽疾不死死生惊瞿，不入其胸（阙）无人射，引弓盈贯，厝杯水于肘（阙）高山，履危石，犹能射乎？困履登高（阙）潜黄泉挥斥（阙）能使存者亡亡者存（阙）之，有宠于晋君。不仕而居三卿之右，名势（阙）贫有丘先生，假粮荷畚往诸子子华之门，见（阙）无所不为。子华遂与丘开乘高台于众中（阙）丘开遂头刑若飞鸟。复渭，丘开曰：彼阿曲之隈（阙）得珠鸟。俄而子华之库遇火，渭丘开曰：火（阙）入火了无难色。子华曰：自今乞儿马医不（阙）吾养野禽兽于园庭，虎狼雕（阙）

2. 编号 S777（《列子·杨朱》篇）：

（前阙）阳性禀五行也有生之最（灵者，人也。人者，爪牙）不足以供守卫，肌肤不足以自（捍御，趋走）不足以从利逃害。无毛羽以御寒暑，必将资物以为养。任智而不恃（力，故智）之所贵，存我为贵；力之所贱，侵物为贱。然则身非我有，既生不得不全之；物非我有，既有不得去之。身因生之主，物［为］养之主。虽全生不可有其身，虽不去物不可有其物。有其物、有其身，是横私天下之身、横私天下之物。不横私天下之身，不横私天下之物者，其唯至人矣。知身不可私，物不可有，唯圣人邪？公天下之身，公天下之物，其唯至人矣，此之谓至至者也。天下之身同之我身，天下之物同之我物。非至人如何既觉私之为非，又知公之为是，故曰至至至也。

杨朱曰：生民之不得休息为四事故，一为寿不放恣其嗜欲者也，二为名不敢恣其所行也，三为（位曲意求通），四为货专利惜费。有此四者，畏鬼，畏人，畏威，畏形，此谓遁民违其自然。可杀可活制命（后阙）

此片为《列子》张湛注本，所引文字与宋本相较略有差异，王重民曾有校记，今重新校对，发现略有遗漏，重校于下：

①“不足以从利逃害”，宋本作“逃利害”。

②“必将资物以为养”，宋本“养”下有“性”字。

③“然则身非我有”，宋本作“然身非我有也”。

④“物非我有”，宋本作“物非我有也”。

⑤“既有不得去之”，宋本作“既有不得不去之”，王校缺。

⑥“物［为］养之主”，宋本作“物亦养之主”。敦煌残卷此字不清，似“为”字。

⑦“虽全生不可有其身”，宋本作“虽全生身不可有其身”。

⑧“不横私天下之身，不横私天下之物者”宋本无此句。

⑨“其唯至人矣”，宋本作“其唯圣人乎”。王重民校记曰“作圣人是也”，敦煌本张湛注亦作“圣人”，王说是。

⑩“故曰至至至也”，宋本作“故曰至至也”。敦煌本第二个“至”字为省略写法，同正文“此之谓至至者也”句中第二个“至”同。王校缺。

⑪“违其自然”，宋本后有“者也”二字。

3. S10799（《列子·杨朱》）：

（阙）古犹今也。变易（阙）之矣，既见之矣，既（阙）

多以生之苦乎？（阙）或好或恶，或安或危（阙）耶？则重来之物无所复（阙）急不可（阙）者矣孟孙阳曰：若（阙）入汤火淂（阙）任之（阙）

4. P2495（《列子·说符》）：

（阙）丁壮者皆（阙）□□□五刃常在空中□有人□□□（阙）刃常在空中□宋元君见□大喜（后字迹漫漶，无法辨认）（阙）若没若亡，若夫绝尘弭□□（阙）不可以天下马也。臣有共担薪（阙）使方罩求，三月而反□□得□□□骊穆公恠之伯乐曰：方举之所见天机□□□（阙）不知所从（阙）□□□□

楚人鬼，越人□（阙）大王必封汝，汝慎勿受利地。楚（阙）□也死子□□□□请寝丘故（阙）□□□氏财货□□登高楼□□（阙）□□□其上楼下有矣。若详见而行（阙）□□政中侠□□□□□（阙）□□□□□□尽云博□一名□也（阙）□□狐父之□□见而飡之三餔（阙）地而欧之不出□□□遂□爵□而死（阙）□□□有三□子知之乎？爵高者人妬之□（阙）□□□□之叔敖曰：吾爵益高志益下，吾（阙）□□□□□□□□□□□□□□益□□□□□□也□□□

夏食蔆芰，冬食橡栗□□□□莒敖公□□□□□□□居海上，食蔆芰橡栗□□有难得往死之□□世人之□知臣者也

杨子邻人亡一羊，相率追之。既反，杨子问其故，答曰：失羊矣，歧路之中复有歧矣。大道以多歧亡羊，学者以多方丧生，本一末异也。

杨布，杨子之弟。衣素衣出行遇雨，著［缁］衣而反，□狗不识，迎而吠之。杨布将扑之，杨朱曰：向（阙）狗白而往、黑而归汝犬□□正旦放鸠邯郸民以正月旦献赵简子鸠，简子曰：放之。

正旦放鸠，示有恩也。厚赏献客。于是民争□鸠，□死者众矣。欲生之，不若禁勿捕之也。齐有贫者常乞于城，城市□患之，不与，遂适田氏庭，从马医作役，不复知辱。

拾得遗契宋人有于道得人遗契藏之，密数其齿。注云：刻处似齿。告邻人曰：吾富可待矣。

人有种枯梧树者，□邻父言曰：枯梧不祥。其家遽伐之，邻父即请□为薪其家疑□不与也

人有亡铁者，意邻子盗之，视其行步颜色皆窃铁也。俄□而□其谷得铁，见邻子无复窃铁之容。

倒杖钵杖颐不知痛也白公胜欲□为也。罢朝，倒杖□□，血流至地，□□知。□□郑人闻之，□□□不知，将何不□者。

夺市人金齐人有欲得金者，□旦，衣冠往市，适见货金者，因攫而去。吏捕得而问，对曰：取金之时不见人，但见金耳。

附录二　杨朱研究概况及特点

杨朱作为历史上一位特殊的思想家，因孟子的抨击而受到不公正待遇，一直不为学界重视。《列子》专列《杨朱》一章，虽然尚不能找出有力证据来说明列子与杨朱有某种联系，但作为《列子》书中的一部分，杨朱注定与《列子》这部书联系在一起。基于此，本文对杨朱研究也做简单论述。

一　杨朱研究概况

杨朱作为先秦诸子之一，其学说曾风靡一时，以至于招来孟子非议。也正是这种非议，使得这个显扬一时的先秦学派湮没在历史长河之中，甚至连一部著作也没有留下，只存一片斥责之声，这不能不说是杨朱及其学派的悲哀，也是学术史上的一大损失。杨朱研究最早可上溯到明代。钟惺编有《诸子嫏嬛》一书，选录先秦以下诸子著作并做简要评述，其选《杨子》语录五条，是目前所见最早辑录、评价杨朱言论的著述，未标明文字出处，有可能出自《列子·杨朱》。此后，陈仁锡有《子品金函》，选录诸子著作，其所选杨朱言论仅两条，均出自《列子·杨朱》篇。他们都承认杨朱为先秦诸子之一，开始对其言论中有益之处吸收利用。清代马骕在《绎史》卷一〇三《杨朱墨翟之言》中从《列子》、《庄子》、《吕氏春秋》、《说苑》等书中辑录杨朱言论，这是最早系统整理杨朱资料的著作。其后，清末学者于鬯有《杨朱校书》，也是辑录各种文献典籍中有关杨朱的言论，并对其加以校勘，这是最早研究杨朱的著作。

民国时期，杨朱研究主要集中在杨朱其人是否存在、杨朱的真实姓名这两点上。首先否定杨朱的是蔡元培，他在《中国伦理学史》中用肯定杨朱的存在，提出杨朱即庄周的论点，这一说法一出，立即被众多学者否定。唐钺先后在1925年第22卷第5期、第16期《东方杂志》及1926年第1卷第2期《北京大学研究所哲学门月刊》上发表《杨朱考》、《杨朱考补证》、《杨朱考再补》三篇文章，反对蔡元培的观点，认为先秦时期确有杨朱其人，而《庄子》中所说的阳子居并非杨朱。郑宾于在《杨朱传略》（1925年第5期《北京大学研究所哲学门周刊》）中不同意蔡、郭两位先生的观点，认为《庄子》中所说的阳子居即为杨朱，他确证其姓名为杨（或作阳）朱，字子居（或作子取）。这几篇文章所涉及的问题，基本上涵盖了以后杨朱研究的主要方面。对杨朱思想的讨论，主要集中在其思想有无可取之处。民国时期的一些论述中国政治、经济、教育等方面的专著中也涉及杨朱，如陈安仁的《中国政治思想史大纲》有《杨朱的政治思想》一节，专门讨论杨朱的政治思想。陶希圣《中国政治思想史》中有《杨朱思想》一节，也是讨论杨朱政治思想的文字。而马宗荣的《中国古代教育史》及唐庆增的《中国经济思想史》，分别有《杨朱的思想及教育学说》与《杨朱之消耗论》，先后从教育及经济角度分析杨朱思想。

研究杨朱的专著主要有贝琪的《列子杨朱篇新解》，顾实的《杨朱哲学》，陈此生的《杨朱》，孙道升的《杨朱的著作及其学派考》。这四部著作从他们各自的材料来源可分为三类，第一类是以《列子·杨朱》为材料基础，贝琪与陈此生的两部著作即属此类；第二类是不认同《列子·杨朱》的内容，而是从《庄子》、《孟子》、《吕氏春秋》、《淮南子》等书中辑录杨朱的言论作为材料基础；三是另辟蹊径，对于以上两类材料也有所涉及，主要以《墨子》中《大取》、《小取》为背景资料，通过一系列考证，认为这两篇是杨朱著作残卷，他还以此为准的，将告子、公孙龙子、子华子等均列为杨朱后学。虽然在考证方法上存在许多问题，但他另辟蹊径，扩大了杨朱研究的范围，这是值得肯定的。另外，还需要特别指出的是蒋竹庄编著的日本人高赖武次郎的《杨墨哲学》一书。高赖武次郎是日本汉学家，据蒋竹庄在《杨墨哲学》序中称，高赖武次郎学术倾向于儒家。因此，他的《杨墨哲学》一书以儒家思想为背景，对杨朱与墨翟多所批评。蒋竹庄在编著高赖这部书时，纠正了书中对于杨朱与墨翟的偏见。因此，我们这里也将其看作蒋竹庄个人观点的体现。

新中国成立后，虽然学术界对杨朱其人及其著作的问题仍然没有形成统一认识，但在杨朱为先秦时期诸子之一，其学说与当时的儒家、墨家并称显学这些问题上则基本没有异议。对杨朱思想，学术界普遍认为杨朱的所谓“拔一毛利天下而不为”的思想并非如孟子所批判的那样一无是处，而是在特定社会背景下自我意识的体现。代表性文章有吴泽的《杨朱思想的演化与学派问题》(《学术月刊》1957年第8期)，孙开太的《杨朱思想初探》(《思想战线》1978年第4期)，杨杰夫的《“杨子一毛”刍议》(《宝鸡师范学院学报》1980年第1期)等。王海明的《个人主义辨析——杨朱、庄子、尼采、海德格尔、萨特伦理观之比较》(《北京师范大学学报》1990年第1期)一文，将杨朱与西方哲学家的思想进行比较研究，拓展了杨朱研究的理论空间。李纯一的《杨朱学派“为我”学说和音乐思想》(《中国音乐学》1992年第2期)与马作武、沈玮玮的《杨朱思想之法律观辨析——以“一毛”与“天下”之辩为切入》(《政法月刊》2008年8月第25卷第4期)，又将杨朱思想引进了音乐及法律领域。而此后对杨朱“为我”思想的辨析文章更是不胜枚举，他们大多认为杨朱思想具有积极意义，如李伯聪的《杨朱学派：两千年绝学及新诠释》（《寻根》1998 年第 3 期），张俊相的《杨朱的“一毛”与“天下”辨》（《华夏文化》2001 年第 2 期），奚亚丽的《〈庄子〉与〈列子·杨朱〉篇人生理论再认识》（《松辽学刊》（人文社会科学版）2002 年 2 月第 1 期），于霞的《杨朱“为我”思想新探》（《唐都学刊》2004 年第 20 卷第 1 期）等。

由于孟子极力批驳杨朱，使得杨朱这一先秦重要人物及其思想长期受到压制。明代虽然也有人注意杨朱思想，但在儒家一统的局面下无从获得正确认识。民国时期，对杨朱其人是否存在等相关问题逐渐展开了对杨朱的全面讨论。尤其是建国后，从各个方面讨论杨朱思想的文章层出不穷，并逐渐开拓研究空间，显示了杨朱思想的潜在研究空间。

二　杨朱主要思想

杨朱，又作阳朱、阳子，字子居。大约生活于公元前 395 至公元前 335 年之间（采钱穆说），与孟子、庄子同时。他是战国时期楚国人，曾见梁惠王献策而被奚落。他与季梁为挚友，有弟名杨布，弟子有孟孙阳等。孟子称杨朱“为我”，《吕氏春秋》称“阳生贵己”，《淮南子》则说杨朱“全性保真”。“为我”与“贵己”实际上是一个意思，而“全性保真”是对为我的进一步升华。这两种思想可以说是杨朱的主体思想，是杨朱政治学说及养生论的思想基础。

《列子·杨朱》是现在保存杨朱资料最多的著作，但由于《列子》一书后世都认为是伪书，因此对《杨朱》是否为确信的杨朱资料也存在争议。结合其他书中杨朱的相关记载，笔者倾向于相信《杨朱》为杨朱言行的记录，反映了杨朱的总体思想倾向。因此，这里对杨朱思想的讨论也主要依据《杨朱》的记载。

孟子攻击杨朱最为激烈的是“拔一毛而利天下”的思想，但现在看来，孟子完全是出于派系之间的压制而断章取义。作为儒家的代表人物，看到杨朱及墨翟思想充斥天下，而儒家思想有被压住的势头，他不得不起来为之辩解，为儒家争取生存空间，诚如他自己所说：“予岂好辩哉？不得已也”。儒家主张尊君，极力维护统治者的利益，而杨朱则主张彰显自我，突出个体价值，在根本观念上与儒家相冲突。这种思想很容易被人理解为自私自利的利己主义，孟子正是抓住了这一点对杨朱展开激烈抨击。杨朱的为我主义首先是对名实的辨析。名实问题是人首先要触及的问题之一，怎样看待名与实的关系，直接影响一个人的人生观与价值观。杨朱说：“实无名，名无实，名者伪而已矣。”真实的存在没有名可言，而人们所说的名也并非真实的存在。在他看来，尧舜受人尊崇，桀纣受人咒骂，都没有区别。人活着都是为了声色美味，但这些东西永远没有厌足。一般人都是在浑浑噩噩中度日，根本就不明白生死的道理。杨朱认为：“太古之人知生之暂来，知死之暂往，故从心而动不违自然所好，当身之娱，非所去也，故不为名所观。从性而游，不逆万物所好，死后之名，非所取也，故不为刑所取及。名誉先后，年命多少，非所量也。”杨朱赞扬上古之人，认为他们懂得顺从自然，知道生死只不过是短暂的一瞬，而顺从自然、有限度的娱乐，才是人们所应该学习的。对名誉、年龄等这些并不真实的东西，没必要太过追逐。由此可见出杨朱名实论的主旨：第一，主张泯灭生死，将人生看淡。人生在这个世界上只是暂时居住而已，死也只是暂时离开。随着自然的运转，人也在不断地运转，这就是自然规律。既然只是规律，人就应当看淡生死。第二，杨朱主张顺从自然，不要违背自然规律。他所说的“当身之娱”，并非自身的玩乐，而是自然所赋予人的生存权利，强调人应当将这种权利发挥到极致，这样才能与自然相应。第三，杨朱主张将人生的名利看淡，不要执着虚幻的东西。由此看来，杨朱对名与实并非完全否定，而是要人从根本上看透，不要太过执着，应当看到生命中最为珍贵的存在。注重生命的价值，不要舍本而逐末。杨朱说：“名故不可去，名固不可宾耶？今有名则尊荣，无名则卑辱。尊荣则逸乐，卑辱则忧苦。忧苦，犯性者也。逸乐，顺性者也。斯实之所系矣。名胡可去？名胡可宾？但恶夫守名而累实。守名而累实，将恤危亡之不救，岂徒逸乐忧苦之间哉？”对人来说，名与实不可或缺，名显然对于常人来讲是不可能去掉的，但可以把名看作实现人生价值的工具。杨朱明白人生有名就尊荣、无名就忧苦的规律，忧苦是人所不愿的，而尊荣人人向往，这些虽然都非真实存在，但却与实际息息相关，但杨朱也提醒人们，不要为名誉而使自身过度疲惫，否则就不是忧苦与逸乐的问题了，而是关系到生死存亡的大事。由此可知，杨朱的名实论实际上是有限度的人生论。在不违背自然规律的前提下，使自身得到一定程度的放松，享受自然所赋予的生存权利。

其次，解决了名实问题，就要解决如何生存的问题，杨朱的主张是“为我”。其实，杨朱并没有直接说过“为我”，这是孟子的观点。孟子攻击杨朱带有很强的门户偏见，而杨朱的观点并非孟子所说的“无父无君”。杨朱说：“伯成子高不以一毫利物，舍国而隐耕；大禹不以一身自利，一体偏枯。古之人损一毫利天下，不与也。悉天下奉一身，不取也。人人不损一毫，人人不利天下，天下治矣。”杨朱以伯成子高与大禹为例，说明古人对“损一毫利天下”与“悉天下奉一身”的行为都是不为的。如果人人都富足，人人没有贪欲之心，天下自然会太平。天下太平，也就自然不需要什么君主统治了，这是绝对不能被当时的儒家所接受的。由此可知，杨朱所谓的“为我”，实际上是主体价值的最大体现。但这并非是个人行为的无限膨胀，而是在“损一毫利天下不为”与“悉天下奉一身不为”两种思想限制下的主体凸显。所以，杨朱的“为我”思想，实际上是老子返璞归真思想的现实化。与老子相比，杨朱更注重人的现实意义。

杨朱在讨论名实关系的基础上，对人生观进行了深入探讨。他认为，人应当注重自身的价值，在不违背自然规律的前提下，积极利用自然所赋予的生存权利，不要为虚名而使得自身困苦不堪。这是杨朱一切思想的总纲。《淮南子》所谓的全性保真，实际上是从道家的角度对杨朱这种人生价值观的总结。杨朱的所有思想，都可以总结为一种思想：对个体价值的凸显。

三　杨朱研究著作之研究

杨朱虽然是先秦一位重要思想家，却一直未受到重视。直到清末民国，杨朱才被重视起来。在以顾颉刚为首的古史辨派的激烈讨论声中，杨朱其人及其思想成为讨论的热点问题。这时的杨朱研究著作主要有五部，除贝琪的《列子杨朱篇新解》为辑录前人评述的总集类著作之外，其他四部均为讨论杨朱其人及其思想的专著。其中，蒋竹庄编译的《杨墨哲学》虽为日人高濑武次郎所著，但蒋氏在编著过程中改动了其中他认为不合适的观点，本文也将其作为蒋竹庄的意见一并讨论。

（一）贝琪的《列子杨朱篇新解》

贝琪，生于民国四年（1915），族名聿琚，号仲琪，字仲珩，吴中贝氏家族第十五代孙，其妻谢氏为谢正叔第三女。[1]《列子杨朱篇新解》并非其个人专著，而是集合各家评论杨朱文字而成，偶有评语。虽然只是一部集本，但由此也可见出作者对《列子·杨朱》的基本态度。

贝琪《列子杨朱篇新解》中所集评语可考知者有冯友兰、陈此生、蒋竹庄、胡适、李石岑、陆懋德六人，根据他们对《列子·杨朱》的态度，可以分为两派，即否定派与赞同派。持否定观点的是冯友兰，他在《中国哲学史》中认为《杨朱》是魏晋人的作品，并将其与《列子》共同放在魏晋玄学一章中讨论。其余五人均对《杨朱》篇持肯定态度，但根据他们对杨朱思想的解读，又可分为两种观点。胡适在《中国哲学史大纲》（上册）中虽然肯定《列子·杨朱》的史料价值，但对于杨朱思想却不以为然，他分无名主义、为我、悲观、养生四个方面来探讨杨朱思想，他认为杨朱的为我思想是极端的为我，由此导致了他对世事的悲观。而其养生思想，主要表现为自然主义。从这个层面上讲，冯友兰又与胡适站到了一起。其他四人则对杨朱思想持肯定态度，认为并非如一般人所理解的那样。陈此生在《杨朱》一书中，分根本观念、人生哲学、名实论及政治思想四个层面来分析杨朱思想。他认为，杨朱的根本思想是为我，由此而引出他的人生哲学、名实论及政治思想。杨朱所谓的为我，并不是单纯的极端为我主义，而是对自我价值的肯定。蒋竹庄在《杨墨哲学》中对杨朱思想做了更为细致的分析，同样肯定杨朱的为我思想并不是极端的个人主义。李石岑有《人生哲学》一书，主要探

1《吴中贝氏家谱》，1918 年石印本。

讨人生的价值及意义。在中国哲学层面，他也提出了杨朱的为我思想，他也认为杨朱的为我是对自我价值的充分肯定。从思想层面讲，这六人只有冯友兰与胡适对杨朱思想持否定态度，其他四人都认为杨朱的为我思想有其积极的一面，不应断然否定。

贝琪在整部书中基本没有个人评语，只是引用各家观点来表达其对杨朱的看法。在“子产忙然无以应之”一句后，他是在引陈此生一段评论后，表明自己的观点：“这一段话很可以发明杨朱的思想。慎到之所谓‘自为’，即杨朱之所谓‘为我’，用人之‘自为’所以求合与人心也。”这是全书中贝琪的唯一一段评论。从这段话不难看出，他赞同陈此生的观点。而陈氏又对《杨朱》的思想持肯定态度，由此也可见出贝琪对《杨朱》的观点。贝琪所引各家评语，陈此生与蒋竹庄最多，两人对杨朱均持肯定态度。由此可见，贝琪对《列子·杨朱》亦持肯定态度。

（二）蒋竹庄的《杨墨哲学》

蒋竹庄（1873—1958），名维乔，字竹庄，别号因是子，江苏武进人，教育家、佛教史学家。早年结识蔡元培，加入中国教育会。1912 年任南京临时政府秘书长，1925 年任国立东南大学校长，1927 年定居上海。抗战胜利后曾任光华大学教务长、文学院长兼中文系主任，新中国成立后任苏南区参事。1958 年病逝于上海。蒋竹庄的主要成就在于佛学，他曾在南京时与欧阳竟无讨论佛学。他的主要著作有《中国佛教史》、《佛教浅测》、《佛教概论》、《佛教纲要》等，子学著作有《杨墨哲学》、《吕氏春秋汇校》等。

《杨墨哲学》分为上、下两部分，上半部分讨论杨朱哲学，下半部分讨论墨子哲学。据蒋氏自叙：“嗣闻日本高濑武次郎著有《杨墨哲学》，遍觅其书，则已绝版。后得涵芬楼藏书假观之，颇饶趣味；念海内必有同嗜者，遂介绍于国人。惟高濑乃主张儒术者，虽名为杨墨哲学，而崇儒黜杨墨，主观之成见颇深，不合于哲学家态度。本书则用客观眼光于杨于墨，各还其本来面目，绝无主奴之见，此则与高濑不同者也。”[1]蒋氏因见日本高濑武次郎《杨墨哲学》一书而想介绍给国人，他的这部著作实际上是翻译高濑武次郎的著作。但是，他又不满高濑对于杨墨的态度，所以又不完全是对原书的翻译。据其例言称：“本书据高濑武次郎所著杨墨哲学为原本，阙者补之，讹者正之。其哲学上之批评，悉用客观眼光，不受原书之拘束。”由此看来，蒋竹庄这部书实际上对高濑武次郎《杨墨哲学》一书的整理，其中也加入了他自己的观点。他在叙中说：“盖诸子创立学说，皆抱救世之宏愿，非好自立异者。杨墨二家之学，皆有鉴于儒家之弊，思有以挽救之；一主利己，一主兼爱；虽立说不无稍偏，而救世之心则一；犹之医者治病，处方不同，而其欲愈病之心一也。世人以一孔之眼光，从而排斥之，亦已过矣。”由此可知，蒋竹庄对于儒家黜杨墨的观点很不以为然。他认为，先秦诸子创立学说的根本是救世，并非“好自立异”。杨墨两家的学说都是为了补儒家不足。美中不足的是过于偏颇，但并未抹杀他们各自的立论依据。[2]

关于杨朱本人，该书认为，杨朱字子居，名朱，生活于春秋末、战国初，直接受教于老子，秉承道家学说，并有所发展。

---

1 蒋竹庄《杨墨哲学》，商务印书馆 1926 年版，第 2 页。

2 虽然蒋竹庄这部书是以整理日本高濑武次郎《杨墨哲学》而来，但由于他已经将原书中的观点按照自我的思考而一一修正，所以笔者认为这部书还是体现了蒋竹庄对杨朱、墨翟的观点。因此，本文叙述均将书中的观点认为是蒋竹庄的看法。

对杨朱的著作问题，该书除了肯定《孟子》、《庄子》、《韩非子》等书的记载外，对《列子》书中的记载也予以肯定。值得注意的是，本书专门辟杨朱与列御寇一节，讨论他们二人的关系。诚如作者所言，“研究杨朱与列御寇有如何之关系，是诚有用而又困难之问题”。黄震曾指出，列子与杨朱学风类似。本书专列此一节，可见作者对杨朱与列御寇的关系有所注意。无论《列子》真伪如何，杨朱与列御寇之间应当存在某种联系，否则列子后学编纂《列子》一书不会无缘无故将其随便拉入其中。

关于杨朱思想，本书共分九个层面来探讨：利己主义、快乐主义、名实论、养生送死论、乐生论、生死论、贵生论、人生安息论、定命论。

1. 利己主义

对于杨朱的利己主义，该书引《列子·杨朱》“伯成子高不以一毫利物”一段，提出杨朱的利己说这一命题。作者认为，杨朱的利己，并非如孟子所批评的那样“拔一毛而利天下不为也”，杨朱“所谓爱身者，即养天赋之性，以保身耳”。作者进一步指出：“杨子不曰‘倾天下以奉一身’，而曰‘悉天下奉一身不取’，是明明与‘损一毫利天下不与’相对，乌得视为绝对的利己说乎？”作者从与墨子对比的角度，说明杨朱利己主义的本质是无为而治，这就归结到道家思想上来。作者指出：“杨子受老子之教化，倡利己主义与快乐主义之学说，其归宿与老子同为恬淡，而在保全天真，即杨子因欲保全天真，故倡利己与快乐主义也。”与孟子相比：“杨子主义，主张自治；孟子主义，主张他治。主张自治，则无所谓君与无君；主张他治，则不得无君与非君。治天下同，而所以治者异，故为孟子所斥也。”这也是道家与儒家的根本区别所在。所以，“杨子之为我主义，是相对的，非绝对的”。墨子所倡导的利他与孟子所倡导的尊君，无非都是各自观点的不同。孟子极力辟杨墨，是在儒家式微的形势之下而采取的一种攻击行为，归根结底是不同学说所造成的，并无实际的好坏之分。只不过儒家思想适应历史发展大趋势，压倒其他任何一家成为之后几千年的官学。实际上，再伟大的人也不可能完全抛弃自我。人类所谓的爱他心，“不外以爱己之方便，为爱他的行为耳”。

2. 快乐主义

作者认为：“杨子之快乐主义，乃守静的、抱朴的快乐主义，绝非肉体的快乐主义。其主旨颇与尼采学说相类。虽以眼前快乐为最高目的，而侵害他人之事，亦绝不为，唯顺受分内之快乐耳。”但是，这种快乐主义的根本还在恬淡无为。所以，他的这种快乐主义，“与其谓为进取的，毋宁为退守的，在欲全性保真耳”。从这个角度出发，所谓的快乐也就不再是我们平时所认为的吃喝玩乐，而是保养自我的真性，“超然于生死之外”，与那种“沉溺于名实之快乐，而卒无所逃于生死者，相去何止天渊”。在作者看来，杨朱的所谓快乐，实际上是超越物我的一种修养，以自我为中心，由物而及人，由人而及于生死，最终达到超越生死的境界。在作者看来，这便是杨朱所谓快乐主义的最终归宿。从这个层面上讲，如果每个人都懂得全性保真的重要，把眼光从外在转向内在，那么天下也就不需要什么统治者了，这也是孟子极力攻击杨朱的关键所在。

3. 名实论

名与实的问题，是先秦各家所都涉及的一个关键问题。道家主张去名就实，儒家主张正名取实，其他各家或游离于这两家之间，或中和两家学说。杨朱是道家后裔，自然主张去名就实。对于儒家大力提倡的圣人，杨朱极力反对。在他看来，世界上的好与坏是没有区别的，尧舜也好，桀纣也好，终归黄土，名声只不过是后人所加，对于他们本身却并无半点损害。尧舜并不因为赞誉而增寿，桀纣也并不因为咒骂而减寿。当然，杨朱这里并未完全将尧舜与桀纣等同看待，而是以这两者为例，说明名并非最重要，实才是我们要用心去探究的。因此，“以世俗依名得利者多，名终不去。故退一步言，名果足以为养生之资，亦非全不可求。然慕名而求之者，遂至害生损真。故此言勿为名誉而害天赋之真性也”。

4. 养生送死论

由于杨朱完全将世间的名誉与物质抛在一边，所以他“视人生极轻，故不贪爱以求长生，而亦不欲束缚自然之生。唯一任自然之情，自然之性，以保全自然之人生”。杨朱的这种养生理论，实际上是以一种顺自然的态度对待人与物。主张遵循事物的规律顺性发展，不掺杂任何人为因素。杨朱“乐生而不执生，唯顺遂自然之死而已。生之在我者，则保养之。生既去，则此躯壳与我无关。故不以死后之事为意也”。实际上，养生与送死是联系在一起的。突破了生的束缚，自然参透了死的约束。

综合来看，杨朱的主要学说就集中在这四点上，后面所谈到的乐生论、生死论、贵生论、人生安息论、定命论，实际上都可并入养生送死论当中。本书将杨朱归入道家一派，并认为直接受教于老子，秉承了道家的一贯传统，以全性保真的自然论为理论基础，超越世间名实的困扰，主张顺任自然，不加人为修饰。杨朱的思想也并非如孟子所批评的那样无父无君，只是各自着眼点不同而已。《杨墨哲学》提出了杨朱与列子的关系问题，是我们值得注意的地方。

（三）顾实的《杨朱哲学》

顾实的《杨朱哲学》并非专门讨论杨朱思想的著作，这部书以辨伪为纲，由《列子·杨朱》展开了对《列子》整部书的尖锐批判。在翔实的文献资料支撑下，对杨朱生平、学统进行全面梳理。虽然这是一部学术研究著作，但作者将强烈的个人情感融入到文字当中，在批判中阐释其观点。

顾实对《列子》持否定态度，但他并不否认列子其人的存在，也不否认战国时期有一部古《列子》存在。他在《汉书艺文志注疏》中说："尸子曰：'列子贵虚'，道家以清虚为治也。今本《列子》八篇，前有刘向《叙录》曰：'《列子》内外书凡二十篇，以校除复重十二篇，定著八篇'云云。张湛序称其祖录于外家王氏舅始周，始周从兄正宗、辅嗣，皆好文籍。"他同意马叙伦的观点，认为《列子》是王弼伪造。《周穆王》引《穆天子传》，顾实认为是张湛"缀拾而成"。对《列子》书前所附的《列子叙录》，他也认为是伪作，理由是"刘向叙附随本书，不在《七略》、《别录》，故后人得伪为也"。

顾实对《列子》的批判主要体现在他对《杨朱》篇的辨析。顾实坚决否认《列子·杨朱》的真实性，认为是对杨朱的诬蔑，称其为"伪杨朱"。他所依据的材料主要来自《庄子》、《孟子》、《荀子》、《韩非子》、《吕氏春秋》、《淮南子》、《说苑》、《新序》、《新论》等书。《庄子》历来被认为是以寓言为主，顾实并不这么看，他认为《庄子》书中所提到的老子、孔子等人都“在耆旧之列，是重言也。司马迁好为钓奇之文，诬指庄子之书曰‘大抵率寓言也’”。所以，对于《庄子》书中的相关记载，顾实也当作真实资料来运用。顾实对杨朱的讨论，主要体现在对杨朱其人及其学说两个方面。

1. 杨朱其人

关于杨朱本人，顾实讨论了两个问题：一是关于杨朱的姓名问题，二是关于杨朱的籍贯问题。杨朱的姓名，在《庄子》等书中有不同记载，后人也因此而展开各种讨论。杨朱籍贯及生卒年，则知之更少。

顾实分别从文字及学理上对杨朱姓名展开论辩。他首先罗列《庄子》、《孟子》、《荀子》、《韩非子》、《吕氏春秋》、《淮南子》、枚乘《七发》、扬雄《羽猎赋》中对杨朱的称谓，仅这几种著述中对杨朱的称谓就有阳子居、阳子、杨朱、杨氏、杨子、阳生等。顾实以《庄子》书中所称阳子居为例，首先否定了《列子·黄帝》称杨朱这一说法，并据此认定《列子》为抄袭之作，明白指出其“窜改之痕迹显然”。他还否定阳子居与杨朱是两个人的说法，认为“阳”与“杨”两个字在古代是混用的。就以上他所胪列的八种著述，顾实认为这就是古人“阳”、“杨”混用的明证。只《庄子》一书中就有“阳”与“杨”两种用法，他对此申辩说：“古人文例，亦不若后世科举时代之功令文字也。不但一书之中可以前后用字不一律，虽一篇之中亦可以前后用字不一律。”因此，顾实认为即使是人的姓名，也可以不一致。他还列举《庄子》书中宋荣子与宋钘、务光与瞀光为例，说明人名用字亦可混用。并举筦子与管子、孙卿子与荀子以证不仅《庄子》如此，其他古书也是这样。

由此，顾实认定古人“阳”、“杨”通用。而对于“朱”与“子居”的问题，他将《庄子》与《列子》两书中的记载做对比，提出了三种假设：以成玄英为代表的完全承认阳子居即杨朱者，以李颐为代表的“未必承认”者，以张湛为代表的持怀疑态度者。对于前一种观点，顾实不怀疑其正确性，而对于后两种观点，他首先从“古人有名必有字之通例”出发，认为李颐的观点不正确。对于张湛的观点，他仍是从伪书说出发，认定《列子》为张湛伪作，不可信。对子居即朱之合音这种观点，他也不以为然。

顾实还进一步从学理上对杨朱姓名做了申述。对于杨朱的学理分析分别举《吕氏春秋·不二》篇“阳生贵己”及《庄子·应帝王》篇杨朱问老聃提出的“物彻疏明”这两种观点，采用理证的方法，分别以《老子》三十三章“贵以身为天下，若何寄天下；爱以身为天下，若可托天下”与《庄子·天地》孔子问老子“离坚白若县寓，若是，可谓圣人乎”解答杨朱的提问，顾实认为这两者正与杨朱的观点相符，从而认定阳子居即杨朱。

综上所述，顾实认为古人“阳”、“杨”通用，“子居”即“朱”，称杨朱，是直称其名；称子居，是称其字。虽然顾实极力批判《列子》中所称的杨朱，其实他并不否定杨朱本身，而是否定《列子》，否定书中对杨朱记载的真实性，从而为其后文阐释杨朱思想奠定基础。

对于杨朱的籍贯，顾实提出鲁人说。他列举了四个证据来证明这个观点：“孔杨二子之气质相似，一证也；杨墨二子之服装如一，明见国徽之表现，二证也；杨朱南之沛，必自鲁出发乃合，三证也；及其见老子，礼容之恭，尤以于鲁人为合，四证也。”孔子与杨朱分别向老子请教，其所问实是一个意思，顾实以此认为孔、杨气质相似；《庄子·天地》称杨墨"皮弁鹬冠，搢笏绅修"，鄙弃杨墨极力装饰的行为，顾实据以认为杨朱是鲁国人；顾实引《庄子·天运》孔子南之沛见老子的记载，与杨朱南之沛见老子相比较，认为杨朱是鲁国人；杨朱见老子执礼甚恭，顾实认为这恰好与鲁人的特质相符。基于这四点，顾实认定杨朱为鲁国人。

尽管顾实对杨朱姓名及其籍贯的论述引证丰富，运用了大量翔实的资料来证明自己的观点，但他始终未能脱离对《列子》的批判，而在这批判中又带有强烈的感情色彩。所以，他的论证当中难免带有很多主观推测。

2. 杨朱思想

对于杨朱的学统传承，顾实认为杨朱是老子的弟子。由于推定杨朱与孔子都是鲁国人，为了巩固他这一观点的真实性，他首先以孔子作为铺垫。孔子毫无疑问是鲁国人，《史记》及《论语》中都曾明确指出他曾问学于老子，这也是无可争辩的事实。杨朱学于老子的记载仅见于《庄子》，顾实认为《庄子》中的记载真实可信。对杨朱思想，顾实分本来思想、教成思想、中立思想、政治思想四个方面阐释。对于杨朱著述，顾实不怀疑在战国时期确有一种阐述杨朱思想的著作流传于世，只是后来散佚了。而《列子》书中的记载，顾实认为是魏晋人缀合而成，因此书中也掺杂了魏晋时期典型的享乐主义思想。在顾实看来，这是对杨朱的诬蔑。

顾实认为，杨朱思想的变迁分为三个时期，即本来思想、教成思想、中立思想。所谓本来思想，就是杨朱见老子之前的思想，教成思想就是杨朱见老子受教之后的思想。而中立思想，则是杨朱学于老子之后所形成的自己的思想。本来思想，顾实以杨朱问老子“有人于此，向疾强梁，物彻疏明，学道不倦，如是者可比明王乎”及老子训斥杨朱“而睢睢盱盱，而谁与居”两个方面，构成了杨朱的本来思想。“有人于此”顾实认为是杨朱自况，“物彻疏明”，他认为如《小取》一样，是“杨朱之小取”，是“杨朱谓己之观物，疏决明达，能不为物累”。这说明杨朱在见老子之前就已经达到了一个很高的修为程度，而他仍然学道不倦，努力进取。睢睢盱盱则是他的外在形态，由于杨朱是鲁人，鲁国属山东，人多豪放阔达，所以才有这种形态。老子斥责杨朱，意在激励他努力进取，改变自己的外在形态。由此看来，顾实认为杨朱本是一个豪放阔达的山东大汉，在修养上已经达到了一个很高的层次。

教成思想。顾实仍举上述二例，对老子训诫之后杨朱的表现做了进一步阐释，并据以认为杨朱在受教于老子之后思想的变化。杨朱自比明王被老子一语击破，于是杨朱“蹙然色惊”，向老子询问“明王之治”。杨朱的这种变化，正是他自比明王的自大行为被老子戳破之后的表现，正说明他“不倦于学”的进取精神。而杨朱南之沛见老子，被老子斥责“而睢睢盱盱，而谁与居”，杨朱从此开悟，得到老子真传。从他前后两次“至客舍”主人对他的态度，可以见出他思想的变化。

中立思想，主要是针对老子“柔”的思想而论。杨朱受学于老子，所以他的思想也是以“柔”为主。表现在现实当中，就是中立思想。虽然杨朱受教于老子，但仍然形成了自己的中立思想。顾实指出：“容服习惯，种种不同。故南方者，限于宋楚以南。庄子，宋人也。与杨朱同道，而犹攻之。要以杨朱北魄南魂，北人而行南人之思潮，终不能尽同也。”

杨朱的政治思想，顾实认为老子教杨朱“忘我以为我，即为我主义，必先以无我为前提而后可”。他引《说苑·政理》中杨朱见梁王一段指出：“杨朱之不治妻妾田园，而以为反唇相稽也。不知明王之治天下，立于不测而游于无有者也。简言之，则必无我而后可。若治妻妾田园，则有我矣。何则？为治妻妾之我，则有类持妻子保禄位之士；为治田园之我，则有类艺桑麻较锱铢之农。而我之为我，不亦小矣哉！岂复能以无我治天下，若运诸掌哉？”在顾实看来，这是杨朱政治思想的主旨。

顾实说：“中国哲学之大病，在思想不如主义之发达”，确实道出了中国哲学的弊端。这也是杨朱为何被后世讥为为己主义者的先驱，正是由于其思想上的不彻底。主义是与思想密切相关的，顾实概括了杨朱的四种主义，即全性、保真、察辩、人道。全性、保真是基于为我而产生的珍惜现实生活的思想。这种思想的理论基础是为我，这种为我不是单纯的为自己，而是针对全人类来说的。所以，顾实称其为“无我之为我”。以这种思想为基础的全性，“必属于养性，而必不属于性养也”。贵己与全性联系在一起，二者互为表里。察辩，则是指善于论辩。而人道，则是察辩的结果。顾实说：“唯辩者善察之结果，其立说往往近于今之人道主义。”意思是说，善辩之人都对事物有深刻认识，所以发言立说能够切中要害。这四种主义构成了杨朱思想对现实的外在表现。虽然顾实没有指出杨朱的不足，但他先申明杨朱的思想，后又说明中国哲学的特点，紧接着阐述杨朱的四大主义，说明他已经认识到了杨朱思想的不足之处。

顾实的《杨朱哲学》在杨朱研究中是讨论最为激烈、情感最为丰富的著作，作者没有遵循传统的杨朱研究路数，脱离《列子》中有关杨朱的资料，从浩如烟海的文献中广搜博引，将与杨朱相关的零星资料搜集成篇。全书将对《列子》的批判融入到杨朱事迹的讨论中，在论说中伴随着辨伪，带有强烈的主观情感，把当时国民的不觉醒归罪于《列子·杨朱》的影响。他说："不观最近全国学校林立，滔滔流俗之徒，采取伪《杨朱》篇，中学作课本，大学列讲义，此何象耶？然则年来吾国社会，日见不宁，兵匪遍地，奸淫抢掠，罪恶万端，宁能不谓伪《杨朱》篇实隐为之导火线耶？"针对有人提出西方及日本都有崇拜杨朱快乐主义的观点，他进一步申辩说："欧西地方破碎，日本小岛林立，故其人民皆派别互竟甚多。且亦止以为学说，不以为政论也。唯我中国茫茫一片大陆，其人民最富于盲从性质。往往挟政治势力而高唱道一风同，古传有之曰'从善如登，从恶如崩'，可不畏哉！"这种强烈的情感是其他著作中所不多见的。也正是由于这种强烈的主观情感，使得顾实对杨朱的论述多有出于主观臆断的地方。他最后所提出的杨朱的四种主义，察辩主义与人道主义前人不曾论及。尽管顾实的这部著作存在主观臆断的缺点，但他将零散的资料整合到一起，并从中提炼出有用的主体观点，则是其长处。也正如他自己所说："非余书莫为表白真杨朱，然则四百兆同胞欢迎无君之杨朱，必先欢迎余书也。"虽然有夸大之嫌，但也确实道出了他这部书的特点。

（四）陈此生的《杨朱》

陈此生(1900—1981)，广西贵县人。1920年肄业于复旦大学。历任广东大学、中山大学、广西大学、香港达德学院讲师、教授、教务主任。1933年参加左翼作家联盟。1946年参加中国国民党民主促进会，次年在香港参加发起组织中国国民党革命委员会，任中央委员。新中国成立后，历任政务院文教委员会委员，广西省文教厅厅长，省人民政府副主席，政协副主席，光明日报社副社长兼总编辑，民革中央常委兼副秘书长、宣传部长、副主席等职。长期从事文化教育工作和民主党派工作。

《杨朱》是阐述杨朱思想的著作，分别从根本观念、人生哲学、名实论、政治思想四个方面阐述杨朱的基本思想。陈此生从人性角度揭示了杨朱思想的宝贵之处，认为杨朱思想并非如孟子所批评的那样是“无父无君”的禽兽之行。相反，其他各家反而都能纳入到杨朱的“为我”观念之中。他还引述西方哲学为证，从新的角度解读杨朱思想。

1. 对杨朱著作的辨析

蔡元培在《中国伦理学史》中认为，战国时期并不存在杨朱其人，杨朱就是庄周。他列举了两条：一是古音庄与杨、周与朱相近；二是“贵己保真”这个观点在庄子书中随处可见。陈此生完全不同意蔡元培的这种观点，他首先以荀与孙音近而指出并不能以此来断定荀子就是孙子，从而反驳蔡元培关于音近的观点。其次，他认为“为我”是所有人类乃至动物都有的基本观念，无论是孔子还是墨子，都有“为我”的观念，否则便不能生存。

针对杨朱与庄周不是一人的观点，陈此生也从内证与外证两个角度阐述。他首先以《淮南子》与《吕氏春秋》中对杨朱的描述，指出吕不韦和刘安所生活的年代上距战国不远，杨朱与庄周断不可能在这一二百年的时间内被混为一人。而《淮南子》与《吕氏春秋》均言及杨朱及其学说，这更可证明杨朱的存在。同时，《庄子》书中也屡次提及杨朱，庄子对杨朱始终没有好感。据此，陈此生认为杨朱与庄周绝非一人。

《列子·杨朱》保存杨朱资料最多，但《列子》一书的真实性为人所怀疑，书中所记载的杨朱事迹也不可避免地受人质疑，如顾实就持否定态度。因此，若要讨论杨朱思想，必须理清这一问题。

首先，陈此生以胡适与梁启超的观点为例，通过对他们的批驳，从而得出自己的观点。胡适在《中国哲学史大纲》中谈及杨朱问题，他认为《列子》这部书是伪书，而《杨朱》大体上是可靠的。他指出了三点：第一，杨朱的“为我主义”是有旁证的；第二，书中所讨论的“名实论”不是后世讨论的问题；第三，《列子》八篇中只有这一篇专记个人的言行。对于胡适的这三点意见，陈此生认为，除第二点可以站住脚外，其他两点都不足为据。针对胡适批驳《列子》为伪书的观点，他以《吕氏春秋》、《淮南子》等书中对列子学说的概述反证《列子》书是可靠的为据，反驳胡适以杨朱的“为我主义”有旁证而断定《杨朱》可信的论断。其次，对于胡适的第三个论点，陈此生又举《荀子•哀公》为例，再次反驳胡适的论断。

梁启超在《评胡适〈中国哲学史大纲〉》一文中，全面否定胡适的观点。他认为，《杨朱》从笔法上来看属于前汉以后人的著作。《杨朱》里完全是魏晋清谈家的颓废思想。梁启超认为，周秦诸子无论哪一派都带有积极的精神，像这种“没出息的虚无主义断断不会有的”。陈此生认为，以笔法来印证是很虚渺的。他认为，先秦各家有各家的特点，庄子、孟子、荀子等因其学说的不同而风格不同，因此也无法确定哪一家为战国时期的笔法，哪一家不是战国时期的笔法。对于梁氏断定《杨朱》完全是魏晋清谈家的思想，陈此生认为这完全是武断。最后，他得出结论:《杨朱》是当时记载杨朱言行的一种书，是被伪造《列子》的人强行拉入《列子》的。

其次，陈此生通过外证与内证相结合的方法论证其观点。

他首先从《淮南子·氾论训》的观点出发，认为淮南王刘安所生活的年代距战国时期不远，根据《淮南子》书中所记载的“兼爱、上贤、右鬼、非命，墨子之所立也，而杨子非之。全性保真，不以物累形，杨子之所立也，而孟子非之”这句话，认为在淮南王刘安的年代还存在一种记载杨朱言行的文字，否则他们不会知道杨子非墨子、孟子非杨子的言论。他又以《孟子》、《荀子》、《韩非子》、《吕氏春秋》诸书均未提及杨子非墨子的言论为依据，认为《淮南子》所依据的应该与上述诸书不同。他还以《杨朱》篇中杨朱与禽滑釐非议墨子的言论为据，认为《淮南子》中所总结的“全性保真，不以物累形”这句话可以总括《杨朱》全部精神。最后，陈此生从淮南王刘安的生活年代出发，论证《杨朱》篇为汉文帝以前的作品，并非刘向所伪造，更不是东晋清谈家伪造。其次，他又以刘向《列子书录》为依据，认为《杨朱》确为从别处拉入《列子》中。针对刘向《列子书录》中所指出的“二义乖背，不似一家之言”的论断，他认为这部书不应该是汉景帝时人抑或是刘向所伪造，否则不会自己指责自己。他还据张湛《列子注》序中所叙述的得书、成书经过，认为刘向时所据以整理的《列子》编造时间最迟不晚于刘向以后。到张湛手里，又经过一次改组，难免混有东晋人的思想。从《杨朱》与《列子》其他各篇对比的角度，陈此生举《黄帝》“黄帝……于是放万机、舍宫寝”与杨朱“当身之娱，非所去也”相对立的情况，从内在方面论证《杨朱》篇与《列子》中其他各篇并无关系。据此，陈此生认为，《列子》是伪书已无可争辩，而《杨朱》篇则是被强行拉入《列子》书中。虽然经过刘向及张湛两次整理，但《杨朱》篇保留了下来。

最后，关于《杨朱》篇产生的时间问题，陈此生认为是孟子稍晚或李斯稍前的作品。中国历史有一个惯例，越古老的皇帝发现越晚。从这个角度出发，陈此生指出，《杨朱》篇里提到了伏羲，还尚未有再古的帝王出现，而伏羲的名字最早出现在《易·系辞》中。《易·系辞》提到了神农，神农最早出于许行之口，而许行又与孟子同时。据此，陈此生断定，《易·系辞》最早当在孟轲晚年。所以，他认为《杨朱》成书应在《易·系辞》成书之后，即孟子稍后。《杨朱》篇中还提到三皇，陈此生认为这三皇不是后来李斯说的天皇、地皇、秦皇。他的理由是，李斯之前已经有了三皇的说法，《吕氏春秋》中连举三皇，高诱《吕氏春秋》注中也指出三皇为伏羲、神农、女娲。据此，陈此生认为，《杨朱》产生的时间最晚在李斯之前。

综上所述，陈此生将《杨朱》与《列子》区别开来，认为《杨朱》篇是被伪造《列子》的人强行拉入，并非伪作。《杨朱》的思想，基本上能够代表杨朱学派的主体思想，是可信的历史资料，并非刘向或东晋人伪作。陈此生将《杨朱》的写作年代定在孟子之后、李斯之前，他认为在这段时间内，杨朱后学将其老师的学说整理出来，成为最初的杨朱著作。

2. 对杨朱学说的分析

陈此生认为，杨朱根本思想是“为我”，他的人生哲学、政治思想，都是以这一根本观点为基础。杨朱所谓的“为我”，并非人们一般概念中的只为自己，而是对人及动物根本特性的一种描述，是广义的“为我”。杨朱的思想也并非凭空产生，他是基于当时的社会环境而生，并将其上升到理论层次，乃至于成为与儒墨并称的显学。

据陈此生推断，杨朱大约生活于公元前 414 至公元前 334

年之间，较孟轲约长 40 余岁。至孟子拒杨、墨时，杨朱可能已经去世。对于杨朱思想产生的根源，他认为是当时社会动乱的大环境所造成的。儒家讲仁义道德，根本还是要人顺从，墨家讲非攻仁爱，是典型的小农思想。杨朱极力提倡突破世俗的限制，随心所欲，以达到精神及肉体双重解脱，从而不为世俗的成见所束缚。虽然从言语上看，杨朱思想与老子思想绝对相反，但实质上是殊途同归。陈此生认为，“老子在摆脱物质生活去寻求精神生活，杨朱则利用物质生活来完成精神生活。所取的手段各有不同，而其目的则一”。由此看来，杨朱思想不仅不是反动的、颓废的，反而较其他各家思想更为现实，更为切合实际。

(1)对杨朱根本观念的理解

孟子曾尖锐地批判杨朱“无君”、“拔一毛利天下而不为”的“为我”思想，这种思想也成为杨朱的主体思想。陈此生认为，杨朱之所以能在战国时期与儒墨并肩而立，就是因为他高张“为我主义”的旗帜。他认为，杨朱之所以要高举“为我”的主张，就是因为他对人性本质的深刻揭露。

杨朱说：“人者，爪牙不足以供守卫，肌肤不足以自捍御，趋走不足以逃利害，无毛羽以御寒暑，必将资物以为养，任智而不恃力。故智之所贵，存我为贵；力之所贱，侵物为贱。”人与其他动物相比，没有任何可以抵御自然的锋利武器，只能靠其他物质的供应来维持自身的生存，就是因为人有智力。而智力的根本，则出于“为我”，陈此生称为“存我”。他指出，“因为有这个存我的观念，才肯牺牲无限的精神、时间和环境奋斗；才有努力向上，补充自己的知识，完成自己的人格，锻炼自己的身体，以免却落后的耻辱。杨朱深信存我观念是人生自然而有的，而且是必不可无的，所以就用这个观念做他的‘为我主义’出发点。”

同时，他也指出“为我”很容易被人误会，这就为那种自私自利的人找到了依据，他们可以堂而皇之地为所欲为。因此，杨朱又为他的“为我”思想做了界定：“智之所贵，存我为贵；力之所贱，侵物为贱。”这样一来，杨朱的“为我”便成为一种正当学说，并非自私自利的利己主义。陈此生还指出，“为群”的观念从表面看来与“为我”相反，且听起来冠冕堂皇，究其根由，也包含着“为我”的因素在内。人是一种社会动物，生活在群体之中，为群体服务也就是为自己服务。群体的稳固，能够使自我更加稳固。所以，“推之人生一切所谓合理的、善的行为”都逃不开这个道理。他还将儒家、墨家、道家的思想都纳入到这个观念之中。

陈此生认为，儒家概括起来就是“仁”，孔子解释“仁”说：“夫仁者，己欲立而立人，己欲达而达人。能近取譬，可谓仁之方也已。”孔子所讲的“己欲立”、“己欲达”，其实就是为我的意思。他还举子贡问“仁”，孔子答曰：“己所不欲，勿施于人”为例，认为孔子所讲的“勿施于人”，还是以“己所不欲”为出发点，根本还是在我。对于激烈抨击杨朱的孟子，陈此生举《滕文公》：“居天下之广居，立天下之正位，行天下之大道；得志，与民由之；不得志，独行其道；富贵不能淫，贫贱不能移，威武不能屈，此之谓大丈夫”这段话，认为孟子所讲的“不能淫”、“不能移”、“不能屈”，根本还是“保存我的意志，保存我的人格”。所以，儒家虽然标榜“为人”，实际上还是从“为我”出发。墨家主张“兼爱”，墨子实行“兼爱”的出发点，还是以“我”为基础。陈此生认为，墨子所提倡的“爱人者，必见爱也；恶人者，必见恶也”，正是以“我”为出发点。至于道家，杨朱思想就是以道家为基础而衍生出来的，尤其是庄子，典型体现了“为我”思想。陈此生还列举了西方哲学家的主要观点，如伊壁鸠鲁、斯密特、康德、叔本华等，他们都是“为我”思想的典型代表。乃至于孙中山的“三民主义”、列宁的“共产主义”，他也认为都是从自我的观念出发。

综上所述，陈此生将“为我”升华为人类行为的动因，从人生存的角度来解读杨朱的“为我主义”。在他看来，一切的思想学说，归根结底都是以“为我”为基础。如果没有这个观念的存在，人的生存都无法保证，何谈伟人志向。

（2）对杨朱人生哲学的阐释

“为我”既然是杨朱的根本观念，那么他的人生哲学也不会超越这个观念。陈此生认为，杨朱人生哲学的“主脑”是“不违自然所好”这六个字。杨朱“对于人生的观感，着意在时间上”。杨朱在“百年寿之大齐”一节中，分析了人自生至死的时间内，除却孩提、昏老、夜眠、昼觉之所遗、痛疾、哀苦、亡失、忧惧之外，所剩的时间只有短短十几年。而这短短的十几年，人们仍然是在为名利享受所约束，不能真正明白人生的意义。欲望人人都有，想要在有限的时间内把自我的价值发挥到最大，也就是把人的欲望控制在不危害他人的范围内，实现自我的真正快乐，就要明白生死的本质。因此，陈此生将杨朱生死观总结为齐死论。陈氏认为，杨朱提出这种思想是“恨极那些想做圣贤豪杰而扰乱世界的人，欲打破人们崇拜功名的痴梦”。所有标榜救世济生、建功立业的豪杰们，都是在为虚名而做违背自然的事。更为甚者，他们还“诱动千万无知的人陪他牺牲”，这就为害甚大了。陈此生认为：“杨朱的不违自然所好，其意仍不外排击虚名，非止限于个人的自由也。”他又引杨朱关于“制命在外”、“制命在内”的观点，说明要达到杨朱所谓的“从心而动，任性而游”这种“绝对自由，毫无拘束”的人生哲学的方式：“所谓 ‘制命在外’即是为外物主宰，自己没有自由权也。……人生如果不贪恋富贵寿势，自己固然不被外物所主动，而他人亦无所凭借以指挥我，是则节制我，命令我，只有一己（所谓制命在内），又安得不‘能从心而动，任性而游’！”“在外”是为外物所制，“在内”是不为外物所制。正因为不为外物所制，才能任性而游。而对制命内外的问题，他认为，杨朱不主张过苦、过丰的生活，如果过苦，就会为外物所制；如果过丰，就会为内我所制，要达到适中。陈此生认为，杨朱“任性而游”的人生哲学，是建立在看透世间万物生死规律的基础上。在明了了生死的本质，明了了人生的意义，明了了所谓名利的本质之后，人生的意义就在于“不违自然之所好”。也只有这样，才能不浪费有限的时间。他认为杨朱的主张确是“众意所惊”，杨朱的“这种随遇而安，安时处顺的态度，也可以算得一个‘真人’了”。

（3）对杨朱名实学说的论述

“名”与“实”的问题，正如陈此生所说，先秦各家都有所涉及。陈此生认为，老子、孔子的名实论虽然深刻，但没有把名与实对举出来。墨子则用实来驳斥当时君子只顾名而不顾实这种弃本逐末的行为。他指出：“老子无知无欲，复归于无名之朴。孔子起而反对，提出正名主义，要利用‘名’去审别是非利害。但后来的人，因为受老孔学说的影响把‘名’看得太重了，以至社会上成了竟虚名而不求实际的风气。所以墨家之论名实，反复申明名实之相连关系，意欲世人不可徒有其名而无其实也。后起的学者得了墨子尚实的暗示，所以会酿成杨朱这一派的名实论。”陈此生认为杨朱名实论的产生是来源于墨子的暗示。就此而推论，杨朱对名实的基本观点也应与墨子学说有关。而据陈此生看来，杨朱的名实论又偏向于重实的一面。所以，杨朱否认“名”，只重实。

所谓“实”，就是事物本身，它是不变的，本来没有什么名义。“名”是活动的，不是一定不变的。对于“实”而言，无论给予它什么样的“名”，他的本质都不会发生变化。对于“名”而言，都是后人所强加于“实”之上的，“名猪曰狗，或名狗曰猪，无不可以尽如人意，但实际上猪还是猪，狗还是狗”。所以，“名”与“实”是没有绝对关系的。这即是杨朱所说的“实无名，名无实”。陈此生认为，杨朱的根本观点是否认“名”的存在，注重“实”的感受。也就是说，摒弃一切的虚名，注重内在的本质，实践“不违自然所好”这个根本观念，从而达到不为外物所累的超然状态。

（4）对杨朱政治思想的解读

对于杨朱的政治论，也自然离不开“为我”的观念。陈此生认为，杨朱所谓“损一毫利天下不与也”的论断是一种创见，而且是“政治论中很彻底的见解”。因为人是社会组织中的一分子，社会的运行发展完全是由各个分子的运作而完成的。而个人的素质修养，又是社会是否动荡的决定因素。他认为，不能自立的人，亦即不能独立完成自我人格的人，他们所走的道路不外两种：一是不正当的行为，二是依附别人。第一种不正当的行为，当然使社会动荡不安，自不待言。而第二种依附别人的行为，也是如此。“既依附于人，则不能不受所依附者的支配，既受支配，则不公平之事随即发见；然而社会上之纠纷，强半由于争不平而已”。这也就是前面所说的“制命于外”。如果一个人能做到完善自我人格，不依附于别人，那么天下就没有不平了。他认为杨朱“损一毫”的观点是让人人都能够自立，如果人人都自立了，就不存在依附关系，也就没有受限制的现象存在。他总结说：“总而言之，杨朱政治论的全部精神，不外要养成人人的自立，以组织纯正自治的社会。绝对不许有丝毫的干涉意味。在他的思想，以为利人就是干涉人，即是不道德的行为；盖世界上利人之人，实不异破坏别人自立之人也。虽然，想达‘到人人不必损其一毫，人人不必做利天下之事’的境界，自非人人努力向上不可。”所以，杨朱的政治论，也还是主张“合于人心”，也即是“为我”。

综上所述，陈此生以“为我”为杨朱的根本思想。他把“为我”放在整个人类的大背景之下考察。认为杨朱所说的“为我”，并非一般人所认为的自私自利行为，而是在看透事物本质的基础上所达到的一种超然状态，用庄子的话说就是“物物而不物于物”，所以，陈此生说，“为我的真义是自爱的，自重的，自立的，合理的行为”。基于此，他认为杨朱学说的特点是“求真”，而对于事物本体的注重，正说明了这个特点，杨朱的人生哲学就是达到“物物而不物于物”的状态。人是群体动物，而群体的组成又离不开个体的参与。以“为我”为基础，应该先完善自我，群体自然就会不治而自安。陈此生的这种解读是对杨朱学说的全新阐释，他将杨朱思想界定在“为我”的观念之下，又将“为我”扩大为全人类的共同本质，并在这个观念引导下，对杨朱思想逐一阐释。

（5）孙道升的《杨朱的著作及其学派考》

孙道升（1908-1955），亦名等高，字思管，河南省武陟县人。清华大学哲学系毕业，获文学学士学位，《晨报社·思辩画刊》编辑，1938 年 7 月任汉口市政府秘书， 1943 年 8 月至 11 月任陕西教育厅编审室编审主任外，1945 年 8 月在西北大学任教，直至去世。主要著作有《矛盾律与辩证法》、《五十年来之中国哲学》，另有铅印讲义《中国上古哲学之发展》，油印讲义《普通心理学讲录》、《哲学概论讲录》、《伦理学讲录》及手稿本《五十年来中国伦理思想之革命》、《孔子哲学》、《中国中古哲学史》、《孔子哲学研究》（未完）、《心电感应论》、《电波心理》等。

《杨朱的著作及其学派考》一书，是孙道升专门讨论杨朱有无及其师传情况的专著。他曾在1935年至1936年《正风半月刊》上以《先秦杨朱学派》为题，先后发表十篇文章讨论杨朱学派的问题，这部著作可以说是他对杨朱研究的进一步深化。他将《墨子》中《大取》、《小取》两篇看作杨朱学派的代表作品，并肯定其为研究杨朱的真实史料，且从此出发来探讨杨朱思想。他对杨朱的讨论主要分为三个层面：一是确定《大取》、《小取》两篇为杨朱残存著作，二是考定杨朱思想的后学派系，三是肯定杨朱思想在历史上的价值及影响。

确定《墨子》中《大取》、《小取》两篇为杨朱残存著作。孙道升将以往杨朱研究概括为三类：一是根本否认杨朱及其学派之存在，以蔡元培为代表；二是绝对承认杨朱及其学说重要性，以高亨为代表；三是历史上存在杨朱及其学派，但不占重要地位。他又将这一派分为两类：一是认为杨朱为道家一派，以顾实为代表，二是认为杨朱只是战国时期一位顺世的高士，以冯友兰为代表。孙道升认为，无论是顾实还是冯友兰，都属于调和一派。他认为，这一派“虽然态度慎重，持论谨严，只是未能尽合事实，结果仍不过在原问题上再加一重迷雾罢了。”在孙道升看来，这三派都没有反映出杨朱学派的实质精神。绝对肯定与绝对否定两派走了两个极端，而第三派虽然采取了折中的办法，仍然没有走出迷雾，还杨朱一个公道。实际上，孙道升批评前三派的不足之处，主要着重否定他们所据的材料，他则注重以《墨子》中《大取》、《小取》两篇为材料依据。他对杨朱及其学派持肯定态度，理由有三：

《孟子》、《庄子》、《淮南子》、《吕览》等书中对杨朱及其思想的客观描述，孟子以后的诸子思想有许多都取自杨朱，《大取》、《小取》两篇实为杨朱残卷。他将杨朱看作战国时期一个独立的派别，充分肯定其在战国时的影响，不认为他是道家后裔，更不赞同他是一位顺世的高士。对于《大取》、《小取》篇，他列举出十条理由来说明其为杨朱残卷。对于这十条理由的推证过程可参看原作，这里不再一一解释。需要注意的是，在证明《大取》、《小取》为杨朱残卷之后，孙道升又从中理出了一个杨朱思想的哲学体系。他根据《庄子》、《孟子》等书中对杨朱的描述，将其思想体系分为消极与积极两个方面。消极方面主要表现为反对儒墨思想，积极方面主要在为我主义与坚白同异之辩两个方面，孙道升分别称其为伦理与论理。他认为，《大取》、《小取》两篇的思想架构与此相同。消极方面，他举出七点：总评儒墨，非难尊天，反对右鬼，批驳尚贤，訾议尚同，攻击兼爱，否定非命。除第一条外，其他六条直指墨家要害，显系与墨家思想不同。积极方面，从伦理上来讲，孙道升认为杨朱的为我思想主要分为三点：一是为我的证明，二是为我的原则，三是为我的方法。对于杨朱为我的证明，他举《大取》中“诸陈执既有所为”一段话为例来说明杨朱对为我说的证明过程。孙道升认为，这段话的实际意思是在证明“凡表现的一切竞争，尽有所为。因有所为，而我才去竞争”这个事实。孙道升认为，“杨朱是以人民的竞争去证明人民的为我”，这便是杨朱对为我学说的证明过程。孙道升认为杨朱为我主义的原则有两条：一是自我中心论，二是利之中取大，害之中取小。对于杨朱为我的方法，孙氏认为有主动与被动两个，分别名为“取”与“执”。而对于论理方面的思想，主要表现为三点：

尚异主义，坚白论，辩的目的与形式。简单来讲，杨朱在尚异主义的主要表现是只承认有个体，不承认有种类。他的坚白论是以其尚异为基础的。“自然界既只有个体，既只有殊象，则当然此与彼异，甲与乙殊，一切的一切都是分离独立的”。对于杨朱辩的目的与形式，孙道升认为杨朱是以坚白同异之辩为工具，来证明其伦理思想。据此，孙道升认为《墨子》中《大取》、《小取》两篇内容是杨朱著作残卷。基于对这两篇文章的分析，他肯定了杨朱及其思想的价值，认为杨朱对思想界有两大贡献：否认上帝，发现自我。

对杨朱后学派系的讨论。据孙道升考证，明显为杨朱后学的有告子、巫马子、孟季子、子华子、詹子、魏牟、田巴、兒说、公孙龙九人。《孟子》有《告子》上、下二篇，其中记载了告子与孟子的辩论。孙道升将告子的思想归纳为四点：性论，仁内义外说、自我中心论、修养术。他认为，“生之谓性”一语是告子性论的中心议题。“生指生理作用，性是生理作用的别名。生与性只是同实而异名。”孙道升认为，告子所说的性并非中国传统意义上性的概念。中国传统意义上的性相当于西方所讲的天性或理性，而告子所讲的性则是性质的意思，是个体所具有的不同特性。这样，对性的讨论就被纳入到整体与个体的范畴之内。由于杨朱主张张扬个性，告子的这一主张很自然地就与其相暗合。所谓仁内义外说，在孙道升看来并非是“仁根于先天的内心，义根于后天的外作”，而应解作“所谓仁内，只是说仁是内向的；所谓义外，只是说义是外向的”。这就把仁义与性分开，仁义不再是人性中固有的东西，而是性的附属，可有可无。而性则独立出来，成为人真正的主宰。告子的自我中心论，可视为对杨朱为我说的进一步深化。而他的修养论，孙道升认为是不动心。通过这四个方面的分析，孙道升认为告子属杨朱学派中的论理派，是杨朱的及门弟子。

巫马子同告子一样，没有资料流传下来，只有《墨子》中保留了他的一些相关言论。孙诒让怀疑巫马子为孔子的弟子巫马期，是儒者。孙道升否认这个观点，他把巫马子看作巫马期的后人，不是儒者，而是杨朱后学。对此，他举出六条例证来说明巫马子为杨朱后学：反对墨子右鬼说，与杨朱相同；反对墨子尚贤说，与杨朱相同；反对墨子兼爱，与杨朱相同；拔一毛而利天下不为，宗杨朱说；以自我为中心，与杨朱相同；以孟子说为依据，既然巫马子不是儒家，又反对墨家，则必定是杨朱后学。孙道升将巫马子的思想概括为两点：自我中心的伦理论，自私自利的为我论。其实，这两点可以合并为一点，即以自我为中心来确定与自己有关的周围一切事物。孙道升认为，巫马子属于杨朱后学中自私自利的一派。以下七人，除子华子、公孙龙子资料较为丰富且有著作传世外，其他五人均资料匮乏，只存只言片语散见于其他子书中。对于这五人的讨论，这里不再多说，可参看孙道升原书。这里需要对子华子与公孙龙子两人做一说明。

子华子，据称名程本，晋国人，今存《子华子》十卷，《汉书·艺文志》未见著录。宋濂《子华子辩》列出了此书“四不可知”，认定其为伪书，后世学者也多持肯定态度。需要指出的是，被认为伪书的《子华子》，是存世的十卷本，而并非否定子华子其人的存在以及先秦时期存在古本《子华子》一书。四库馆臣认为，程本名见于《孔子家语》，而子华子名见于《列子》，他们并非一人。《吕氏春秋》引子华子语，则先秦时确有《子华子》一书，惜刘向时书已亡佚，传世本《子华子》十卷为后人伪作。书中所体现出来的思想也混杂不一，大体与道家相近，主张全生。因此，后世也有专门将子华子思想作为医学养生思想来讨论的专著。对于子华子的思想，孙道升列举《庄子》、《吕氏春秋》等书中的记载，从身重于天下、诡辩论、全生、正性是喜四个角度论证其与杨朱思想相同，为杨朱后学。

相较于子华子，公孙龙的资料则比较丰富。公孙龙为战国末期赵国人，《汉书·艺文志》著录其著作十四篇，今存六篇。公孙龙的派属历来没有人的争论，人多遵循《汉书·艺文志》的观点，把他看作名家的代表性人物。尤其是他的《坚白论》与《白马论》，成为名家的代表性论断。对于公孙龙的出身，孙道升列举了五种说法：出于儒家，以郑玄为代表；出于道家，一般道士主张，后经江瑔、朱谦之、章太炎的先后提倡而盛行；出于礼官，以刘向、刘歆为代表；出自墨家说，以晋鲁胜为代表；出自杨朱说，以崔东壁为代表。孙道升认同公孙龙出于杨朱说，认为他是“杨朱学派的学者，为杨朱的再传弟子，宗杨朱的坚白论”。他认为，公孙龙的思想可以分为本体论、宇宙论、认识论、人生论四个层面。公孙龙的本体论，基于其肯定个体的原则，必定是一种多元的本体论。他的宇宙论，主张个体各自独立。对于坚白的讨论，就是他的认识论。而建立在这种个体基础上的人生论，也必然是一种极端的个人主义。因此，公孙龙的思想仍属杨朱学派。

对于杨朱在先秦时期的影响，孙道升从孟子、道家、荀子、法家、杂家五个层面论述了他们之间的关系，认为杨朱学派确实在先秦时期是一个影响较大的学术派别，各家都或多或少地接受了杨朱的思想。“孟子取杨朱的不动心，道家取杨朱的非贤，荀子取杨朱的戡天，法家取杨朱的刻薄寡恩，《吕览》取杨朱的为我贵己，《淮南子》取杨朱的全性保真。”

综上所述，孙道升在杨朱研究上另辟蹊径，脱离传统材料的束缚，以《墨子》中《大取》、《小取》两篇文章为基础，通过探讨蕴藏在这两篇文章中与杨朱思想相似之处来探讨杨朱学派的思想及影响，可以说是杨朱研究的一个新方向。但必须注意，他的这种观点是将杨朱思想局限在《大取》、《小取》两篇文章内，对杨朱后学的讨论也过于主观化。以其讨论巫马子为例，他将巫马子归入杨朱学派的一个理由是孟子“天下不归杨则归墨”的评价。孟子旨在说明当时杨墨两家势力的强大，几乎有压倒儒家的趋势。面对这样一个局面，孟子必须想方设法挽救儒家式微的现实。因此，他极力否定杨、墨两家。这并不意味着除儒、杨、墨三家之外不存在其他派别。很显然，孙道升这个论点是站不住脚的。另外，他将子华子、公孙龙子等都纳入到杨朱后学的范围内，究竟有多大的说服力，还有待进一步讨论。尽管如此，孙道升为杨朱研究开拓了一个全新的领域，将人们的眼光从传统的资料中引向了更为广阔的空间。

四 结 语

作为先秦诸子中的重要一派，杨朱显得很独特，他是在孟子的斥责声中被人“重视”起来。汉代建立了封建的大一统国家，汉武帝确立儒家正统地位，孟子辟杨朱的主张被此后历代儒者奉为圣旨。杨朱的思想逐渐消失在历史长河中。即使有人提出，也是被作为反面材料运用。千百年来，杨朱就如同在世上蒸发了一样，没有人重视他的思想。随着思想的逐渐解放，明末开始有人注意杨朱思想。钟惺《诸子琅嬛》及陈仁锡《子品金函》分别列杨子一条，首次将杨朱与先秦诸子等同看待。虽然两书中所选杨朱言论仅为数条，但却说明杨朱思想已经开始为人所正视。清代马骕及于鬯从《列子》、《孟子》、《淮南子》等书中辑录杨朱言论，汇编成册，于鬯还专门对这些资料做文字上的考订工作，这是杨朱研究的真正开始。到了民国时期，顾颉刚等人发起疑古运动，对先秦古史及著作重新讨论，杨朱也被提了出来。在这种讨论下，关于杨朱的一切问题都被重视起来。虽然这时的专著只有五部，但却代表了民国时期杨朱研究的总体倾向。他们分别从不同角度阐释自己的观点，整体研究杨朱其人及其思想。这时的一些文章还结合当时的西学思潮，对杨朱思想展开讨论，涵盖了政治、经济、哲学等多个层面。杨朱研究是在民国时期彻底打开了局面。民国时期的杨朱研究最大特点是由对杨朱其人的讨论入手，进而对他的思想及学派作深入探讨。新时期的杨朱研究虽然也涉及杨朱本人生平的讨论，但基本没有超出民国时期的讨论范围。杨朱思想研究成为新时期杨朱研究的重心。

通过以上对杨朱研究著作的梳理，可以看到，杨朱思想肯定了人的价值，是个人价值彰显的成功尝试。在新时代以人为本的思想指导下，杨朱思想还有很大的开拓空间，这也体现出杨朱思想很强的社会适应性。而对于杨朱资料的探索也尚未结束。传统讨论多以《列子》、《孟子》、《淮南子》等书中的材料为基础，而先秦其他子书中是否也存在杨朱的资料，还需进一步研究。孙道升《杨朱的著作及其学派考》一书，就将《墨子》中《大取》与《小取》两篇作为杨朱残卷来研究，这种观点自古至今还没有人提出过，也没有人对其进行研究，孙氏的研究为杨朱开辟了更为广阔的材料空间，值得注意。

综上所论，杨朱研究还有许多研究空间需要探讨与开拓。在新时代人本思想指引下，杨朱思想应该发挥其正确的指导意义，这也是杨朱研究中需要注意的一点。人提出过，也没有人对其进行研究，孙氏的研究为杨朱开辟了更为广阔的材料空间，值得注意。

附录三 《列子》研究论文目录

1. 艾约瑟：《论列子西域化人说实出波斯》，《万国公报》1891年第26期。
2. 镇　恶:《中国两大思想家列御寇驺衍之学说》,《江苏（东京）》1904年第9、10期。
3. 王国维：《列子之学说》，《教育世界》1906年第131、132期。
4. 陈三立：《读〈列子〉》，《东方杂志》1917年第14卷第9期。
5. 松　岑：《中国大思想家列御寇之学说》，《学生周刊》1971年第10期。
6. 马叙伦：《〈列子〉伪书考》，《国故月刊》1919年第1-3期。又见《古史辨》第4册。
7. 傅　铜：《〈列子〉书中之宇宙观》，《哲学杂志》1921年第1卷第2期。
8. 郭绍虞：《〈列子〉书中的怀疑主义》，《民铎杂志》1923年第4卷第1期。
9. 陈文波：《伪造〈列子〉者之一证》，《清华学报》1924年第1期。又见《古史辨》第4册。
10. 唐懋读：《列子·汤问篇》，《民彝杂志》1927年第3期。
11. 张亦同：《关于列子》，《晨报·副刊》（北平）1928年第78期。
12. 王重民：《〈列子〉校释》，《北平图书馆月刊》1929年第2卷第6期、第3卷第1—2期。
13. 刘清于：《〈列子〉伪书考》，《天籁季刊》1930年第19

卷第 2 期。

14. 陈黼宸：《列子通论》，《归纳》1933 年 11 月第 2 期。

15. 胡怀琛：《<列子>张湛注补正》，《大陆》（上海南京书店）1934 年 2 月第 2 卷第 8 期。

16. 胡　通：《读列子蕉鹿梦》，《学生文艺丛刊》1934 年第 7 卷第 2 期。

17. 张怀民：《列子札记》，《国专月刊》1935 年 4 月第 1 卷第 2、3、4 期。

18. 颜昌峣：《读<列子>》，《船山学刊》1933 年第 10 期。

19. 李源登：《<列子>与张湛注》，《图书集刊》1943 年 12 月第 5 期。

20. 王叔岷：《列子与庄子》，《中央日报》1947 年 8 月 4 日。

21. 汪儒静：《<列子>伪书考》，《中央日报》1947 年 11 月 7 日。

22. 岑仲勉：《<列子>非晋人伪作》，《东方杂志》1948 年 1 月第 44 卷第 1 期。

23. 单演一：《庄子中之列子》，《凯旋》1948 年第 32 期。

24. 杨伯峻：《从汉语史的角度来鉴定中国古籍写作年代的一个实例——<列子>著述年代考》，《新建设》1956 年 7 月号。

25. 孟乃昌：《<列子·汤问>的自然哲学意义》，《光明日报》1964 年 1 月 17 日。

26. 谭家健、李淑琴：《“杞人忧天”与宇宙问题的争论》，《天津师院学报》1978 年第 1 期。

27. 谭家健、李淑琴：《<列子>的宇宙论》，《辽宁大学学报》（哲学社会科学版）1978 年第 4 期。

28. 蔡国黄：《<愚公移山>“惧其不已也” 释义商榷》，《宁波师专学报》1979 年第 2 期。

29. 龚　杰：《驭天·无鬼·非圣——评〈列子〉一书的基本思想》，《人文杂志》1980 年第 2 期。
30. 刘　禾：《从语言的运用上看〈列子〉是伪书》，《东北师大学报》1980 年第 3 期。
31. 汤用彤：《贵无之学（下）——道安和张湛》，《哲学研究》1980 年第 7 期。
32. 陈连庆：《〈列子〉与佛经的因袭关系》，《社会科学战线》1981 年第 1 期。
33. 杨伯峻：《〈列子〉宇宙论的科学因素》，《求索》1982 年第 2 期。
34. 振　亚：《从语言的运用角度对〈列子〉是托古伪书的论证》，《四川师院学报》（哲学社会科学版）1982 年第 2 期。
35. 夏　时：《略述〈列子〉的一些自然科学观点》，《宁夏大学学报》（社会科学版）1984 年第 4 期。
36. 戴小实：《〈列子〉寓言故事的艺术》，《扬州师院学报》（社会科学版）1985 年第 3 期。
37. 牟钟鉴：《对〈列子〉的再考辨与再评价》，《文史哲》1986 年第 5 期。
38. 夏时试：《释〈列子〉1 → 7 → 9 → 1 宇宙理论》，《咸宁师专学报》1987 年第 1 期。
39. 丁怀轸、丁怀超：《张湛与魏晋玄学的终结》，《苏州大学学报》（哲学社会科学版）1987 年第 2 期。
40. 罗　漫：《〈列子〉不伪和当代辨伪学的新思维》，《贵州社会科学》1989 年第 2 期。
41. 王　乙：《唐寅诗与〈列子〉享乐主义》，《昆明师专学报》（哲学社会科学版）1989 年第 3 期。
42. 马　达：《火浣布·皇子·魏文帝——兼论〈列子〉非魏人所作》，

《衡阳师专学报》（社会科学版）1990 年第 4 期。
43. 金克木：《“道、理”•＜列子＞》，《读书》1990 年第 5 期。
44. 李养正：《论道教义理与＜列子＞》，《中国道教》1991 年第 2 期。
45. 王青邨：《＜列子＞非理性思想的批判》，《西北师大学报》（社会科学版）1991 年第 2 期。
46. 陈建初：《＜列子＞反义词综论》，《古汉语研究》1991 年第 4 期。
47. 傅正谷：《＜列子＞梦理论与梦寓言述评》，《贵州社会科学》1991 年第 10 期。
48. 许抗生：《＜列子＞考辨》，《道家文化研究》第一辑 1991 年 8 月上海古籍出版社。
49. 刘明华：《善哉虚无缥缈间庄子•列子“笨拙的童话”》，《殷都学刊》1993 年第 1 期。
50. 王强模：《＜列子＞的学术价值》，《贵州大学学报》1993 年第 3 期。
51. 王兴尚：《论＜列子＞的生命哲学及其对古典道家思想的扬弃》，《宝鸡文理学院学报》（哲学社会科学版）1993 年第 4 期。
52. 陈绍燕：《论列御寇》，《文史哲》1993 年第 5 期。
53. 章沧授：《＜列子＞散文多面观》，《安庆师范学院学报》1994 年第 2 期。
54. 陈鼓应：《论＜老子＞晚出说在考证方法上常见的谬误——兼论＜列子＞非伪书》，《道家文化研究》第四辑 1994 年 3 月上海古籍出版社。
55. 胡家聪：《从刘向的叙录看＜列子＞并非伪书》，《道家文化研究》第六辑 1995 年 3 月上海古籍出版社。
56. 马　达：《〈列子〉“辨伪文字辑略”匡正》，《衡阳师专学报》（社会科学版）1995 年第 2 期。
57. 马振亚：《〈列子〉中关于称数法的运用——兼论〈列子〉的成书年代》，《东北师大学报》（哲学社会科学版）1995 年第 2 期。
58. 马振亚：《从词的运用上揭示〈列子〉伪书的真面目》，《吉林大学社会科学学报》1995 年第 6 期。
59. 马　达：《魏文不信火浣布〈列子〉真伪》，《常州工业技术学院学报》（社会科学版）1995 年 11 月第 8 卷第 3 期。
60. 郭　忠：《从列子学道谈气功之调心》，《气功》1995 年第 10 期。
61. 李若晖：《列子语词柬释》，《古汉语研究》1996 年第 1 期。
62. 马　达：《从汉语史的角度论述〈列子〉非魏晋人伪作》，《枣庄师专学报》1996 年第 2、4 期。
63. 陈德安：《〈列子〉的世界观与人生观教育》，《雁北师院学报》（文科版）1996 年第 4 期。
64. 马　达：《对清代关于〈列子〉辨伪的匡正》，《衡阳师专学报》（社科版）1996 年第 5 期
65. 马　达：《〈仲尼篇〉言西方圣人与〈列子〉真伪》，《常州工业技术学院学报》（社会科学版）1996 年 11 月第 9 卷第 3 期。
66. 王寒松：《列子的神学思想》，《中国天主教》1996 年第 4 期。
67. 陈广忠：《为张湛辨诬——〈列子〉非伪书考之一》，《道家文化研究》第十辑 1996 年 8 月上海古籍出版社。
68. 陈广忠：《〈列子〉三辨——〈列子〉非伪书考之二》，《道家文化研究》第十辑 1996 年 8 月上海古籍出版社。
69. 陈广忠：《从古词语看〈列子〉非伪——〈列子〉非伪书考之三》，《道家文化研究》第十辑 1996 年 8 月上海古籍出版社。

70. 李若晖：《〈列子·天瑞〉篇索引》，《古籍整理研究学刊》1997 年第 1 期。
71. 李若晖：《列子语词札记》，《武陵学刊》1997 年第 1 期。
72. 马　达：《论〈列子〉非张湛所伪作》，《湖南教育学院学报》1997 年 2 月第 15 卷第 1 期。
73. 马　达：《〈列子〉与〈周易乾凿度〉——马叙伦〈列子伪书考〉匡正之一》，《常州工业技术学院学报》（社会科学版）1997 年 3 月第 10 卷第 1 期。
74. 马　达：《论〈列子〉书先于〈吕氏春秋〉——马叙伦〈列子伪书考〉匡正之一》，《张家口师专学报》（社会科学版）1997 年第 2 期。
75. 彭自强：《〈列子〉的名实观》，《西南师范大学学报》（哲学社会科学版）1997 年第 5 期。
76. 马　达：《论〈列子〉书先于〈淮南子〉——马叙伦〈列子伪书考〉匡正之一》，《常州工业技术学院学报》（社会科学版）1997 年 11 月第 10 卷第 3 卷。
77. 马　达：《张湛〈列子注〉与〈列子〉在义理上的矛盾》，《北方工业大学学报》1997 年 12 月第 9 卷第 4 期。
78. 马　达：《“儒生之名”与“颜渊之寿”考异——马叙伦〈列子伪书考〉匡正二题》，《张家口师专学报》（社会科学版）1998 年第 1 期。
79. 马良怀：《张湛对人生的思考》，《华中师范大学学报》（人文社会科学版）1998 年第 37 卷第 1 期。
80. 谭家健：《〈列子〉书中的先秦诸子》，《管子学刊》1998 年第 2 期。

81. 田永胜：《论〈列子注〉与张湛思想》，《哲学研究》1999年第1期。

82. 谭家健：《〈列子〉的理想世界》，《中国文学研究》1999年第3期。

83. 胡家聪：《〈列子·天瑞〉中"天、地、人"一体的常生常化论——兼论列子学系稷下黄老学之先导》，《道家文化研究》第十五辑1999年3月三联书店。

84. [斯洛文尼亚] 玛亚：《从〈列子〉的生死观谈起》，《道家文化研究》第十五辑1999年3月三联书店。

85. 胡家聪：《〈列子〉是早期的道家黄老学著作——兼论稷下黄老学之兴起高潮》，《管子学刊》1999年第4期。

86. 张文江：《〈管锥编·列子张湛注〉解读》，《学术月刊》1999年第12期

87. 马　达：《刘向〈列子叙录〉非伪书》，《河南大学学报》（社会科学版）2000年1月第40卷第1期。

88. 马　达：《从寓言文学史的角度论证〈列子〉非魏晋人伪作》，《常州工学院学报》2000年9月第13卷第3期。

89. 白振有：《〈列子〉疑问句的疑问标记》，《延安大学学报》（社会科学版）2000年12月第22卷第4期。

90. 黄春平：《〈列子释文〉特殊音切说略》，《三峡大学学报》（人文社会科学版）2001年5月第23卷第3期。

91. 李季林：《列子"贵虚"的人生哲学》，《江淮论坛》2000年第6期。

92. 沈善增：《"子列子"的含意——"古文嚼字"之一》，《咬文嚼字》2000年第11期。

93. 沈善增：《"嫁"中饱含屈辱味——"古文嚼字"之二》，

《咬文嚼字》2000 年第 12 期。
94. 戴建平：《＜列子＞自然观初探》，《中国道教》2002 年第 1 期。
95. 戴吾三：《＜列子＞三则寓言体现的古代技术观念》，《科学技术与辩证法》2002 年第 19 卷第 2 期。
96. 杨思范：《敦煌本＜列子注＞考》，《文献》2002 年 7 月第 3 期。
97. [韩] 权光镐：《从语言文字方面看＜列子＞真伪问题——对《列子》是魏晋人伪作观点的质疑》，《山西大学学报》（哲学社会科学版）2002 年 8 月第 25 卷第 4 期。
98. 李若晖：《＜列子释文＞反切考》，《语言研究》2003 年 3 月第 23 卷第 1 期。
99. 黄春平：《殷敬顺＜列子释文＞直音例释》，《三峡大学学报》（人文社会科学版）2003 年 7 月第 25 卷第 5 期
100. 管宗昌：《＜列子＞中无佛家思想——＜列子＞非伪书证据之一》，《大连民族学院学报》2004 年 3 月第 6 卷第 2 期。
101. 杨漪柳：《论＜列子＞对＜庄子＞寓言的应用》，《四川师范大学学报》（社会科学版）2004 年 7 月第 31 卷第 4 期。
102. 祁志祥：《＜列子＞美学无欲与纵欲的杂烩》，《三峡大学学报》（人文社会科学版）2004 年 7 月第 26 卷第 4 期。
103. 王晓毅：《张湛家世生平与所著＜列子注＞》，《东岳论丛》2004 年 11 月考第 25 卷第 6 期。
104. 梅香生：《列子学射的启示》，《汽车运用》2004 年第 5 期。
105. 詹福瑞：《庄子与＜列子＞生命观异同论》，《哲学研究》2005 年第 3 期。
106. 袁济喜：《＜列子＞与六朝文士的演生》，《中国人民大

学学报》2005 年第 6 期。

107. 王晓毅：《张湛玄学的理论创建》，《哲学研究》2005 年第 11 期。

108. 张朝阳：《〈列子〉寓言与古代机器人》，《黑龙江教育学院学报》2005 年第 24 卷第 6 期。

109. 葛刚岩、张春红：《〈列子〉与佛教文化的早期传播》，《图书与情报》2006 年第 2 期。

110. 杨小卫：《〈列子释文〉声类考》，《湖北师范学院学报》（哲学社会科学版）2006 年第 26 卷第 2 期。

111. 管宗昌、杨秀兰：《〈列子〉研究综述》，《大连民族学院学报》2006 年第 2 期。

112. 庄庭兰、刘晓东：《张湛〈列子注〉玄学论略》，《山东师范大学学报》2006 年第 51 卷第 3 期。

113. 白娴棠：《列子的道德教育思想》，《名作欣赏》2006 年第 3 期。

114. 管宗昌：《〈列子〉伪书说述评》，《古籍整理研究学刊》2006 年第 5 期。

115. 蒙诗兴：《〈列子〉中“蘭”“ 住”“憾”的用法与意义辨正——兼与马振亚先生商榷》，《呼伦贝尔学院学报》2006 年第 14 卷第 5 期。

116. 王利锁：《〈庄子〉、〈列子〉重出寓言故事辩议——以〈庄子〉〈列子〉之先后为核心进行考察》，《河南社会科学》2007 年第 15 卷第 1 期。

117. 范春媛：《试论〈列子〉在中古汉语词汇史研究上的语料价值》，《遵义师范学院学报》2007 年第 9 卷第 1 期。

118. 程水金、冯一鸣：《〈列子〉考辨述评与〈列子〉伪书新证》，《中国哲学史》2007 年第 2 期。

119. 包佳道：《〈列子〉生态伦理思想与构建社会主义和谐社会》，《内蒙古农业大学学报》（社会科学版）2007 年第 9 卷第 3 期。
120. 张永伟、王丹：《列子“法自然”的德育思想》，《沧桑》2007 年第 5 期。
121. 李俊论：《〈列子释文〉的版本意义》，《文教资料》2007 年 12 月。
122. 刘克明：《〈列子〉中对于投影的认识及其图学价值》，《湖北工业大学学报》2007 年 12 月第 22 卷第 6 期。
123. 李　俊：《张湛重编〈列子〉考》，《江苏广播电视大学学报》2008 年 1 月第 1 卷第 19 期。
124. 李春艳：《列子其人其书真伪之我见》，《白城师范学院学报》2008 年 2 月第 22 卷第 1 期。
125. 李新市：《〈列子〉“今世”观新解》，《天府新论》2008 年第 1 期。
126. 王光照、卞鲁晓：《张湛〈列子注〉之佛教“无常”意》，《广西社会科学》2008 年第 2 期。
127. 王　琪：《〈列子·天瑞〉中“子列子”与“嫁”的含义辨析》，《陕西理工学院学报》（社会科学版）2008 年第 26 卷第 4 期。
128. 葛刚岩：《〈列子·汤问〉“皇子”补说》，《文献》2009 年第 1 期。
129. 王　东：《从词汇角度看〈列子〉的成书时代补证》，《古汉语研究》2009 年第 1 期。
130 杨小卫：《〈列子释文〉音系研究》，《黄冈师范学院学报》2009 年第 29 卷第 1 期。

131. 张　琼：《〈列子〉连词性结构研究》，《安徽文学》2009年第2期。

132. 安　东：《刘向〈列子叙录〉真伪考辨》，《井冈山学院学报》2009年第30卷第3期。

133. 马振方：《〈列子〉寓言文体辨析》，《北京大学学报》（哲学社会科学版）2009年第46卷第5期。

134. 张传真：《〈列子〉支配式复音词初探》，《宜春学院学报》2009年第31卷第5期。

135. 王东、罗明月：《〈列子〉撰写时代考——从词汇史角度所作的几点补证》，《西安交通大学学报》（社会科学版）2009年第10卷第6期。

136. 陈亚琳：《谈〈列子〉为魏晋时伪书》，《安徽文学》2009年第6期。

137. 程　璇：《浅析〈列子〉中“然”字的用法》，《安徽文学》2009年第7期。

138. 管宗昌：《〈列子〉与〈庄子〉叙述特征的差异及两书的先后关系——从两书近同文字的比较说起》，《古籍整理与研究学刊》2010年第1期。

139. 苗守艳：《〈列子〉心理动词意义分析研究》，《河北广播电视大学学报》2010年第15卷第2期。

140. 袁　演：《〈列子〉寓言的叙事分析》，《江西社会科学》2010年8月。

141. 葛刚岩：《〈列子〉佛教故事与文化传播的反思》，《江西师范大学学报》（哲学社会科学版）2010年第43卷第6期。

142. 卞鲁晓：《“太虚”与“涅槃”〈列子注〉融庄佛之人生境界》，《淮南师范学院学报》2011年第13卷第1期。

143. 卞鲁晓：体认当下，且趣今生——〈列子〉务实的人生观》，《枣庄学院学报》2011 年第 28 卷第 1 期。
144. 卞鲁晓：《觉有八徵，梦有六候——〈列子〉意识观探析》，《商洛学院学报》2011 年第 25 卷第 1 期。
145. 徐曼曼、王毅力：《从词汇史看〈列子〉的成书年代补略》，《西南交通大学学报》（社会科学版）2011 年第 12 卷第 2 期。
146. 张岱年、杜运辉：《关于列子》，《中国哲学史》2011 年第 2 期。
147. 张春红：《〈列子〉佛教故事与文化传播的学术反思》，《图书与情报》2011 年第 3 期。
148. 孔德凌：《〈冲虚至德真经四解〉校勘记》，《图书馆理论与实践》2011 年第 10 期。
149. 刘林鹰：《〈列子〉抄袭佛经论三个硬据之驳议》，《文史博览》（理论）2011 年 4 月。
150. 单　辉：《列子“御风而行”新解》，《名作欣赏》2012 年第 29 期。
151. 左福生：《内观、自忘、安时与纵欲式——兼论〈列子〉一书的真伪问题》，《重庆师范大学学报》（哲学社会科学版）2002 年第 3 期。
152. 苏　振：《生死之思——〈庄子〉与〈列子〉关于生死之思的比较》，《北方文学》2012 年第 3 期。
153. 巩玲玲：《从年龄称数法探微〈列子〉的真伪》，《齐齐哈尔大学学报》（哲学社会科学版）2013 年第 3 期。
154. 姜秉熙：《〈列子〉“道”论辨析》，《河北学刊》2013 年第 33 卷第 3 期。

155. 杨田春：《论〈列子〉中的孔子形象及其成因》，《西南农业大学学报》（社会科学版）2013 年第 11 卷第 6 期。
156. 郑宜青：《张湛〈列子注〉与〈列子〉思想关系之研究》，台湾政治大学 2000 硕士论文。
157. 周美吟：张湛《列子注》研究》，台湾师范大学 2002 年博士学位论文。
158. 郭剑锋：《〈列子〉辨伪问题之再考察》，香港中文大学 2002 年硕士学位论文。
159. 蔡政翰：《列子生命哲学研究》，高雄师范大学 2003 年硕士学位论文。
160. 刘昆笛：《〈列子〉的人生哲学》，安徽大学 2006 年硕士学位论文。
161. 王美华：《〈列子〉同义词研究》，曲阜师范大学 2006 年硕士学位论文。
162. 邹金霞：《东晋张湛玄学思想探微——以〈列子〉与〈列子注〉比较为例》，山东大学 2006 年硕士学位论文。
163. 林秀香：《〈庄〉〈列〉思想比较研究》，高雄师范大学 2006 年博士学位论文。
164. 高其伦：《〈列子〉寓言类编与研究》，河北师范大学 2007 年硕士学位论文。
165. 范贤权：《〈列子〉文本研究》，山东师范大学 2007 年硕士学位论文。
166. 秦　莉：《以寓言为隐喻〈列子〉认知方式和表达方式研究》，华中师范大学 2007 年硕士学位论文。
167. 林俊雄：《张湛、卢重玄〈列子〉诠释研究》，厦门大学 2008 年博士学位论文。

168. 李　俊：《〈列子〉研究三题》，南京师范大学 2008 年硕士学位论文。

169. 卞鲁晓：《参同佛玄论贵虚——张湛〈列子注〉思想研究》，中国科学技术大学 2008 年硕士学位论文。

170. 晋　娜：《张湛〈列子注〉与魏晋玄学》，天津大学 2008 年硕士学位论文。

171. 褚薇薇：《张湛及〈列子注〉研究》，山东师范大学 2009 年硕士学位论文。

172. 吴万和：《从词汇语法角度考辨〈列子〉伪书实质》，江西师范大学 2009 年硕士学位论文。

173. 杨学东：《〈列子〉寓言研究》，西藏民族学院 2009 年硕士学位论文。

174. 安　东：《〈列子〉文本考辨及其价值研究》，曲阜师范大学 2010 年硕士学位论文。

175. 孙淑营：《〈列子〉介词研究》，辽宁师范大学 2010 年硕士学位论文。

附杨朱研究论文：

1. 黄　天：《杨朱学说之改造》，《觉民》1904 年第 9、10 期。

2. 傅　铜：《杨朱与庄周二人乎抑一人乎》，《哲学》1921 年第 4 期。

3. 郑宾于：《杨朱传略》，《北京大学研究所哲学门周刊》1925 年第 5 期。又见《古史辨》第 4 册。

4. 郭绍虞：《杨朱和〈杨朱篇〉的考证》，《民铎杂志》1923 年第 4 卷第 3 期。

5. 遂　如：《杨朱的有无及〈杨朱篇〉的真伪之研究》，《东方杂志》1923 年第 20 卷第 15 期。

6. 吴　溥：《杨朱之人生观》，《学灯》（上海《时事新报》副刊），1923 年 9 月 11 日。

7. 唐　钺：《杨朱考》，《东方杂志》1925 年 3 月第 22 卷第 5 期。又见《古史辨》第 4 册。

8. 唐　钺：《杨朱考补证》，《东方杂志》1925 年 8 月第 22 卷第 16 期。又见《古史辨》第 4 册。

9. 唐　钺：《杨朱考再补》，《北京大学研究所哲学门月刊》1926 年 11 月（新）第 1 卷第 2 期。又见《古史辨》第 4 册。

10. 黄文弼：《杨朱为战国时人》，杨朱不是庄周考，《中大季刊》1926 年第 1 卷第 1 期。又见《哲学月刊》1929 年 6 月第 2 卷第 1 期。

11. 小　工：《杨朱与老子思想上之关系及异同》，《新晨报·副刊》1929 年 8 月 13、14 日。

12. 高　亨：《杨朱学派》，《重华月刊》1931 年 5 月第 1 期。又见《古史辨》第 4 册。

13. 顾　实：《杨朱哲学自序》，《中央日报·大道》1931 年 5 月第 178 期。

14. 谢　涵：《主张直接快乐主义的杨朱》，《文理》（浙大）1931 年 6 月第 2 期。

15. 冯友兰：《杨朱之学》，《清华周刊》1933 年第 39 卷第 1 期。

16. 门启明：《〈杨朱篇〉和杨子之比较研究》，《古史辨》第 4 册。

17. 蔡元培：《杨朱即庄周说》，《古史辨》第 4 册。

18. 吕思勉：《杨朱之政治哲学》，《政治学报》1933 年 5 月第 3 期。

19. 陈开瑀：《杨朱学说的鸟瞰》，《大夏期刊》1934 第 4 期。

20. 碧　溪：《杨朱学说之批判》，《广东一中》1934 年 1 月第 3 期。

21. 吴泽炎：《杨朱墨翟思想与快乐论功利论之比较》，《大夏》1934 年 5 月第 1 卷第 2 期。
22. 杨大膺：《杨朱教义与复兴中国》，《光华大学半月刊》1934 年 10 月第 3 卷第 1 期。
23. 吕振羽：《杨朱派哲学思想的发展——由杨朱到邹衍》，《中山文化教育馆季刊》1935 年 4 月第 2 卷第 2 期。
24. 石　固：《杨朱考略》，《仁爱月刊》1935 年 7 月第 1 卷第 3 期。
25. 郭土尧：《杨朱思想之辩护》，《四川大学季刊》1935 年 7 月第 1 期。
26. 孙道升：《先秦杨朱学派》，《正风半月刊》1935 年 5 月 -1936 年 1 月第 1 卷 13-24 期、第 2 卷 1 期。
27. 百　生：《伊壁鸠鲁斯与杨朱学说之比较》，《时代知识》1936 年 3 月第 1 卷第 5 期。
28. 胡有猷：《杨子哲学》，《江汉思潮》1936 年 4 月第 4 卷第 4 期。
29. 王荣曾：《杨朱传（仿孙诒让集锦墨子新传）》，《大夏周报》1936 第 11 期。
30. 孙道升：《巫马子与杨朱学派的关系》，《古史辨》第 6 册。
31. 陈伯达：《杨子哲学思想》，《群众》（上海）1940 年 5 月第 4 卷第 14 期。
32. 任湜上：《杨朱经济思想之社会的哲学的检讨》，《经济科学》1943 年第 3—4 期。
33. 徐显之：《杨朱墨翟的抗敌战争论》，《中原》1944 第 4—5 期。

34. 贺　麟：《杨墨新评》，《建国导报》1944 年 12 月第 1 卷第 14 期。
35. 王范之：《杨朱为我说发微》，《东方杂志》1946 年 10 月第 42 卷第 19 期。
36. 蒙文通：《杨朱考》，《灵岩学报》1946 年 10 月第 1 期。
37. 王范之：《关于杨朱和杨朱思想》，《光明日报》1955 年 9 月 7 日。
38. 吴　泽：《杨朱的唯物主义思想》，《华东师大学报》（人文科学版）1956 年第 1 期。
39. 吴　泽：《杨朱篇考辨》，《华东师大学报》1957 年第 2 期。
40. 吴　泽：《杨朱思想的演化与学派问题》，《学术月刊》1957 年第 8 期。
41. 舒　莘：《〈列子·杨朱篇〉享乐主义伦理学批判》，《华东师范大学学报》1965 年第 2 期。
42. 孙开太：《杨朱思想初探》，《思想战线》1978 年第 4 期。
43. 杨杰夫：《"杨子一毛"刍议》，《宝鸡师范学院学报》1980 年第 1 期。
44. 冯　韶：《杨朱考》，《学术月刊》1980 年第 11 期。
45. 冯韶、冯其源：《杨朱考补充论证》，《学术月刊》1981 年第 6 期。
46. [英] 汤普生著，苏志宏译：《杨朱——中国古代伦理学中的为我主义》，《中国哲学史研究》1983 年第 2 期。
47. 孙开太：《杨朱是庄周吗——〈杨朱考〉及其〈补充论证〉质疑》，《学术月刊》1983 年第 5 期。
48. 周国荣：《杨朱辩略》，《苏州大学学报》1983 年第 4 期。

49. 徐克谦:《杨朱思想探源》,《南京大学学报》1984年第2期。
50. [日]狩野直喜著,梁韦弦译:《孟子与杨墨》,《齐齐哈尔师范学院学报》1987年第1期。
51. 郑晓江:《<列子·杨朱篇>人生哲学探微》,《江西大学学报》(哲学社会科学版)1988年第3期。
52. 朱贻庭:《评杨朱和杨朱学派的人生哲学》,《华东师范大学学报》1988年第5期。
53. 焦国成:《杨朱学派"为我主义"辨析》,《中国人民大学学报》1989年第6期。
54. 路兆丰:《杨朱经济思想辨析》,《江淮论坛》1988年第6期。
55. 张岱年:《说"杨墨"》,《群言》1989年第9期。
56. 王海明:《个人主义辨析——杨朱、庄子、尼采、海德格尔、萨特伦理观之比较》,《北京师范大学学报》1990年第1期。
57. 柴文华:《<列子·杨朱篇>伦理思想臆评》,《学术交流》1990年第6期。
58. 陈鼓应:《杨朱轻物重生的思想——兼论<杨朱篇>非魏晋时伪托》,《江西社会科学》1990年第6期。
59. 赵 昔:《孟轲对杨朱思想的曲解》,《史学集刊》1992年第1期。
60. 李纯一:《杨朱学派"为我"学说和音乐思想》,《中国音乐学》1992年第2期。
61. 黄海德:《论杨朱思想及其与先秦诸子的关系》,《中华文化论坛》1994年第2期。
62. 冯金源:《庄周、杨朱年代考》,《齐鲁学刊》1994年第1期。
63. 李知忠:《吴虞论杨墨》,《天府新论》1995年第3期。

64. 李季林：《庄子“无己”与杨朱“贵己”的比较》，《贵州社会科学》1996 年第 1 期。
65. 王兴尚：《“儒墨杨怪圈”的结构解析》，《宝鸡文理学院学报》（人文社会科学版）1996 年第 2 期。
66. 蔡国相：《论杨朱老子学说的异同》，《锦州师范学院学报》（哲学社会科学版）1996 年第 4 期。
67. 管敏义：《杨朱学派新探》，《宁波师院学报》（社会科学版）1996 年第 18 卷第 4 期。
68. 吴　为：《杨朱失传的原因及其启示》，《社会科学战线》1996 年第 6 期。
69. 李伯聪：《杨朱学派：两千年绝学及新诠释》，《寻根》1998 年第 3 期。
70. 刘士林：《论庄子“三无”说及其与儒、墨、杨朱之关系》，《孔子研究》1999 年第 2 期。
71. 朱敦焕：《纠正钱广荣主编的〈思想道德修养教程〉中关于杨朱的错误》，《铜陵财经专科学校学报》1999 年第 2 期。
72. 王　博：《论杨朱之学》，《道家文化研究》第十五辑 1999 年 3 月三联书店。
73. 张俊相：《杨朱的“一毛”与“天下”辨》，《华夏文化》2001 年第 2 期。
74. 孙以楷：《“贵己”与“拔一毛利天下不为”》，《华夏文化》2001 年第 2 期。
75. 奚亚丽：《〈庄子〉与〈列子·杨朱〉篇人生理论再认识》，《松辽学刊》（人文社会科学版）2002 年 2 月第 1 期。
76. [韩] 权光镐：《〈列子·杨朱篇〉对杨朱“为我”思想的深化》，《广西社会科学》2002 年第 6 期。

77. 魏　静：《杨朱一派与居勒尼派伦理思想之比较》，《北京青年政治学院学报》2002 年 9 月第 11 卷第 3 期。
78. 贾占新：《论＜列子·杨朱篇＞》，《河北大学学报》（哲学社会科学版）2003 年第 28 卷第 1 期。
79. 于　霞：《杨朱“为我”思想新探》，《唐都学刊》2004 年第 20 卷第 1 期。
80. 王　臣：《杨朱思想及其当代美学价值》，《零陵学院学报》2004 年 1 月第 25 卷第 1 期。
81. 石昕晖：《杨朱和＜列子·杨朱＞的思想》，《南都学坛》（人文社会科学学报）2004 年 9 月第 24 卷第 5 期。
82. 李　波：《杨朱的“为我”思想与社会转型期信仰危机》，《河南师范大学学报》（哲学社会科学版）2004 年第 31 卷第 2 期。
83. 鲍　宇：《个体价值的高扬：杨朱思想新论》，《长江大学学报》（社会科学版）2005 年 4 月第 28 卷第 4 期。
84. 叶　杨：《论杨朱与当代中国人权建设》，《陕西省政法管理干部学院学报》2005 年 6 月第 18 卷第 2 期。
85. 饶尚宽：《杨朱论》，《新疆师范大学学报》（哲学社会科学版）2005 年第 26 卷第 4 期。
86. 张成全：《李渔养生思想与杨朱哲学》，《河南师范大学学报》（哲学社会科学版）2006 年第 33 卷第 2 期。
87. 闻　华：《读书感悟杨墨与庄周》，《华夏文化》2006 年第 2 期。
88. 张成全：《论李渔养生思想与杨朱学派养生哲学》，《河南社会科学》2006 年第 14 卷第 2 期。
89. [比利时] 戴卡琳：《“墨子和杨朱的血液在儒家的筋骨里”：

〈唐虞之道〉的中道观》，《中华文史论丛》2006 年第 4 期。
90. 鲍　宇：《杨朱学与庄学价值观辨析》，《菏泽学院学报》2006 年第 28 卷第 4 期。
91. 秦　晖：《“杨近墨远”与“为父绝君”古儒的国—家观及其演变》，《人文杂志》2006 年第 5 期。
92. 徐　华：《逆风而行——杨朱“为我”思想新论》，《安徽大学学报》（哲学社会科学版）2006 年第 30 卷第 6 期。
93. 王建敏：《杨朱学说新论》，《社会科学论坛》2006 年第 6 期。
94. 李均惠：《先秦显学之义——杨朱学说》，《文史杂志》2007 年第 6 期。
95. 李奎民：《杨朱人生哲学之诠释》，《边疆经济与文化》2007 年第 10 期。
96. 管宗昌：《从〈列子·杨朱〉看杨朱的思想》，《呼伦贝尔学院学报》2007 年第 15 卷第 6 期。
97. 李　锐：《贵己为我——杨朱的生命哲学》，《西藏民族学院学报》（哲学社会科学版）2008 年第 29 卷第 1 期。
98. 默　雷：《谁敢横私天下身——杨朱杂说》，《学习博览》2008 年第 4 期。
99. 管宗昌：《杨朱学派的名实观及文学表现》，《理论界》2008 年第 5 期。
100. 管宗昌：《杨朱学派的政治思想》，《大连民族学院学报》2008 年第 10 卷第 2 期。
101. 梁　军：《人本主义的先行者和殉道者——试析杨朱学派与人本主义的阙如及其启迪》，《西安欧亚学院学报》2008 年第 6 卷第 3 期。
102. 陈利维：《论杨朱的生存哲学》，《科技信息（学术研究）》

2008 年第 7 期。

103. 管宗昌：《论杨朱后学论辩对象的改变》，《商丘师范学院学报》2008 年第 24 卷第 8 期。

104. 马作武、沈玮玮：《杨朱思想之法律观辨析——以“一毛”与“天下”之辩为切入》，《政法月刊》2008 年第 25 卷第 4 期。

105. 黄忠晶：《“纵欲”“享乐”可能是杨朱的思想吗》，《辽东学院学报》（社会科学版）2008 年第 10 卷第 6 期。

106. 柯卫、马作武：《杨朱思想的法学解读》，《法学评论》2009 年第 3 期。

107. 寿自强、胡慧玲：《杨朱学派略论》，《黑龙江史志》2009 年第 4 期。

108. 黄忠晶：《杨朱“为我”、“贵己”思想是一种治国之道吗》，《教育与研究》2009 年第 23 卷第 5 期。

109. 王伟萍、韦燕宁：《论杨朱“为我”思想与晋人风度》，《作家杂志》2009 年第 12 期。

110. 连劭名：《杨朱学说新考》，《理论学刊》2010 年第 1 期。

111. 于家凤：《杨朱的“为我”思想分析》，《绵阳师范学院学报》2010 年第 29 卷第 10 期。

112. 王京龙：《战国时期捍卫生命之绝唱：杨朱的生命观》，《管子学刊》2011 年第 3 期。

113. 罗惜静：《杨朱伦理思想之“贵生”》，《文教资料》2011 年第 20 期。

114. 吕　帅：《“且趣当生，奚遑死后”——<列子·杨朱篇>与伊壁鸠鲁主义生死观比较》，《学理论》2011 年第 17 期。

115. 陈生玺：《读懂<列子>》，《博览群书》2012 年第 3 期。

116. 徐丽华：《杨朱及其思想研究》，《太原师范学院学报》

（社会科学版）2012 年第 11 卷第 2 期。
117. 李　楠：《杨朱思想的本质还原》，《齐齐哈尔大学学报》（哲社版）2014 年第 3 期。
118. 杨小可：《杨朱“贵己”观融入中职生人际和谐教育的研究》，《时代教育》2014 年第 10 期。
119. 葛　然：《杨朱及其思想学派研究》，东北师范大学 2008 年硕士学位论文。
120. 姜伟文：《论杨朱的人权思想》，苏州大学 2008 年硕士学位论文。

参考文献

1. 张　湛：《冲虚至德真经注》八卷，宋刊本。

2. 张　湛：《冲虚至德真经注》八卷，明嘉靖十三年顾春世德堂刊《六子书》本。

3. 马　总：《列子选》，清武英殿聚珍版书《意林》本。

4. 卢重玄：《列子注》八卷，清嘉庆八年江都秦氏石砚斋刊本。

5. 殷敬顺：《冲虚至德真经释文》二卷，明正统《道藏》本。

6. 赵　佶：《冲虚至德真经义解》六卷，明正统《道藏》本。

7. 江　遹：《冲虚至德真经解》二十卷，明正统《道藏》本。

8. 程　俱：《列子论》，《四部丛刊》影宋抄本《北山小集》。

9. 高守元：《冲虚至德真经四解》二十卷，明正统《道藏》本。

10. 林希逸：《列子鬳斋口义》二卷，元刊本。

11. 刘辰翁：《列子冲虚真经》二卷，明小筑刊《须溪九种》本。

12. 朱得之：《列子通义》八卷，明嘉靖四十四年浩然斋刊《三子通义》本。

13. 沈　津：《列子》一卷，明隆庆元年刊《百家类纂》本。

14. 谢汝韶：《列子》八卷，明万历吉藩崇德书院刊《二十家子书》本。

15. 陈　深：《列子品节》一卷，明万历间刊《诸子品节》本。

16. 陆可教 / 李廷机：《列子玄言评苑》，明刊《诸子玄言评苑》本。

17. 吴勉学：《列子》八卷，明刊《二十子全书》本。

18. 黄之寀：《列子冲虚至德真经》八卷，明刊本。

19. 孙　钅广：《列子评》八卷，明刊本。

20. 史起钦：《列子纂要》，明万历间刊《史进士新镌四子纂要》本。
21. 虞九章／王震亨：《列子》八卷，明刊本。
22. 陈仁锡：《列子奇赏》二卷，明刊《诸子奇赏》本。
23. 闵齐伋：《列子冲虚真经》八卷，明闵齐伋刊《三子合刊》套印本。
24. 施观民：《列子选》二卷，明刊本。
25. 马　骕：《列庄之学》，清康熙九年刊《绎史》本。
26. 卢文弨：《列子张湛注校正》，清乾隆间刊《抱经堂丛书》本。
27. 任大椿：《列子释文考异》，清抄本。
28. 张道绪：《列子选》四卷，清嘉庆十六年人境轩刊《文选十三种》本。
29. 汪继培：《列子参订》八卷，清嘉庆间刊《湖海楼丛书》本。
30. 俞　樾：《列子平议》，清光绪十一年刊《诸子平议》本。
31. 管礼耕：《手校宋本列子》八卷，明嘉靖十二年顾春世德堂刊《六子书》本。
32. 孙诒让：《列子札迻》，清光绪二十年刊《札迻》本。
33. 李宝淦：《列子》二卷，民国六年排印《诸子文粹》本。
34. 杨文会：《冲虚经发隐》，清光绪三十年金陵刻经处刊《杨居士遗书》本。
35. 于　鬯：《列子校书》，中华书局 1963 年《香草续校书》。
36. 陶鸿庆：《读列子札记》，中华书局 1956 年《读诸子札记》。
37. 张之纯：《列子菁华录》一卷，民国七年排印《评注诸子菁华录》本。
38. 唐敬杲：《列子选注》，民国十五年上海商务印书馆排印本。
39. 王重民：《列子校释》，民国十九年排印《西苑丛书》本。
40. 胡怀琛：《列子张湛注补正》一卷，民国十九年排印《朴学斋丛书》本。
41. 顾　实：《杨朱哲学》，民国排印本。
42. 张怀民：《列子天瑞篇新义》，民国二十六年中华国学会排印本。
43. 陈此生：《杨朱》，民国十九年上海商务印书馆排印本。
44. 贝　琪：《列子杨朱篇新解》，手稿本。
45. 周炳森：《列子笺逐》，手稿本。
46. 杨伯峻：《列子集释》八卷，中华书局 1979 年版。
47. 马叙伦：《列子伪书考》一卷，民国十三年排印《天马山房丛著》本。
48. 王叔岷：《列子补正》四卷，民国三十七年上海商务印书馆影印手稿本。
49. 左丘明：《左传》，上海古籍出版社 1997 年版。
50. 诸祖耿：《战国策集注汇考》，凤凰出版社 2008 年版。
51. 班　固：《汉书》，中华书局 1962 年版。
52. 魏徵等：《隋书》，中华书局 1973 年版。
53. 刘　昫：《旧唐书》，中华书局 1975 年版。
54. 欧阳修等：《新唐书》，中华书局 1975 年版。
55. 脱脱等：《宋史》，中华书局 1977 年版。
56. 张廷玉等：《明史》，中华书局 1974 年版。
57. 赵尔巽等：《清史稿》，中华书局 1976 年版。
58. 程颢 / 程颐：《二程集》，中华书局 2004 年版。
59. 陆九渊：《陆九渊集》，中华书局 1980 年版。
60. 周敦颐：《周敦颐集》，中华书局 2009 年版。
61. 王阳明：《王阳明全集》，上海古籍出版社 1992 年版。
62. 楼宇烈：《老子道德经注校释》，中华书局 2008 年版。

63. 朱之谦：《老子校释》，中华书局 1984 年版。
64. 王先谦：《庄子集解》，中华书局 1954 年版。
65. 郭庆藩：《庄子集释》，中华书局 2004 年版。
66. 刘宝楠：《论语正义》，中华书局 1980 年版。
67. 程树德／程俊英／蒋见元：《论语集释》，中华书局 1990 年版。
68. 王先慎：《韩非子集解》，中华书局 1998 年版。
69. 梁启雄：《荀子简释》，中华书局 1983 年版。
70. 许维遹：《吕氏春秋集释》，中华书局 2009 年版。
71. 何　宁：《淮南子集释》，中华书局 1998 年版。
72. 王　明：《抱朴子内篇校释》，中华书局 1979 年版。
73. 叶德辉：《书林清话》，复旦大学出版社 2008 年版。
74. 章学诚：《文史通义》，中华书局 1985 年版。
75. 任继愈：《中国哲学发展史（先秦卷）》，人民出版社 1983 年版。
76. 侯外庐：《宋明理学史（上）》，人民出版社 1984 年版。
77. 任继愈：《中国哲学发展史（秦汉卷）》，人民出版社 1985 年版。
78. 邱汉生：《黄老之学通论》，浙江人民出版社 1985 年版。
79. 程宜山：《中国古代元气说》，湖北人民出版社 1986 年版。
80. 侯外庐：《宋明理学史（下）》，人民出版社 1987 年版。
81. 任继愈：《中国哲学发展史（魏晋南北朝卷）》，人民出版社 1988 年版。
82. 余明光：《黄帝四经与黄老思想》，黑龙江人民出版社 1989 年版。
83. 任继愈：《中国道教史》，上海人民出版社 1990 年版。
84. 赵吉惠：《中国儒学史》，中州古籍出版社 1991 年版。
85. 牟钟鉴：《道教通论——兼论道家学说》，齐鲁书社 1991 年版。
86. 黄　钊：《道家思想史纲》，湖南师范大学出版社 1991 年版。
87. 陈丽桂：《战国时期的黄老思想》，联经出版事业公司 1991 年版。

88. 李养正：《道教与诸子百家》，燕山出版社 1993 年版。
89. 卢国龙：《中国重玄学——理想与现实的殊途同归》，人民中国出版社 1993 年版。
90. 严灵峰：《〈列子〉辩诬及其中心思想》，文史哲出版社 1994 年版。
91. 任继愈：《中国哲学发展史（隋唐卷）》，人民出版社 1994 年版。
92. 马良怀：《张湛评传》，广西教育出版社 1997 年版。
93. 陈丽桂：《秦汉时期的黄老思想》，文津出版社 1997 年版。
94. 丁原明：《黄老学论纲》，山东大学出版社 1997 年版。
95. 胡家聪：《稷下争鸣与黄老新学》，中国社会科学出版社 1998 年版。
96. 马　达：《〈列子〉真伪考辨，北京出版社 2000 年版。
97. 萧登福：《道家道教与中土佛教初期经义发展，上海古籍出版社 2003 年版。
98. 潘雨廷；《道教史发微》，上海社会科学院出版社 2003 年版。
99. 孙以楷：《道家与中国哲学》，人民出版社 2004 年版。
100. 姚名达：《中国目录学史》，上海古籍出版社 2005 年版。
101. 熊铁基：《中国老学史》，福建人民出版社 2005 年版。
102. 严北溟 / 严捷：《列子译注》，上海古籍出版社 2006 年版。
103. 邓洪波：《中国书院史》，东方出版中心 2006 年版。
104. 张岂之：《中国思想学说史》，广西师范大学出版社 2007 年版。
105. [日] 小野泽精一等：《气的思想——中国自然观与人的观念的发展》，世纪出版集团 2007 年版。
106. 方　勇：《庄子学史》，人民出版社 2008 年版。

选矿工程师手册

“十二五”
国家重点图书

孙传尧 主

选矿工程师手

Handbook for Mineral Processing En

（第3册）

下卷· 选矿工业实践